宁夏文物考古研究所丛刊之二十八

宁夏早期长城调查报告

宁夏文物考古研究所　编著

文物出版社

图书在版编目（CIP）数据

宁夏早期长城调查报告 / 宁夏文物考古研究所
编著. -- 北京：文物出版社，2019.8
ISBN 978-7-5010-6124-2

Ⅰ.①宁… Ⅱ.①宁… Ⅲ.①长城—调查报告—
宁夏 Ⅳ.①K928.77

中国版本图书馆CIP数据核字（2019）第076744号

宁 夏 早 期 长 城 调 查 报 告

编　　著：宁夏文物考古研究所

责任编辑：张晓曦
责任印制：张道奇

出版发行：文物出版社
社　　址：北京市东直门内北小街 2 号楼
邮　　编：100007
网　　址：http://www.wenwu.com
邮　　箱：web@wenwu.com
经　　销：新华书店
印　　刷：北京荣宝艺品印刷有限公司
开　　本：889mm×1194mm　1/16
印　　张：29.5　　插页：24
版　　次：2019 年 8 月第 1 版
印　　次：2019 年 8 月第 1 次印刷
审 图 号：宁 S［2018］第 004 号
书　　号：ISBN 978-7-5010-6124-2
定　　价：560.00 元

秦人扩张与秦长城的修筑（代前言）

罗 丰

一 秦人与戎人

殷商王朝时期，周人在西北兴起，当商朝衰落时，周人的势力沿渭水而下，顺着黄河东去，逐渐打败商人，建立周王朝。周王朝建立了以关中平原为根据地的政治、经济、文化中心。秦人原在更西汧、渭之间（今陕西扶风、眉县一带），为周王室牧马，是周孝王的附庸[1]，号曰秦嬴。

西周末年，周幽王因褒姒废太子，立褒姒子为嫡，引起了诸侯不满，并数度欺戏诸侯。西戎中犬戎与申侯共伐周室，杀周幽王于骊山之下。公元前770年，周王朝为避犬戎之难，将国都迁往洛阳。在周与犬戎战争中，秦襄公曾举兵救周王室有功，接着又拥兵护送平王迁都。周平王封秦襄公为诸侯，赐封岐以西之地（今陕西岐山东北），并且说了一段理由：

戎无道，侵夺我岐、丰之地，秦能攻逐戎，即有其地[2]。

于是，秦成为秦国，成了诸多诸侯之一。春秋时期周王室在统治上的优势逐渐丧失，列国则谋求控制日渐式微的周天子，出现所谓"挟天子以令诸侯"的局面。列国之间的多番较量，促生了几个强大的地区强国，晋、楚、秦等诸侯国成为重要的势力。秦被认为是在诸侯国中最接近戎狄的诸侯国，戎狄与华夏是当时判定道德文化界线的重要标志，《战国策》中说："秦与戎翟同俗，有虎狼之心，贪戾好利而无信，不识礼义德行"[3]。秦国兴起于西北，地接西戎，在传统中原国家角度看来是最接近戎狄的国家，尤其是习俗相同，并由此推知亦存虎狼之心。

虽然，人们对秦国有这样的认识或者误解，从秦国内部来说，对于西戎也有需要了解的地方。晋国人由余逃亡至西戎受到戎王的重用，被派出使秦国。秦穆公与由余有一段对话，颇能反映戎与夏的各自立场。穆公问道：中国以诗书礼乐法度治理国家的准则，尚不时发生混乱，戎夷则没有这些，治理起来不是更难吗？由余笑答：这正是中原诸国乱象的根源。诗书礼乐法是自古建立起来的，在漫长的时间里已被毁坏，现在却仍被那些高高在上的人所误用，人民由此产生很深的怨恨。相反，戎人保持他们的仁德没有受到破坏，上下一心，满怀忠信，生活在和谐的气氛之中。治理国家就像管理自己

---

[1] 《孟子·万章下》云："天子之制，地方千里，公侯皆方百里，伯七十里，子男五十里，凡四等，不能五十里，不达于天子，附于诸侯，曰附庸。"（焦循：《孟子正义》，沈文倬点校本，中华书局，1987年，第681页）。

[2] 参见（汉）司马迁：《史记·秦本纪》卷五，中华书局，1959年，第179页。

[3] 《战国策·魏策三》卷二十四，张清常等：《战国策笺注》，南开大学出版社，1993年，第625页。

的身体一样。无需了解具体的治理方法，才是圣王的治理之道。

　　秦穆公见识了由余的才能，对臣下说："孤闻邻国有圣人，敌国之忧也。今由余贤，寡人之害也。将奈之何？"内史廖便设计谋离间戎王与由余关系。先遣送二八女乐给戎王，使戎王沉湎于女乐之中。接着又通过延缓由余的归期，使戎王产生怀疑。由余回来后，戎王已经听不进由余的策略了。由余在秦穆公的数度劝说下终于降秦。凭借着对戎地的了解，由余出谋攻打戎地。戎王则每天与女乐寻欢作乐，一日数饮，日夜不休。当秦人打来时，戎王醉卧酒樽旁边，秦兵生缚而擒之[1]。

　　由此，秦人"益国十二，开地千里，遂霸西戎"。周襄王派召公送金鼓以示祝贺[2]。秦国的强盛大大地挤压了西戎原来的活动空间。活动在北方地区以畜牧业为生计模式的部族，人口规模较小，生计需要的土地面积却很大。中原诸国的扩张目标是这些地广人稀的地区，有学者研究，春秋战国时期北方称霸列国都是与北方少数民族战争最多的国家，也是掠地最广的国家[3]。秦国与戎地犬牙交错，戎族的势力范围原本可达中原腹地，秦人通过一次次的战争，将其消灭或驱赶到更远的西北。戎人则通过联合盟国或诸多部落，内侵中原。戎狄的入侵，实际上是中原列国领土扩张累积的结果。秦国在商鞅变法之后，更是国力剧增，与中原诸国之间领土争端频起，西戎诸国更是秦国的主要打击目标。

二　义渠戎的灭亡

　　随着秦国的强盛，西戎诸国向秦国进贡以求平安。秦厉公五年（公元前471年）义渠来赂被记载下来。绵诸戎则也向秦国乞援[4]。仅仅维持和平并非秦国的治戎国策，而是寻找机会将诸戎各个歼灭。公元前461年，秦厉公出兵二万攻打大荔戎，很快大荔戎的王城（陕西朝邑）被攻陷，秦并其地[5]。在秦国灭戎形势的影响下，赵国也乘机消灭了代戎，占居戎地。韩国、魏国联合灭掉了伊戎、洛戎、阴戎这些盘居在中原的戎族，其余戎部则向汧、陇（今甘肃东部、宁夏南部）逃跑。经中原诸大规模的驱戎战争，原来生存在中原诸国夹缝中的诸戎，被彻底消灭，史籍自豪地宣称："自是中国无戎寇，唯余义渠种焉"[6]。

　　在其他戎族被吞并以后，秦国集中力量对付义渠这个戎族中最强大的戎国。秦厉公三十三年（公元前444年）举兵攻打义渠，并且俘虏了义渠王[7]。十余年以后，好像义渠仍然有能力攻击秦国，并且一直打到渭南"[8]。秦惠文王三年（公元前335年）义渠在洛这个地方又一次打败了秦军[9]。不久，义渠国出现内乱，秦国出兵干涉，接着在义渠建立县，以义渠君为臣[10]。当然，由于史籍记载过于简略，并有相互矛盾之处，我们只能凭借简要的记录，大体勾勒出其轮廓，而无法得知其细节。

　　虽然在义渠的地盘上建立秦国属县，但似乎并未从根本上吞并义渠戎国。或者说义渠仍然保有很大的军事实力。秦惠文王北游戎地，抵达黄河，第二年便出兵讨伐义渠。这次战役直接攻陷义渠的国

[1]　许维遹：《吕氏春秋集释》卷二十三，梁运华整理本，"贵真·壅塞"条，中华书局，2009年，第634页。
[2]　（汉）司马迁：《史记·秦本纪》卷五，中华书局，1959年，第194页。
[3]　参见〔美〕拉铁摩尔著、唐晓峰译：《中国的亚洲内陆边疆》，江苏人民出版社，2005年，第223～225页。
[4]　（汉）司马迁：《史记·六国年表》，中华书局，1959年，第689～690页。
[5]　（汉）司马迁：《史记·秦本纪》卷五，中华书局，1959年，第199页。
[6]　（南朝宋）范晔：《后汉书·西羌传》卷八十七，中华书局，1973年，第2874页。
[7]　（汉）司马迁：《史记·秦本纪》卷五，中华书局，1959年，第199页。
[8]　（汉）司马迁：《史记·秦本纪》卷五，中华书局，1959年，第199页。
[9]　（南朝宋）范晔：《后汉书·西羌传》卷八十七，中华书局，1973年，第2874页。
[10]　（汉）司马迁：《史记·秦本纪》卷五，中华书局，1959年，第206页。

都郁郅（今甘肃庆阳）[1]。义渠也不甘示弱，经过仔细谋划举兵偷袭秦国，在李柏大败秦军[2]。面对这个顽强的敌人，秦国人用了一个旷日持久计谋。在秦昭襄王刚即位时，宣太后主政，义渠王来朝。宣太后与义渠王私通，并生有二子。几十年以后至周赧王四十三年（公元前272年，秦昭襄王三十五年），宣太后觉得时机成熟，义渠王完全丧失了警惕，在甘泉宫诱杀义渠王，并起兵灭义渠国。于是，义渠国原来广大的地区，被秦国并入版图，设置陇西、北地、上郡三郡[3]。

三　秦长城的修筑

《史记·匈奴列传》中有关秦长城修筑的起因是这样记载：

秦昭王时，义渠戎王与宣太后乱，有二子。宣太后诈而杀义渠戎王于甘泉，遂起兵伐残义渠。于是秦有陇西、北地、上郡，筑长城以拒胡[4]。

上郡是魏国在战国初年修筑长城时设置的[5]，具体可能在秦孝公继位以前。秦昭襄王时所建立的三郡，最初只为军事防御目的而设置，从边疆设起[6]。三郡也就是三个军区，带有强烈的军事色彩，以军领政以后才逐渐转有行政职能[7]。陇西、北地、上郡三郡地域辽阔，横跨今甘肃、宁夏、陕西、内蒙古四省区之地，显然并非尽为义渠所有，而是所谓的戎地。秦国用了百余年的时间驱戎、伐戎，并且占领戎地，在消灭最后一个强戎之后，在戎地设立三郡，并且开始修筑长城以拒"胡"。

战国中晚期，继"戎"之后，"胡"成为整个北方民族的通称，是一股势力更为强大的北方力量。依照《史记·匈奴列传》的记录，戎、狄、胡、匈奴在层序上有递进关系。"胡"这个新兴的名词，反映出非华夏的北方民族经济专门化方面的一个变化。这种变化的产生实际上是旧的少数民族由于汉人的扩张行动，被逼迫到草原边缘的结果。拉铁摩尔的结论是新的名词并不代表新的民族，而只是从旧民族中发展起来的新团体[8]。

公元前7世纪左右北方草原地区一种新兴的生计模式出现——专业游牧化。专业游牧化相较以往的家畜蓄养模式，需要动物群有季节性的迁徙能力，相应的交通工具、保障性武器和集团结构也发生变化。移动的游牧人群需要更强大的政治、军事组织，在人类经济和社会行为上是一种精致选择、安排与创造[9]。胡族是新兴专业模式的代表。"胡服骑射"的故事表明专业游牧化兴起之后，军事技术也获得很大的进步。中原民族认识到进行这种军事技术改革，骑兵部队可以大大提高军事能力。

面对行动迅速的胡人骑兵部队，秦国的策略是修筑长长的城墙来阻挡敌人。城墙的修筑概念，大约在龙山时期已经形成。用修筑长距离的墙来防御敌国的思想起源于齐国齐宣王时代，他在齐国与楚国之间修建了千里长城，以防止敌国入侵[10]，也是自己国界。接着楚、魏、赵都先后修筑各自的长城，

---

[1]　（南朝宋）范晔：《后汉书·西羌传》卷八十七，中华书局，1973年，第2874页。

[2]　（汉）司马迁：《史记·张仪列传》卷七十，中华书局，1959年，第2303页。

[3]　（汉）司马迁：《史记·匈奴列传》卷一百一十，中华书局，1959年，第2885页。

[4]　（汉）司马迁：《史记·匈奴列传》卷一百一十，中华书局，1959年，第2885页。

[5]　（汉）司马迁：《史记·秦本纪》卷五：五："魏筑长城，自郑滨洛以北，有上郡。"中华书局，1959年，第202页。

[6]　参见杜正胜：《编户齐民——传统政治社会结构之形成》，（台北）联经出版事业公司，1990年，第123～126页。

[7]　参见游逸飞：《从军区到地方政府——简牍及金文所见战国秦之郡制的演变》，《台湾大学历史学报》56期，2015年，第1～34页。

[8]　参见〔美〕拉铁摩尔著、唐晓峰译：《中国的亚洲内陆边疆》，江苏人民出版社，2005年，第286页。

[9]　参见王明珂：《游牧者的抉择——面对汉帝国的北亚游牧部族》，广西师范大学出版社，2008年，第97、98页。

[10]　参见张维华：《齐长城》，《中国长城建置考》上编，中华书局，1979年，第1～29页。

用于防御邻国。和中原诸侯国之间修筑长城的目标不同，秦国修筑长城的目的是为了防御北方游牧民族。

长城的修筑开创了一种新的防御系统，维护了秦国已经取得的领土，进行政治、军事控制。不仅仅是军事防御，也为政治交通道路提供了便利，成为进攻计划中不可或缺的组成部分[1]。

根据现代考古调查所见的战国秦长城，起始于甘肃临洮的洮河谷地，经甘肃渭源、陇西、通渭、静宁，进入宁夏西吉、原州区、彭阳，再东行入甘肃镇原、环县、华池，北上至陕西吴旗、志丹、靖边、横山、榆林、神木等县，最后到达内蒙古的准格尔旗十二连城截至，全长约在 1755 千米左右[2]。共经甘肃、宁夏、陕西、内蒙古四省区 18 个县旗，长城在局部看来并非巨大显赫，但如果放眼数千里范围内则显得规模宏伟，并建造时间长久（见地图一）。

长城的起源，原本是军事压力造成的结果，但就秦长城而言，除去北方游牧民族的压迫促使外，也是中原势力向北方的发展。匈奴的扩张事业明显受到长城界定的影响，在秦帝国霸业完成后，草原游牧民族的部落联盟才逐渐完成[3]。在秦国统治者的心目中，长城也是中原文化所能到达的文化边缘，也标志着野蛮地域的开端。长城的修筑尽可能地瓦解了中原边地民众与草原游牧者之间潜在联系[4]，成为保护农耕者，排除游牧人群的一道人工防线。长城的修筑将原来秦人与北方游牧民族的并不清晰的界线，进行了十分清楚的划定，扩展了从陕北到鄂尔多斯台地的广大地区，将其纳入其领土范围之内。

四　秦长城的走向

考古调查所见的秦长城，首起临洮洮河谷，东行迤逦进入渭源县境，经县城北而来，又折向西北。长城修筑山上，沿山峦折转，蜿蜒于群峰之巅。经静宁，沿葫芦河东岸向北，从北峡口阎庙村进入宁夏西吉县[5]。

长城进入宁夏境内后（图1）[6]，最先抵达是东台村。然后入黄岔、玉桥、张结子、好水川口、单民，至兴隆镇。这段长城沿河曲东岸绕行，曲折颇多，经明荣、保林、东坡村，折转至将台乡，以 90° 角度折向东北，沿马莲河北侧，出西吉县。西吉与原州区长城的交汇处在马莲河水库处，巴都村与大坝之间长城沿河谷南侧谷地修筑。入原州区后随着河谷的仄狭，长城便由原来的河谷一级台地向二、三级台地上行。进入张易镇后，长城内侧亦有依山而筑的小城障。至黄堡村向东北方向折转红庄，这里

---

[1]　参见狄宇宙：《古代中国与其强邻——东亚历史上游牧力量的兴起》，中国社会科学出版社，2010 年，第 167 ~ 168 页。

[2]　参见彭曦：《战国秦长城考察与研究》，西北大学出版社，1990 年，第 235 页。文中统计数如加安塞、子长、子洲、绥德、米脂等五县的分支长城，长度约为 2000 千米。

[3]　参见巴菲尔德：《危险的边疆——游牧帝国与中国》，袁剑中译本，江苏人民出版社，2011 年，第 41、42 页。

[4]　参见〔美〕拉铁摩尔著、唐晓峰译：《中国的亚洲内陆边疆》，江苏人民出版社，2005 年，第 294 页。

[5]　根据彭曦等人的调查，秦长城由甘肃静宁阎庙进入宁夏西吉县（参见彭氏著《战国秦长城考察与研究》，西北大学出版社，1990 年，第 69 页。在宁夏文物考古研究所长城调查中，经过多次调查我们并未发现由静宁进入西吉的直接证据，甘肃静宁尤其是与宁夏连接处，似可疑。

[6]　关于宁夏境内的战国秦长城，最先由史念海等调查（参见史念海：《黄河中游战国及秦时诸长城遗迹的探索》，原载《陕西师范大学学报》1978 年第 1 期，后收入《中国长城调查报告集》，文物出版社，1980 年，第 52 ~ 67 页）。后宁夏考古工作者亦有调查（参见宁夏回族自治区博物馆：《宁夏境内战国·秦、汉长城遗迹》，《中国长城调查报告集》，第 45 ~ 51 页）。2000 年以前较为重要的调查由彭曦等个人进行，大体搞清战国秦长城的每段现存状况（参见彭氏著：《战国秦长城考察与研究》，西北大学出版社，1990 年）。最为完整的调查是 2009 年由宁夏文物考古研究所组织进行的调查，十多人的队伍历时半年，徒步调查全程。本书所采用的是这次调查的最新成果。（参见宁夏文物考古研究所《宁夏早期长城调查报告》，文物出版社，待版）。

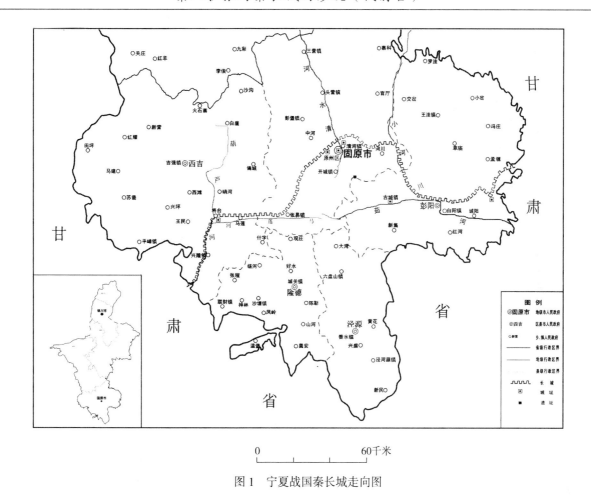

0 ├───────┤ 60千米

图1　宁夏战国秦长城走向图

地势最高是马莲河与滴滴沟的分水岭。红庄西有一处秦汉遗址,遗址西长城内侧有两个相距不远的城障。滴滴沟两山狭长高耸,长城以沟为天然屏障,修筑在东侧极为陡立的山坡上,依地势起伏,上下折转。在地势险要之处,还修筑墩台。长城出滴滴沟后至孙家庄,折向东入海子峡河谷,至吴庄北,孙家庄附近有城障、墩台。长城至固原城西明家庄梁,向北行进到郑磨村。这段长城保存情况较好,墙体高大、完整,每隔200多米修筑一个较大的墩台,城的内侧有十余处城障。长城在郑磨村向东,穿越清水河至陈家沟村。再沿沙窝沟翻越东山至水泉村。这段长城保存情况较差,由于河水侵蚀,许多地方已经看不见遗迹。出水泉经蔡家洼、海坪、上黄到达茹河流域黄家河村,沿循河沟北岸入彭阳县境。

　　长城进入彭阳县后,沿着小川河南岸的一级台地顺流而下,过无量山石窟,折向东北行,在石头崾岘水库西侧跨过小川河。经过彭阳县城东北,利用茹河支流小川河与小河的分水岭,过姜洼、丰台、阳洼、前洼、陡坡子等村,至李岔。李岔至张沟圈一直在梁上修筑,故现今地名亦称长城梁。这段长城有一部分保存情况较好,内高外低,每200米左右有一墩台,长城内侧亦有小的城障。出长城梁后,长城取西南——东北方向,在宁夏与甘肃两省区间三进三出,三次跨越深沟。经张家洼,最后由彭阳县的孟塬乡米岔塬出宁夏境内,进入甘肃镇原县(见地图二)。

五　秦长城修筑特点

　　依照考古调查所见,战国秦长城是一个较完备的防御体系,其包括长城墙体、墩台(或称敌台)、城障及沿线烽燧等相关设施。这些设施基本上采用版筑夯土的方式修筑,当然,沿途的障城等遗址处也发现大量砖、瓦遗物，表明砖、瓦等建筑材料虽未用于墙体本身，但在相关附属设施中得到广泛使用。

长城的穿行区域地貌属黄土山地丘陵、河谷地带。黄土的物理特性表明，适合版筑，墙体易于成型，坚固耐用。长城的设计者充分的考虑了长城经过地区的地形因素，其走向线路经过严密的勘察设计环节，尤其是认识到长城应沿着山脉、河流的走向展开防御。在宁夏境内先沿葫芦河谷，在东岸修筑，利用河床的落差，构筑墙体形成屏障。在滴滴沟内，将墙体修筑在南侧的半山腰里，用险拱卫。途经固原城西侧时，充分利用明家庄梁一段高阜形成防御重点。长城墙体较大的折转，往往都处于河流交汇处或者在山脉沟谷隘口。这些地方的自然地形已发生重大变化，也影响着长城修筑的走向。并且在这些位置，一般都有规模大小不一的城障遗址，用于驻军。黄土丘陵地带的长城基本沿循山岭缓坡曲折修筑，极少截弯取直，或者像明长城一样，在山脊顶部修筑。彭阳白岔、姚湾等山坡地带的墙体，依山修筑，外侧铲削陡峭崖面，并用夯打以增加向上攀爬的难度，内侧取土成壕。由于常年水土流失，淤泥已将部分壕沟填平，呈缓台状。类似的墙体筑成，节约时间，便利施工，工程人工费用也会下降。

长城沿线的关堡城障，很可能先行修筑，后来再修筑墙体，在这些城障处形成大的转折，除去地形因素外，迁就原有城障形势也是原因之一。长城墙体可能分段同时施工，彭阳张沟圈城址附近的长城走向显示出这种结果。长城在此处于开阔平坦的塬地上，却以极为特别的"V"字形相连，明显是分段同时施工，因纰漏而未能自然衔接。

考古调查所见，长城墙体断面一般底部宽 3 ~ 4、顶宽 2.5 米左右。残存高度 2.5 ~ 3.5 米，像固原明庄梁附近残存高度以外侧丈量也有高达十几米的（图 2）。夯层厚度多为 10 厘米左右，版距 0.5 ~ 1.5 米，表明施工应遵循一定的技术标准和规范。钻探、发掘表明，墙体修筑时，并无明显基槽，只是将原始地面铲平后即行夯筑施工。明庄梁附近的墙体从剖面上看有二次加工迹象，表明原始墙体在后世经过重新修筑。北宋中期为对付夏人侵扰，沿长城外侧挖设过"长城壕"，明代陕西三边总制也曾对固原附近长城防御格外重视，这些修缮利用迹象可与上述诸多历史记载相印证。

墙体墩台的位置与间距，经过精心的设计。统计显示，秦长城上存在着疏密两类墩台。疏远的墩台之间间距为 300 ~ 500 米，较密的墩台间距则只有 150 ~ 300 米，只有前者的一半左右。墩台疏密的设置主要由其所处的地形、地貌决定。疏远的墩台设置在地势险要的山坡、河谷，墩台密集的地方，基本在地势平缓的区域，无险可据，完全依赖墙体本身防御。间距的设置，并非随心所欲的结果，或按照冷兵器时代远程射具弓、弩的最大射程设计。百米左右应该是在弩机的基本射程范围内。疏远的墩台受地形的影响很大，多分布在墙体迂回转折之处，舌形突出的梁峁也是墩台要控制的地方。

城障一般在长城内侧，大小不一。小的城障约五六十米见方，中等面积有 150 米 × 150 米以上。大型遗址面积应在 800 米 × 800 米以上，如固原北什里铺城址。这些城障多分布于地势险要或河谷交汇处。另外在重点防御区分布也十分密集，明家庄梁至郑庄一线十余千米地带，类似的城障有十多个。障在建设时处于军事目标，"鄣，谓塞上要险之处，别筑为城，因置吏士而为鄣蔽以捍寇也[1]。"与城中有百姓不同，障中只有士兵驻防。

长城沿线有着丰富的遗物分布，主要是一些陶质建筑材料和日常使用陶器以及少量的生产工具。建筑材料有板瓦、筒瓦、瓦当、砖等。灰色陶质的板瓦占大宗，一端压印横纹或者绳纹加弦纹，较大的瓦上还有圆形钉孔，使板瓦安装牢固。筒瓦较为厚重，外饰细绳纹，内饰有麻布或麻点纹。瓦当主要有云纹、涡纹、虎纹三类，并以前两类居多，图案与关中地区先秦时期的瓦当相似[2]。其年代与长城修筑年代基本相当。

[1] （汉）班固：《汉书·张汤传》卷五十九，中华书局，1975 年，第 2642 页。

[2] 参见申云艳：《中国古代瓦当研究》，文物出版社，2006 年，第 11 ~ 28 页。

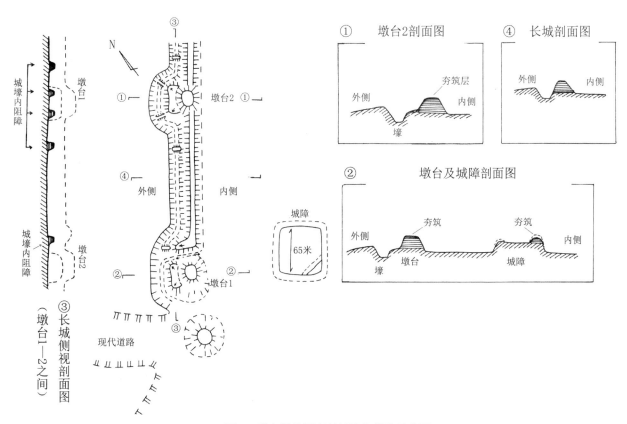

图 2　明庄梁战国秦长城防御设施示意图

　　值得关注的是，当年分别采集于西吉将台长城和彭阳长城塬长城上的 3 件石杵。柱状杵身，砂石凿制，头尖圆，尾部平齐有安装木柄的方形隼孔，形制较大，非单人能够轻易操持，应是当年修筑长城的工具。长城墙体内出土的铲土工具铁锸头，形制分"一"字形和"凸"字形两种，刃缘因过度使用磨损残缺，后部的空腔凹槽内残留有木屑，也是当时修筑墙体时遗落埋藏的工具。

　　虽然秦人费了很大力气修筑长城，但帝国的边疆却从来没有一条绝对的界线，它是一个过渡地带。用来表示定居的农业社会和游牧社会在经济上的差异 [1]，需要一个明显的人工界线，限制游牧人群南下，将农业人口保持在长城以内。长城的修筑似乎并不能完全有效地将游牧人群隔绝在长城以外的区域。在距离小河湾遗址北面只有约二十千米的地方就是王大户戎人墓地。值得关注的是，王大户墓地被包括在长城以内，类似在长城以内的戎人墓地目前发现的数量并不稀少，固原南郊的九龙山墓地也是这种情况 [2]。换言之，秦国人修筑长城后，在殖民的同时，大量原来生活在这里的戎人也被成规模地保留下来。生活在秦国的戎族部落，基本上保留了原有生活方式，仍然以畜牧业为生计，遵循原有的丧葬形式，不过从名义上来说已经是秦国的臣民了。

　　宁夏南部从战国中晚期开始经济生活发生重大变化。秦人的殖民使一部原来是戎人从事畜牧业的草原山地，变成可以种植田地。尤其象小河湾这样的河谷地带，完全适用农业生产，形成规模颇巨的聚落。相反，河谷平原的山地，并不适合种植农业，会被保留在秦地的戎人部族所利用。这样，在秦国的边境地带形成一个从政治、军事到经济上的过渡地带，长城就是这个过渡区域的中心。

[1]　〔美〕拉铁摩尔著、唐晓峰译：《中国的亚洲内陆边疆》，江苏人民出版社，2008 年，第 36 ～ 46 页。

[2]　宁夏文物考古研究所等编著：《王大户与九龙山——北方青铜器文化墓地》，文物出版社，2016 年。

目　录

插图目录

地图·彩图目录

第一章
前　言

第一节　宁夏早期长城沿线自然地理与气候

　　宁夏境内早期长城主要为战国秦长城，沿线发现少量宋长城，自东向西分布于彭阳、原州、西吉三县区，地理位置处于宁夏南部，隶属于固原市，与隆德、泾原、海原等县一起被宁夏人习称"南部山区"。同时，以原固原、西吉、海原为核心的周边七个县，统称"西海固"，因地处黄土高原，极度的干旱少雨，土地贫瘠，生存条件差而为世人所关注，为国家重点扶贫的三西地区之一。

　　战国秦长城横穿的宁夏地域，处于北纬35°　34′　58.00″　～36°　04′　11.00″　与东经105°　46′　42.00″　～106°　55′　15.00″　区间，海拔高度1476 ～ 2289 米[1]。属中纬度内陆地带，东西两端分别与甘肃省庆阳市镇原县、平凉市静宁县相衔接。长城穿行区域地貌基本由黄土丘陵和六盘山地两部分组成，以固原市郊南塬为界，以东河川、彭阳一带主要属黄土丘陵区，以西滴滴沟及葫芦河谷一带属六盘山地。黄土丘陵区地表主要为较厚的第四纪马兰黄土所覆盖，由于水土流失严重，地表塬、梁、沟、峁交错分布，沟壑纵横，地形崎岖复杂，固原早先的建置名称高平、原州皆与此地貌特征有关[2]。六盘山为两列近乎南北走向的狭长山地，处于宁夏南部、甘肃东部与陕西西北部的三省相接地带。南段称陇山，北侧另一列地处隆德固原一带高峰为狭义的六盘山，高近 3 千米，东坡陡峭，西坡和缓，是丝绸之路与汉唐驿道必经之地[3]，由于山路崎岖艰险，须经六重盘道才能始达顶峰而得名。古人赞其高峻时称"峰高华岳三千丈，险居秦关二百重"。六盘山是陇山的主峰，山间资源丰富、林草茂密，既是关中平原的天然屏障，又六盘山山间气候凉爽、林草茂密，是中原农耕文化和北方游牧文化的分水岭，沿线分布有萧关、回中宫、高平城等秦汉时期赫赫有名的兵家必争之地及军事要塞，战国秦长城绕经固原城，从六盘山北段沟谷间穿过。同时六盘山地是西北重要的水源涵养林基地，沿线涉及的河流分属泾河、清水河、葫芦河三大水系，均发源于六盘山地，受六盘山走向及地势影响，分别由东南、

---

　　[1] 经纬度最南、最西点为墙体 G355 点，最北点为 G222 点（郑磨断面），最东点为墙体 G001 点；海拔最高处为墙体 G285 点，最低处为墙体 G011 点。

　　[2]《尔雅·释地》云："大野曰平，广平曰原"，高平意即高原。《太平寰宇记·关西道》称高平改原州"盖取高平曰原为名"，十分贴合固原一带的地貌特征。

　　[3] 罗丰：《丝绸之路与汉唐驿道——以甘肃宁夏为中心》，《丝绸之路上的考古、宗教与历史》，文物出版社，2011 年，第 34 ～ 48 页。

西北、西南方向汇入黄河[1]。

固原一带属于中温带季风区半湿润半干旱气候环境，其基本气候特征是风沙大、日照时间长、干旱缺水，冬季寒冷、夏季凉爽，气温变幅大，日温差较大，无霜期短。有"春迟、夏短、秋早、冬长""春去秋来无盛夏，四月冰雪耀银花"之说，农作物生长期短，灾害性天气频繁。年平均气温在7℃以下，年温差较大，最冷的1月份为−8℃～−10℃，最热的七月份为18℃左右。虽年均降雨量在450毫米以上，但由于受地域及季风气候影响，降水量各地分布差异较大，有由南向北呈逐渐减少的趋势，气温及降水条件并不十分适宜单一的农业生产，所谓"原州早霜，黍稷不艺"[2]，历史上以农畜并举或以牧业为主的经济形态更有利于该地域生态环境的恢复并取得了良性循环的经济与社会效益。

第二节　宁夏早期长城沿线历史沿革

广泛分布于彭阳县白杨、崾岘等长城沿线丰富的古生物化石表明了这一带远古生命的繁荣，近期的考古调查发现，该地区最早的人类活动历史可追溯到距今二三万年前的旧石器时代晚期[3]。至新石器时期中晚期，以马家窑文化"菜园类型"[4]为代表的有地方特色的史前文化遗存广泛分布。商周之际，这一地区成为游牧民族频繁活动的区域，记载有荤粥、鬼方、山戎、羌方等不同名称，实皆为匈奴之先。周宣王时，周人北伐，料民于太原[5]。顾炎武认为太原即指今甘肃东部、宁夏南部川塬开阔地带[6]。太原即今甘肃东部、宁夏南部川塬开阔地带。近年于固原市郊发现的西周墓葬亦表明，周人当时的势力范围确实逾越了陇山，到达今固原一带[7]。至春秋战国时期，固原一带有乌氏、义渠等西戎部落出没。战国秦惠文王时大举发兵，夺得义渠戎"徙泾二十五城"[8]，表明这些戎人已经筑郭定居，从事农畜并举的生产活动，社会经济发展到一定水平，从考古发现的这一带丰富的北方系青铜文化墓葬及出土物亦可佐证[9]。惠文王十一年（公元前327年），"县义渠"[10]，这一地区出现了最早的建置记载。秦昭襄王三十五年（公元前272年），于义渠故地今甘肃省宁县境内设置北地郡，主要管辖今陇东及宁夏南部一带，将包括今固原一带旧义渠戎国之地纳入秦北地郡的管辖范围。为了加强防御，于是在新占领的边陲之地筑长城以拒胡[11]，即现在横穿固原的战国秦长城。

秦始皇灭六国实现统一后，废封建，改置郡县，包括固原一带的大片北方地域仍属北地郡，境内乌氏、泾阳、朝那等县邑辖地或处于长城一线。乌氏县商人倮因善于同戎人经商及畜牧而致富，被秦始皇赏赐与受封贵族同等的地位，以商人的身份位列朝臣，参议国政，位比封君[12]。二十七年（公元前220年），秦始皇首次出巡陇西、北地郡，北出鸡头山，经过回中宫返回咸阳，并规定对朝那湫渊

[1]　武继功：《固原地区水系河流》，《固原史地文集》，宁夏人民出版社，1990年，第278～287页。

[2]　（后晋）刘昫等：《旧唐书·元载传》卷一百一十八，中华书局，1975年，第3412页。

[3]　高星等：《宁夏旧石器考古调查报告》，《人类学学报》2004年第23卷第4期，第307～325页。

[4]　亦有学者称为"菜园文化"。

[5]　（清）徐乾等：《嘉庆一统志·平凉府》卷一百六十八。

[6]　（清）顾炎武著、黄汝成集释，栾保群、吕宗力校点：《日知录集释》卷三"太原条"，上海古籍出版社，2006年，第153页。

[7]　韩孔乐、武殿卿、杨明：《宁夏固原县西周墓清理简报》，《考古》1983年第11期。

[8]　（南朝宋）范晔：《后汉书·西羌传》卷八十七，中华书局，1973年，第2874页。

[9]　钟侃：《宁夏南部春秋战国时期的青铜文化》，《中国考古学会第四次年会论文集》，文物出版社，1983年。

[10]　（汉）司马迁：《史记·秦本纪》卷五，中华书局，1959年，第206页。

[11]　（汉）司马迁：《史记·匈奴传》卷一一〇，中华书局，1959年，第2886页。

[12]　（汉）司马迁：《史记·货殖列传》卷一百二十九，中华书局，1959年，第3260页。

设祠祭祀。鸡头山、回中宫及朝那湫渊皆处于六盘山麓及长城沿线。

汉初承秦制，武帝元鼎三年（公元前114年），析北地郡西部另置安定郡，治高平城，即今固原市一带。辖二十一县，辖境甚大，属凉州刺史部州。辖县中高平、乌氏、朝那、月支道等县，均处于今固原境内。西汉末新莽时期改高平为"铺睦"，乌氏改为"乌亭"，月支道改为"月顺"[1]。东汉时沿袭安定郡，但辖县减为七个，郡治仍在高平。安帝以后，固原一带羌族、匈奴等游牧民族起义不断，混战七十余年，郡治及辖县不断迁徙，但高平第一城、朝那、乌氏等县初设之地均应在今固原及周边区域。

魏晋南北朝时期，内徙后的安定郡先后属雍州、梁州所辖，高平一带亦曾沦为匈奴余部居地，其间战乱频仍，建置亦混乱多变，但高平名称一直沿用至北魏时期。太延二年（436年）置高平镇，初系军镇，不领郡县，北魏视其为河西要镇，称"国之藩屏"[2]。正光五年（524年）改其为原州，下设郡县，辖高平、长城两郡，皆为新置。高平郡辖高平、默亭二县；长城郡因秦长城得名，辖黄石、白池二县。西魏末年，高平郡县俱改名为平高，黄石县改置长城县，隶属不变。北周时，重筑原州城[3]，置总管府，又在长城郡下置平凉县，职权及辖境进一步扩大。

隋开皇三年（583年）废诸郡，下辖各县直属原州。大业三年（607年），又改原州为平凉郡，平高、默亭属今固原范围内属县。原长城郡地新置百泉、平凉等县，均处于今固原东南至彭阳县一带。唐武德元年（618年），又改平凉郡为原州。贞观五年（631年）置原州都督府，管原、庆、会、银、亭、达、要等七州，十年省亭、达、要三州，唯督四州。天宝元年（742年），又改原州为平凉郡，领平高、平凉、百泉、萧关（他楼县改）四县。乾元元年（758年），又复称原州。安史之乱期间，原州为吐蕃侵占，"毁其垣庸，弃之不居"[4]，朝廷其间亦曾收复，但筑城设守事终未成。其后五代时期，固原一带长期为吐蕃、党项等部族占据，建置不详。北宋时期，固原成为宋王朝与西夏国的交界地带，至道三年（997年），李继隆请旨由古原州蔚茹河（今清水河）护送军粮至灵州，"遂率师以进，壁古原州，令如京使胡守登城之，是为镇戎军"[5]，原州城得到了重修，改设镇戎军，等同下州。初隶陕西秦凤路，庆历元年（1041年）改属泾原路，元丰年间复属秦凤路。庆历三年（1043年），于固原西南部隆德县置德顺军，领县、城各一，堡寨六处，其中隆德、德胜、怀远诸寨分布于今宁夏境内。大观二年（1108年）以镇戎军北部析置怀德军后，辖领彭阳城，开远、张易二堡，东山、乾兴、天圣、高平、定川、三川、熙宁等七寨。辖境东至彭阳、西迄张易。以镇戎军城为中心的上述军城寨堡，其防御范围及分布地域基本涵盖了宁夏境内战国秦长城全线。建炎四年（1130年），金占领宁夏南部原属北宋各地。皇统二年（1142年）升德顺军为州。大定二十二年（1182年），升镇戎军为州，初隶凤翔路，后属庆原并升东山、三川二寨为县。贞祐四年（1216年）又升德顺州为镇，军又称陇安军，隶秦凤路，宁夏境内统辖堡寨变化不大。

元初废金镇戎州，复为原州，并将东山、三川二县并入镇原州，不久改置广安县。至元十年（1273年）前后，随后宁夏南部固原一带成为安西王忙哥剌封地，在六盘山开城置行都及王相府，置开成府，视为上都，亦号上路。同时升广安县为州。至治三年（1323年）降为州。领开成县和广安州。地方行政区划"唐以前以郡领县而已，元则有路、府、州、县四等"[6]，而开成一地路、府、州、县均曾设置，显示出其地理位置的重要性。

---

[1]　（汉）班固：《汉书·地理志》，卷二十八下，中华书局，1975年，第1615页。

[2]　（北齐）魏收：《魏书·杨播传附椿传》卷五十八，中华书局，1974年，第1284页。

[3]　（唐）令狐德棻：《周书·武帝纪》称"天和四年六月，筑原州城"，中华书局，1971年。后世地方志诸如《万历固原州志》、《宣统固原州志》，多据此认为固原城始建于天和四年（570年），实误。

[4]　（后晋）刘昫等：《旧唐书·元载传》卷一百一十八，中华书局，1975年，第2411页

[5]　（元）脱脱等：《宋史·李继隆传》卷二百五十七，中华书局，1977年，第8969页。

[6]　（明）宋濂等：《元史·地理志》卷六十，中华书局，1976年，第1428页。

明初洪武年间，废开成、广安二州，固原一带止设开成县，属平凉府，隶陕西布政司。正统十年（1445年）七月于故原州设置巡检司。景泰二年（1451年）七月十三日，兴工重修固原城[1]，固原之名，由此时得。次年迁平凉右卫所于固原城，为固原守御千户所。成化四年（1468年），土达满俊起事平息后，明廷又升所为卫，下辖西安、平虏、镇戎三守御千户所，另外在沿线主要"寇路"红古城、白马城、下马房关设千户所3处。成化十年（1474年），又于固原设置三边总制府，负责节制延绥、宁夏、甘肃三边军务。弘治十五年（1502年），改升开城县为固原州，仍隶平凉府，领在城、东山、南川、石仁、新兴、榆林、固原、底堡、彭阳、新增等十里，辖境相当于今宁夏固原地区和同心县部分地区。同年请设固原镇，十八年移陕西总兵驻守固原，另设参游等官，以固靖甘兰四卫隶之，并管辖内边长城。固原自此屹立为边防巨镇[2]，成为西北政治、军事中心，与辽东、大同、延绥、榆林、宁夏、甘肃、太原、蓟州一起，统称为明代九边。

清初顺治二年（1646年）置固原道，后置固原州，属陕西平凉府管辖。陕西三边总督仍驻固原，下辖陕西、甘肃、延绥、宁夏四巡抚[3]。后总督迁西安、兰州，总兵移西宁、河州，卫改驻平凉。又命陕西西安提督驻州城，清末以后，政区更易渐频繁。同治十三年（1873年）升固原卫直隶州，上隶平庆泾固化道。民国二年，废州改县，民国三年（1914年）划割固原、海原、隆德、庄浪、静宁五县地，于沐家营新置西吉县。建国初，固原地区隶属平凉专区，属甘肃省辖。1958年宁夏回族自治区成立后，固原地区划归宁夏管辖，1983年析固原县东部另置彭阳县，2002年撤销固原地区和固原县，设立地级固原市和原州区。

第三节　宁夏早期长城兴废沿革及基本走向

一　宁夏早期长城兴废沿革

关于战国秦长城的修筑历史，源于司马迁《史记》中记载的一起荒唐而残忍的政治阴谋，"秦昭王时，义渠戎王与宣太后乱，有二子。宣太后诈而杀义渠戎王于甘泉，遂起兵伐残义渠，于是秦有陇西、北地、上郡，筑长城以拒胡"[4]。说明当时筑长城的主要目的，是为了防御义渠戎人卷土重来夺回已失去的旧地。《后汉书·西羌传》提及秦杀义渠戎王、置三郡在"（周）王赧四十三年"（公元前272年），即秦昭襄王三十五年，并未提筑长城事。但秦筑长城，必在灭义渠、置三郡之后无疑，如此浩大的工程，决非一年半载能够完成。

根据史书记载，秦昭王长城主要分布在北地郡和上郡境内，陇西郡亦有涉及，固原一带当时被纳入了秦北地郡的管辖范围。尽管秦人占领了戎人之地，但边陲之地并不太平，秦筑长城后，对巩固其战略后方，加强该地区的统治发挥了重要作用。秦灭六国之后，始皇三十二年（公元前215年），派大将蒙恬将兵三十万北逐匈奴，取河南地，临河筑四十四县，并于黄河以北筑长城，"因地形，用制险塞，起临洮，至辽东，延袤万余里。于是渡河，据阴山，逶蛇而北。暴师于外十余年"[5]。蒙恬等

---

[1]　见《景泰二年重修固原城方砖》，此砖现藏宁夏固原博物馆。

[2]　据《明史》记载弘治年间曾设置固原镇，实际上仅是弘治十八年移陕西总兵驻守于此，新设三边制府驻固原，与太原一起号称二镇而已，并未自立为一镇。

[3]　赵尔巽等撰：《清史稿》卷二三七《孟乔芳传》，中华书局，1977年，第9477页。

[4]　（汉）司马迁：《史记·匈奴列传》卷一百一十，中华书局，1959年，第2885页。

[5]　（汉）司马迁：《史记·蒙恬列传》卷八十八，中华书局，1959年，第2566页。

人将秦、燕、赵、中山等诸国长城连为一体，首次形成了闻名于世的"万里长城"。今内蒙古鄂托克旗、乌海市一带沿阴山走向的秦汉长城即是在这一时期开始修筑的。一般认为，秦汉时期除沿边境新拓地修筑包括阴山秦长城、河西汉塞长城等军事工程外，由于地近京畿，中央政府对当时已处于腹地的战国秦长城并未放弃。西汉高祖称帝后的次年（公元前 201 年），曾下令"缮治河上塞"[1]，以备匈奴。"白登之围"后，汉王朝意识到匈奴实力强劲，此后到武帝大规模反击之前一直对匈奴采取和亲政策，北部防线亦内移至战国秦长城一线。宁夏南部一带，因地近塞上，南有萧关，为帝都西北之屏障与门户。汉文帝十四年（公元前 166 年）冬季，匈奴老上单于率十四万骑入朝那萧关，杀北地都尉印，火烧回中宫，抢掠月余，朝野大震[2]。汉武帝曾先后六出萧关巡边备战，元鼎五年（公元前 112 年），汉武帝出巡见塞外千里无亭檄，下令诛北地太守以下官吏多人为戒，可见当时对长城边防体系的重视[3]。

北魏时期于固原置长城郡，西魏时又改其下辖的黄石县为长城县，可见其地与长城的紧密关系。著名地理学家郦道元在《水经注》中对汉高平县、秦长城与周围水系、山脉及名胜古迹位置关系有较详尽的记载："水有五源，咸出陇山西，东水发源县西南二十六里湫渊，渊在四山中，湫水北流，西北出长城，北与次水会，水出县西南四十里长城西山中，北流经魏行宫故殿东。"《水经注》又记载："川水又北，出秦长城，城在县西北一十五里"[4]。唐李吉甫《元和郡县图志》亦载：秦长城，在（平高）县北十里[5]。大历间，曾任西州刺史的元载亦称"原州当西塞之口，接陇山之固……其西则监牧故地，皆有长壕巨堑，重复深固"[6]，建议朝廷复原州、守长城，可见当时原州一带古长城遗迹还是相当可观的。

宋夏时期，固原古长城一线成为双方拉锯争战之地，对长城防线的重视与利用情况屡有记载。咸平五年（1002 年），夏人趁镇戎军守军不备，塞长壕，越古长城抵城下，夏人据险突城隍，宋兵力战始解围[7]。大中祥符四年（1011 年），曹玮知镇戎军时，为了加强对西夏的防御，曾上奏说"镇戎军据平地，便于骑战，非中国之利。请自陇山以东，循古长城堑以为限"[8]。这道壕堑循古长城挖设，因此被称为"长城壕"，又因其为当时新修，亦被称为"新壕"[9]。关于长城壕的规模及设施，相关史料亦有零星记载。《西夏书事》称"长城壕深阔各六、七丈，路断不可过"[10]，《续资治通鉴长编》卷一百三十八载"其长城壕深阔各五七丈"，并称其上"旧有板桥"[11]。现在的一公尺相当于北宋时期的 3.257 尺，故北宋六七丈相当于今 18～20 米左右，其规模还是相当可观的。因其险深宽浚，出入通行还得倚靠板桥等设施。其攻防利弊从庆历二年宋夏定川寨之战可见一斑。当时宋军主将葛怀敏等人弃城败退长城壕，因夏军毁坏板桥，切断壕路，宋军不得撤退，葛怀敏等将弁近万人为夏军围攻败没[12]。通过实地调查，宋代时期不仅循古长城挖设"长城壕"，沿线广设军堡烽燧等防御设施，而且在镇戎军城附近的固原市郊一带依托战国秦长城新修了四道较短的宋代长城，以加强镇戎军的防御。

---

[1]　（汉）司马迁：《史记·高祖本纪》卷八，中华书局，1959 年，第 369 页。

[2]　（汉）司马迁：《史记·匈奴列传》卷一百一十，中华书局，1959 年，第 2901 页。

[3]　（汉）司马迁：《史记·平准书》卷三十，中华书局，1959 年，第 1438 页。

[4]　（北魏）郦道元：《水经注》卷二河水，高平川水即清水河，文渊阁四库全书影印本第 573 册，台湾商务印书馆，1982 年，第 45 页。

[5]　（唐）李吉甫撰、贺次君点校：《元和郡县图志》卷三"原州条"，中华书局，1983 年，第 58 页。

[6]　（后晋）刘昫等：《旧唐书·元载传》卷一百一十八，中华书局，1975 年，第 3411 页。

[7]　（元）脱脱等：《宋史·李继隆传》卷二百五十七，中华书局，1977 年，第 8969 页。

[8]　（元）脱脱等：《宋史·曹玮传》卷二百五十八，中华书局，1977 年，第 8984～8985 页。

[9]　（元）脱脱等：《宋史·葛怀敏传》卷二百八十九，中华书局，1977 年，第 9702 页。

[10]　吴广成撰、龚世俊等校证：《西夏书事》，甘肃文化出版社，1995 年，第 194 页。

[11]　（宋）李焘：《续资治通鉴长编》，中华书局，2004 年，第 1982 页。

[12]　杨经纂辑、刘敏宽纂次：《嘉靖万历固原州志》，牛达生、牛春生校勘，宁夏人民出版社，1993 年，第 70 页。

金元时期，版域辽阔，固原一带已属腹里，故长城防线并未得到重视与有效维护。明代随着边患日重及固原军政地位的不断提高，横穿固原一带的战国秦长城因其战略位置及防御的有效性，再次引起重视并得到修缮与利用。秦紘、杨一清、王琼等人主政时期均对固原一带包括墙体在内的长城防御大力修缮与设防，与大边、二边一起构成抵御北方蒙古残部抢掠的多重防线及有效屏障。尤其是固原城附近的长城设施因维护修缮而保存状况相对较好，成为地标性的人文景观。后人修志亦不忘提及。清（宣统）《固原州志》卷一《地理志》载："秦灭义渠，筑长城以御边，即此地，在州西北十里有遗址。"（民国）《重修隆德县志》卷一《舆地志》称："秦长城，在县西北六十里有遗址。"

二　宁夏早期长城基本走向

根据史书记载，战国秦长城西起临洮，东北经陇西、榆中、上郡，然后向北延伸至九原。根据学者以往实地调查，这道长城西端起于甘肃临洮县的洮河谷地，东端止于内蒙古托克托县城黄河东岸的十二连城附近，经历今甘肃、宁夏、陕西、内蒙古4个省区，临洮、渭源、陇西、通渭、静宁、西吉、原州、彭阳、镇原、环县、华池、吴旗、志丹、靖边、安塞、子长、子洲、绥德、米脂、横山、榆林、神木、准格尔23个县旗，总长度约2000千米（地图一）[1]。

近年来，沿线各省区陆续公布了最新的战国秦长城资源调查及研究成果。甘肃境内战国秦长城西起临洮县新添镇南坪村望儿咀，经临洮、渭源、陇西、通渭、静宁五县，进入宁夏回族自治区西吉县，经西吉、原州、彭阳3县区，沿镇原县西北部，入环县，再入华池县，至甘肃省华池县元城镇吕沟咀行政村林沟自然村斜梁子崾岘，入陕西省吴起县庙沟乡林沟梁。调查墙体全长409.9千米，其中，墙体408.5千米，壕堑1.4千米。沿线调查关堡35座，单体建筑388座，其他与长城有关的遗存33处[2]。

陕西省境内本次调查秦昭王长城（包括沿用此长城的汉"故塞"部分）分布在榆林市神木县、榆阳区、横山县、靖边县和延安市志丹县、吴起县等地，北接内蒙古自治区秦昭王长城，西南接甘肃省秦昭王长城，全长458千米，呈东北—西南走向，整个长城系统中包括墙体228段，共计458.4千米，单体建筑451座、关堡22座、相关遗存44处[3]。

内蒙古自治区境内秦昭襄王长城自南向北分布于鄂尔多斯市伊金霍洛旗、准格尔旗、达拉特旗和东胜区境内。墙体分布的具体线路为，从陕西省神木县进入伊金霍洛旗纳林陶亥镇三界塔村，沿牸牛川西岸一直向北，在大柳塔村进入束会川西岸；然后再向北进入准格尔旗准格尔召镇哈喇沁川东岸，在铧尖村附近分为两支。一直向东北方向延伸通往暖水，再向西北到达达拉特旗敖包梁；另一支从铧尖村向西北方向延伸，经东胜区吴坝塔到达塔拉壕镇。该段长城调查确认墙体段落数196段，墙体总长度为117.7千米。沿线调查单体建筑52处，关堡8处，相关遗存11处[4]。

根据本次调查，途经宁夏回族自治区固原市的这一段战国秦长城整体呈东北—西南走向。东端从甘肃省镇原县马渠乡进入宁夏彭阳县境，从糜岔塬村战国秦长城1号敌台调查起点处开始，沿东南方向，穿塬跨沟，经孟塬、全塬及沟谷城墙梁地带，直抵长城塬。由于省界曲折，其间三进二出彭阳县，最终在长城塬畔杨小庄一带完全进入宁夏境内。从长城塬张沟圈城址折向西北，沿长城塬、长城岭等

[1] 彭曦：《战国秦长城考察与研究》，西北大学出版社，1990年，第235页。

[2] 见国家文物局文物保函〔2012〕941号，《关于甘肃省长城认定的批复》及其附件《甘肃省长城认定表》。

[3] 见国家文物局文物保函〔2012〕946号，《关于陕西省长城认定的批复》及其附件《陕西省长城认定表》。

[4] 见国家文物局文物保函〔2012〕947号，《关于内蒙古自治区长城认定的批复》及其附件《内蒙古自治区长城认定表》。

黄土高原梁塬丘陵地带修筑，在余嵝岘村附近穿 203 省道折向西南沿陡坡冲沟至小河川谷，过石头嵝岘水库后沿小河川南岸沟谷山坡东北蜿蜒曲折出彭阳境，在羊儿堡进入原州区，继续沿小河川西南岸坡地向东北修筑，穿过 309 国道后，折向西北沿小河川支流母家沟、蔡家洼沟水南岸上行至水泉村梁顶，翻越黄峁山，进入沙窝沟。出沟过宝中铁路，跨清水河，沿河谷西行至什里村后山脚下，上山沿长城梁西南行，半绕固原城，先后穿 201 省道、银福高速、309 国道、固将公路等四条途经固原的重要交通公路，沿南塬塬畔西南延伸至吴庄，折向东北跨大营河进入滴滴沟，沿沟谷两岸延伸至红庄一带翻越六盘山分水岭至红庄张易一带，沿其北山梁继续西行至阎关村进入马莲河谷，在马莲河水库进入西吉县，沿马莲河北岸西行经过将台乡明台、明荣、保林、东坡诸村直抵葫芦河岸，沿葫芦河东岸顺势南下，过兴隆、单家集、黄岔等地，从东台村出宁夏境，进入甘肃省静宁县原安乡境北峡口[1]。宁夏境内已公布调查战国秦长城墙体 173.2 千米，单体建筑 150 座，城址 21 座。在固原市原州区附近，调查还发现少量依托战国秦长城修建的宋代长城遗迹，墙体总长 23.4 千米，敌台 11 座，属于本次调查新发现[2]。

本次调查确认，战国秦长城西端起于甘肃临洮县新添镇南坪村望儿咀，止于内蒙古东胜区塔拉壕镇店圪卜村西，历经今甘肃、宁夏、陕西、内蒙古 4 省区，临洮、渭源、陇西、通渭、静宁、西吉、原州、彭阳、镇原、环县、华池、吴起、志丹、靖边、横山、榆阳、神木、伊金霍洛、准格尔、达拉特、东胜，共计 21 个县（区、旗），墙体总长度约 1159.2 千米，沿线调查关堡 86 座，单体建筑 1041 座，相关遗存 88 处（表一）。

表一　战国秦长城资源分布情况调查统计表

省（区）	县（区、旗）	墙体（千米）	关堡（座）	单体建筑（座）	相关遗存（处）
甘肃省	8	409.9	35	388	33
宁夏回族自治区	3	173.2	21	150	0
陕西省	6	458.4	22	451	44
内蒙古自治区	4	117.7	8	52	11
合计	21	1159.2	86	1041	88

第四节　宁夏早期长城调查研究与保护管理情况

一　宁夏早期长城以往调查研究与保护管理情况

途经宁夏的这道古长城，因其年代久远、战略位置重要、历代修缮及保存状况相对较好，从其兴废沿革来看，自修成后历代有守边将吏及学者关注探究。新中国成立以来，对包括长城在内的文物古迹研究及保护工作不断加强。1981 年，陈守忠对包括固原一线在内的甘肃秦长城遗迹进行了调查及论证[3]。1984 年 9 月 1 日，邓小平同志写下"爱我中华，修我长城"的题词，进一步激发和推动了海内

---

[1]　西吉县与静宁县交界地带墙体走向尚存争议。目前，静宁段战国秦长城仅在与通渭县交界处确认墙体 152 米。

[2]　见国家文物局文物保函〔2012〕942 号，《关于宁夏回族自治区长城认定的批复》及其附件《宁夏回族自治区长城认定表》。报告整理阶段，根据最新研究成果，上述各项数据略有校正，具体变更内容见本报告文后注释及说明。

[3]　陈守忠：《甘肃境内秦长城遗迹调查及论证》，《西北史地》1984 年第 2 期。

外华人保护长城、研究长城的极大热情。1984～1985年，我区文物工作者利用宁夏开展第一次文物大普查的有利时机，期间组织了对包括秦昭王长城在内的全区长城遗存专题调查[1]，通过新闻媒体及学术刊物通报介绍了发现情况，同时陆续发表了一批专业调查报告及研究成果[2]，扩大了宁夏战国秦长城的影响力与知名度，进一步引起了国内外学者的关注。1987～1988年，彭曦等学者徒步跋涉于陕、甘、宁、蒙诸省区荒野大漠和深山峡谷间，考察了包括宁夏段在内的战国秦长城全线，出版了相关学术专著[3]，对这道长城走向、修筑特点、遗物及相关问题进行了全面深入的探讨与分析。随着调查与研究的深入，许成认为明代时期对包括固原城西段在内的部分战国秦长城进行过修缮与利用[4]。近年，亦有学者对固原战国秦长城的始筑年代提出了不同意见[5]。

2007年，利用长城资源调查开展试点工作的机会，我区文博干部冯国富、王金铎、杨宁国、欧阳秉聪等人受自治区文物局派遣，对宁夏固原战国秦长城资源现状开展了试点考察工作，并撰写了相关调查报告[6]。

随着调查研究的深入与各界人士的大力宣传，各级政府、相关单位及沿线民众对这道长城重要性与保护意识不断提高。1985年，长城属地各县政府先后发文将其境内保存较好的长城段落公布为县级文物保护单位[7]，1993年彭阳县、固原县分别设定了长城墙基两侧10～20米的保护范围[8]。1988年1月30日，这道长城被公布为区级文物保护单位[9]，并于2001年6月25日全线被公布为全国重点文物保护单位[10]。沿线多处城址及遗址被公布为文物保护单位（表二）。我区的战国秦长城遗址未设专管机构，自治区文物局委托属地各县（区）文物管理所对各自境内秦国长城遗址进行保护管理，并于2005年由自治区文物局主持建立该线长城的全国重点文物保护档案。沿线各文保单位共有专职文保工作人员数十名，安排专人负责长城沿线相关文物的日常巡查与保护工作，一些县区在长城沿线乡镇村落就近聘请了兼职文保员，对涉及长城的突发性损毁事件及破坏行为进行制止与举报。沿线文保单位对一些濒危墙体进行了抢救性维护，对一些既往公路穿越豁口断面进行封护砌固，在公路穿越豁口、重要

---

[1]　国家文物局编：《中国文物地图集·宁夏回族自治区分册》，文物出版社，2010年，第3页。

[2]　韩兆民、许成：《宁夏境内战国秦汉长城遗迹》，《中国长城调查报告集》，文物出版社，1981年；《宁夏古长城概况》，《宁夏日报》1984年4月29日；《宁夏风物志》，《宁夏文物普查资料汇编》；许成：《宁夏古长城》，宁夏人民出版社，1988年；《万里长城》，《宁夏考古史地研究论集》；谢东：《说固原长城》，《固原史地集》，宁夏人民出版社，1990年，第146、147页。

[3]　彭曦：《战国秦长城考察与研究》，西北大学出版社，1990年。

[4]　许成：《明代对固原附近战国秦长城的利用》，《固原师专学报》1983年第1期；《宁夏考古史地研究论集》，第12～15页。

[5]　周兴华、周晓宇：《从宁夏寻找长城源流》，宁夏人民出版社，2008年，第3～54页。

[6]　冯国富、王金铎、杨宁国：《古代最宏伟的建筑工程——宁夏固原战国秦长城调查报告》，《固原文博探究》，宁夏人民出版社，2011年，第9～69页。

[7]　彭阳县人民政府彭政发〔1985〕74号文件《批转县文物站关于我县文物保护单位的报告通知》；固原县人民政府固政发〔1985〕156号文件《关于公布我县第一批县级重点文物保护单位的通知》；西吉县人民政府西政发〔1985〕98号文件《关于公布全县第一批重点文物保护单位名单的通知》。

[8]　彭阳县人民政府彭政发〔1993〕36号文件《关于划定文物保护单位范围的通知》；固原县人民政府固政发〔1993〕2号文件《关于对文化局关于划定我县境内全国、区、县级文物保护单位保护范围的报告的批复》。

[9]　宁夏回族自治区人民政府宁政发〔1988〕16号文件《自治区人民政府关于公布自治区第二批重点文物保护单位的通知》。

[10]　国务院国发〔2001〕25号文件《国务院关于公布第五批全国重点文物保护单位和与现有全国重点文物保护单位合并项目的通知》。

古城址等显眼位置通过树立保护碑及保护标志、书写保护标语[1]，有效地扩大了长城保护的宣传力度与影响，减少了破坏长城行为的发生。

表二　宁夏战国秦长城沿线相关文保单位统计表

序　号	名　　称	位　　置	级　　别	批　次	公布时间
1	战国秦长城	彭阳县 原州区 西吉县	国保	第五批	2001 年 6 月
2	朝那古城城址	彭阳县古城镇	县（市）级	第一批	1985 年 8 月
3	东海子遗址	彭阳县 原州区	（省）区级	第四批	2010 年 12 月
4	固原古城	原州区	（省）区级	第三批	2005 年 9 月
5	大营城址	原州区	（省）区级	第三批	2005 年 9 月
6	北什里城址	原州区	县（市）级	第一批	2003 年 11 月
7	火家集城址	西吉县	（省）区级	第三批	2005 年 9 月

二　本次调查情况概述

根据国家文物局和国家测绘局于 2007 年 2 月联合制订的《全国长城资源调查工作总体方案》以及自治区文化厅据此制订的《宁夏长城资源调查实施方案》，宁夏文物局和测绘局组织实施了宁夏长城资源调查工作，主要业务工作由宁夏文物考古研究所承担，地方文物管理部门提供了协助调查。其中文物部门主要工作任务是通过开展田野调查，对长城资源进行现场勘查、考古测量，做好信息采集和登录工作。对田野调查获取的资料和信息进行整理、归纳和汇总，依照《全国重点文物保护单位记录档案相关规范标准》，建立记录档案；建设长城资源信息系统运行环境。

根据国家文物局关于长城资源调查工作的进度安排，2009 年 5 月中旬，在文化厅、文物局主持下，由自治区考古所组织成立了早期长城资源调查队，由樊军任领队，主要业务人员有王仁芳、雷昊民、杨剑、王波（宁夏文物考古研究所）、杨宁国（彭阳县文物管理所）、马东海（原州区文物管理所）、王世明（西北大学学生）、吕建平（技工）、闫玉忠、白鹏（司机）等 11 人，陈安位、陈国强等人参与了后期考古勘探与断面发掘工作。野外调查分为 2 个小组，于 6 月初开赴固原，主要对宁夏南部地区的早期长城开展调查工作，重点调查宁夏境内的战国秦长城资源，以墙体为核心，对两侧数公里范围内长城遗迹进行了全面普查记录，一些距离稍远但与长城防御密切相关的长城遗址及相关遗存也予以调查登记，调查沿线还新发现部分宋代长城资源，一并予以调查认定。调查工作从彭阳县东端孟塬乡与甘肃省镇原县交界处的战国秦长城糜岔塬 1 号敌台处开始，向西经彭阳县、原州区、西吉县三县区 12 个乡镇 59 个行政村，本次共计调查战国秦长城墙体 109 段，总长 171.551 千米，单体建筑 149 座，城址 29 座。固原市郊新发现四道依托战国秦长城修建的宋代长城墙体，共计 12 段，总长 23.896 千米，沿线有单体建筑 29 座，关堡 10 座。经 GPS 分段测量，宁夏境内的早期长城墙体共长 195.447 千米，沿线有敌台 170 座，城址 39 座，烽火台 8 座（表三；彩图一～六）。

---

[1]　长城沿线共计调查长城保护碑 11 座，保护标志 2 处，保护标语 2 幅。

表三　宁夏回族自治区早期长城调查资料统计表[1]

县域＼类别	彭阳县	原州区	西吉县	合　计
长城墙体	31	69	21	121
长城关堡	8	25	6	39
长城单体建筑	73	97	13	183
相关遗址	1	0	0	1
采（征）集文物[2]	130	230	35	395
照片	729	1009	211	1939
录像	145	166	76	387
绘图	94	158	24	276
摹本／拓片	32	43	19	94
工作日志	52	65	42	159
GPS登记表	131	209	41	381
分县合计	1093	1671	362	3129

　　本次调查严格按照《全国长城资源调查工作总体方案》以及《宁夏长城资源调查实施方案》的工作要求，严格执行《长城资源调查工作手册》的各项调查规范及信息采集要求，采取徒步考察的方式，历时近半年时间，对宁夏境内的这一线早期长城资源进行了全面细致的调查（彩图七、八）。

　　这一道长城除固原市郊郑磨村至吴庄村、重点是长城梁一带由于明代修缮，墙体高大，保存状况较好，长城走向妇孺皆知外，大部分地段长城由于年代久远，自然及人为侵蚀破坏，墙体遗迹保存状况较差。调查队员积极践行发扬老一代文物调查工作者"四勤"（眼勤、口勤、腿勤、笔勤）优良传统和朴实作风，不断摸索总结调查经验，积极查找资料，向沿线知情村民及早年参与过调查的前辈请教学习。许多地段是经过调查队员艰苦仔细的勘察辨认，墙体遗迹及长城走向才得以确定。调查中，一些地带地形崎岖，人迹罕至，交通极为不便，给调查工作造成了不小困难，所有参与调查人员齐心协力，付出了极大的辛苦与耐力，最终保证了调查工作圆满完成（彩图九）。

　　本次长城调查于2009年9月中旬结束，随后对新发现的墙体段落及不好确认的长城敌台等遗迹进行了考古勘探，对郑磨村破坏断面进行了考古发掘，整个野外工作于10月初结束（彩图一〇、一一）。随即转入了资料整理阶段，期间与相邻的甘肃省调查队进行了资料对接（彩图一二、一三）。2011年1月27日通过了自治区文物局组织的专家验收（彩图一四），同年3月27日通过了国家文物局组织的最终验收工作（彩图一五）。2012年5月，国家文物局将包括早期长城在内的宁夏资源调查成果予以认定并发文向社会公布。

　　[1]　本表对报告编写过程中后期补充调查的资料一并予以统计。
　　[2]　调查数据库登记录入调查文物标本30件。

第五节　报告编写体例及相关术语介绍

一　报告编写体例

调查工作结束后，由自治区文物局、宁夏文物考古研究所牵头，及时组织主要调查队员及报告撰写人员对调查资料及调查报告编写大纲进行修改完善，于 2012 年底编纂完成了报告初稿，并与文物出版社签订出版合同。2013 年 8 月份，与自治区测绘局合作完成了宁夏早期长城分布图及 1 : 1 万墙体走向图的制作，与浙江大学遗产学院合作完成了固原早期长城及沿线关堡航拍工作（彩图一六）。2017 年底调查报告经修改完善后审定定稿，提交文物出版社编辑出版。

根据宁夏长城资源分布情况及调查任务分工，报告以验收通过的 372 份调查资料为基础，以调查地域为章节单元，由东至西分县域，以不同时期修筑的长城墙体为主线，以此确定章节安排。对固原古城及固原市郊明代修缮遗迹已在《宁夏明代长城·固原内边长城调查报告》中予以详细介绍，此报告从略。对个别调查对象的时代、类别，根据后期复查及研究结果进行了更改，并在报告中加注释予以说明。

原登记表中的编码系资料录入系统时自动生成，工作编号由调查队自行确定。本报告中所涉及调查对象的工作编号均由 5 位序码组成，其中首位拼音大写字母代表调查对象所属县域名称第一个汉字拼音字母，第二位大写字母代表调查对象类别，最后三位数字代表调查对象序号。经各调查队协商确认，调查对象中墙体、关堡、敌台、烽火台分别用"Q、B、D、F"表示。为了更精确反映测绘及制图成果，本报告中对一些诸如墙体分段长度、关堡周长、面积等数据根据后期与测绘部门制图合作中实测结果进行了厘定。报告编写中根据调查对象所处区域位置以及报告编写体例的要求对所涉及调查对象进行统一穿插编排。为便于读者查对原始资料，报告中涉及的原登记表中的调查对象编码未做更改。以下对报告中涉及县域的调查对象、工作编号情况予以列表说明（表四）。

表四　长城资源调查工作编号释名表

县域	工作编号	释　名	备　注
彭阳县	PQ001	彭阳县第 1 段墙体	
	PB001	彭阳县第 1 号关堡	
	PD001	彭阳县第 1 号敌台	
	PF001	彭阳县第 1 号烽火台	
原州区	YQ001	原州区第 1 段墙体	宋长城墙体顺序编号
	YB001	原州区第 1 号关堡	宋长城关堡顺序编号
	YD001	原州区第 1 号敌台	宋长城敌台顺序编号
	YF001	原州区第 1 号烽火台	宋长城烽火台顺序编号
西吉县	XQ001	西吉县第 1 段墙体	
	XB001	西吉县第 1 号关堡	
	XD001	西吉县第 1 号敌台	
	XF001	西吉县第 1 号烽火台	

调查中采（征集）文物标本按采集地点归类、以传统的质地分类次序介绍。为了简洁方便，标本编号仅取相关调查对象编码的后四位。对调查项目中涉及的"自然与人文环境""保护管理状况"两项内容在报告第一章进行了集中归纳介绍；对"调查资料""备注""调查人"等相关情况在第一章"本次调查工作情况"以及报告正文中随文标注介绍。报告最后一章中对调查本体的一些共性内容进行了归纳讨论，并就本线长城调查所见主要病害类型提出相关保护措施与建议。

二　报告相关术语介绍

战国秦长城是由墙体、城址（城障）、敌台及相关设施等组成完整的军事防御工程体系。宋代时期沿长城挖设壕堑、修筑堡寨烽燧进行了维护利用。调查所见宁夏战国秦长城各类设施均为黄土夯筑。除墙体外，本次调查关堡可细分为城址、城障两类，虽然两者均为长城沿线承担防御功能的夯土设施，但城址一般规模较大，具有驻兵、行政等多重功能或沿用时代相对较长，而城障指紧靠长城墙体内侧设置的小型夯土城圈，形制相似，结构功能单位，为长城沿线驻兵栖身之处，有些仅存一道障墙。敌台属长城墙体设施，构筑于墙体上，骑墙而建，并突出于墙体里、外侧，用于观察、防御、驻兵的墩台。烽火台指在长城外侧、沿线设置的用于点燃烟火传递重要信息的高台，是长城防御系统的重要组成部分。

根据《长城资源调查工作手册》中"长城资源调查名称使用规范"中对墙体类别、墙体设施、关堡设施、烽火台设施、相关遗存、标本释名，以及"长城资源保存状况程度评价标准"中对主要调查对象所作的保存状况程度评价为参照依据，以下将本报告中涉及的其他相关术语予以列表介绍（表五）。

表五　长城资源调查术语释名及保存状况评价标准表

标准定名		具体说明
墙体设施	夯筑土墙	经夯打筑成、墙体外观以土筑为主
	山险墙	利用险要经人为加工形成的险阻，如：铲削墙、劈山墙等
	山险	指在地势险要之处，与墙体共同构成防御体系的山体、河流、沟壑等自然地物
	烽燧线	原未筑墙或原有墙体，但情况已不明，根据现存烽火台走向、分布情况确定的相关线路
	女墙	城墙顶上的矮墙，一般建于内侧
	敌台	突出城墙的高台，可分为空心和实心两种
	马面	依附于城墙外侧、与城墙同高的台子
关堡设施	堡墙	围筑关堡的墙体，在其上构筑其他防御设施
	护城河（城壕）	由人工挖凿，环绕关堡的防御用河或壕沟
	城门	在城墙墙体上开设的供平时交通和战时攻战敌我出入的通道
	城楼	墙体上的建筑物，有砖构、木构和砖木混合等类别，其主要功能为瞭望敌情和近距离射击敌人
	角楼	修建于城墙拐角处，用于观察、射击的楼台建筑
	马面	突出城墙的高台，可分为空心和实心两种
	瓮城	城门外侧加筑的突出于城墙外的城圈

标准定名		具体说明
烽火台（烽燧）	垛口	城墙顶部外侧连续凹凸的矮墙
	基址	建于城墙或者敌台上，供守城士兵巡逻放哨时遮风避雨的建筑，也是戍卒休息和储备军用物品的场所
	阶梯	登临烽火台顶部的通道，可以修建在烽火台上，也可以为移动的梯子
	围墙	围绕在烽火台台体之外的墙体
	生活设施	库房、居住所、马圈、水井等
	报警设施	积薪、烟灶等
	附墩	在烽火台周围设置的数座（一般为10座）石砌而成的附属墩台（本条术语《手册》中未涉及）
其他相关遗存	题刻	与长城有关的匾、额、文字砖、刻文等
	壕沟	用于阻敌的人工挖掘的深沟
	挡马墙	构筑在长城墙体外，平行于长城墙体或护城壕的墙体
	生活用具	长城守边官兵和居民的日常生活物品
	武器装备	长城沿线守边所用的军事防御器具
	建筑构建	修筑长城的各种构件，如砖、瓦等
长城本体保存状况程度评价标准	较好	墙基、墙体保存状况比例为 3/4 以上
	一般	墙基、墙体保存状况比例为 1/4 ～ 3/4
	较差	墙基、墙体保存状况比例为 1/4 以下
	差	墙基、墙体仅留地面痕迹，濒临消失
	消失	地面遗迹不存
关堡保存状况程度评价标准	较好	格局基本完整，建筑大部分保存状况，墙体保存状况 3/4 以上，其他设施保存状况 1/2 以上
	一般	格局不完整，建筑少量保存状况，墙体保存状况比例为 1/4 ～ 3/4，其他设施保存状况 1/4 ～ 1/2
	较差	格局尚可辨认，建筑无存，墙体保存状况比例为 1/4 以下，其他设施保存状况 1/4 以下
	差	格局不清，建筑无存，墙体濒临消失
（有附属设施）烽火台保存状况程度评价标准（无附属设施烽火台评价标准基本比照此条）	较好	主体保存状况 3/4 以上，主体设施保存状况比例为 1/2 以上，附属设施保存状况比例为 1/2 以上
	一般	主体保存状况比例为 1/4 ～ 3/4，主体设施保存状况比例为 1/2 以下，附属设施保存状况比例为 1/2 以下
	较差	主体保存状况比例为 1/4 以下，主体设施无存，附属设施无存
	差	仅存遗迹，濒临消失

第二章
彭阳县战国秦长城

　　彭阳县位于固原市东南部，县城所在的彭阳古城北距长城仅 7.5 千米。据史料记载，南北朝时北魏曾经于阳晋川（今红河川）一带因长城而设置长城郡，西魏又设长城县（今沟口乡境）。战国秦长城穿越东北部川塬丘岭，东起孟源乡玉源村糜岔塬与甘肃省镇原县马渠乡甘川村山庄湾交界处，走向是东南—西北向，由东向西经过孟源、城阳、崾岘、白阳、川口 5 个乡镇 10 个行政自然村，共计调查长城墙体 31 段，总长 53.051 千米，除消失段落外，现存墙体 33.191 千米。长城沿线调查敌台 68 座、宋代烽火台 5 座 [1]、城址（障）8 座，相关遗址 1 处。调查登记遗物标本 130 件。

　　彭阳县境内长城主要利用茹河上游小川河与小河的分水岭加以削整而成。长城无论修筑于山间、台地、川塬多采用黄土分层夯筑而成。而且取土多在墙体外侧，由此形成外高内低，外陡内缓的修筑特点，达到了易守难攻的防御目的。县境内的这段长城，因长期的自然和人为破坏，倾圮严重，除一些人迹罕至的山坡林带间墙体保存明显外，其余像孟源、长城塬等地段由于地势平坦、人口稠密，长城墙体多被毁坏，现仅保留一些敌台遗迹。而陡坡沟、小川河岸一带的长城由于临近河沟，多被山洪、河水崩塌冲毁，但长城沿线散布的绳纹瓦片等相关遗物仍较为多见。

第一节　糜岔塬—长城塬段战国秦长城墙体及敌台

　　此段长城从位于甘川塬畔甘宁省界处的糜岔塬村战国秦长城 1 号敌台处进入宁夏彭阳县境内，呈东北—西南方向，跨沟过涧，多次穿越甘宁省界，横穿甘川塬、全塬、孟家塬至长城塬，止于张沟圈城址东北角台处，墙体全长 17.403 千米，现存墙体 10.425 千米，调查敌台 23 座，城障 2 座。

　　（一）糜岔塬村战国秦长城墙体及敌台（编码 6404253821010 20001；编号 PQ001）

　　此段墙体起自孟源乡玉源村糜岔塬自然村东北塬畔长城敌台处 [2]，横穿甘川塬，向西南方向延伸，至孟源乡玉源村糜岔塬 3 号敌台（G004 点）截止，全长 908 米。墙体整体处于黄土塬地上，沿线地势较平缓，落差不大，南北两端均延伸入山坡及深沟。甘肃与宁夏两省区此段以长城墙体为界，北端出省界跨沟进入甘肃省镇原县马渠乡境。墙体用黄土夯筑而成，现存墙体顶部基本损毁，并辟为村道路基，

---

　　[1]　调查表中时代登记为战国秦。

　　[2]　根据最终测绘成果，此段墙体 G001—G003 区间有 200 余米已进入甘肃镇原地界，根据两省区调查队协商约定，此段纳入宁夏长城调查记录。

残存墙基略高于两侧农田，其中南段残留墙基较高，墙体大致呈南北向，走向较直，墙体之间分布有3座敌台。整体保存状况差。按其走向及保存现状，分为三段（图一）。

第一段，G001—G002，长119米。此段墙体起点处东北出宁夏彭阳县境与甘肃省镇原县境内战国秦长城相连接。起点处为糜岔塬1号敌台（PD001）。墙体地表以上因近代整修梯田，大部被平毁，残损严重，仅局部作为田埂、坟丘地得以保留，梯田地坎及田埂间残留部分有夯层墙基。地表仅北端残留有明显墙体痕迹，长5、基宽3.5、高1.8米。墙体两侧低凹形成壕沟，截面基本呈三角形，顶窄底宽，两侧均有不同程度的塌垮。止点处为乡村便道路口（彩图一七）。

第二段，G002—G003，长362米。此段墙体被村民平毁后作为乡村道路使用，残损较严重，大部仅存墙基，略高出两侧农田。该段墙基大部沿用为甘宁省界，墙基西北侧为甘肃镇原地界，东南侧为宁夏彭阳地界。G003点处为糜岔塬2号敌台（PD002）。

第三段，G003—G004，长427米。北段现被当地居民利用为乡间便道，南段墙体痕迹明显，两侧分布有民居，墙基作为地界保留，两壁被人为切削陡直。残宽1.5、残高1.2米。G004点处为糜岔塬3号敌台（PD003），墙体跨沟进入宁夏地界。

糜岔塬村战国秦长城1号敌台（编码640425352101020001；编号PD001）

该敌台处于糜岔塬长城段北端起点处，为宁夏彭阳县境内由东至西第一座长城敌台，也是宁夏境内长城调查起点处。位置在孟塬乡玉塬村糜岔塬自然村东北塬畔与甘肃镇原县马渠乡甘川村东北交界处，东北临深沟，跨沟与镇原界内长城相望，其余三面为梯田台地。

该敌台为黄土夯筑而成的实体建筑，形状呈不规则圆锥形，整体保存状况一般。台体东壁铲削较高，东南角有一处窑洞，底部坍塌堆积较高。南壁中部坍塌内凹，有一处小窑洞，壁面遍布蜂巢、鼠洞等大小孔洞，西壁被平整为耕地，北壁坍塌滑坡呈坡状，西北侧台底部边界已不清，四壁坡面均生长有少量杂草，台顶略鼓，不甚平整，长有茂密的野草。

北壁底部南北宽25.5、东壁底部东西长8.5米，顶部南北宽4、东西长4.8米，台高2～6米。夯层厚6～15厘米。方向195°。（图二；彩图一八）。

糜岔塬村战国秦长城2号敌台（编码640425352101020002；编号PD002）

该敌台处于糜岔塬战国秦长城中部、第二段墙体止点处。位于孟塬乡玉塬村糜岔塬村东北塬地上，台体四周地形较平坦，北、西、南面现均为农田，东侧南北向乡间公路为甘宁省界。西南侧临近民居村落。北距糜岔塬村战国秦长城1号敌台481米。

该敌台因自然坍塌及人为修路、取土铲削损毁严重，整体保存状况较差。台体黄土夯筑而成。现呈不规则状，东壁损毁呈楔形，壁面纵向裂隙明显，底部有一处被坍塌夯土封堵的小窑洞。南壁坍塌严重，

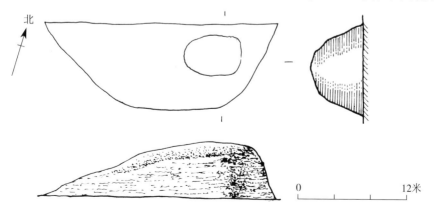

北

0　　　　　12米

图二　彭阳县糜岔塬村战国秦长城1号敌台平、剖面图

底部界限不清。西壁坍塌呈弧形，中部有一处小窑洞，窑洞内堆积有大量绳纹残瓦，壁面鼠洞较多。北壁壁面坍塌内凹，生长有少量杂草。顶部西高东低呈坡状，表面杂草覆盖。敌台东侧有彭阳县人民政府1985年6月制立长方形县级文物水泥保护碑一座，现已倾覆残毁。

敌台底部南北宽8.2、东西长2.9米，残高3.3米。夯层大致厚10～18厘米。方向180°（图三；彩图一九）。

糜岔塬村战国秦长城3号敌台（编码640425352101020003；编号PD003）

该敌台处于糜岔塬战国秦长城墙体止点处，位于孟塬乡玉塬村糜岔塬畔，地势由北向南下降，东北为台地，西为麻黄洼村低洼地，南临冲水沟，台体东南方向与墙体相连。北距糜岔塬村战国秦长城2号敌台427米。

该敌台黄土夯筑而成，形制为不规则圆形。残损情况较严重，整体保存状况较差。台体东壁北侧与墙体相连，壁面较直，夯层明显，东南角有一被塌土封堵的小窑洞。南壁坍塌滑坡严重，中部有登台便道。西壁因修路，壁面被斜向铲削较直。壁面布满黑苔斑，长有杂草。北壁中部有流水冲蚀形成的坑洞，生长有较多杂草。顶部高低不平，整体朝西北倾斜，表面杂草茂密。台体东侧有一条下山的乡村便道。

敌台底部东西长6.4、南北宽15.2米，残高3米。夯层大致厚9～18厘米。方向180°（图四；彩图二〇）。

（二）张家坬村战国秦长城墙体及敌台（编码640425382101020002；编号PQ002）

此段墙体自孟塬乡玉塬村糜岔塬3号敌台（G004点）开始，由北向南至孟塬乡玉塬村张家坬堡子沟西南（G011点）截止，全长2026米。该段墙体跨沟修筑，处于张家坬自然村南阴面山坡及沟谷地段，地势北高南低，落差将近200米。北侧山坡段墙体保存相对较好，沟底及两侧谷底墙体因山洪冲毁及整修农田而大部已消失无存。大致呈南北向。其间分布有3座敌台。整体由黄土夯筑而成，断面处夯层较为清晰。按其走向特征及保存现状分为七段。

第一段，G004—G005，长157米。保存状况一般。此段墙体呈东北—西南向。墙体较高大，顶部宽平，长满杂草。墙体西侧临墙有一条乡村小路，在此段中部穿墙而过，形成破坏豁口，道路豁口宽2.8

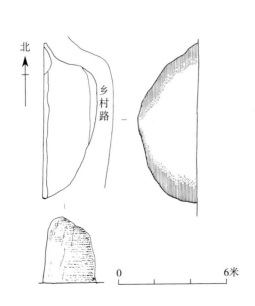

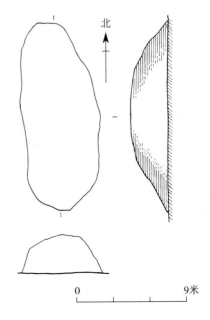

图三　彭阳县糜岔塬村战国秦长城2号敌台平、剖面图　　　　图四　彭阳县糜岔塬村战国秦长城3号敌台平、剖面图

米。两侧因拓宽道路墙体壁面被铲削侵占，壁面夯层较清晰，南端处因居民建打麦场遭破坏被推平。现存墙体顶部因风雨侵蚀向两侧坍塌，剖面呈梯形，底部残宽8、顶部残宽2.5米，残高5米。夯层厚9～12厘米（彩图二一）。

第二段，G005—G006，长188米。保存状况一般。呈东北—西南向。G005点处为墙体拐点，墙体沿坡降地形向西南塬畔延伸。因修路及修整梯田，墙体两侧遭铲削破坏，局部有坍塌及横穿墙体的豁口。残留墙体剖面呈梯形，底部残宽3～12、顶部残宽2.5～3米，残高4.5米左右。夯层厚10～14厘米。G006点处为张家圿1号敌台（PD004）。

第三段，G006—G007，长233米。保存状况较差。此段墙体处于山脊之上，沿山脊顶部向南侧山坡下延伸，地势北高南低，落差较大。墙体内外两侧被修整为较窄的东西向梯田，种植山杏等树木。残留墙体顶部西侧因植树坑被铲削呈女墙状，起点西南100米处有一处宽2米的村道豁口，豁口南侧墙顶生长有一棵碗口粗细的老榆树。沿线瓦片等标本较少。豁口处墙体断面底宽10.4、顶部残宽1.5～5米，断面高2.2、外侧斜高7米。

第四段，G007—G008，长140米。保存状况差。此段墙体所处坡面地形陡峭，墙体呈宽平的土垅状，墙顶生长有榆树等树木植被，两侧均为宽大的冲沟，墙体断面处夯层不太明显。G008点处为张家圿2号敌台（PD005）。

第五段，G008—G009，长185米。消失。此段处于张家圿沟底，现为流水侵蚀形成的东西向自然深沟横穿墙体，沟底有季节性流水，沟深40余米。墙体已遭自然因素侵蚀损毁。

第六段，G009—G010，长661米。保存状况较差。此段墙体跨沟后沿坡底台地边缘修筑，现基本被平整利用为梯田地坎，上部因平整田地修筑梯田已与周围地表持平，外侧水冲豁口处壁面暴露夯层明显。西侧地坎高2～5米。夯层厚13～17厘米。G010点处为张家圿3号敌台（PD006）。

第七段，G010—G011，长462米。消失。此段墙体跨过三沟交错的侵蚀谷底，延伸至沟对岸甘肃镇原县城墙湾村，沟间绝壁台地上有一座民国时期修筑的防匪小土堡，地形崎岖复杂，通行困难。谷底海拔高度1422米，由于整修梯田及耕种破坏，墙沟谷平地墙体也因耕种平毁消失无痕迹。墙沟谷宽约50～200、深20～35米。

张家圿村战国秦长城1号敌台（编码640425352101020004；编号PD004）

该敌台处于张家圿村战国秦长城第二段止点处，位于孟塬乡玉塬村张家圿自然村高低起伏较大的山前台地之上，地势由北向南下降，东西两侧为壕沟，南临缓坡至张家洼大沟。北距糜岔塬村战国秦长城3号敌台345米。

敌台用含细沙黄土夯筑而成。形制呈不规则圆形，南北两端与墙体相连，东西两侧略鼓，顶部高突，残留部分坍塌、残损情况较为严重。整体保存状况较差。东壁呈峭直的斜坡状，上部长有稀疏杂草，中下部有条状雨冲壕及水蚀洞。南壁及西壁呈坡状，表面滑坡呈阶梯状，密布黑苔斑及杂草。西壁及东壁底部被人为铲削栽种山杏树。台顶呈圆形，表面有少量风积沙。

敌台底部东西长16.8、南北宽15.8米，台顶东西长2.1、南北宽3.8米，台体残高4.7、台面斜高15米。夯层厚13～15厘米。方向210°（图五；彩图二二）。

张家圿村战国秦长城2号敌台（编码640425352101020005；编号PD005）

该敌台处于张家圿村战国秦长城第四段止点处，位于孟塬乡玉塬村张家圿沟底山坡台地之上，接近沟底平地。东北30米处为村民住宅，南侧下面为台地，西侧为洼地，北距张家圿村战国秦长城1号敌台373米。

敌台用含细沙黄土夯筑而成。坍塌、残损严重，整体保存状况较差。北侧与墙体相连，东西两侧

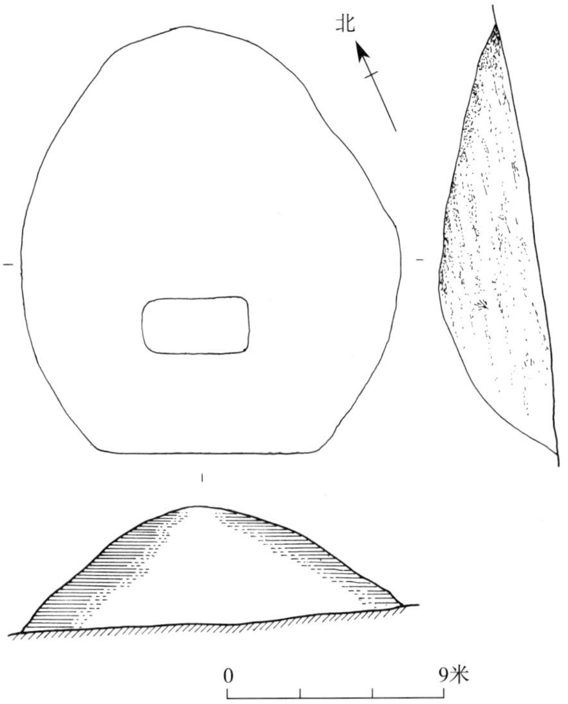

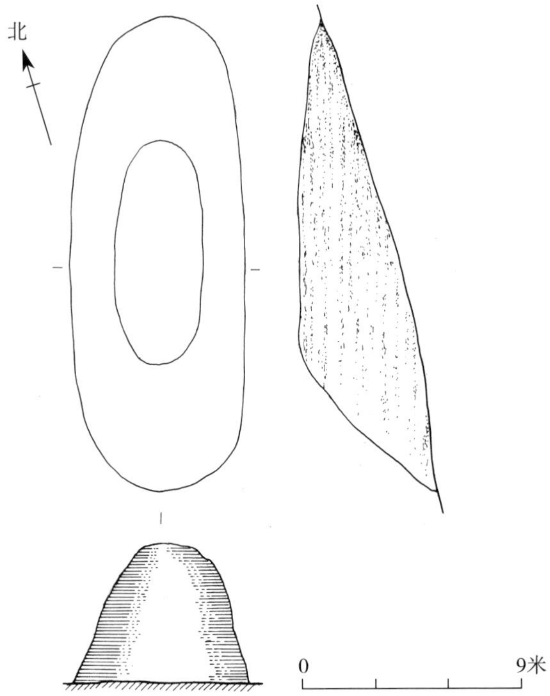

图五　彭阳县张家坬村战国秦长城 1 号敌台平、剖面图　　图六　彭阳县张家坬村战国秦长城 2 号敌台平、剖面图

突出墙体，呈圆形土丘状，四周及台顶均生长有较多灌木类植物，西侧壁面较直，底部被铲削用以栽种山杏等树木，断面暴露夯层，东、南、北侧均坍塌为漫坡状，敌台表面长满黑刺等灌木丛及苔藓植被，东西两侧有零星的板瓦残片。

敌台底部东西长 7、南北宽 19 米，台顶东西长 3 ～ 6、南北宽 9 米，台体残高 5.7、斜高 8 米。夯层厚 12 厘米。方向 200°（图六；彩图二三）。

张家坬村战国秦长城 3 号敌台（编码 640425352101020006；编号 PD006）

该敌台处于张家坬村战国秦长城第六段止点处，位于孟塬乡玉塬村张家坬自然村高低起伏较大的沟底台地之上，东侧为农居，北侧临乡村便道，西南两侧为沟台地，台体处于村民张孝成院门外麦场内。墙体从山顶至谷底敌台处地势落差 168 米。北距张家坬村战国秦长城 2 号敌台 846 米。

台体黄土夯筑而成。残留敌台坍塌、破坏情况严重，整体保存状况差，据老乡介绍，原为圆丘状，较为高大，因其建房被切削利用，曾出土较多瓦片。残存部分呈不规则土丘状。东、南、西壁下底部被铲削用以拓宽路面，中上部均布满黑斑及小型灌木类植被，北壁被当地村民平整碾压为打谷场，断面掏挖有储物窑洞。敌台底部东西长 5、南北宽 8 米，残高 2.2 米。夯层厚 11 ～ 13 厘米。方向 180°（图七；彩图二四）。

（三）转子台村战国秦长城墙体及敌台（编码 640425382101020003；编号 PQ003）[1]

此段土墙自孟塬乡玉塬村张家坬堡子沟西南（G011 点）墙体断面处开始，由东北向西南至孟塬乡草滩村转子台自然村 2 号敌台（G015 点）截止，全长 773 米。此段墙体跨沟沿堡子沟底向梁顶修筑，地势北低南高，落差 174 米。墙体内侧（东南侧）为甘肃省镇远县的城墙湾村，沟底为农田台地，因耕作及山洪冲毁墙体已消失无存。墙体所处山梁当地人称“城墙梁”，长城位于南北两沟之间山巅之

[1]　根据最终测绘成果，此区域墙体 G011—G019 区间有 1600 余米位于甘肃镇原地界，根据两省区调查队协商约定，此段纳入宁夏长城调查记录。

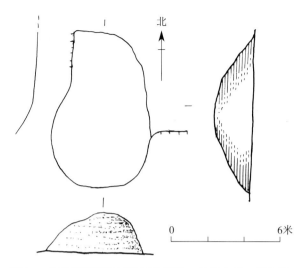

图七　彭阳县张家圿村战国秦长城 3 号敌台平、剖面图

上，西距宁甘两省交界梁顶约 150 米。沿线分布有 2 座敌台，整体由黄土夯筑而成，断面处夯层清晰。墙体保存状况一般。按其走向特征及保存现状分为四段。

第一段，G011—G012，长 184 米。此段墙体沿城墙梁山坡北麓向坡顶延伸，山坡陡峭，植被稀疏。墙体顶部因风雨侵蚀向两侧塌垮，仅存墙基呈宽大土垄状，两侧有明显的水冲沟，西侧壕沟与墙体方向一致，可能为筑墙取土所形成，西侧墙基因耕种铲削较峭直，东侧墙顶呈陡坡状，墙顶夯土坚硬，中间有一道宽 0.3 米的纵贯小水沟。起点向南 33 米处有一处宽 4.4 米洪水冲毁的豁口。北端起点处墙体底宽 7.8、顶宽 2.8、高 2.5 米。南端 G012 点处为一处于半山腰的乡村便豁口，豁口宽 4.5、断面底宽 4.7、顶宽 1.2 米，残高 2.9 米。夯层厚 15 厘米。断面有四道纵向版缝，版幅宽 0.7 ～ 0.9 米。底部由于修路下挖，致使墙基悬空 0.5 ～ 0.8 米。

第二段，G012—G013，长 169 米。此段墙体位于城墙梁半山腰处，沿山脊向山顶延伸，山体陡峭，视野开阔，地形十分险要。墙体北端为盘山村路豁口，南端为转子台村战国秦长城 1 号敌台（PD007）。墙体顶部踩踏形成一道宽约 1.5 米的上山土路，延伸至转子台 1 号敌台处穿越至墙体外侧，墙体外侧坡面斜缓，内侧因修整梯田铲削较直。墙顶散落有零星灰陶瓦片。临近转子台 1 号敌台处墙体外侧有一下切约 20 余米的自然冲沟，墙体遭侵蚀而局部崩塌。中部墙体保存较好处底宽 7.7、顶宽 2.9 米，内高 0.6、外高 2.8 米（彩图二五）。

第三段，G013—G014，长 163 米。止点处为山梁低缓处，此处现为以穿墙而过的三岔村道豁口，亦为墙体向南折拐的拐点处。此段墙体南段约 50 米被整修为三级梯田，墙体痕迹已不明显，其余地段呈土垄状，保存状况一般。村道豁口宽 4.3、墙体断面底宽 3.8、顶宽 1.3 米，墙高 2.2 米，底部因修路取土下切 2.4 米。

第四段，G014—G015，长 257 米。起点处三岔路村道豁口东西向穿墙而过，墙体东侧有一条土路向山顶延伸，局部切削墙基，起点处墙体断面内侧露出褐色路土层，厚约 0.1 米，距地表深 0.4 ～ 0.7 米，此段墙体两侧因整修梯田被铲削峭直，墙顶宽数十厘米，仅容单人通行，大部高 2 米余，局部高 4 ～ 5 米，墙体内外两侧分布有大小不一的田鼠洞，墙顶埋设有电线杆。墙体底宽 3.8、顶宽 1.3 米，内高 2.2 米。起点处墙体东侧纵向版距 1.6 ～ 2.6 米，G015 点处为转子台 2 号敌台（PD008）。

转子台村战国秦长城 1 号敌台（编码 640425352101020007；编号 PD007）

该敌台处于转子台村战国秦长城墙体 2 段止点处，位于孟塬乡草滩村转子台自然村东城墙梁中部山坡上。北距张家圿村战国秦长城 3 号敌台 815 米。

敌台黄土夯筑而成，整体保存状况一般。台体两侧均与长城墙体相接，南高北低，四周被修整为梯田。台体四周坍塌堆积呈漫坡状，顶部较浑圆，残留部分东西两侧略突出墙体，平面形制略呈不规则半圆形。台体西南侧地势较高，西壁因修整梯田，壁面铲削较直，壁面附着一层黑苔斑，东北侧地势较低，沿台体底部铲削形成一道南北向梯田断面。顶部坡面因滑坡呈阶梯状，西南侧掏挖有坑洞，表面长有野生柠条等少量植被。底部南北长17.5、东西宽7.2米，南侧高6.3、北侧高6.1、西侧高7.0米。敌台西南侧较东北侧高2.5～3.2米。夯层厚10～13厘米。方向210°（图八；彩图二六）。

转子台村战国秦长城2号敌台（编码640425352101020008；编号PD008）

该敌台处于转子台村战国秦长城墙体西南止点处，位于孟塬乡草滩村转子台自然村东山梁顶部，地势较高，四周视野开阔。北距转子台村战国秦长城1号敌台420米。

台体黄土夯筑而成，南北两侧与墙体相连。台体平面形制不甚规则，顶部浑圆，底部塌陷呈半圆形。整体保存状况一般。四壁与顶部均长有杂草，东、西壁壁面有大片黑苔斑；顶部凹凸不平，坡面滑坡呈阶梯状。台体东西两侧底部均被当地村民平整田地铲削较直。

敌台底部东西长15、南北宽22米，顶部直径5米，高4.6～7米，夯层厚6～15厘米。方向180°（图九；彩图二七）。

（四）马嵝岘村战国秦长城墙体及敌台（编码640425382101020004；编号PQ004）

此段土墙自孟塬乡草滩村转子台村2号敌台（G015点）开始，由东北向西南至孟塬乡草滩村马嵝岘自然村（G023点）截止，全长1752米。保存状况较差。整体用黄土夯筑而成，断面处夯层清晰。此段墙体穿过较平坦的全塬塬地，墙体两侧民居分布较多。南北两端在甘肃镇原县境内，中部段落在宁夏彭阳县地界，西南沿白草坬山坡而下，地势落差较大，坡底为三沟交汇地带，墙体至沟底消失。墙体间分布有3座敌台，在全塬西侧沟畔墙体东南（内侧）分布有一座城障。按其走向特征及保存现状分为八段。

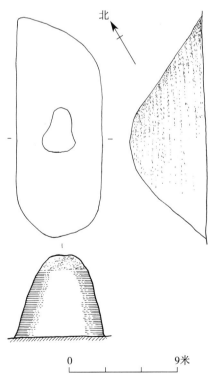

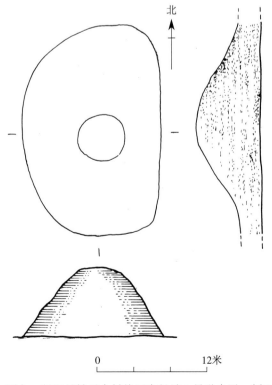

图八　彭阳县转子台村战国秦长城1号敌台平、剖面图　　　图九　彭阳县转子台村战国秦长城2号敌台平、剖面图

第一段，G015—G016，长 86 米。保存状况较差。此段墙体内侧因修路遭到破坏，仅外侧留有痕迹。墙体在 G016 点处拐向西南方向，此处夯层及版距暴露明显，墙面分版夯筑间距在 1.4～2 米，夯层厚 9～12 厘米。

第二段，G016—G017，长 284 米。保存状况较差。墙体处于塬上，有一条便道与墙体平行并穿墙而过，南段墙体大部被平毁为路基，北段墙体尚存，外侧临墙居住一户人家，墙体两侧壁面铲削陡直，顶部人为踩踏形成路面。G017 点处为马嵝岘村 1 号敌台（PD009）。

第三段，G017—G018，长 166 米。保存状况差。沿线墙体仅残存部分墙基。其间墙体外侧有一道南北向冲沟，地势低洼，沟内种植山杏，可能为筑墙取土形成的壕沟，墙体遗迹主要在沟南拐弯处。止点有一条东西向砂石路穿墙而过。

第四段，G018—G019，长 290 米。保存状况较差。此段墙体处于全塬塬顶平地上，走向大致呈东西向。沿线墙体大部被平整为梯田，仅局部墙基作为地坎得以保留，西端长约 70 米墙体被修理成为梯田，顶部已无痕迹，但从侧面观察，其夯层仍较清晰，该段墙体南侧面还有一处小窑洞，壁面已被烧成红烧土，洞壁夯层因受力下陷呈弧形。G019 点处为马嵝岘村 2 号敌台（PD010），此段墙体以该敌台为界，出甘肃镇原县境，进入宁夏彭阳县境内。

第五段，G019—G020，长 226 米。保存状况较差。该段墙体被修整为南北向梯田，上部仅存约 0.5 米高的墙体用来保护耕地，外侧尚有高 1～2.5 米的墙体，其夯层明显。止点处墙体走向开始向塬畔山坡延伸。此段墙体南侧有城障一座。

第六段，G020—G021，长 204 米。保存状况较差。该段墙体处于山坡地带，大部呈土垄状，地势陡峭，落差较大。两侧局部因修筑梯田形成峭壁，墙体遭铲削破坏，残留遗迹形似串珠状，两侧有顺坡水冲壕，部分形成水蚀洞。G021 点处为马嵝岘村 3 号敌台（PD011）（彩图二八）。

第七段，G021—G022，长 56 米。保存状况较差。此段墙体向山坡下延伸至沟底被一道西北—东南走向的自然冲蚀深沟破坏消失。墙体两侧铲削呈脊状，宽 3～8 米，高 1～1.5 米。沟内有一舌形切割台地，两侧临深沟，后端有一堵近代夯土墙，形成一处位置绝佳的防匪民堡。墙体从山顶至沟底消失处高程落差达 102 米。

第八段，G022—G023，长 440 米。消失。此段横跨深达 90 余米的两道谷底深沟进入甘肃镇原县境内，沟畔村落为白草坬，墙体为流水侵蚀严重，已消失无存，止点处在沟西谷地墙体断面处。从山顶城障处至沟底高差约 100 米。

马嵝岘村战国秦长城 1 号敌台（编码 640425352101020009；编号 PD009）

该敌台位于孟塬乡草滩村马嵝岘自然村北长城梁坡顶全塬北侧塬畔处，处于马嵝岘村战国秦长城第二段墙体止点处，台体东侧有一条村道穿过，数十米外临近一户民居，西北侧为耕地。北距转子台村战国秦长城 2 号敌台 369 米。

台体黄土夯筑而成，四壁因修路、耕种破坏严重，残留部分平面形制呈方形，四壁较陡直，整体保存状况一般。东侧断面夯层、版距清晰。顶部凹凸不平长有杂草。北、南、西壁壁面均有部分黑苔斑。东壁底部有一处小窑洞，东南角掏挖有一处地穴式马铃薯窖。四周底部散布少量瓦片。

敌台底部东西长 12、南北宽 10.2 米，顶部直径 3.5 米，北侧高 3.9、南侧高 6 米。东壁窑洞高 1.8、宽 1.5、进深 1.4 米；东南角菜窖窑洞入口高 2.9、宽 2.6、进深 3.8 米。夯层厚 10～15 厘米。方向 228°（图一〇；彩图二九）。

马嵝岘村战国秦长城 2 号敌台（编码 640425352101020010；编号 PD010）

该敌台位于孟塬乡草滩村马嵝岘自然村路南侧平地上，西侧路北有村落民居。北距马嵝岘村战国

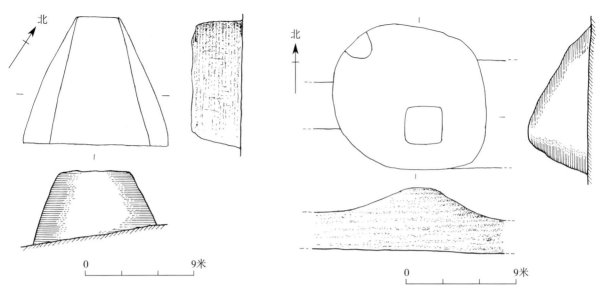

图一〇　彭阳县马嵝岘村战国秦长城 1 号敌台平、剖面图　　　图一一　彭阳县马嵝岘村战国秦长城 2 号敌台平、剖面图

秦长城 1 号敌台 434 米。

台体呈圆丘状，黄土夯筑而成，顶小底大，顶部略平，顶面凹凸不平，平面形制不甚规则。整体保存状况一般。台体东西两侧底部均被当地村民修田取土铲削破坏。西侧有一人为掏挖的土洞。顶部及四壁均长有杂草。

敌台底部东西长 12.5、南北宽 11.5 米，高 5.1 米。西壁土洞高 2.1、宽 1.8、进深 1.7 米。夯层厚 10～15 厘米。方向 270°（图一一；彩图三〇）。

马嵝岘村战国秦长城 3 号敌台（编码 640425352101020011；编号 PD011）

该敌台位于孟塬乡草滩村马嵝岘自然村东山坡上，地形北高南低，落差较大。北距马嵝岘村战国秦长城 2 号敌台 442 米。

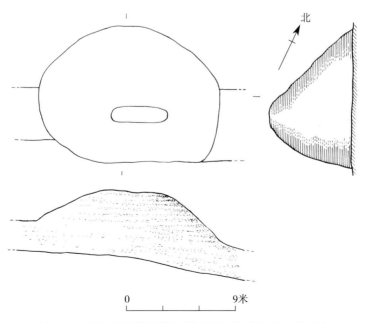

图一二　彭阳县马嵝岘村战国秦长城 3 号敌台平、剖面图

台体黄土夯筑而成，南北两侧与墙体相连，东西侧略鼓，顶小底大，平面呈椭圆状，保存状况一般。顶部浑圆，四壁壁面均有部分黑苔斑，长有杂草。台体西壁被当地农民整修梯田铲削较直。

敌台底部东西长 15、南北宽 11 米，顶部东西长 4.8、南北宽 1.2 米，高 5.5 ～ 6.5 米。方向 248°（图一二；彩图三一）。

（五）阳圸台村战国秦长城墙体及敌台（编码 640425382101020005；编号 PQ005）

此段土墙自孟塬乡草滩村马崾岘自然村南（G023 点）省界沟畔南侧开始，再次进入甘肃省镇原县武沟乡孟庄村白草圸，由东北向西南至孟塬乡草滩村阳圸台自然村 6 号敌台（G032 点）截止，全长 1863 米。此段墙体从甘肃省镇原县境内沿城墙梁山坡地向西南山顶修筑，两端出入宁夏彭阳县境。地势北低南高，落差 150 余米。此段墙体黄土夯筑而成，延绵起伏，断续尚存，断面处夯层清晰。沿线分布有 6 座敌台。按其走向特征及保存现状分为九段（图一三）。

第一段，G023—G024，长 99 米。保存状况一般。墙体沿城墙梁阳面山坡修筑，北侧有一平行的冲沟，可能为筑墙取土及后期雨水冲刷形成，墙体外侧被洪水冲刷成峭壁。西南段靠近阳洼台 1 号敌台处墙体保存较好，南侧有一条土路并行，地表有少量绳纹瓦片。墙体底宽 7、顶宽 1 米，高 1 ～ 3 米。夯层厚 9 ～ 14 厘米。G024 点处为阳洼台 1 号敌台（PD012）。

第二段，G024—G025，长 229 米。保存状况一般。起点敌台西南侧 11 米处墙体因修路被平毁形成一处宽 29 米的豁口。豁口以西墙体保存状况一般，继续沿山脊上行，墙体两侧山坡为退耕地，种植有杏树及少量灌木，墙体内侧被铲削较直。南部山坡较斜缓，墙顶有一直径约 0.3 米的小叶杨树，树底断面夯层 9 ～ 10 厘米，墙体底宽 8、顶宽 0.3 ～ 1.6 米，高 5.5 ～ 6.8 米。G025 点处为阳圸台 2 号敌台（PD013）。

第三段，G025—G026，长 106 米。保存状况较差。此处墙体被推平，地表仅存 0.3 米高的田埂小道，南侧有高约 3 米的地坎。墙体底宽 9、顶宽 0.7 ～ 2.5 米，高 2 ～ 6 米。

第四段，G026—G027，长 169 米。保存状况一般。此段墙体走向斜向西南，两侧因种植退耕林而被修整陡峭，墙体宽大，顶部拱形，被踩踏出一条小道。墙顶挖设有蓄水槽，止点处为山坳低洼处，现为村道豁口。墙体底宽 3 ～ 6、顶宽 0.8 ～ 2 米，高 2 ～ 5 米。豁口宽 53 米，中间道路宽 1.5 米，南侧墙体断面斜宽 11.4 米，断面高 2 ～ 2.9 米。蓄水槽长 3、宽 0.4 ～ 0.65、深 0.5 ～ 0.7 米。

第五段，G027—G028，长 141 米。保存状况一般。此段墙体临近山坡顶部塬地，南侧有数户居民。底宽 5 ～ 7.5、顶宽 1.6 米，高 2.8 米。夯层厚 8 ～ 10 厘米。G028 点处为阳圸台 3 号敌台（PD014）。

第六段，G028—G029，长 294 米。保存状况较差。此段墙体所处山梁地势相对平缓，残留墙体较低矮，两侧为人工梯田，墙体被铲削严重，局部仅宽数十厘米。其间有一处 2 米宽的村道豁口。保存较好处墙体底宽 3 ～ 9、顶宽 0.8 ～ 2 米，高 2.5 ～ 4 米。夯层厚 8 ～ 12 厘米。G029 点处为阳圸台 4 号敌台（PD015）（彩图三二）。

第七段，G029—G030，长 517 米。保存状况较差。该段因修造梯田破坏严重，墙体时断时续，只有局部较高大，但痕迹基本保持连续，大部分墙体顶部现已被用作田间小道，采集灰陶筒瓦残块 1 件。墙体底宽 1.3 ～ 8、顶宽 0.15 ～ 2 米，高 1 ～ 4 米。G030 点处为阳圸台 5 号敌台（PD016）。

第八段，G030—G031，长 200 米。保存状况较差。该段墙体较高大，墙体南侧有一土路并行，北侧为梯田，并种有柠条，为封山育林地带。止点为墙体拐点，墙体向东南折拐。此处有一宽 5 米的村路穿长城豁口，豁口处墙体底宽 5、顶宽 1.7 米，高 3 米。

第九段，G031—G032，长 108 米。保存状况一般。此段墙体临近坡顶塬畔，两侧为梯田，墙体作为地坎保留。起点西侧 20 米处有国务院 1990 年树立的甘宁 214 号省界碑，界碑南侧沿墙体挖有一方形蓄水坑，边长约 10、深约 2.5 米。G032 点处为阳圿台 6 号敌台（PD017）。

阳圿台村战国秦长城 1 号敌台（编码 640425352101020012；编号 PD012）

该敌台位于孟塬乡草滩村阳圿台自然村，东北部为深沟、南部为台塬地貌。北距马嵋岘村战国秦长城 3 号敌台 599 米。

台体黄土夯筑而成，形体高大，平面略呈椭圆形，保存状况一般。顶部及四壁均长有大量杂草，北壁壁面大部覆盖黑苔斑。台体北壁和南壁底部被当地村民平整田地时铲削大部。

敌台底部东西长 16、南北宽 14 米，台高 2.7 ～ 8.3 米。东壁方向 253°（图一四；彩图三三）。

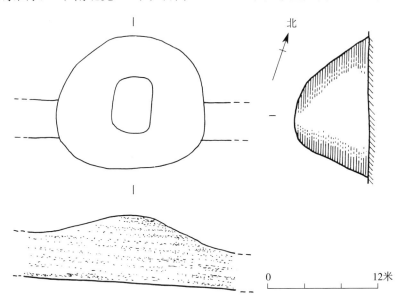

图一四　彭阳县阳圿台村战国秦长城 1 号敌台平、剖面图

阳圿台村战国秦长城 2 号敌台（编码 640425352101020013；编号 PD013）

该敌台位于孟塬乡草滩村阳圿台自然村东城墙梁山坡上，地势南高北低。北距阳圿台村战国秦长城 1 号敌台 231 米。

台体黄土夯筑而成，平面略呈圆形，东北侧突出墙体，顶小底大，顶部略凸鼓，四壁坍塌堆积呈斜坡状，长有大量杂草，四周底部因修梯田被铲削较直。保存状况一般。

敌台底部东西长 16.7、南北宽 17.1 米，顶部东西长 4、南北宽 3.6 米，台南高 8.4、北高 4.4 米。方向 248°（图一五；彩图三四）。

阳圿台村战国秦长城 3 号敌台（编码 640425352101020014；编号 PD014）

该敌台位于孟塬乡草滩村阳圿台自然村东城墙梁梁顶坡地上，四周为梯田。北距阳圿台村战国秦长城 2 号敌台 410 米。

台体黄土夯筑而成，西南侧与墙体相连，东北侧突出墙体较多，顶部浑圆，高出墙体，平面呈椭圆形，保存状况一般。四壁滑坡呈坡状，表面长有大量杂草。台体东北侧临梯田，四周底部被当地农民平整田地时铲削一圈。断面内夹杂有绳纹瓦片。

敌台底部东西长 20、南北宽 12.5 米，顶部东西长 5、南北宽 4 米，台高 7 ～ 10 米。方向 270°（图一六；彩图三五）。

阳圿台村战国秦长城 4 号敌台（编码 640425352101020015；编号 PD015）

该敌台位于孟塬乡草滩村阳圿台自然村，东北部为深沟、南部为台塬地貌。北距阳圿台村战国秦

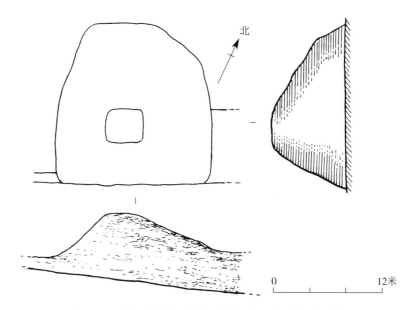

图一五　彭阳县阳洼台村战国秦长城 2 号敌台平、剖面图

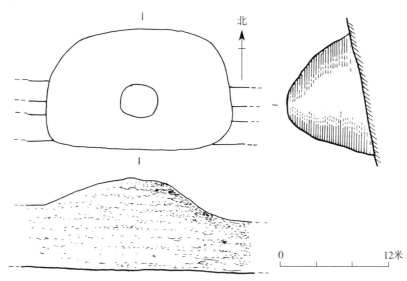

图一六　彭阳县阳洼台村战国秦长城 3 号敌台平、剖面图

长城 3 号敌台 290 米。

黄土夯筑而成，形体高大，平面形制略呈椭圆形，顶部浑圆，东西两侧呈斜坡状，南北两侧因铲削较陡直，保存状况一般。顶部及四壁均长有大量杂草，东南铲削壁面分布有较多的风蚀凹坑及蜂巢鼠洞，北壁壁面附着一层黑苔斑。因当地农民平整田地时铲削破坏，台体南、北侧底部呈峭壁。四周地表及台顶散布较多绳纹瓦片，采集鼓弦纹瓮口沿残片 1 件。

敌台底部东西长 19、南北宽 11.6 米，顶部东西长 5.2、南北宽 3.2 米，台高 6.6～10 米。夯层厚 8～12 厘米。方向 230°（图一七；彩图三六）。

阳洼台村战国秦长城 5 号敌台（编码 6404253521010020016；编号 PD016）

该敌台位于孟塬乡草滩村阳洼台自然村东城墙梁坡地上，北距阳洼台村战国秦长城 4 号敌台 518 米。

台体黄土夯筑而成，东西两侧与墙体相连，北侧突出墙体明显，平面形制略呈椭圆形，顶部浑圆，保存状况一般。台体南侧为陡坡，北侧坡面滑坡呈阶梯状，底部因修整田地铲削较直。台体表面及四周地表长有大量杂草，台顶顺墙踩踏出一条小路，南侧底部铲削出一条上山土路，地表散布较多绳纹瓦片。

敌台底部东西长 30、南北宽 8.5 ～ 14.6 米，台顶径约 4 米，台高 7 ～ 10 米。方向 245°（图一八；彩图三七）。

阳洼台村战国秦长城 6 号敌台（编码 640425352101020017；编号 PD017）

该敌台位于孟塬乡草滩村阳洼台自然村东塬平地上，四周为梯田，北距阳洼台村战国秦长城 5 号敌台 316 米。

台体黄土夯筑而成，东西两侧与墙体相连，顶部浑圆，高出墙体，平面形制呈半椭圆形，南侧大半被铲削平毁为耕地，仅剩北侧突出墩台，整体保存状况较差。北侧壁面呈缓坡状，底部因耕地被铲削，表面生长杂草。南壁铲削形成两层梯田台地，断面坍塌及水蚀坑洞较多，底部壁面较陡直。顶部踩踏有一条登台小道。

敌台底部东西长 17.3、南北宽 12.3 米，顶部东西长 4.4、南北宽 2.8 米，台高 7 米。方向 270°（图一九；彩图三八）。

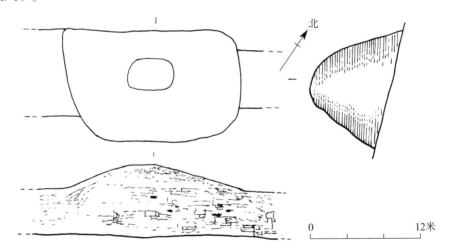

图一七　彭阳县阳洼台村战国秦长城 4 号敌台平、剖面图

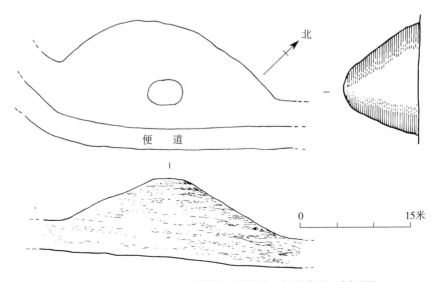

图一八　彭阳县阳洼台村战国秦长城 5 号敌台平、剖面图

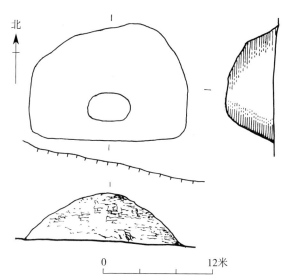

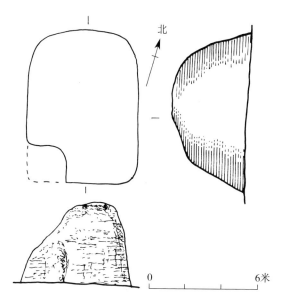

图一九　彭阳县阳坬台村战国秦长城 6 号敌台平、剖面图　　　　图二〇　彭阳县草滩村战国秦长城敌台平、剖面图

（六）草滩村战国秦长城墙体及敌台（编码 640425382101020006；编号 PQ006）

此段土墙自阳坬台村 6 号敌台（G032 点）开始，由东北向西南至孟塬乡赵山庄刘家堡子东北沟畔（G035 点）截止，全长 1554 米。此段墙体大部分处于孟家塬塬地上，由于所处区域塬面平坦、人口稠密，受居民建房修路、平田整地等生产生活影响，地表墙体大部已毁无存，但墙基仍沿用为省界，整体保存状况差。县道镇（原）—草（庙）公路从塬地中部南北向穿墙而过。其间分布有 1 座敌台。墙体起点东南侧 30 米处为草滩村城障（PB001）。按其走向特征及保存现状分为三段。

第一段，G032—G033，长 404 米。此段墙体处于城墙梁顶塬地上，地形相对平坦，墙体现已被辟为一条土路，仅局部保存有墙基，断面可见夯层。墙体东南侧 30 米处为草滩村城障（PB001），止点处为草滩村敌台（PD018）（彩图三九）。

第二段，G033—G034，长 935 米。此段墙体中华人民共和国成立后已被平毁利用，地表保留痕迹较少，大部为乡间土路、少部农田侵占，但当地居民仍能指认其走向，甘宁省界依墙体走向划分。止点处为镇庙公路穿墙处。

第三段，G034—G035，长 215 米。止点处为刘家堡子东北沟畔，崖壁陡峭，沟深百余米。沟畔原有一座敌台，由于水土流失、山洪侵蚀而崩塌消失。刘家堡子为民国时期财主刘杰修建，1935 年 10 月 9 日，红军长征路过此地，刘杰父子负隅顽抗，堡寨被攻破。现残存部分墙体，堡内废弃无人居住，有一颗双人合抱高大的核桃古树，枝繁叶茂，为方圆数里所仅见。

草滩村战国秦长城敌台（编码 640425352101020018；编号 PD018）

该敌台位于孟塬乡草滩村东南塬地沿长城墙基划分的省界上，两端墙体已毁，北距阳坬台村战国秦长城 6 号敌台 1365 米。

台体黄土夯筑而成，孤独耸立于农田耕地内。平面形状因破坏近似方形，四壁坍塌严重，保存状况较差。东侧壁面坍塌土呈斜坡状堆积，西侧壁面坍塌内凹，纵向裂隙密集，西南角原挖有一小窑洞，洞口现已被坍塌土块封堵，断面夯层暴露明显，窑洞内堆积有少量灰陶瓦片等遗物，敌台顶部竖立一块大地测量坐标点水泥桩。东、南壁面附着少量黑苔斑。顶部及东壁均长有白刺等野生植物。

敌台底部东西长 6、南北宽 8 米，台高 3～4 米。方向 250°（图二〇；彩图四〇）。

（七）施家坪村战国秦长城墙体及敌台（编码640425382101020007；编号PQ007）

此段墙体自孟塬乡赵山庄刘家堡子东北沟畔（G035点）开始，出甘肃省界，由东北向西南方向延伸至宁夏彭阳县孟塬乡虎山庄三岔口敌台（G036）截止，全长4018米（图二一、二二）。墙体已消失。此段墙体地处山间沟谷，沿刘家堡南侧山坡及大沟南缘（甘宁省界）顺坡而下向东过前梁头、老庄湾，至三岔口三沟交汇处的三岔口敌台处截止，南北落差近200米，沿线沟深坡陡，滋生植被茂密，无路可通，沟壁坍塌陡峭，沟内有季节性洪水，沟深100余米。沿线墙体可能因流水侵蚀而崩毁。仅在止点处三岔口沟谷平地发现有1座敌台（彩图四一）。

三岔口战国秦长城敌台（编码640425352101020019；编号PD019）

该敌台位于孟塬乡虎山庄村施坪自然村西南三岔口三水交汇处的沟谷平地上，扼守沟口，地理位置十分重要。北距刘家堡子沟畔消失敌台4千米。

台体黄土夯筑而成，两端墙体已消失，四面坍塌严重，耸立于斜坡耕地之上，平面形制近似三角形，整体保存状况较差。台体南北两侧因修整梯田被切削与东壁形成1米的高差，壁面有裂隙，西北壁风蚀现象严重，底部有风蚀凹坑，夯土表层脱落严重，呈灰黄色，夹杂有黄土颗粒。顶部破坏严重，呈尖状，底部散布有较多的绳纹灰陶板瓦、筒瓦残片。壁面有黑苔斑。顶部及东南壁长有荆棘等植被。

敌台底部东西长6.6、南北宽6.2米，台高6.4米。方向255°（图二三；彩图四二）。

（八）杨小庄前沟战国秦长城墙体及敌台（编码640425382101020008；编号PQ008）

此段土墙由孟塬乡虎山庄三岔口敌台西（G036点）开始，大致呈南北向沿杨小庄自然村前沟东侧阴面山坡延伸至城阳乡涝池村杨小庄前沟敌台处（G037点）截止，长1873米。墙体已消失。此段墙体所处区域地势南高北低，落差50余米。沟底开阔地带被整修为梯田，坡地水土流失严重，沟壑纵横，开辟为山杏林地。沟谷较为宽阔，沟壁坍塌严重，墙体沿沟谷东侧修筑，可能已崩塌，沿线未发现明显的墙体痕迹。止点处为杨小庄前沟敌台（PD020）（彩图四三）。

杨小庄前沟战国秦长城敌台（编码640425352101020020；编号PD020）

该敌台位于城阳乡涝池村杨小庄前沟沟谷东壁上，地形南高北低，台体西侧为深沟，南部为一横向水冲沟，东部为人工育林山地。东北距三岔口战国秦长城敌台1873米。

台体黄土夯筑而成，平面形制略呈圆形，顶部浑圆，四壁呈斜坡状堆积，整体保存较好。四周与顶部均长有杂草。在东北角上有一处小窑洞，洞口坍塌封堵。台体西临深沟，崩塌断面已接近台体。台体东南角有绳纹陶片等遗物。

敌台底部东西长11.4、南北宽10.8米，顶部东西长2.6、南北宽2.1米，台高2.4～3.1米。方向180°（图二四；彩图四四）。

（九）杨小庄村战国秦长城墙体及敌台（编码640425382101020009；编号PQ009）

此段土墙由城阳乡涝池村杨小庄前沟敌台（G037点）开始，由北向南至城阳乡涝池村杨小庄自然村南长城塬塬畔（G040点）截止，全长995米。此段墙体地势随山间沟谷坡地向山顶延伸至长城塬边，方向呈南北向。地势北低南高，落差达百米。墙体整体用黄土夯筑而成，其间分布有1座敌台。按其走向特征及保存现状分为三段（图二二）。

第一段，G037—G038，长350米。保存状况差。此段水土流失严重，沟壑纵横，墙体大部为沟内洪水侵蚀坍塌，仅局部沟岸存留小部分墙体痕迹。止点处两道横向冲沟绝壁间有一处近代防匪民堡修建于长城墙体上，小堡边长约20米，残留南北向堡墙长9米，基宽1.4、顶宽0.3～0.7、高1.5～1.7米。

第二段，G038—G039，长415米。保存状况差。此段墙体沿前沟沟谷东侧修筑，所处区域水土流失严重，沟壑纵横，墙体大部为沟水侵蚀坍塌，仅局部沟边上有小段墙体遗迹。南端临近山顶，墙体

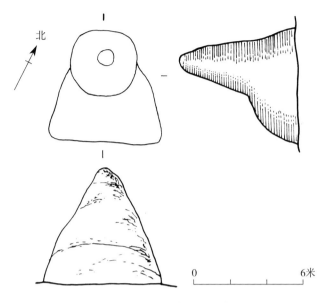

图二三　彭阳县三岔口战国秦长城敌台平、剖面图

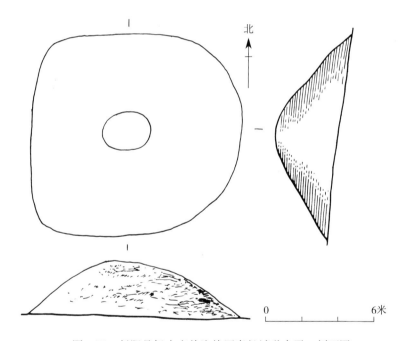

图二四　彭阳县杨小庄前沟战国秦长城敌台平、剖面图

保留明显，东侧临深沟，残留墙体随时有崩塌危险，止点处为杨小庄战国秦长城敌台（PD021）。敌台北侧墙体基宽 3、顶宽 1.5 米，高 2.5 米。台体东侧深沟宽 29、深 36 米（彩图四五）。

　　第三段，G039—G040，长 230 米。保存状况较差。此段墙体大部呈土垄状，西侧由于修梯田和小便道有一小段形成峭直状，东侧有顺坡水冲壕，种有杨树和杏树，墙体顶部有一条小路。止点处为一条东西向穿墙村道，东南侧临墙有杨小庄村居民住，墙体东壁被切削利用作院墙。此段墙体底宽 3～8、顶宽 0.3～1.6 米，高 0.6～6 米。止点处墙体东侧冲沟宽 24、深 12.3 米。便道豁口宽 2.3 米。

　　杨小庄战国秦长城敌台（编码 640425352101020021；编号 PD021）

　　该敌台位于彭阳县城阳乡涝池村杨小庄自然村南前沟临近山顶的沟谷坡地上，地势南高北低，东侧水冲深沟、西侧为梯田及上山小路。北距杨小庄前沟敌台774米。

台体黄土夯筑而成，两端连接墙体，平面呈椭圆形，台顶高大且突出墙体，东侧水蚀崩塌，保存状况较差。台体东侧紧临堡子拐沟，现坍塌为陡峭断面。西侧壁面底部被当地农民因平整田地及修路而铲削较直。四壁及顶部呈漫坡状，长有杂草，台体北侧地表有灰陶绳纹瓦片等遗物。

敌台底部东西长17.2、南北宽17.5米，顶部东西长3.5米，台高9.5米。方向180°（图二五；彩图四六）。

（十）张沟圈村战国秦长城墙体及敌台（编码640425382101020010；编号PQ010）

此段墙体由城阳乡涝池村杨小庄南长城塬塬畔（G040点）开始，由北向南至城阳乡涝池村张沟圈城址东北角台处（G042点）截止，全长1641米。墙体处于长城塬塬地上，地势较平坦，村落人口密集，耕地、公路、水渠交错，墙体遭受人为破坏严重，整体保存状况差。其间保留有1座敌台，止点处为张沟圈城障址。按其走向特征分为二段。

第一段，G040—G041，长455米。此段墙体在20世纪70年代被平整为通往长城村的便道，近年路面拓宽铺筑水泥，两侧砌护水渠。路宽6米，路基高于两侧农田约1米，水渠宽0.7米。G041点处为张沟圈村敌台（PD022）（彩图四七）。

第二段，G041—G042，长1186米。走向东北—西南，此段墙体大部仍为水泥公路路基侵占，明显高于两侧农田约1米。局部断面处残留有夯土墙基痕迹，南端接张沟圈城址东北角台。

张沟圈村战国秦长城敌台（编码640425352101020022；编号PD022）

该敌台位于彭阳县城阳乡涝池村张沟圈自然村东北长城塬公路东侧，四周为农田，北距杨小庄战国秦长城敌台681米，此段中间可能损毁消失1座敌台。

台体黄土夯筑而成，两端墙体被平毁利用为公路路基。台体坍塌严重，四壁因修路铲削，保存状况较差。平面呈不规则形，敌台西侧临公路铲削较直，东临水渠，东壁南壁坍塌严重，壁面裂隙、孔洞较多，西壁中部有一处圆拱形小窑洞，顶部夯层较厚，夯土内夹杂矸石，与底部夯层区别明显。东

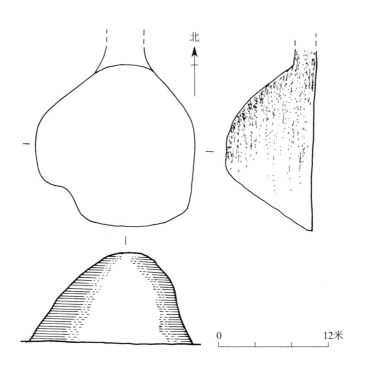

图二五　彭阳县杨小庄战国秦长城敌台平、剖面图

北角整体崩塌，断面夹杂绳纹瓦片，分薄厚两种。台顶长有杂草，西、北、东壁壁面布满黑苔斑。

敌台底部东西长 3、南北宽 6 米，台高 2.2 米。方向 180°。窑洞宽 1.3、高 1.2、进深 1.7 米。底部夯层厚 9～11 厘米，顶部夯层厚 13 厘米。绳纹瓦薄者 0.7、厚者 1.5 厘米（图二六；彩图四八）。

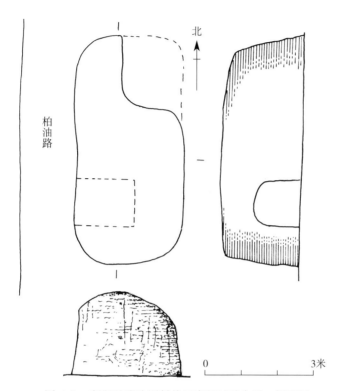

图二六　彭阳县张沟圈村战国秦长城敌台平、剖面图

第二节　长城塬—石头嵯岘段战国秦长城墙体及敌台

该段长城由东南至西北沿长城塬、长城岭修筑，地势东南部相对平坦低缓，西北崎岖起伏，墙体蜿蜒，敌台密集。连接 203 省道与城阳乡县道转财公路沿长城走向修筑，从陡坡至张沟圈段沿线穿越、侵占墙体现象较普遍，东段长城塬上早年形成的公路直接就覆压长城墙基上，对该段墙体破坏侵占严重。墙体全长 18.317 千米，实际保存墙体 18.214 千米，沿线调查敌台 43 座，城址（障）3 座（图二七、二八）。

（一）祁家庄战国秦长城墙体及敌台（编码 640425382101020011；编号 PQ011）

此段土墙起于城阳乡涝池村张沟圈城址东北角台（G042 点），截止于城阳乡长城村花子沟圈沟东（G049 点）。全长 2090 米。此段土墙位于城阳乡涝池村沟圈塬地上，地势平缓，落差不大。墙体走向由东北—西南在此转折为东南—西北向，与前段墙体间以张沟圈城址为夹角，形成"V"字形走向。其间原来分布有 5 座敌台，现存 3 座，另有 2 座敌台早年已被平毁。按其走向特征及保存现状分为七段。

第一段，G042—G043，长 121 米。保存状况差。此段墙体即张沟圈城址北墙。现地表仅剩东西两端角台，中间部分被平田整地及建房所侵毁。

第二段，G043—G044，长 352 米。保存状况差。此段墙体现已被平整为梯田，地表残留墙基现为一线长满杂草的田埂，沿线地表分布有较多的绳纹瓦片等遗物。G044 点处为祁家庄战国秦长城 1 号敌台（PD023）。

　　第三段，G044—G045，长47米。保存状况较差。墙体内侧为打谷场侵占，地表残存墙基宽2～3米，高0.4～0.7米。G045点处为砂石公路穿长城断点。公路豁口宽4米。

　　第四段，G045—G046，长151米。保存状况差。此段墙体时断时续，残留墙基多为梯田地埂，高0.3～0.6米。G046点处为祁家庄战国秦长城2号敌台（PD024）。

　　第五段，G046—G047，长1066米。保存状况差。此段墙体已被平毁，据当地老乡介绍，此段墙体间曾平毁两座敌台，现地表已无痕迹，但位置基本能确认。墙体仅在局部渠畔、梯田地坎上有夯土基础的痕迹，沿线地表散布有较多的绳纹瓦片。G047点处为祁家庄战国秦长城3号敌台（PD025）。

　　第六段，G047—G048，长95米。保存状况较差。此段墙体现已为梯田地坎，在下侧梯田断面处可看到夯土层，墙体基本连续，西端为居民建房所破坏，局部被铲削为院墙。墙体宽仅0.2～0.4米，残高0.7～1.6米（彩图四九）。

　　第七段，G048—G049，长258米。保存状况较差。此段墙体在近年因居民建房被平毁，地表已无痕迹。墙基外侧梯田地坎高约3米，下有民居，断面处局部仍保留有墙基夯土层。止点处为花圈子沟畔。

祁家庄战国秦长城1号敌台（编码640425352101020023；编号PD023）

　　该敌台位于城阳乡涝池村张沟圈自然村西北长城塬上，四周为农田。东南距张沟圈城址350米，沿墙体走向东北距张沟圈村战国秦长城敌台1668米，直线距离约1200米。

　　台体两端墙体残毁严重，黄土夯筑而成，平面呈半圆形，东南侧削挖过半，残留西北侧及台顶坍塌堆积呈缓坡状，外侧生长有一颗碗口粗细的垂柳。顶部东南高西北低斜，长有杂草，保存状况较差。东壁及南壁被切削呈半圆形，西壁被切削较直，壁面有黑苔斑，断面下有一条田间小路，西南角有一处小窑洞。

　　敌台底部东西长6、南北宽8米，顶部南北宽1米，台高2.2米。夯层厚10厘米。方向317°（图二九；彩图五〇）。

祁家庄战国秦长城2号敌台（编码640425352101020024；编号PD024）

　　该敌台位于城阳乡涝池村张沟圈自然村西北长城塬上，四周为农田，西北侧有现代坟丘一座。东南距祁家庄战国秦长城1号敌台192米。

　　台体黄土夯筑而成，两端墙体损毁殆尽，现呈土丘状，平面略呈椭圆形，整体保存状况一般。台体南北壁底部因扩田耕种被铲削约1米，断面夯层明显，东西侧壁面呈缓坡状，西侧台体底部下切有一道梯田断面，壁面有黑苔斑。顶部微鼓，表面长有马儿刺等灌丛杂草。四周地表有内壁圆点纹的宋代陶器残片。

　　敌台底部东西长6、南北宽9米，顶部东西长1.7、南北宽3.5米，台体残高3米。夯层厚8～12厘米。方向108°（图三〇；彩图五一）。

祁家庄战国秦长城3号敌台（编码640425352101020025；编号PD025）

　　该敌台位于城阳乡祁家庄村北长城塬上，四周为农田，西北、西南有数株小杨树。东南距祁家庄战国秦长城2号敌台1007米，距其间被平毁消失一处敌台处约450米。

　　台体黄土夯筑而成，南北两端均连接墙体，东西两侧突出墙体，平面呈椭圆状，整体保存状况一般。台体东、南壁底部均因修田耕种被铲削大部，断面参差不齐。台体南壁曾被掏挖窑洞作为防雹炮点的防空洞，断面挖设有三孔窑洞，均已坍塌为陷坑。台顶呈坡状，向北侧低斜，表面长有杂草。

　　敌台底部东西长9.6、南北宽7.0米，顶部东西长6、南北宽2米，台高2.5～3米。南壁三处陷坑，东侧坑宽2.5、高1.7、进深1.1米；中间坑宽3、高1、进深1米；西侧坑宽1.4、高1.7、进深2.5米。

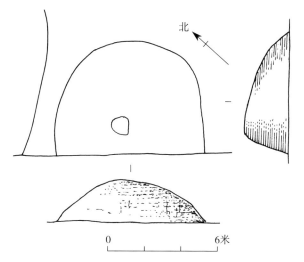

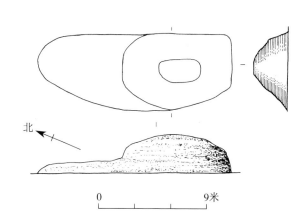

图二九　彭阳县祁家庄战国秦长城 1 号敌台平、剖面图　　　图三〇　彭阳县祁家庄战国秦长城 2 号敌台平、剖面图

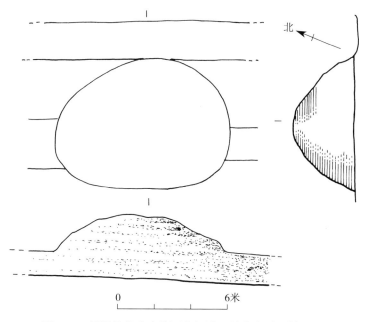

图三一　彭阳县祁家庄战国秦长城 3 号敌台平、剖面图

方向 333°。东南侧残留墙体顶宽 0.8、底宽 1.6、高 1.7 米。西北侧残留墙体顶宽 1.3、底宽 2.5、高 1.3 米（图三一；彩图五二）。

（二）花子沟圈战国秦长城墙体及敌台（编码 640425382101020012；编号 PQ012）

此段土墙由城阳乡长城村花子沟圈沟东（G049 点）开始，由东南向西北至城阳乡长城村花子沟圈 4 号敌台（G053 点）截止，全长 1298 米。方向大致呈东南—西北。此段整体用黄土夯筑而成，地势较为平缓，除冲沟损毁外，其余墙体保存状况差。其间分布有 4 座敌台。按其走向特征及保存现状分为四段。

第一段，G049—G050，长 103 米。消失。此段墙体为南北向的花圈子沟冲毁。沟深 60 余米，两侧沟沿有村民掏挖的窑洞及地坑院落。沟西止点处为花子沟圈战国秦长城 1 号敌台（PD026）（彩图五三）。

　　第二段，G050—G051，长332米。此段墙体现已被平整为梯田，墙体沿线分布有现代坟丘，据当地居民介绍坟丘原建于墙根之下，根据坟丘分布位置大致可判断墙体位置与走向。止点处为花子沟圈2号敌台（PD027）。

　　第三段，G051—G052，长455米。此段墙体现已被平整为梯田，仅沿线电线杆、坟丘处墙基局部尚存。G052点处为花子沟圈3号敌台（PD028）。

　　第四段，G052—G053，长408米。此段墙体仅在沿线4处电线杆基部呈圆丘状保留。G053点处为花子沟圈战国秦长城4号敌台（PD029）（图二七）。

花子沟圈战国秦长城1号敌台（编码640425352101020026；编号PD026）

　　该敌台位于城阳乡长城村花子沟圈西畔塬地上，所处地势东高西低，四周为耕地。东南距祁家庄战国秦长城3号敌台411米。

　　台体黄土夯筑而成，东南侧临沟壑，西北端尚残连少段墙体，平面形制呈椭圆形，顶小底大，顶部浑源，整体保存状况一般。东壁坍塌参差不齐，壁面版缝及裂隙较多，底部坍塌堆积较高。西侧坍塌呈坡状，底部有人工挖掘的蓄水池，西北侧生长有一棵杨树。顶部微隆，长有杂草。

　　敌台底部东西长12、南北宽8.3米，台高3.5～5米。夯层厚8～12厘米。方向322°（图三二；彩图五四）。

花子沟圈战国秦长城2号敌台（编码640425352101020027；编号PD027）

　　敌台位于城阳乡长城村花子沟圈村西长城塬塬地上，四周为耕地。东南距花子沟圈战国秦长城2号敌台368米。

　　台体西北侧残连墙体，东南侧因耕种破坏墙体已毁，黄土夯筑而成。平面形制略呈椭圆形，顶部东高西低呈斜坡状，整体保存状况一般。台体东、西壁因开垦耕地被铲削大部，东侧壁面下有一条小道，西侧有3座现代坟丘。北壁因耕种侵蚀坍塌，剥落壁面夯层清晰，顶部浑圆，有掏挖取土痕迹，散落有少量瓦片。表面长有杂草。

　　敌台底部东西长7.7、南北宽9.5米，顶部东西长3、南北宽4米，台高1.5～4米。方向320°（图三三；彩图五五）。

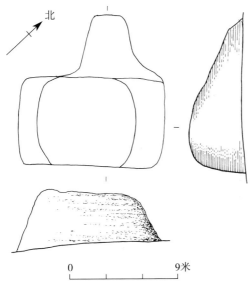

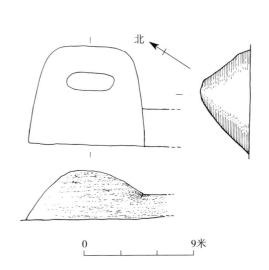

图三二　彭阳县花子沟圈战国秦长城1号敌台平、剖面图　　　图三三　彭阳县花子沟圈战国秦长城2号敌台平、剖面图

花子沟圈战国秦长城 3 号敌台（编码 640425352101020028；编号 PD028）

该敌台位于城阳乡长城村花子沟圈村西长城塬塬地上，四周为梯田带状经济林带，种植有杏树、核桃树。东南距花子沟圈战国秦长城 2 号敌台 461 米。

台体黄土夯筑而成，由于耕地破坏，现存台体顶部呈鱼脊状，平面形制不甚规则，整体保存状况一般。台体突出于墙体北侧，断面突出部分被铲削陡直。顶部较平，台体东、西壁因开田被铲削大部，断面处夯层明显，夹少量羊矸石片。台体表面长有杂草。台体周围分布有梯田及地表有较多的板瓦残片。

敌台底部东西长 4、南北宽 9 米，台高 1 ～ 5.5 米。夯层厚 10 厘米。方向 310°（图三四；彩图五六）。

花子沟圈战国秦长城 4 号敌台（编码 640425352101020029；编号 PD029）

该敌台位于城阳乡长城村花子沟圈西北白马庙内东南侧，东南距花子沟圈战国秦长城 3 号敌台 408 米。

台体外侧现被水泥包砌。近年被改建为一处白马塑像，原形制已不存，保存状况差。台底依托塑像覆建为 2 层回廊式方形建筑，台面铺砖，边缘设汉白玉廊柱及登台台阶，中心方台上雕塑三匹白马。西侧 500 米有一座四合院式"白马天神庙"祠庙建筑，祭祀传说中因修长城有功的秦代扶苏太子及所骑白马。传说当年秦公子扶苏修建长城被冤杀，埋葬于此，灵魂化为白马。此庙及雕塑为当地百姓纪念扶苏而建。

敌台底部边长 22、顶边长 14 米，一层台高 2.2、二层台高 1.5 米。方向 300°（图三五；彩图五七）。

（三）长城村战国秦长城墙体及敌台（编码 640425382101020013；编号 PQ013）

此段土墙自城阳乡长城村花子沟圈 4 号敌台（G053 点）开始，由东南向西北沿水泥公路延伸至城阳乡长城村 2 号敌台（G057 点）截止，全长 2524 米。此段墙体原为黄土夯筑而成，因早年修建转财公路，墙体大部被平整为公路路基，近年公路拓宽，路面水泥硬化，仅局部保留有少许墙体痕迹，其间分布有 2 座敌台，整体保存状况差。按其走向特征及保存现状分为四段。

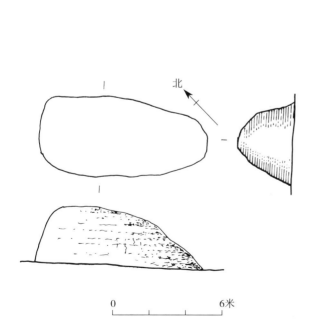

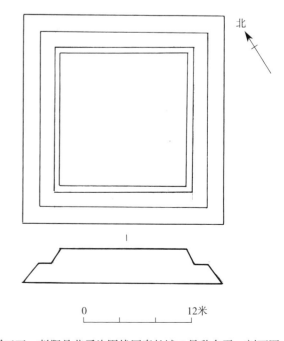

图三四　彭阳县花子沟圈战国秦长城 3 号敌台平、剖面图　　图三五　彭阳县花子沟圈战国秦长城 4 号敌台平、剖面图

第一段，G053—G054，长405米。此段墙体因建造村道，大部损毁。经地面观测及询访当地居民，止点处有一处消失敌台，因修路被平毁。敌台东侧在公路南侧地表仅残存墙体长28.6米，夯层明显。

第二段，G054—G055，长438米。墙体因修路被铲削、推平，仅存基部，南侧切削断面夯层清晰可见。经地面观测及询访当地居民，止点处为一处消失敌台，该敌台因修路被平毁。断面墙体夯层厚8～13厘米（彩图五八）。

第三段，G055—G056，长412米。该段墙体已被平毁修建公路，墙体覆压于路面之下。G056点处为长城村1号敌台（PD030）。

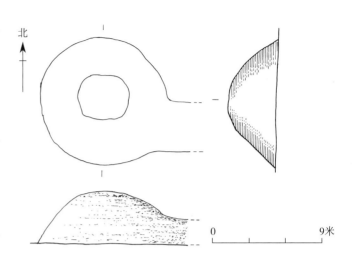

图三六　彭阳县长城村战国秦长城1号敌台平、剖面图

第四段，G056—G057，长1269米。该段大部为公路覆压侵占，部分地段仅存痕迹，墙体损毁年代较早，敌台分布情况不明。东端公路南侧现存连续的墙体遗迹81米，夯层清晰。断面高0.8米，地面墙体残高0.1～0.3米。止点处为长城村2号敌台（PD031）。

长城村战国秦长城1号敌台（编码640425352101020030；编号PD030）

该敌台位于城阳乡长城村长城塬平地上，南侧为大片农田，西侧为绿化带。公路绕经敌台北侧通过。东南距前一处消失敌台412米，距花子沟圈战国秦长城4号敌台1254米。

台体黄土夯筑而成，呈高大土丘状，表面杂草丛生，保存状况较差。东壁与已残毁墙体相连，被铲削形成断面，壁面东侧有一条乡间土路。南壁壁面中部东、西侧因长期雨水冲蚀形成两处凹坑，中部为一人为掏挖的窑洞，现已坍塌，当地居民平整田地将台体底部整体铲削形成一断面，断面分布少量风蚀凹槽，壁面南侧10余米处为长城村东西向灌溉水渠。西壁底部分布有风蚀凹槽，壁面西侧为大片绿化林带。北壁壁面中部有一条人为蹬踏形成的便道，北侧为当地居民铲削长城墙体修建村内便路。台顶凹凸不平。台体西南角下采集一粗绳纹红陶瓦片。

敌台底部10平方米，台顶东西长4.5、南北宽3米，台高5米。南壁中部凹坑宽3.6、高2.1、进深1.6米。夯层不清。方向287°（图三六；彩图五九）。

长城村战国秦长城2号敌台（编码640425352101020031；编号PD031）

该敌台位于城阳乡长城村西北长城塬平地上，台体北侧为绿化林带，公路绕经台体南侧。东南距长城村战国秦长城1号敌台1270米。

台体黄土夯筑而成，残毁过半，残存部分呈不规则形，保存状况差。台体东侧与墙体相连，南壁因切削坍塌为断面，底部有一道排水沟渠，西壁被公路侵占覆压，北壁底部因植树已被铲削形成断面，壁面存在黑苔斑。顶部西北侧高突，东南侧呈缓坡状，表面长满杂草。

敌台底部东西长8、南北宽4米，台顶东西长6、南北宽1.5～3.8米，台高2米。夯层厚10厘米。方向287°。台底排水沟宽0.7米（图三七；彩图六〇）。

（四）乔渠村战国秦长城墙体及敌台（编码640425382101020014；编号PQ014）

此段墙体自城阳乡长城村2号敌台（G057点）开始，至城阳乡长城村乔渠村3号敌台（G061点）截止，全长1838米。该段墙体用黄土夯筑而成，走向随地形曲折，因早年修建转财公路，墙体大部损毁无存，公路两侧局部残留少许未覆压的墙体痕迹。该公路近年扩建硬化为水泥路面，明显侵占敌台

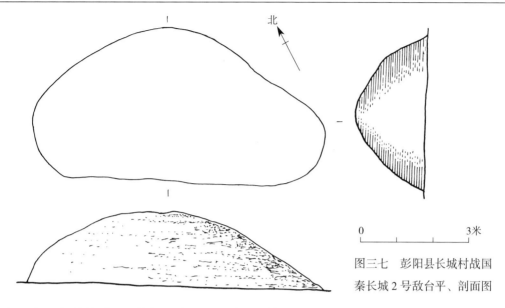

图三七　彭阳县长城村战国
秦长城 2 号敌台平、剖面图

墙基路段用水泥板铺护路面。其间现存 3 座敌台，另外调查确认一处消失敌台。墙体穿过乔渠村居民点，整体保存状况差。按其走向特征及保存现状分为四段。

第一段，G057—G058，长 791 米。此段墙体处于乔渠村东塬地之上，呈东南—西北走向，因修建公路大部被损毁，地表仅存一小部分未被公路覆压的墙基痕迹，止点处地势略高，并向东南折拐，此处原有一座敌台，现因扩路已平毁无存。西南约 100 米处，为 1935 年 10 月 8 日红军长征期间毛泽东居住过的窑洞旧址，现已被整修，作为革命旧址，是当地一处重要的爱国主义教育基地。当地百姓传言毛主席《清平乐·六盘山》中"不到长城非好汉"即受此段长城启发而作。残留路基高 1.2 米。残存夯层厚 8～12 厘米（彩图六一）。

第二段，G058—G059，长 436 米。此段地势略低洼，墙体呈东—西走向。墙体因修路被铲削、推平，大部已无存，但走向清晰可辨。起点处残留一小段墙体，被村民铲削为断面，夯层清晰可见。止点为与乔渠村战国秦长城 1 号敌台（PD032）。

第三段，G059—G060，长 362 米。东西向。该段墙体两端连接敌台，走向较明显，中间部分因修路被平毁。止点处为乔渠村 2 号敌台（PD033）（图二八）。

第四段，G060—G061，长 249 米。东西向。该段墙体东段因当地居民平整田地被铲削、推平，现仅存基部。墙体中段被南北向横向山洪冲沟冲毁。墙体西段保存状况一般。西段南侧墙体基部被铲削平整为田地。止点处为乔渠村战国秦长城 3 号敌台（PD034），亦为墙体折拐处，以西墙体走向沿长城岭向西北偏折。

乔渠村战国秦长城 1 号敌台（编码 6404253521010 20032；编号 PD032）

该敌台位于城阳乡乔渠村公路北侧，公路紧靠台体南侧通过，敌台东北约 10 米处有一块长方形水泥场地。东距乔渠村消失敌台 440 米，东南距长城村战国秦长城 2 号敌台 1228 米。

台体黄土夯筑而成，东西两端残连墙体，因修路损毁严重，现存台体不规则，平面形制呈长方形，保存状况一般。东壁坍塌内凹，壁面有鼠洞，南、北壁因修路被铲削大半，壁面剥落，夯层清晰。北壁与西壁底部掏挖有长方形取土坑，北侧为绿化林带，顶部较平，表面长有杂草。

敌台底部东西长 10、南北宽 3 米，台顶东西长 7、南北宽 2～2.6 米，台高 1.5～4 米。夯层厚 8～12 厘米。方向 275°（图三八；彩图六二）。

乔渠村战国秦长城 2 号敌台（编码 6404253521010 20033；编号 PD033）

该敌台位于城阳乡乔渠村西公路边的平地上，南侧 8 米处为水泥公路。东距乔渠村战国秦长城 1

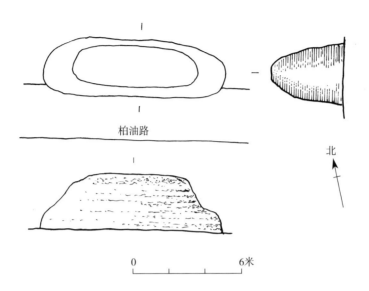

图三八　彭阳县乔渠村战国秦长城 1 号敌台平、剖面图

号敌台 363 米。

　　台体黄土夯筑而成，呈高大的土台状，两端残连少段墙体，南北侧被切削，平面呈不规则长方形，保存状况一般。南壁因扩路被切削呈直壁，中部残留有一处坍塌窑洞，壁面分布有鼠洞，夯层清晰，台底辟为公路绿化带。北侧因开田被铲削形成断面，残留台顶呈东西向拱形，表面长有杂草，明显高出两侧墙体。台体北壁下采集素面灰陶筒瓦残片 1 块。敌台西南 30 米处有彭阳县人民政府 2001 年制立的全国重点文物保护碑一座。

　　敌台底部东西长 16、南北宽 2～7 米，台高 1.3～3.5 米。方向 270°（图三九；彩图六三）。

　　乔渠村战国秦长城 3 号敌台（编码 6404253521010 20034；编号 PD034）

　　该敌台位于城阳乡乔渠村西山梁坡地山坳处，台体南侧为农田，地势较高，北侧地势低洼，现为人工育林带。东距乔渠村战国秦长城 2 号敌台 250 米。

　　台体黄土夯筑而成，呈现高大的圆形土丘状，两侧倚长城墙体而建，突出墙体两侧，整体保存状况一般。台体现存平面形制近似圆形，顶小底大，东西两侧坡面斜缓，南壁凸出于墙体内侧，底部为滑坡堆积，中部掏挖有一处小窑洞，洞口坍塌，断面上布满鼠洞，地表有粗绳纹瓦片。北坡呈陡坡状，壁面有滑坡断层，顶部高凸呈拱形，表面长有杂草。西侧 30 米处有一道南北向的冲沟。

　　敌台底部东西长 14、南北宽 15 米，台顶东西长 5.6、南北宽 4 米，台高 4.1～6 米。夯层不清。方向 275°（图四〇；彩图六四）。

　　（五）党岔村战国秦长城墙体及敌台（编码 6404253821010 20015；编号 PQ015）

　　此段土墙自城阳乡长城村乔渠 3 号敌台（G061 点）开始，沿长城岭山坡向西北延伸至白阳镇白岔村党岔村 5 号敌台（G071 点）止，全长 1401 米。墙体黄土夯筑而成，沿水泥公路呈东南—西北走向，墙体沿山坡地势起伏转折，敌台密集，其间分布有 5 座敌台。采集有粗绳纹板瓦等遗物。按其走向特征及保存现状分为 I 段（图四一；彩图六五）。

　　第一段，G061—G062，长 218 米。保存状况差。此段墙体处于山坳处，党岔城障处于墙体南侧。墙体随地形曲折，大部被铲削利用为梯田地坎，中间山谷凹槽有一南北向小路横穿墙体，形成断面豁口，豁口以西残留约 30 米墙体与止点处敌台相连。残存墙体上长满杂草，断面发现有绳纹灰陶瓦片。墙体顶宽 0.3～2.1、底宽 0.8～7 米，内高 0.6～3.1、外高 0.8～3.5 米。止点处为党岔村 1 号敌台（PD035）。

　　第二段，G062—G063，长 152 米。保存状况较差。该段墙体为上坡段，南侧为梯田，北侧为人工桃林，东端 15 米墙体宽大，北侧有切削形成的地坎，中间部分墙体只保留墙基，突出地面部分呈脊状。止点处党岔村 2 号敌台（PD036），有一处宽约 4 米的南北向的梯田豁口。西侧连接敌台处墙体基宽 3.5、

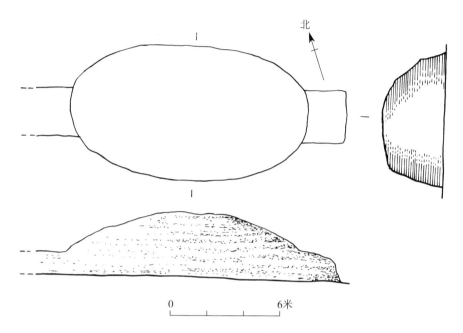

图三九　彭阳县乔渠村战国秦长城 2 号敌台平、剖面图

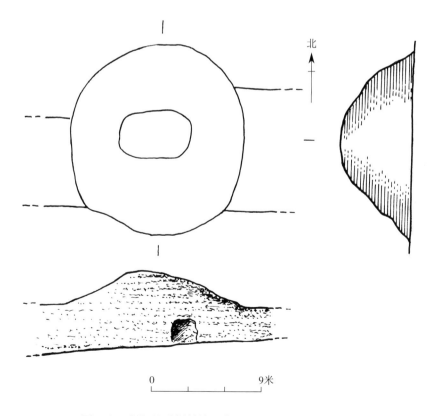

图四〇　彭阳县乔渠村战国秦长城 3 号敌台平、剖面图

顶宽 0.8 米，高 1.6 米（彩图六六）。

第三段，G063—G064，长 107 米。保存状况一般。该段墙体两侧铲削较直，东段墙体南壁掏挖有两处窑洞，东侧窑洞口长满杂草，断面有鼠洞，窑洞内顶部坍塌处有蜂巢孔洞，进深 2、高 1.5 米，两处窑洞间距 2.5 米。西侧窑洞门口顶部已坍塌，窑洞内壁面上有一凹槽。窑洞口宽 1.6、高 1.7、进深 2.2 米。西段处于山岭下坡段，坡度斜缓，墙体高大，顶部宽平，内外两侧均因修田被铲削陡峭，内侧墙面因雨水冲刷，表面夯层不明显，墙顶有 4 处陷坑，2 处为雨水冲蚀形成，另两处为人为掏挖的窑洞坍塌形成，墙壁面剥蚀严重。止点位于山坳处，现为较宽的水冲豁口，沟内有便道。止点以东 25 米处墙体底宽 4.8、顶宽 2.5 米，高 3.5 米。夯层厚 10 ～ 12 厘米。水冲豁口宽 53 米，断面高 0.3 ～ 0.8、便道宽 2 米。

第四段，G064—G065，长 148 米。保存状况一般。此段墙体处于山岭上坡段，内侧因修梯田铲削严重，山洼处仅存断续痕迹，西段地势渐高，残墙保存稍好，顶部有少量残碎的绳纹瓦片及红色砂石。残存墙体底宽 0.8 ～ 1.6、顶宽 0.4 ～ 0.8、残高 0.3 ～ 1.4 米。止点处为党岔村 3 号敌台（PD037）。

第五段，G065—G066，长 138 米。保存状况较差。该段为下坡段，内侧有一便道起点处穿墙而过，该段墙体因铲削低矮窄薄，但基本连续，G066 点处为断点，位于山梁隘口处，沟两侧为半环形层层梯田，中间凹处为一道纵向水冲壕沟。残存墙体顶宽 0.8、底宽 11 米，断面高 5.8 米。夯层厚 12 ～ 14 厘米。

第六段，G066—G067，长 109 米。保存状况较差。该段墙体因整修梯田遭人为损毁严重，残留墙体内低外高，仅剩一条土垄地坎，其上分布少量瓦片。

第七段，G067—G068，长 180 米。保存状况一般。此段墙体两侧为层层梯田，残留墙体内低外高，两侧梯田断面高差 2.5 米。残留墙体底宽 2 ～ 6、顶宽 0.5 ～ 1.6 米，外高 5.6、内高 3.1 米。夯层厚 7 ～ 14 厘米。止点处为党岔村 4 号敌台（PD038）。

第八段，G068—G069，长 164 米。保存状况差。此段墙体处于较低缓的山坡段，敌台（PD038）西侧至沟底尚残存 25 米土垄状墙体，过沟后墙体仅存一线痕迹，高宽仅数十厘米，墙基沿线为一条上山便道。止点处为公路穿长城处。敌台（PD038）西侧墙体底宽 13、顶宽 2 米，高 2.6 米。公路豁口宽 6.5 米。

第九段，G069—G070，长 68 米。保存状况一般。此段墙体处于较陡峭的上坡段，靠近 G070 点山梁上的墙体保存较好，外侧植有一行育林带，种有柠条，北侧为党岔村。止点处为盘山公路再次穿长城处，路边有 2001 年自治区政府制立的全国重点文物保护单位长城保护碑 1 座。

第十段，G070—G071，长 117 米。保存状况较差。该段墙体处于山坡之上，其西侧为山顶塬地，北侧有宋代烽火台 1 座，梁西为白岔村。G071 点处为党岔村 5 号敌台（PD039）。

党岔村战国秦长城 1 号敌台（编码 640425352101020035；编号 PD035）

该敌台位于白阳镇党岔村东南长城岭沟畔上，北侧为人工栽植的蒙古扁桃林带，南侧为农田。东南距乔渠村战国秦长城 3 号敌台 220 米。

台体较高大，倚长城而建突出墙体内侧，西侧与墙体相连。黄土夯筑而成。整体保存状况一般。平面形制不甚规则，顶部损毁呈拱形，突出于墙体内侧，东侧因修整农田被挖出一处豁口，台体北、东壁因开垦梯田底部被铲削大部，东壁断面发现有灰陶粗绳纹板瓦残片，台体北壁上有人工掏挖出的小土坑。台顶及四壁上部长满杂草。共采集瓦片残块等标本 12 件。

敌台底部东西长 13.6、南北宽 11.8 米，台顶直径 2.8 米，台高 10.5 米。方向 275°（图四二；彩图六七）。

党岔村战国秦长城 2 号敌台（编码 640425352101020036；编号 PD036）

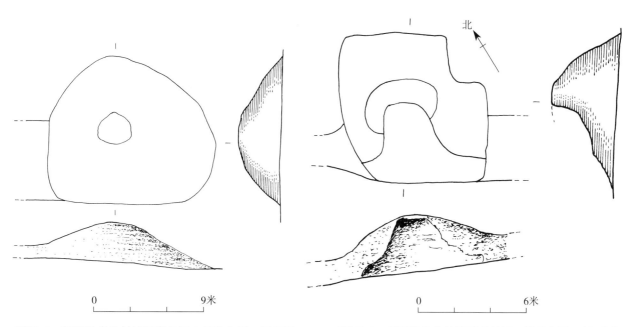

图四二　彭阳县党岔村战国秦长城 1 号敌台平、剖面图　　图四三　彭阳县党岔村战国秦长城 2 号敌台平、剖面图

该敌台位于白阳镇党岔村西南长城岭台地上，南北侧均为梯田。东南距党岔村战国秦长城 1 号敌台 194 米。

台体黄土夯筑而成，较高大，平面破坏呈不规则形，顶部呈拱形，整体保存状况较差。台体四周及底部均有阶梯状切削痕迹，台顶被掏挖出一长方形土坑，坑壁夯层明显。台体东壁掏挖有一处小窑洞，洞口坍塌成凹槽状。台体北壁有一处盗洞。台体表面长满杂草。

敌台底部东西长 8、南北宽 7.7 米，台顶径 3.6 米，台高 3.5 米。夯层厚 13 厘米。台顶小坑东西长 2.1、南北宽 3.1、深 1.5 米。方向 302°（图四三；彩图六八）。

党岔村战国秦长城 3 号敌台（编码 6404253521010200037；编号 PD037）

该敌台位于白阳镇党岔村西南台长城岭上，东南距党岔村战国秦长城 2 号敌台 260 米。

台体黄土夯筑而成，与两端墙体相连，北侧突出墙体，平面呈椭圆形，顶部微鼓，保存状况一般。东、南、北壁均因开垦农田底部被铲削大部，西壁塌陷堆积呈坡状，顶部较平坦，顺墙踩踏有一条小道，分布有三处小凹坑，表面布满杂草。台体底部散布少量绳纹瓦片、石块等物，采集斜绳纹、交错绳纹、凹弦纹板瓦及绳纹筒瓦残片各 1 件。

敌台底部东西长 17.5、南北宽 13.7 米，台顶东西长 4、南北宽 3.6 米，台高 3.5 ～ 6.5 米。夯层厚 9 ～ 13 厘米。方向 285°（图四四；彩图六九）。

党岔村战国秦长城 4 号敌台（编码 6404253521010200038；编号 PD038）

该敌台位于白阳镇党岔村西南长城岭山脊之上，东南距党岔村战国秦长城 3 号敌台 425 米。

台体黄土夯筑而成，与两端墙体相连，北侧突出墙体，台体较高大，顶小底大，顶部微隆，平面形制近似椭圆形，保存状况一般。台体内侧与墙体连接平齐，外侧突出墙体，呈半圆形。敌台东侧坡面散布少量大块的绳纹瓦片。北壁底部人为掏挖一处小窑洞，洞口坍塌。台体顶部浑圆，四壁呈斜坡状堆积，底部因耕地铲削较直。台体表面长有杂草。在台体东侧采集灰陶和红陶板瓦各 1 件。

敌台底部南北宽 18、东西长 15 米，台顶东西长 4、南北宽 4 米，北侧台高 5.6、东侧高出墙体 3.6 米。夯层厚 5 ～ 15 厘米。方向 283°。掏挖窑洞宽 1、高 0.8、进深 0.9 米（图四五；彩图七〇）。

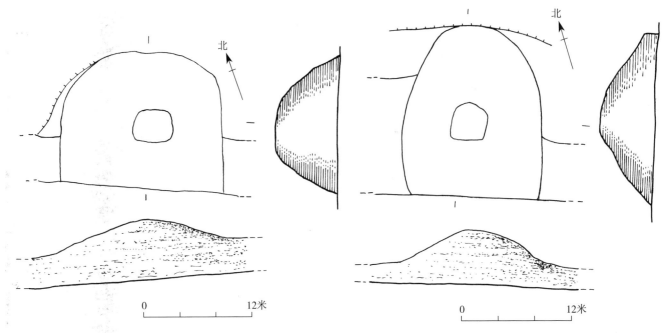

图四四　彭阳县党岔村战国秦长城 3 号敌台平、剖面图　　　图四五　彭阳县党岔村战国秦长城 4 号敌台平、剖面图

党岔村战国秦长城 5 号敌台（编码 640425352101020039；编号 PD039）

该敌台位于白阳镇党岔村北长城岭山山巅之上，东南距党岔村战国秦长城 4 号敌台 343 米。

台体黄土夯筑而成，两侧墙体已毁。形制较小，顶部塌陷，平面形制呈不规则形，保存状况较差。台体南北两侧因整修梯田被切削陡直，残存部分呈楔形，东南部掏挖有一处小窑洞，洞口坍塌，洞壁密布水蚀坑槽。台体顶部由西向东低斜，内侧挖有两道盗掘凹槽，周围散布挖掘出的一堆残碎的绳纹筒、板瓦残片及赭红色碎石块，台顶及北壁长有马儿刺等灌丛杂草。

敌台底部东西长 8.3、南北宽 7.7 米，台顶东西长 5、南北宽 3.5 米，台高 1.5～2 米。夯层不清。方向 309°。台顶盗坑宽 0.8～1.2、长 2.8、深 0.6 米（图四六；彩图七一）。

（六）白岔村战国秦长城墙体及敌台（编码 640425382101020016；编号 PQ016）

此段土墙自白阳镇白岔村党岔村 5 号敌台（G071 点）开始，至转财公路白岔村豁口砖包断面处（G080 点）截止，全长 1466 米。方向呈东南—西北走向。墙体蜿蜒曲折沿长城岭山地修筑，俗称"长虫梁"，"长虫"为当地人对蛇的土语俗称，形容该段墙体像蛇一样盘桓绕行于山梁之上。墙体黄土夯筑而成，夯层明显，其间分布有 4 座敌台，按其走向特征及保存现状分为九段（彩图七二）。

第一段，G071—G072，长 194 米。保存状况较差。此段墙体沿山坡地势向下延伸，止点处为山梁低洼处，紧临一条上山小路，由于洪水冲击墙体形成一处宽约 30 米的豁口。墙体底宽 0.8～7 米，顶宽 0.3～2.1 米，内高 0.6～3.1、外高 0.8～3.5 米。

第二段，G072—G073，长 93 米。保存状况一般。该段墙体沿山坡向上延伸，整体呈宽大的土垄状，墙体顶部较宽平，外侧被铲削陡直，内侧及顶部斜缓呈漫坡状，墙顶有零星板瓦残片。起点以西 50 米处墙体底宽 6.8 米，顶宽 1.3 米，内高 3.3（夯土墙部分高 1.5 米）、外高 2.2 米（夯土墙部分高 1.1 米）。夯层厚 8～11 厘米。

第三段，G073—G074，长 119 米。保存状况较差。该段墙体因修梯田、雨水侵蚀残损严重，地表仅剩断续的墙基痕迹。止点处为白岔村 1 号敌台（PD040）（彩图七三）。

第四段，G074—G075，长 434 米。保存状况差。此段墙体处于梁间洼地处，地势略低缓。公路顺

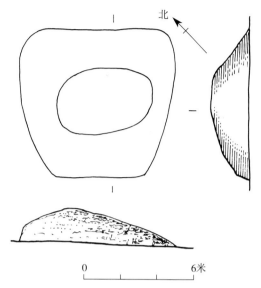

图四六　彭阳县党岔村战国秦长城 5 号敌台平、剖面图

墙穿过，墙体大部因修路被推毁，现仅局部路基两侧有残痕，公路南侧并行有引水渠一道。止点处为白岔村 2 号敌台（PD041），以西墙体偏折为东—西走向。

第五段，G075—G076，长 257 米。东—西走向。保存状况较差。此段墙体沿低缓的山梁下行，向西南折拐至沟底。墙体南侧因修梯田平毁严重，仅残存一道土坎，外侧现呈漫坡状，坡底分布有育林带。山坡墙基发现盗掘坑一处，坑外堆土上散布较多的绳纹筒板瓦残片。起点残存墙体底宽 0.8 ～ 1.6 米，顶宽 0.4 ～ 0.8 米，残高 0.3 ～ 1.4 米。止点处为公路穿越长城处，以东残存墙体底宽 11 米，顶宽 0.8 米，断面高 5.8 米（彩图七四）。

第六段，G076—G077，长 81 米。东—西走向。保存状况差。该段墙体处于两山对峙的洼地间，水泥公路从墙体中部穿过，大部墙体为公路侵占，损毁严重。止点处为沟底白岔村部驻地。南侧公路路边有 2001 年自治区政府制立的全国重点文物保护单位长城保护碑 1 座。

第七段，G077—G078，长 67 米。东—西走向。保存状况较差。此段墙体沿山坡上行，两端上下高差达 22 米，山体陡峭，墙体呈土垄状。墙体所处山坡为"低产山杏改造示范区"育林带。止点处为白岔村 3 号敌台（PD042）。

第八段，G078—G079，长 102 米。东西向，保存状况较差。此段墙体沿山坡上行，山体陡峭，墙体呈土垄状。墙体所处山坡为"低产山杏改造示范区"，被整修为梯田状育林带，种植山杏。G079 点处为白岔村 4 号敌台（PD043）。

第九段，G079—G080，长 119 米。东南—西北向，保存状况较差。该段墙体沿敌台西侧山坡下行，墙体大部因修梯田被平毁，现仅存一道土垄，高宽均在 1 米左右，但墙体痕迹基本延续，内侧保存较低，外侧墙体壁面被铲削陡直。止点处于沟谷平地，墙体被公路横穿，现为豁口，宽 12、路宽 9 米。断面两侧用青砖包砌，并镶嵌有记载修路及长城保护铭文纪事碑。北侧公路有 2001 年自治区政府制立的全国重点文物保护单位长城保护碑 1 座。

白岔村战国秦长城 1 号敌台（编码 640425352101020040；编号 PD040）

该敌台地处白岔村东长城岭山梁之上，四周为耕地。东南距党岔村战国秦长城 5 号敌台 410 米。

台体黄土夯筑而成，东南侧与墙体相连，台体较高大，顶小底大，平面形制近似椭圆形，整体保存状况一般。南北两侧略向外弧，北侧突出墙体呈半圆形。北壁与南壁均因修田被铲削，其中北壁被铲削 0.5～1.2 米。西北侧壁面坍塌滑坡严重，西侧坡面生长有碗口粗的榆树两颗。台体顶部中部较平，有一处直径 0.8 米盗坑，北侧坡状。台体表面长有杂草。北侧采集抹光绳纹筒瓦残片（有唇）1 件。

敌台底部东西长 15、南北宽 14.6 米，台顶东西长 4.5、南北宽 5 米，台高 6.5～7 米。夯层不清。方向 270°（图四七；彩图七五）。

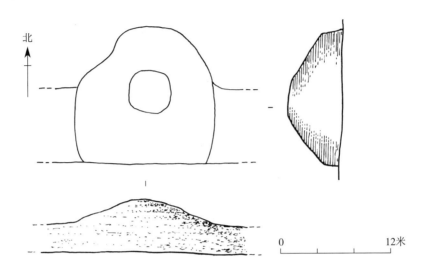

图四七　彭阳县白岔村战国秦长城 1 号敌台平、剖面图

白岔村战国秦长城 2 号敌台（编码 640425352101020041；编号 PD041）

该敌台位于白岔村南长城岭山间平地上，四周为耕地，地势西高东低，盘山公路从敌台北侧绕行。东南距白岔村战国秦长城 1 号敌台 431 米。

台体黄土夯筑而成，两端墙体破坏无存。现存台体较浑圆高大，顶小底大，壁面呈坡状堆积，平面形制近似椭圆形，整体保存状况较差。台体内侧被推平为壕状梯田，断面夯层明显。外侧为荒滩林带，自然生长有一片榆树林，台体表面长有杂草。地表散布绳纹筒瓦及灰陶罐底残片。

敌台底部东西长 20、南北宽 13 米，台顶东西长 6、南北宽 4.0 米，台高 4～6 米。夯层厚 9～12 厘米。方向 284°（图四八；彩图七六）。

白岔村战国秦长城 3 号敌台（编码 640425352101020042；编号 PD042）

该敌台地处白岔村部驻地南侧山坡林带之中，地势西南高东北底，山坡陡峭，落差较大。东南距白岔村战国秦长城 2 号敌台 448 米。

台体黄土夯筑而成，东西两侧与墙体相连，平面形制呈圆锥状，顶小底大，顶部浑圆，保存状况较差。台体东侧及南侧坡度较大，西侧顶部较平，有人为掏挖的条形凹槽。北侧为漫坡状，现被开挖为环形育林带，栽种有山杏、蒙古扁桃等绿化经济林木，北壁壁面存在大量黑苔斑，表面长有杂草。断面夯层内有瓦片。

敌台底部东西长 13、南北宽 18 米，台顶东西长 3、南北宽 1.5 米，台高 3.1～3.5 米。方向 275°。台体南侧条形凹槽长 1.8、宽 0.5～1.1 米（图四九；彩图七七）。

白岔村战国秦长城 4 号敌台（编码 640425352101020043；编号 PD043）

该敌台位于白岔村部南侧山顶平地，地势较高，视野开阔，可以居高扼守两侧山峪。四周早年平整为梯田，现辟为绿化荒地。东南距白岔村战国秦长城 3 号敌台 100 米。

台体黄土夯筑而成，西倚长城而建并突出墙体，平面呈椭圆形，四壁坍塌堆积呈坡状，保存状况较差。南壁因开梯田被铲削较直,北侧台体铲削较少。台体顶部较平缓,埋设有方形柱状测绘水泥桩一个,台顶及周边布满马儿刺、蒿草等灌丛植被。外围种有蒙古扁桃、山杏等树木。台体周边分布有少量瓦片。在敌台顶部采集板瓦残片 1 件。

敌台底部东西长 22、南北宽 16 米,台顶东西长 15、南北宽 13 米,台高 4.5～5.4 米。方向 270°（图五〇;彩图七八）。

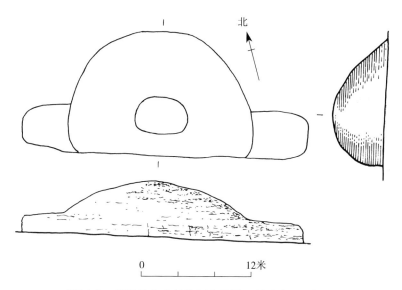

图四八　彭阳县白岔村战国秦长城 2 号敌台平、剖面图

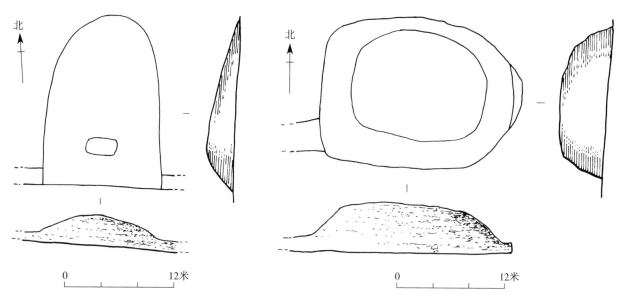

图四九　彭阳县白岔村战国秦长城 3 号敌台平、剖面图　　　图五〇　彭阳县白岔村战国秦长城 4 号敌台平、剖面图

（七）姚湾村战国秦长城墙体及敌台（编码 640425382101050017;编号 PQ017）

此段土墙自转财公路白岔村豁口砖包断面处（G080 点）开始,东北西南向至白阳镇白岔村窑湾村 8 号敌台（G089 点）截止,全长 1566 米。方向呈东南—西北向。该段墙体整体用黄土夯筑而成,沿自然坡谷走向,在沟谷山岭间起伏转折,敌台分布密集,其间分布有 8 座敌台,按其走向特征及保存现状分为九段。

第一段，G080—G081，长165米。东西向，保存状况较差。此段墙体沿山坡下行，延伸至谷底沟畔，仅存宽大的墙基，墙顶被利用为上山便道，中部有电线杆两处，墙体两侧大部被铲削，残留墙体较低矮，起点以西35米处墙体断面高0.8～1.8米。夯层厚10～12厘米。止点处为姚湾村1号敌台（PD044）。

第二段，G081—G082，长81米。东西向，保存状况一般。该段墙体内侧因修梯田被铲削下切，外侧为一土路，起点以西34米处有一处水冲豁口。西端沟畔地表因村民种地捡拾堆放有一堆绳纹瓦片（彩图七九）。

第三段，G082—G083，长114米。东南—西北向，保存状况差。该段墙体向西北折拐，大部分被修建乡间土路时平毁，北侧梯田地坎暴露残存墙基痕迹，地表墙体已无存。止点处为姚湾村2号敌台（PD045）。

第四段，G083—G084，长217米。东南—西北向，保存状况差。该段墙体被平整为层层梯田，局部地坎边有墙基痕迹。止点处为姚湾村3号敌台（PD046）。

第五段，G084—G085，长239米。东南—西北向，保存状况差。此段墙体内侧为公路，大部被公路路基侵占，地表已无痕迹，公路北侧地坎高2～3米，局部尚有墙基痕迹。止处为姚湾村4号敌台（PD047）。

第六段，G085—G086，长184米。东南—西北向，保存状况较差。该段墙体处于长城岭山坳处，绕行公路南侧小山梁向北外弧，大部分因修公路被侵占切削，仅外侧残存部分墙体，形成宽0.3～1米的小土坎。止点处为姚湾村5号敌台（PD048）。

第七段，G086—G087，长152米。东南—西北向，保存状况差。该段墙体因修建公路被平毁，地表仅存部分墙基痕迹。西段墙体沿山坡上行，山体被开垦为层层梯田，仅在梯田断面可发现夯土墙基痕迹。止点处为姚湾村6号敌台（PD049）。

第八段，G087—G088，长183米。东南—西北向，保存状况较差。此段墙体沿山坡下行，东端山坡上部墙体保存相对较好，两侧近山洼底保存状况较差，主要因修整梯田被人为平毁。止点处为姚湾村7号敌台（PD050）。

第九段，G088—G089，长231米。东南—西北向，保存状况差。该段墙体处于山坳地带，随山势向南外弧延伸至G089点处。墙体基本已无痕迹，地表被修整为层层梯田，仅局部地坎断面有夯土痕迹。起点向西北20米处残存墙体宽3.5米，高0.2米。止点处为姚湾村8号敌台（PD051）（彩图八〇）。

姚湾村战国秦长城1号敌台（编码640425352101020044；编号PD044）

该敌台位于姚湾村南山坳地带，西侧为陡峭山坡，下有沟谷及小路，东南距白岔村战国秦长城4号敌台275米。

台体黄土夯筑而成，两侧墙体残毁。现呈高大圆丘状，保存状况一般。敌台依山坡东南侧取土夯筑，与内侧山坡分离形成独立的圆形土丘，外侧堆积呈陡坡状，延伸至沟底。沟底有一条村道顺沟而下，台顶尖圆，表面轻微滑坡分层，表面长有马儿刺、蒿草等灌丛植被。台体东南侧陡峭，西北侧坡度较缓。

敌台底部东西长12、南北宽13米，台顶东西长4、南北宽3米，台高4.2～10米。方向210°（图五一；彩图八一）。

姚湾村战国秦长城2号敌台（编码640425352101020045；编号PD045）

该敌台处于山坳墙体拐弯处，与姚湾村1号敌台相对，两敌台间靠近南侧山梁构筑，在此间形成一个"U"形拐弯。东南距姚湾村战国秦长城1号敌台195米。

台体黄土夯筑而成，平面形制近似椭圆形，顶小底大，四壁呈坡状堆积，整体保存状况一般。台体东、西壁底部因开田被铲削。台顶及周边长满杂草。采集红陶绳纹板瓦残片 1 件。

敌台底部东西长 21、南北宽 13 米，台顶东西长 4、南北宽 2 米，台高 3～4 米。夯层不清。方向 282°（图五二；彩图八二）。

姚湾村战国秦长城 3 号敌台（编码 640425352101020046；编号 PD046）

该敌台处于姚湾村南长城岭山梁之上，四周为梯田耕地和绿化林带。地势较高，视野开阔。东南距姚湾村战国秦长城 2 号敌台 217 米。

台体黄土夯筑而成，西北侧与墙体相连，东南侧墙体消失。台体现呈土丘状，平面形制近似椭圆形，保存状况一般。台体南北两侧底部堆积被铲削陡直。顶部为漫坡状，台顶及四壁均长有柠条等灌丛植被。台体表面残留少量筒瓦残片。

敌台底部东西长 27.2、南北宽 11.4 米，台顶东西长 5、南北宽 4 米，台高 4.2～10 米。方向 325°（图五三；彩图八三）。

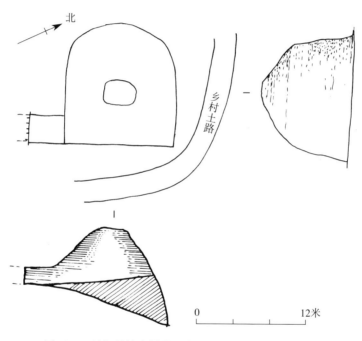

图五一　彭阳县姚湾村战国秦长城 1 号敌台平、剖面图

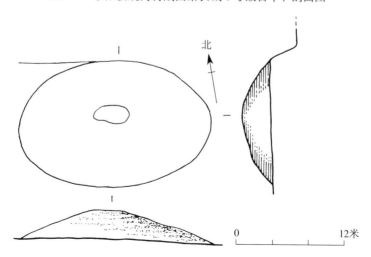

图五二　彭阳县姚湾村战国秦长城 2 号敌台平、剖面图

姚湾村战国秦长城 4 号敌台（编码 640425352101020047；编号 PD047）

该敌台位于姚湾自然村公路南侧山梁平地上，四周为梯田及绿化山地。地势东高西低。东南距姚湾村战国秦长城 3 号敌台 239 米。

台体黄土夯筑而成，两侧墙体较低矮，北侧紧临公路，被切削损毁严重，形体较小，顶部坍塌较平，现存平面形制略呈椭圆形，保存状况较差。北壁被公路切削形成断面，底部夯层清晰。南侧略突出墙体，大部因耕田铲削，壁面坍塌不齐。顶部突出于两侧墙体，与南壁形成坡状堆积，西侧地势略低，外侧因修梯田形成 3 米高断崖。台顶隆起于断崖之上。台顶及四壁长有柠条等灌木植物。

敌台底部东西长 13.3、南北宽 5 米，台高 1.4 米。方向 300°（图五四；彩图八四）。

姚湾村战国秦长城 5 号敌台（编码 640425352101020048；编号 PD048）

该敌台位于姚湾自然村公路北侧山梁平地上，北侧临山坡，南侧临公路，东西侧地势相对平缓。东南距姚湾村战国秦长城 4 号敌台 184 米。

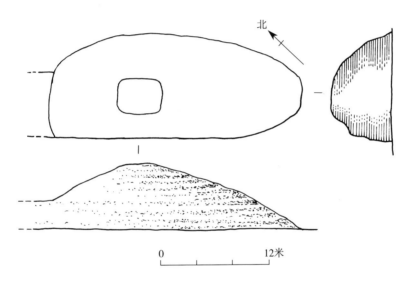

图五三　彭阳县姚湾村战国秦长城 3 号敌台平、剖面图

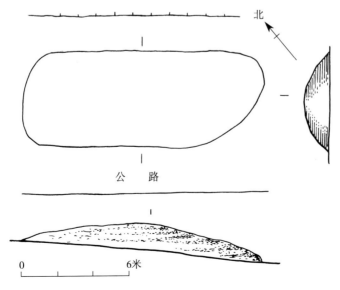

图五四　彭阳县姚湾村战国秦长城 4 号敌台平、剖面图

台体黄土夯筑而成，东西两侧与墙体相连，东侧墙体较高大。台体现呈高大的土丘状，北侧呈半圆形突出墙体，平面形制略呈半圆形，保存状况一般。南侧因修公路被切削为直壁。西北侧呈陡坡面，表面滑坡塌陷严重，底部较陡直。台顶浑圆，有两处人为掏挖的盗坑，顺墙有一条踩踏小道。台顶及周边布满马儿刺、蒿草等灌木植物，栽植有榆树、柠条等绿化树木。

敌台底部南北宽 11.3 米，台顶东西长 4、南北宽 5 米，台高 4.6 ～ 6 米。南壁切削断面高 7.5 米，台顶盗坑直径约 1 米。方向 280°（图五五；彩图八五）。

姚湾村战国秦长城 6 号敌台（编码 640425352101020049；编号 PD049）

该敌台位于姚湾村西南长城岭山巅之上，四周为梯田耕地，地势较高，视野开阔。东南距姚湾村战国秦长城 5 号敌台 152 米。

台体黄土夯筑而成，东端尚残连墙体，西端墙体因修梯田被平毁严重，台体南北侧突出，顶部微隆，平面形制近似椭圆形，保存状况一般。敌台四周被修整为扇形梯田。台体南侧切削较直，并有两处窑洞坍塌形成陷坑。西北角因取土被切削。台体表面散布少量残瓦片台顶及周边布满马儿刺、蒿草等灌木植物。在敌台周边采集瓮底、弦纹及网格纹灰陶板瓦残片各 1 件。

敌台底部南北宽 12.8 米，台顶东西长 7、南北宽 3 米，台高 4 ～ 6 米。方向 285°（图五六；彩图八六）。

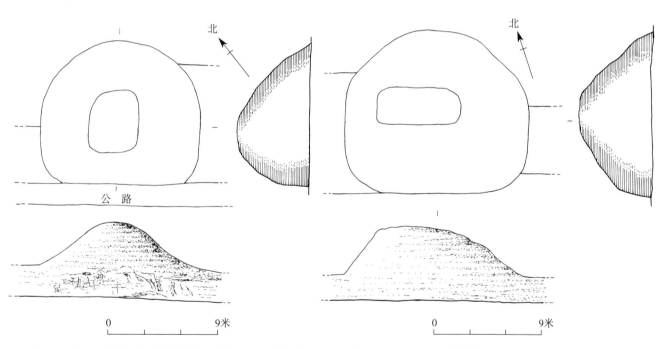

图五五　彭阳县姚湾村战国秦长城 5 号敌台平、剖面图　　　图五六　彭阳县姚湾村战国秦长城 6 号敌台平、剖面图

姚湾村战国秦长城 7 号敌台（编码 640425352101020050；编号 PD050）

该敌台处于姚湾村西南山坳公路弯道处，公路绕经敌台东西南三面，北侧为梯田耕地。东南距姚湾村战国秦长城 6 号敌台 183 米。

台体黄土夯筑而成，两端墙体被公路侵占损毁，台体呈东西向椭圆形土丘，保存状况一般。台顶沿中脊向两侧低斜，北侧坡面较陡峭，坡面有滑坡凹坑，杂草密集，底部因耕种被铲削，南侧坡面斜缓，壁面夯土致密，杂草较少。台底东西两侧栽植云杉、油松等绿化树木。

敌台底部东西长 20.4、南北宽 12.4 米，台顶东西长 4、南北宽 2 米，台高 7.2 米。方向 265°（图五七；彩图八七）。

姚湾村战国秦长城 8 号敌台（编码 640425352101020051；编号 PD051）

该敌台位于姚湾自然村南山巅之上。东南距姚湾村战国秦长城 7 号敌台 231 米。

台体形制较大，顶部坍塌平面形制呈椭圆形，整体保存状况较差。台体东南壁因乡村便道修路被切削大半，壁面较陡直。西侧有泄洪渠，壁面坍塌呈斜坡状，顶部钝圆，有坍塌土堆积，两侧长有榆树。台顶及周边长满杂草。

敌台底部东西长 11.5、南北宽 8.3～9.7 米，台残高 7.8 米。夯层不清。方向 353°（图五八；彩图八八）。

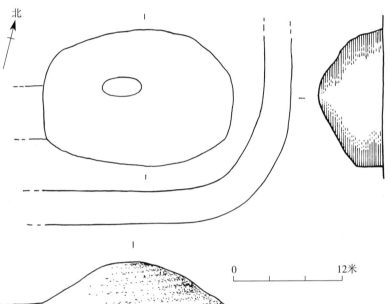

图五七　彭阳县姚湾村战国秦长城 7 号敌台平、剖面图

（八）余嵝岘村战国秦长城墙体及敌台（编码 640425382101020018；编号 PQ018）

此段土墙自白阳镇白岔村姚湾村 8 号敌台（G089 点）开始，至白阳镇余嵝岘村 8 号敌台（G098 点）截止，全长 1798 米。墙体沿东南—西北向又折向西南，整体呈半弧形走向，沿线地势梁峁相间，地形起伏多变。该段墙体整体用黄土夯筑而成，其间分布有 8 座敌台，按其走向特征及保存现状分为九段。

第一段，G089—G090，长 215 米。东南—西北向，保存状况差。此段墙体沿山坡地势向下缓行修筑，大部被转财公路损毁，两侧有姚湾村村落民居，现存墙体虽局部保留墙基，但走向清晰。

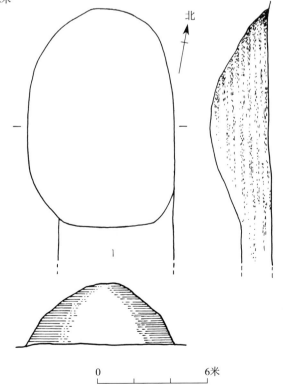

图五八　彭阳县姚湾村战国秦长城 8 号敌台平、剖面图

止点处为余崾岘村 1 号敌台（PD052）。

第二段，G090—G091，长 170 米。东南—西北向，保存状况较差。该段墙体沿山坡向山梁延伸，山坡相对平缓，因修梯田和再造育林带，墙体两侧被铲削下切，内侧为梯田，外侧为封山育林带。墙体仅存一道田埂，但基本断续延伸。起点向西北 40 米处墙体底宽 0.7、顶宽 0.3 米，外高 1、内高 0.6 米。夯层厚 10 厘米。止点处为余崾岘村 2 号敌台（PD053）。

第三段，G091—G092，长 153 米。东南—西北向，保存状况较差。该段墙体处于山岭上，墙体外侧有高 2～3 米的地坎，断面暴露夯层，地表上仅存不足 1 米的高度。墙体外侧沿山坡夯筑形成峭壁，顶部仅存矮墙，内侧形成平台。G0237 点向西北 22 米处公路穿过墙体，形成切削断面，西侧墙体断面顶宽 0.7、底宽 7.7 米，外侧断面高 5、墙体高 2.9 米，内高 0.8、外高 2.2 米。止点处为余崾岘村 3 号敌台（PD054），东侧公路斜向穿越（图五九；彩图八九）。

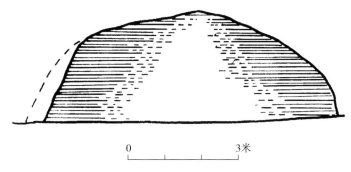

图五九　彭阳县余崾岘村战国秦长城 3 段墙体公路豁口西侧断面图

第四段，G092—G093，长 160 米。东南—西北向，保存状况较差。该段墙体处于转财公路北侧，基本与公路平行，中部略向外弧，大部因修路、修梯田破坏，外侧地坎高 2.5～4 米，顶部较平，栽植有柠条等防沙植被，北侧由于修整田地被铲削。起点处墙体底宽 5、顶宽 2.2 米，外高 1、内高 4.3 米。止点处为余崾岘村 4 号敌台（PD055）（彩图九〇）。

第五段，G093—G094，长 140 米。东西向，保存状况差。此段墙体为低缓的上梁段，墙体被平垦为层层梯田，局部有夯土墙基痕迹。起点向西北 36 米处墙体底宽 1.3、顶宽 0.7 米，外高 1.5、内高 0.2 米。夯层厚 10～15 厘米。G094 点处为余崾岘村 5 号敌台（PD056），此处亦为墙体拐点，以西墙体向西南偏折。

第六段，G094—G095，长 112 米。东北—西南向，保存状况较差。此段墙体为绕山下坡段，实际距离大于起止点间的直线距离。东段地表残留墙体为高约 1 米的地埂，地表绳纹筒板瓦残片较多。西段下坡段外侧夯筑墙体形成峭壁，内侧因顶部山体滑坡，为绕山而行的平台，保存现状类似明代的铲削山险墙。止点处为余崾岘村 6 号敌台（PD057）。

第七段，G095—G096，长 361 米。东北—西南向，保存状况差。该段墙体沿两山间谷地延伸，大部被转财公路路基损毁，地表已无痕迹，但走向清楚。起点向西北 31 米处墙体断面底宽 5、顶宽 0.9 米，外高 4、内高 1.1 米，夯层厚 10～12 厘米；向西北 80 米处墙体断面底宽 0.8、顶宽 0.45 米，外高 3.86、内高 0.25 米。止点处为余崾岘村 7 号敌台（PD058）。

第八段，G096—G097，长 228 米。东北—西南向，保存状况差。此段墙体沿两山间延伸，南侧山梁绕行，为连山墙，痕迹不明显，止点处为转财公路穿长城处，公路豁口宽 8 米。

第九段，G097—G098，长 259 米。东北—西南向，保存状况较差。此段墙体仍为连山墙，因内侧取土修筑，在山坡形成平台，台宽 10 余米，墙体内外两侧为陡坡，台地上有少量绳纹瓦片。墙基尚存，走向明显。G098 点为余嵝岘村 8 号敌台（PD059）。

余嵝岘村战国秦长城 1 号敌台（编码 640425352101020052；编号 PD052）

该敌台位于白阳镇余嵝岘村公路南侧山梁坳处，南侧有一户居民，北侧临公路，此处向西墙体开始沿山梁上行。东南距姚湾村战国秦长城 8 号敌台 216 米。

台体由黄土夯筑而成，人为破坏严重，台体西端有残留少段墙体。现存部分顶小底大，平面形制呈不规则形，保存状况较差。东侧坡面较缓，栽植有杏树，南侧紧靠台壁有居民住房，西侧一棵山杏树，北侧因修路壁面被铲削，西北部壁面因取土而内凹，顶部较平坦，由于接近村落，台体顶部有人为踩踏痕迹，表面长有少量杂草。

敌台底部东西长 12.8、南北宽 10.1 米，台顶东西长 7、南北宽 5 米，台高 5 米。方向 266°（图六〇；彩图九一）。

余嵝岘村战国秦长城 2 号敌台（编码 640425352101020053；编号 PD053）

该敌台位于白阳镇城余嵝岘村（G0237）南山坡上，地势西南高东北底，四周为梯田耕地，台体南侧种植杏树林带。东南距余嵝岘村战国秦长城 1 号敌台 171 米。

台体黄土夯筑而成，东西两侧与已损毁的长城墙体相连呈坡状堆积，台体为高大的土丘，南北两侧因耕地破坏，平面形制略呈椭圆形，保存状况较差。台体顶部浑圆，顶小底大，南北壁较陡峭，西南角掏挖有一处小窑洞。壁面长满杂草。台体西南角下采集较大的筒、板瓦残片 3 件。

敌台底部东西长 17、南北宽 11.5 米，台顶东西长 4、南北宽 3 米，台高 1.8～7 米。方向 290°（图六一；彩图九二）。

余嵝岘村战国秦长城 3 号敌台（编码 640425352101020054；编号 PD054）

该敌台位于白阳镇城余嵝岘村南山坡上，台体东侧公路穿过，南侧为杏树林带。东南距余嵝岘村战国秦长城 2 号敌台 148 米。

台体黄土夯筑而成，整体高大浑圆呈圆丘状，顶小底大，四壁呈坡状堆积。平面形制略呈椭圆形，

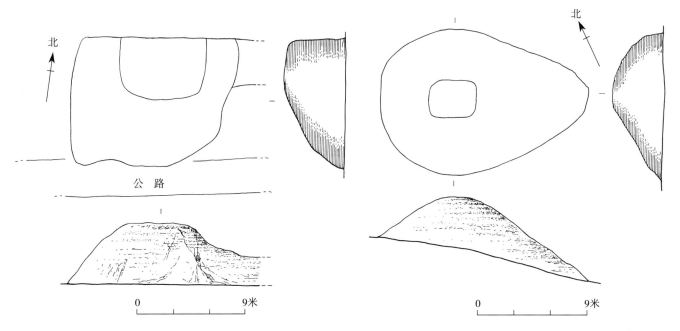

图六〇　彭阳县余嵝岘村战国秦长城 1 号敌台平、剖面图　　图六一　彭阳县余嵝岘村战国秦长城 2 号敌台平、剖面图

保存状况较差。南侧因修路被切削大半,断面铲削粉刷有一道长方形标语墙。东侧为耕地,有小片的树林。顶部尖圆,北侧坡面陡峭,轻微滑坡,东侧坡面斜缓,表面生长杂草。西侧因山洪冲蚀形成水冲沟;顶部西南侧有一处因窑洞后期坍塌形成的陷坑。

敌台底部东西长 14、南北宽 18.5 米,台高 4.2～6.2 米。方向 295°（图六二;彩图九三）。

余嵝岘村战国秦长城 4 号敌台（编码 640425352101020055;编号 PD055）

该敌台位于白阳镇余嵝岘村西山坳处,地势南高北低,四周为梯田耕地,东南距余嵝岘村战国秦长城 3 号敌台 170 米。

台体黄土夯筑而成,东西两侧连接长城墙体,南侧突出墙体,顶小底大,平面形制近似椭圆形。台顶略平,四面呈陡坡状,保存状况一般。南北两侧因耕地破坏,底部均被铲削,南侧铲山取土而建,外壁呈半圆形,坡面较缓,临墙种植一行杨树,北侧临坡,堆土从底部夯筑,坡面较陡峭,台体表面长满杂草,散布少量绳纹瓦片。

敌台底部东西长 24.8、南北宽 12.3 米,台顶直径 4 米,台高 3.8～5.4 米。方向 301°（图六三;彩图九四）。

余嵝岘村战国秦长城 5 号敌台（编码 640425352101020056;编号 PD056）

该敌台位于白阳镇余嵝岘村西山岭之上,四周为梯田耕地,东南距余嵝岘村战国秦长城 4 号敌台 240 米。

台体从南侧山坡取土夯筑而成,两侧及顶部突出墙体,现呈土丘状,顶小底大,平面呈椭圆形,保存状况较差。台顶及壁面西南壁因耕地破坏,北壁陡直。西南侧坡面低矮,表面长满杂草,西侧底部有少量绳纹瓦片。

敌台底部东西长 19.4、南北宽 8.8 米,台顶东西长 3、南北宽 2.5 米,台高 1.4～5.8 米。方向 288°（图六四;彩图九五）。

余嵝岘村战国秦长城 6 号敌台（编码 640425352101020057;编号 PD057）

该敌台位于白阳镇余嵝岘村山坡之上,北侧临沟谷,周围为山坡梯田绿化林地,种植山杏、蒙古扁桃等经济林木。与余嵝岘村战国秦长城 5 号敌台分处山梁东西两侧,两者直线距

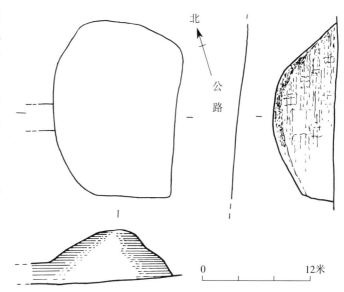

图六二 彭阳县余嵝岘村战国秦长城 3 号敌台平、剖面图

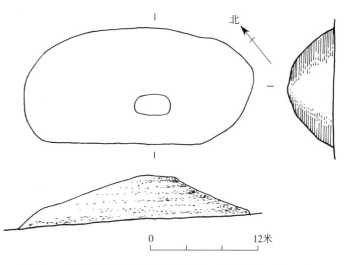

图六三 彭阳县余嵝岘村战国秦长城 4 号敌台平、剖面图

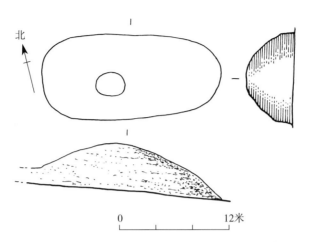

图六四　彭阳县余嘴岘村战国秦长城 5 号敌台平、剖面图

离敌台 120 米。

台体黄土夯筑而成，东西两侧墙体已无存。整体坍塌较低矮，顶部坍塌呈坡状，顶小底大，现存平面形制近似三角形，保存状况较差。台体于南侧山坡取土夯筑，北侧为陡峭的坡面，南侧及顶部坡面较缓，顶部有盗坑。表面长满杂草。

敌台底部东西长 9.6、南北宽 9 米，台顶东西长 2、南北宽 2 米，台高 2.8 ～ 5 米。方向 270°（图六五；彩图九六）。

余嘴岘村战国秦长城 7 号敌台（编码 6404253521010200058；编号 PD058）

该敌台位于白阳镇余嘴岘村山前台地之上，南为缓坡，东侧为公路，台体四周为绿化林地。东北距余嘴岘村战国秦长城 6 号敌台 361 米。

台体黄土夯筑而成，呈较低矮土丘状，顶小底大，保存状况较差。台体底部多被铲削，壁面坍塌，北壁上部有冲蚀陷坑，底部铲削壁面夯层清晰，顶部较平缓，表面长满杂草，无明显登台痕迹。地表遗物较少。

敌台底部东西长 13、南北宽 7.3 米，台顶东西长 5、南北宽 2 米，台高 2.8 ～ 4.2 米。夯层厚 10 ～ 15 厘米。方向 257°（图六六；彩图九七）。

余嘴岘村战国秦长城 8 号敌台（编码 6404253521010200059；编号 PD059）

该敌台位于白阳镇余嘴岘村 203 省道公路东侧台地上，西南为峭壁，东北为陡坡，地势险要。东北距余嘴岘村战国秦长城 7 号敌台 480 米。

台体黄土夯筑而成，呈锥状，尖顶，四壁均呈斜坡状，保存状况较差。台体东侧有一道山洪冲沟，墙体已被冲毁，西侧被铲削成峭壁，尚存有墙体痕迹，南北两侧坍塌土堆积底部形成斜坡，表面有少量的绳纹瓦残片等物。敌台东南侧有一盗洞，表面长满杂草。地表有陶片，采集灰陶瓮口沿 1 件。

敌台底部东西长 24.7、南北宽 12.7 米，台顶东西长 3、南北宽 2 米，台高 4 ～ 7 米。夯层厚 9 ～ 13 厘米。方向 228°。盗洞宽 1.3、深 3.6 米（图六七；彩图九八）。

（九）陡坡村战国秦长城墙体及敌台（编码 6404253821010200019；编号 PQ019）

此段土墙自白阳镇余嘴岘村 8 号敌台（G098 点）开始，横跨 203 省道公路后沿陡坡村东山坡及沟谷顺地势向谷底延伸，地势东北高西南低，坡降明显，高差 50 米，至白阳镇陡坡村 5 号敌台（G105 点）处截止，全长 1648 米。方向呈东北—西南向。沿线墙体两侧取土壕沟由于洪水冲刷切割，水土流失严重，现为宽大的陡壁深沟，墙体坍塌损毁严重，整体保存状况差。其间分布有 5 座敌台，按其走

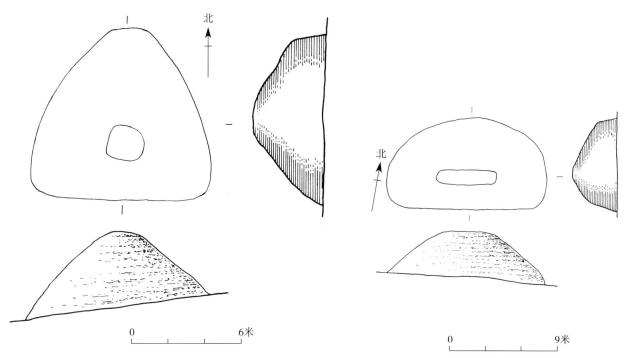

图六五　彭阳县余崾岘村战国秦长城 6 号敌台平、剖面图　　　图六六　彭阳县余崾岘村战国秦长城 7 号敌台平、剖面图

向特征及保存现状分为七段（图六八）。

第一段，G098—G099，长 197 米。保存状况差。此段墙体跨越 203 省道，整体为下坡段，坡度较陡。省道公路豁口宽 24 米。公路南侧山坡残存墙体被改造为植树造林土垄带，沿墙基栽植一行杏树，地表为疏松腐殖土，墙体夯层不明显，散布有少量绳纹瓦片。止点处为陡坡村 1 号敌台（PD060）。

第二段，G099—G100，长 212 米。保存状况较差。该段地表墙体大部遭平毁，仅地坎断面局部暴露夯土墙基，西段墙体地表尚有高宽近 1 米的痕迹，外侧高 3 米，此段墙体依山修筑特征明显，即山坡内侧取土，外侧筑墙，墙体断面外陡内缓。西段北临深沟。G099 点向西 29 米处墙体外高 1.9 米。夯层厚 10 ～ 15 厘米。G099 点向西 127 米处墙体底宽 2.2、顶宽 1.3 米，外高 2.7、内高 1 米。夯层厚 10 ～ 15 厘米。止点处为陡坡村 2 号敌台（PD061）（图六九）。

第三段，G100—G101，长 274 米。保存状况差。该段墙体顺沟畔东侧而行，沟谷为梯田，临沟

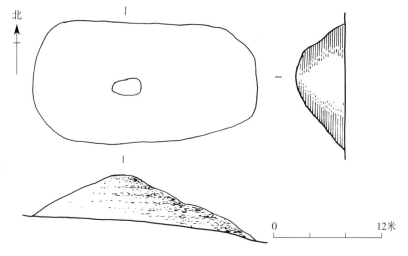

图六七　彭阳县余崾岘村战国秦长城 8 号敌台平、剖面图

墙体已大部坍塌，沟畔局部有墙体残迹。止点为墙体折拐处。陡坡村2号敌台西南20米处墙基内出土筑墙工具铁锸1件。止点处墙体底宽7.8、顶宽1米，外高4、内高2.6米。夯层厚8～15厘米（彩图九九）。

第四段，G101—G102，长147米。保存状况一般。该段处于沟畔东南，临沟而行，墙体高大，呈宽大土垄状，两侧梯田堆土较高形成缓坡，顶部长满杂草，靠近G102点间57米被平毁为耕地，地表仅剩一道鱼脊状隆起。止点处为陡坡村3号敌台（PD062）。

第五段，G102—G103，长137米。保存状况较差。此段墙体大部处于谷内两沟间的条形台地上，北侧为深40～50米的深沟，南侧为宽10余米的沟谷平地，墙体所处台地距谷底4～5米，呈起伏的土包状，局部保存较宽大，但整体已坍塌，被切削损毁情况较为普遍。

第六段，G103—G104，长265米。保存状况较差。此段墙体大部处于谷内两沟间的条形台地上，呈起伏的土包状，局部保存较宽大，但整体已坍塌，被切削损毁情况较为普遍。起点向西81米处墙体顶宽0.8、底宽4.5米，外高2.7、内高3.4米。夯层厚8～12厘米。G104点处为陡坡村4号敌台（PD063）（彩图一〇〇）。

第七段，G104—G105，长416米。保存状况差。该段墙体处于沟内平台中部，北侧为深沟，内侧为山坡，其间为开阔耕地，墙体地表部分已被平毁，此段地表尚可观察出鱼脊状隆起的墙基痕迹，西段为数级梯田，地面平整，墙体已基本无痕迹。止点处为陡坡村5号敌台（PD064）。

陡坡村战国秦长城1号敌台（编码640425352101020060；编号PD060）

该敌台位于陡坡村沟垴南侧山前台地之上，东西两侧为高山，顺西南为一道流水侵蚀的深沟，台体四周为耕地。东北距余嵝岘村战国秦长城8号敌台195米。

台体黄土夯筑而成，平面形制呈土丘状，顶小底大，浑圆高大，保存状况较差。南侧有裂缝，壁面因水土流失呈坡状堆积，壁面因水土流失均呈坡状堆积，南侧及东侧台体底部因修梯田被铲削较多，壁面鼠洞较多。西侧及北侧坡面斜缓，台顶略平，表面长满杂草。

敌台底部东西长23、南北宽14.2米，台顶东西长5、南北宽3.5米，台高3.4～5.2米。夯层厚10～15厘米。方向210°（图七〇；彩图一〇一）。

陡坡村战国秦长城2号敌台（编码640425352101020061；编号PD061）

该敌台处于陡坡村南侧沟口山前台地之上，地势东北高西南低，四周为耕地。东北距陡坡村战国秦长城1号敌台207米。

台体黄土夯筑而成，西侧残留墙体，浑圆宽大，现存平面形制近似椭圆形，保存状况较差。顶小底大，台顶略平。东南侧有一孔窑洞，洞口塌陷形成地坑状。东南侧因修梯田台体被铲削过半，壁面峭直，分布较多水蚀凹坑及鼠洞，夯层明显。北壁坡面被平整利用为梯田地坎，坡面较陡直，表面长满杂草。四壁底部因修梯田被铲削陡直。东南侧电线杆拉线靠近台体。台顶埋设有测绘水泥基桩1座。

敌台底部东西长19.3、南北宽10米，台顶东西长3、南北宽2米，台高3.8～5.3米。夯层厚10～15厘米。方向230°（图七一；彩图一〇二）。

陡坡村战国秦长城3号敌台（编码640425352101020062；编号PD062）

该敌台处于陡坡村沟畔南侧，紧临深沟，两侧沟深50余米。东北距陡坡村战国秦长城2号敌台418米。

现台体坍塌呈馒头状，顶小底大，形体高大浑圆。黄土夯筑而成，整体保存状况较差。南壁壁面存在黑苔斑。北壁有人为掏挖的洞坑，西壁底部因修梯田被铲削，敌台西南连接小段长城墙体，墙基下生长有柠条，东侧为陡坡，西北侧壁面中部有水蚀陷坑，底部临沟有羊肠小路。敌台顶部与四壁均

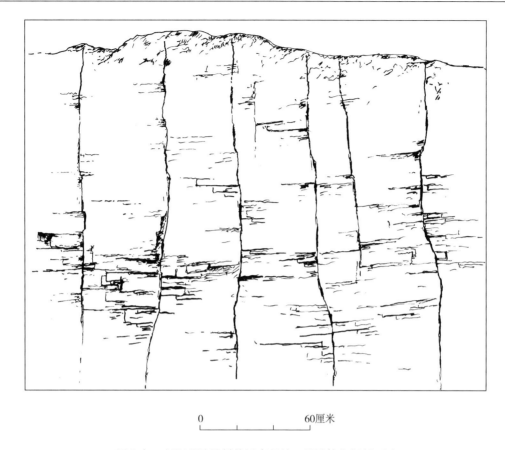

0　　　　　　60厘米

图六九　彭阳县陡坡村战国秦长城二段墙体分版断面图

长有杂草。台底分布有少量绳纹瓦片。

敌台底部东西长 16.8、南北宽 10 米，台高
5.5 ～ 7 米。夯层厚 10 ～ 16 厘米。方向 250°（图
七二；彩图一〇三）。

陡坡村战国秦长城 4 号敌台（编码
640425352101020063；编号 PD063）

该敌台位于陡坡村两沟间的台地上，谷底为
耕地，西侧 10 米处有灌溉水渠冲蚀形成深沟。东
北距陡坡村战国秦长城 3 号敌台 411 米。

台体黄土夯筑而成，东侧与墙体相连，顶小
底大，顶部浑圆，平面形制半圆形，保存状况较差。
台顶东侧有两处取土坑，西南侧因修梯田铲削，
台底现处于一生土高台之上，北侧紧临深沟形成
断崖。北侧呈半圆形突出墙体，西侧灌溉水渠侵
蚀冲刷，造成敌台及墙体严重损毁。四壁底部因
修梯田切削严重，台体表面长满杂草。采集盆口
沿 1 件。

敌台底部东西长 14.2、南北宽 6.2 米，台

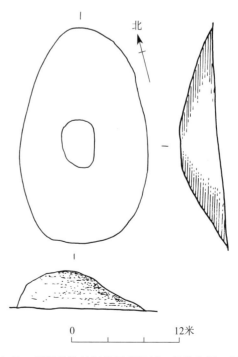

北

0　　　　　12米

图七〇　彭阳县陡坡村战国秦长城 1 号敌台平、剖面图

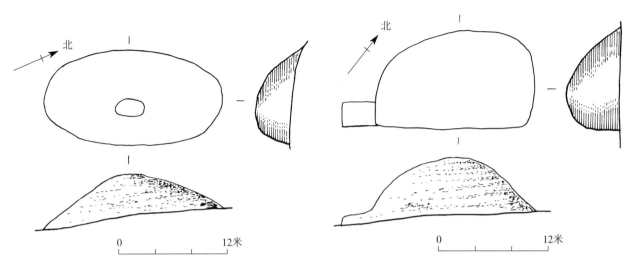

图七一　彭阳县陡坡村战国秦长城 2 号敌台平、剖面图　　图七二　彭阳县陡坡村战国秦长城 3 号敌台平、剖面图

顶部东西长 4、南北宽 3.1 米，台高 6 ～ 8.5 米。夯层厚 8 ～ 15 厘米。方向 250°（图七三；彩图一〇四）。

陡坡村战国秦长城 5 号敌台（编码 640425352101020064；编号 PD064）

该敌台处于陡坡村三沟之间的交岔处的沟口山前台地上，视野开阔，地势平坦，四周为耕地，东北距陡坡村战国秦长城 4 号敌台 421 米。

台体黄土夯筑而成，顶小底大，顶部浑圆，现为圆形土丘，保存状况差。敌台顶部有几处小凹坑，西北侧被雨水侵蚀切削坍塌，南侧与墙体齐平，外侧有水冲沟，西南侧底部为小片荒滩地。东西坡面较缓，西北侧坡面较陡，敌台顶部与四壁上部均生长有柠条等灌木丛及杂草。

敌台底部东西宽 20、南北长 16.8 米，台体顶部东西宽 3、南北长 2.8 米，台高 4 ～ 7.5 米。方向 230°（图七四；彩图一〇五）。

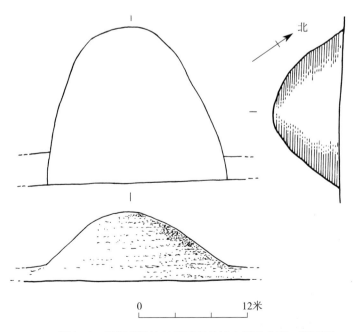

图七三　彭阳县陡坡村战国秦长城 4 号敌台平、剖面图

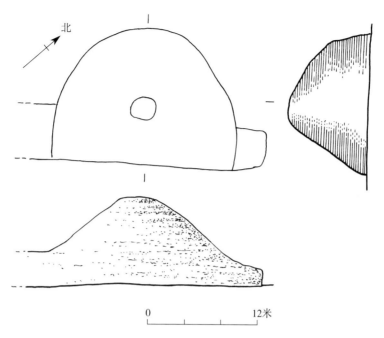

图七四　彭阳县陡坡村战国秦长城 5 号敌台平、剖面图

（十）坡头村战国秦长城墙体及敌台（编码 640425382101020020；编号 PQ020）

此段土墙自白阳镇陡坡村 5 号敌台（G105 点）开始，白阳镇石头嵝岘水库大坝南侧山坡台地（G112 点）截止，全长 2688 米。方向呈东北—西南向。地势起伏较大，呈东北高西南低之势。沟底因水土流失导致墙体南侧冲刷形成一条大深沟，墙体为黄土夯筑而成，大段墙体崩塌陷落入谷底深沟内，残存墙基沿沟谷底部冲沟沟畔分布，夯层明显，整体保存状况差。沟口山头分布有城障，沟内西侧山坡发现有战国墓葬，出土青铜戈、短剑等兵器。其间分布有 2 座敌台，按其走向特征及保存现状分为七段。

第一段，G105—G106，长 321 米。该段南侧为深沟，大部墙体崩塌入沟内，仅局部有残存墙基痕迹，地表为农田。止点处为坡头村 1 号敌台（PD065）（彩图一〇六）。

第二段，G106—G107，长 508 米。该段南侧为深沟，大部墙体崩塌入沟内，仅残存少许墙基痕迹，地表为农田。止点处为坡头村 2 号敌台（PD066）。

第三段，G107—G108，长 237 米。该段南侧为深沟，大部墙体崩塌入沟内，仅少数沟畔有残墙痕迹。G108 点处为断崖，其上有一处土包状墙体残迹。起点向西南 25 米处墙体底宽 2.1、顶宽 1 米，外高 2.6、内高 2 米。夯层厚 8～12 厘米。

第四段，G108—G109，长 246 米。该段南侧为深沟，大部墙体崩塌入沟内，仅少数沟畔有残墙痕迹，沟畔耕地上有数条地陷裂隙。

第五段，G109—G110，长 536 米。此段大部崩裂入沟内，仅在 G110 点处残留有几处坍塌呈土柱状的夯筑墙体痕迹，墙体夯土与下层红色生土间分层明显。

第六段，G110—G111，长 337 米。止点为 203 省道公路穿越长城墙体处，其断面上部暴露有夯层。此段沟口两侧有居民住户，村内采集砂岩石杵 1 件。北侧山坡调查发现有新石器齐家文化红陶片，沟谷墓葬出土过铜柄铁剑等战国时期遗物。南侧山坡头有城障一座。起点以东 25 米处残存墙体长 1.3、顶宽 1.5 米，高 1.4 米。夯层厚 10 厘米。

第七段，G111—G112，长 503 米。此段穿过小河川石头嵝岘水库大坝下游平地，至河南岸白阳镇石头嵝岘水库大坝南侧山坡台地，墙体大部为小河川流及石头嵝岘水库大坝侵占破坏，仅在山坡断面处发现一处有明显夯层的断面，梯田阶地西侧断崖暴露夯土墙基痕迹，底部为红色黏土，夯层部分为黄、灰土夹杂，夯层较厚，墙体处于田埂之内，外侧地表分布有灰陶罐腹片、黑釉圈足碗底、素面灰陶板瓦等宋代遗物。止点处为跨沟上山拐点。以西墙体向西北折拐沿小河川南岸山坡修筑。止点处墙体残宽3、残高1.3米。夯层厚20厘米（图六八）。

坡头村战国秦长城1号敌台（编码640425352101020065；编号PD065）

该敌台位于坡头自然村山前坡地之上，西侧为耕地，东侧临深沟。东北距陡坡村战国秦长城5号敌台410米。

台体黄土夯筑而成，壁面因深沟浑水侵蚀崩塌过半，濒临消失。残存部分形体较小，呈不规则形，保存状况差。台体北侧及东侧为断崖壁面坍塌内凹，南壁坍塌较直，东西两侧为缓坡。台顶及周边布满杂草。

敌台底部宽5.7米，台顶部南北宽2、东西宽2.5米，台高1～2.6米。方向250°（图七五；彩图一〇七）。

坡头村战国秦长城2号敌台（编码640425352101020066；编号PD066）

该敌台处于坡头自然村沟谷台地之上，西北侧为耕地，南侧紧临深沟，东北距坡头村战国秦长城1号敌台420米。

台体黄土夯筑而成，东西两侧尚残有数米墙体。南侧临沟为断崖，壁面坍塌，台体随时有崩塌入沟的可能。现存台体顶小底大，形状近似椭圆形，保存状况较差。东壁坍塌断面夯层清晰。北侧突出墙体，北壁底部因修田铲削陡峭，台顶呈条脊状，台顶及周边长满杂草。

敌台底部南北宽6.7、东西宽16.2米，台高2.5～6米。夯层厚6～12厘米（图七六；彩图一〇八）。

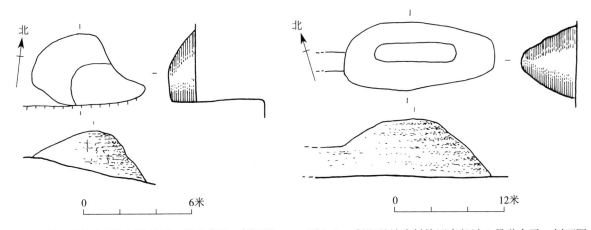

图七五　彭阳县坡头村战国秦长城1号敌台平、剖面图　　　图七六　彭阳县坡头村战国秦长城2号敌台平、剖面图

第三节　石头嵝岘—阳儿堡段战国秦长城墙体及敌台

此段墙体从石头嵝岘水库大坝跨小河川南岸后，呈"V"字形西北折拐，沿小河川南岸山坡及阶地溯流而上，整体呈东南—西北走向，至阳儿堡出彭阳县境，进入原州区。此段墙体修筑于河岸沟谷间，主要受小川河冲刷、堤岸崩塌等自然因素及平田、村落等人为破坏，墙体保留遗迹较少。加之沿线地

形崎岖，交通极为不便，以往调查未作全面详细勘察确认，墙体走向及遗迹情况不详。本次沿线调查墙体长 17.331 千米，大部分消失，实际保留墙体 4.552 千米，调查敌台 2 座，城址（障）3 座，相关遗址 1 处（图七七）。

（一）石头嵝岘战国秦长城墙体（编码 640425382101020021；编号 PQ021）

G112—G113，长 1128 米。东南—西北向，保存状况差。该段起点以西山梁被 203 省道劈山穿过，在公路断面及两侧山坡发现汉墓数座。断面以西由于水库大坝铲削取土以及库内蓄水侵蚀，大部未发现墙体迹象，只在环绕水库西侧山坡西行至山顶处存在墙体痕迹。小川河西侧山坡台地上发现较多的陶片、兽骨等遗物以及夯土断面、灰坑等遗迹现象，从地形及显存遗迹、遗物判断，此处原可能设有守卫沟口的城障（彩图一〇九）。

地表陶片等遗物较多，西坡台地采集筒瓦残块 3 件，均窄唇，外饰中绳纹，1 件内壁饰有麻点纹。素面卷沿盆口沿 1 件，灰陶罐口沿 4 件，两件为方唇、平沿，另两件为敞口、卷沿。另有罐腹残片 1 件，外壁饰有细绳纹及横向抹纹（彩图一一〇）。

（二）麦田渠塬战国秦长城墙体（编码 640425382101020022；编号 PQ022）

G113—G114，长 307 米。南—北向，保存状况较差。此段墙体地处白阳镇罗堡村石头嵝岘水库南岸、麦田渠塬地北麓山坡上，整体用黄土夯筑而成，夯层明显，保存状况较差。该段墙体南端残存 24、北端残存 55 米，中间部分为下坡段，其间分布层层梯田，地表墙体痕迹不甚清楚。地表分布有绳纹瓦片及瓮口沿、灰陶子母砖残块。G113 点北 10 米处墙体底宽 3.5、顶部残宽 1.4 米，外高 2.8、内高 3 米。夯层厚 9 ～ 12 厘米（彩图一一一、一一二）。

（三）信侯沟战国秦长城 1 段墙体（编码 640425382101020023；编号 PQ023）

G114—G115，长 1720 米。东南—西北向，墙体消失。此段墙体自白阳镇罗堡村石头嵝岘水库南（G114 点）开始，至白阳镇信侯（猫头鹰俗称）沟南侧（G115 点）截止，长 1720 米。该段墙体地处河道南侧坡麓，地势东南高西北低，落差较大，大部崩塌陷落至小川河河道之中。从河道断面残存墙体痕迹依稀可辨墙体走向。起点处信侯沟宽 185、深 120 米。止点处有一民国时期民堡，只残留一面墙体，长 18、顶宽 0.5、底宽 1.4 米，夯层厚 10 厘米（彩图一一三）。

（四）信侯沟战国秦长城 2 段墙体（编码 640425382101020024；编号 PQ024）

G115—G116，长 132 米。东南—西北向，保存状况较差。此段墙体自白阳镇信侯沟南侧（G115 点）开始，至白阳镇信侯沟西北（G116 点）截止，沿小河川南岸山坡台地延伸，沿线地势较平缓，落差不大。起点处于沟边一级台地上，台地最宽处 17 米，地表有隆起的墙基痕迹，高出地表 1.4、宽 2 米；墙顶部栽植山杏树。止点处为崩塌断点，夯土迹象明显，地表有少量绳纹瓦片，其中灰陶、红陶均有，断面及坡底坍塌的墙体夯层呈灰褐色，与断崖自然红色黏土层区分明显。起点西北 14 米处墙体底宽 2.6、顶宽 2 米，外高 1.4、内高 0.5 米，表面夯层不清楚。记录板瓦残片 2 件，1 件为泥质红陶，瓦身饰交错绳纹，内壁饰麻点纹，1 件为泥质灰陶，瓦身饰粗绳纹加横向抹纹，内壁素面（彩图一一四）。

（五）沙河村战国秦长城墙体（编码 640425382101020025；编号 PQ025）

G116—G119，长 1802 米。东南—西北向，整体保存状况差。此段墙体自白阳镇信侯沟西北（G116 点）开始，至白阳镇沙河村（G119 点）截止，全长 1802 米。该段墙体处于小川河南岸台地上，地势基本平缓，落差不大。墙体东段崩塌消失，中西段残留部分墙体痕迹。按其走向特征及保存现状分为三段。

第一段，G116—G117，长 618 米。消失。此段墙体已坍塌入河道之中。止点处在沟边二级台地西缘。

第二段，G117—G118，长 472 米。保存状况差。止点处为断崖，局部暴露出夯土墙基痕迹。

第三段，G118—G119，长 712 米。保存状况差。该段处于河边台地，起点处山体北缘为斜坡状，墙体依山坡斜面逐级向上夯筑，底宽 2、顶宽 0.7 米，残高 1 ～ 2 米。夯层厚 6 ～ 15 厘米。止点处残留墙体长 21、底宽 8 米，顶宽 1、外高 16、内高 6 米，顶部距北侧河沟底 26 米（彩图一一五）。

（六）海河村战国秦长城 1 段墙体（编码 640425382101020026；编号 PQ026）

此段土墙自白阳镇沙河村西北（G119 点）开始，至白阳镇袁老庄海河村东北（G122 点）截止，全长 844 米。整体方向呈东南—西北向。地势较平缓，落差不大。该段墙体整体用黄土夯筑而成，保存状况差。按其走向特征及保存现状分为三段（图七八）。

第一段，G119—G120，长 93 米。东西向。起点处墙体呈土丘状，底宽 8、顶部宽 1 米，高 9 米。采集灰陶筒、板瓦各 1 件。

第二段，G120—G121，长 217 米。东南—西北向。该段处于崖畔台地，现残留夯土墙体长 8、底宽 1.6 米，残高 1.7 米（彩图一一六）。

第三段，G121—G122，长 534 米。东南—西北向。此段经过海河村，位于河道谷地上，G122 点为一村道豁口，豁口西壁底层发现一处夯土层，宽 3 米，西侧为一处农家院落。

（七）海河村战国秦长城 2 段墙体（编码 640425382101020027；编号 PQ027）

G122—G123，长 696 米，该段墙体沿线开辟为梯田耕地，整体已消失。此段土墙自白阳镇袁老庄海河村东北（G122 点）开始，至白阳镇袁老庄张号家自然村东（G123 点）截止（彩图一一七），地势较平缓，落差不大。G123 点处为河南岸有一土墩，此段南侧为一山丘，与海河村相邻。止点位置在河边一断面上部，北侧为河流，东、南部为台地，西侧亦为一断面，断面下部被平整为耕地。西南为海河城障。

（八）张号家村战国秦长城墙体（编码 640425382101020028；编号 PQ028）

G123—G125，长 3768 米。消失。此段土墙自白阳镇袁老庄张号家自然村东（G123 点）开始，至古城镇田庄村寺咀子自然村南（G125 点）截止，此段自东向西沿河谷山脚下延伸，未发现墙基痕迹，沿途流水冲蚀横断沟壕较多。G124 点处发现一处墙基遗迹，夯层清晰，底宽 4.5、高 1.3 米。夯层 10 ～ 15 厘米。止点处为山沟断面处，没有墙体相连，断面北侧为小川河，南侧为山丘，西侧为一台地，东侧断面底部为农田，在此采集绳纹陶瓦片、素面陶瓦片各 1 件（彩图一一八）。

（九）寺咀子村战国秦长城墙体及敌台（编码 640425382101020029；编号 PQ029）

此段土墙自古城镇田庄村寺咀子自然村南（G125 点）开始，至古城镇田庄村李家寺台自然村东（G127 点）截止，全长 407 米。方向呈东南—西北向。地势较平缓，落差不大。该段墙体整体用黄土夯筑而成，夯层明显，其间保存敌台 1 座，整体保存状况差。按其走向特征分为二段。

第一段，G125—G126，长 164 米。此段为河流拐点，河流由西北至东南方向经过此处转为东西方向，墙体仍在山脚底部台地上，G125 点处为寺咀子村敌台（PD067）。G126 点处为一土墩，应是残存的墙体，底宽 10、残长 10 米，顶宽 7 米，内高 2.8、外高 2 米。夯层 12 ～ 15 厘米。其东侧为一缓坡，西侧为一自然陡坡，北侧由于采石场取石用炸药炸开一破坏断面，河谷为一采石场，南侧与西侧壁面发现夯层，夯层清晰可见，墙体底部发现厚 5 厘米的踩踏面。墙体南侧掏挖有一处小窑洞，洞口已经坍塌，在坍塌断面上有 3 层夯土层，夯层清晰可见，残存墙体顶部有人工用小铲挖出的小凹槽。其间散布零星陶瓦片，在此采集板瓦残片 1 件。

第二段，G126—G127，长 243 米。该段沿河南岸自东向西延伸，G127 点处发现有墙体夯层痕迹，顶宽 3.8、残长 0.6 米。夯层 8 ～ 10 厘米，夯层处有大量夯土块，残留的夯土共为 5 层。残墙南侧修有一条田间小道，墙体因此被铲削形成断面，夯层就在此断面处，北侧为河沟断崖、东西两侧均为台地，墙体南侧附近田地里有存留的残陶瓦片，在此采集板瓦残片 4 件（彩图一一九）。

寺咀子村战国秦长城敌台（编码 640425352101020067；编号 PD067）

该敌台位于寺咀子自然村山前沟谷地带，台体顶小底大，形制近似长方形，黄土夯筑而成，整体保存状况较差。该台体单独耸立，两端未发现与墙体相连痕迹。顶部从南向北倾斜，有铲削痕迹。东壁较陡，底部由于修整田地有被铲削和掏挖等迹象。南侧为山梁，修路形成断面，断面夯层清晰。西侧有人工掏挖的小凹槽，北侧为河沟断崖，台顶人为踩踏痕迹明显。台体及周边布满杂草。

敌台底部南北宽 6、东西宽 8 米，台顶部南北宽 2.2、东西宽 3.5 米，台高 3.4 米。夯层厚 7 ～ 11 厘米（图七九；彩图一二〇）。

（十）李家寺台村战国秦长城（编码 640425382101020030；编号 PQ030）

此段土墙自古城镇田庄村李家寺台自然村东（G127 点）开始，至古城镇田庄村李家寺台自然村东南（G132 点）截止，长 4157 米（图八〇）。墙体因自然和人为因素破坏，已消失，大致方向呈东南—西北向。地势较平缓，落差不大。此段没有发现残留的墙体痕迹，G128 点在台地边上，附近沟壑纵横，北侧为一洗沙场，南侧为一台地。G129 点处于塬边公路上，西侧为河沟断崖，南侧为寺台村塬边，北侧为河滩。G130 点处为河岸断崖，西侧为弧形河床，东侧为公路，北侧河床上有一处采沙场，南侧为塬边台地。G131 点为拐点，处于河沟岸边，水冲壕沟纵横分布，沟深约 20 米，河沟南岸断崖处有坍塌痕迹。G132 点处山梁中间，其上植有山杏树，四周沟壑较多，此处分布较多瓦片，采集标本 6 件。西北侧的水冲沟中发现夯土块，可能为墙体坍塌所形成（彩图一二一）。

（十一）白塬村战国秦长城墙体及敌台（编码 640425382101020031；编号 PQ031）

此段土墙自古城镇田庄村李家寺台自然村（G132 点）开始，至古城镇田庄村白塬自然村西北彭阳县与原州区阳儿堡村交界处（G134 点）截止，全长 2370 米。方向呈东南—西北向。此段土墙沿小河川西岸一级台地由东南向西北延伸，大部崩塌入河道内，加之台地上居民耕作破坏，墙体保存痕迹很少，仅据沿线分布的陶片、瓦片等遗物可大体判断其走向。其间保存敌台 1 座，整体保存状况差。按其走向特征及保存现状分为二段。

第一段，G132—G133，长 550 米。保存状况差。东南—西北向。此段墙体大部已消失，仅止点处保留一处敌台。墙体痕迹位于河道南岸，此段河沟宽约 100 米左右，南岸紧靠山体有一条通往无量山石窟寺的旅游公路，顺河沟方向延伸，山坡上种植松树，山体坡面陡峭。G133 点处为白塬村敌台（PD068），敌台下方为宋代开凿的无量山石窟寺（彩图一二二）。

第二段，G133—G134，长 1820 米。消失。东南—西北向。该段墙体基本已无痕迹，但沿线分布有少量陶片、瓦片等遗物。此段山顶上有近代小堡一座。G134 点处为彭阳县古城镇田庄村白塬自然村西北与原州区河川乡骆驼河村阳儿堡自然村交界处。

白塬村战国秦长城敌台（编码 640425352101020068；编号 PD068）

该敌台位于白塬村山前台地之上，台体浑圆，顶小底大，平面形制呈圆锥形，黄土夯筑而成，整体保存状况较差。台体相对较独立，两侧没有墙体相连。在台体西壁上发现有夯土层，但不明显，表面残存有少量瓦片。台体顶部及周边均植有松树，北侧山坡坡面陡峭，坡底为公路；东、西、南侧为一半环形台地，宽约 10 米，台地南侧为山坡，坡面陡峭。

敌台底部直径 10 米，台顶部直径 4 米，台高 4 米。夯层厚 10 ～ 13 厘米。方向 180°（图八一；彩图一二三）。

第四节　彭阳县战国秦长城沿线城址及遗址

彭阳县战国秦长城沿线共调查发现城址（城障）8 座，相关遗址 1 处。

（一）马嵝岘村城障[1]（编码 640425353201020069；编号 PF001）

该城障位于孟塬乡草滩村马嵝岘自然村南全塬沟畔，北距战国秦长城 36 米。因垦田铲削，仅残留呈圆丘状夯土台，顶小底大，剖面呈梯形，周壁铲削峭直，壁面夯层明显，夯土内夹杂黑土颗粒。顶部浑圆，坡面长满杂草。散落少量绳纹板瓦残片，保存状况较差。该台体形制高大，且处于长城墙体内侧，可能为城障一角凸起的高台。台底直径 10.5、残高 5.5 米。夯层厚 7～11 厘米（图八二；彩图一二四）。

（二）草滩城障（编码 640425353102030001；编号 PB001）

该城障位于孟塬乡全塬村西塬畔，长城呈东北—西南走向从城障西侧沿山坡蜿蜒而上，城障位于长城内侧，四周为黄土塬峁地貌。该城障仅存一道东西向障墙，根据位置判断，可能为北墙。西端距长城墙体较近，南侧铲削挖有窑洞，现辟为居民院落。北侧为耕地，地表有绳纹瓦片等遗物，其它部分均已无存，整体保存状况差。南侧墙体被铲削形成直壁，墙基悬空，墙体上凿挖有两孔住人窑洞，墙体南侧平地被农户圈建为院落。西端因取土断面参差不齐。墙体北侧积土形成斜坡面，其上散布碎小的绳纹瓦片。墙体断面夯层明显，夯土结构与长城墙体基本相同。

残存墙体长 30 米，方向 140°。顶部长 23 米，底宽 11、顶宽 3 米，北侧高 3.6、南侧高 7 米。夯层厚 7～13 厘米（图八三；彩图一二五）。

（三）张沟圈城址（编码 640425353102030002；编号 PB002）

该城址（编号为 PB002）位于城阳乡涝池村张沟圈自然村北，此处为黄土高原上一块较为平坦的塬地，当地人称长城塬，长城依地形从塬地偏北部呈"V"字形折拐穿过，该城址正好位于墙体拐弯内侧。长城南北向至此后折向西北行，该城址建于此墙体拐弯内侧，与长城相连，城障北墙直接利用长城墙体。平面呈矩形，形制较小，现仅残存四角，城内有居民居住，整体保存状况较差。

该城址残存四处较大土丘状角台，东北角台尤其高大醒目，可能为突出墙体的守瞭高台。台体断面有明显夯层。地表有鼓弦纹、绳纹加横向抹弦纹板瓦残片。城墙东侧居民自称院中曾挖出过灰陶罐。东北角台外侧有 2001 年自治区政府制立的全国重点文物保护单位长城保护碑 1 座。

城址东西长约 120、南北宽约 60 米，占地面积约 7200 平方米，东北角台南北长 20、宽 9 米，顶部长 15、宽 3、高 2.6 米。东南角台南北长 9、宽 2.3 米，顶部长 5、宽 0.3～1 米，高 1.1～2.4 米。西南角台长 9、宽 7.8 米，顶部长 6、宽 4 米，高 2.5～3.5 米。西北角台底东西长 18、东西宽 6 米，顶部南北 2、东西长 1.3 米，高 3～5.5 米（图八四；彩图一二六）。

（四）党岔城障（编码 640425353102030003；编号 PB003）

该城障（编号为 PB003）位于白阳镇党岔村南长城南侧山梁上。仅残存一道直对长城的障墙。北距长城约 150 米。整体保存状况较差，长城从城障北侧山坡呈东西向延伸。周围地表因整修梯田，城址原貌破坏严重，障墙东侧山坡下有一条东西向水泥公路穿越山坳，东端豁口断面暴露有夯土层。地

---

[1]　调查登记名称为"马嵝岘村烽火台"。

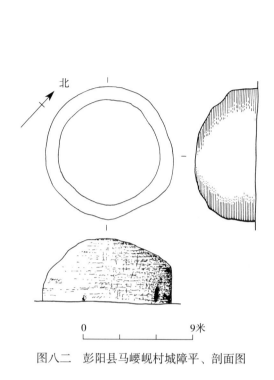

图八二　彭阳县马崾岘村城障平、剖面图

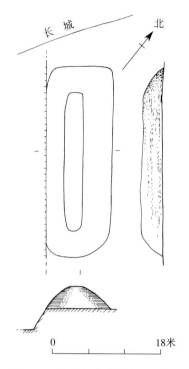

图八三　彭阳县草滩城障平、剖面图

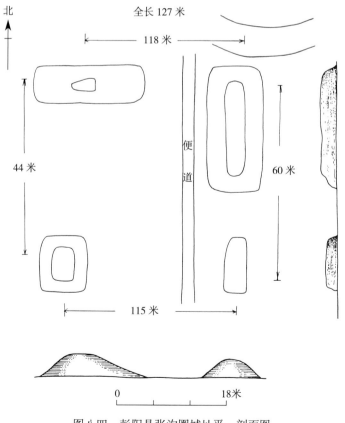

图八四　彭阳县张沟圈城址平、剖面图

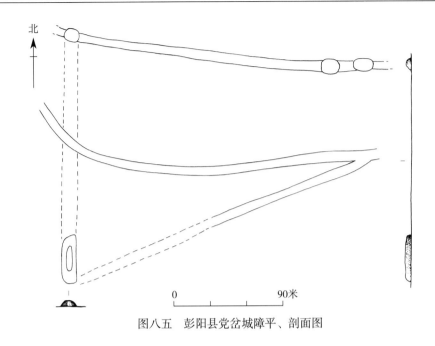

图八五　彭阳县党岔城障平、剖面图

表残留陶片等遗物较为丰富，既有秦汉时期的绳纹板、筒瓦，亦有宋代折沿瓮、内壁有凸点纹的陶罐腹片，可能在宋代作为烽燧利用过。

西南角仅存障墙以往调查及地图标示为一处烽火台。南北向，呈高台状，长38、基宽7.8～10.1、顶宽2米，高4.7米。夯层厚9～15厘米，夯窝直径6厘米。东墙断面处暴露夯层，残存部分墙体高1.2米。据现存地表遗迹考查，该城障墙体边长约50米，占地面积约3000平方米（图八五；彩图一二七）。

（五）坡头城障（编码640425353102030004；编号PB004）

坡头城障（编号为PB004）位于白阳镇海巴村赵家坡头自然村东侧山梁上，山下陡坡沟与小河川在此交汇，东南隔河与彭阳县城相望，四周为梯田，种有小麦等农作物。整体保存状况较差，残损十分严重，仅存一段南北向墙体，应为城障的东南角，其他部分均已无存。

该城障仅残存39米墙体。方向呈南北向，残留墙体最南端顶部高于其他部分，可能为东南角，残存墙体顶小底大，顶部剖面呈"凹"字形，底部南高北低，呈斜坡状，墙体西侧有两处窑洞、南部有一处窑洞，墙体南侧有风蚀凹坑。

残存墙体底宽8.6、顶宽1.5米，高6.6～8.7米。夯层厚9～11厘米。墙体西侧南端窑洞宽1、高1.8、进深2.1米；窑内有一盗洞，直径1.1、深1.7米。西墙北侧窑洞距南端窑洞13米，宽1.1、高1、进深1.8米。西侧窑洞宽1.2、高1.2、进深1.8米；窑洞南部为一凹坑，宽1.8、高1.9、南北长1.9（西）～3.5米（东）。西墙东侧凹坑宽0.3、深0.6米（图八六；彩图一二八）。

（六）海河城障（编码640425353102030005；编号PB005）

海河城障位于白阳镇海河村南山梁上，东侧为冲沟，北端山坡下为海河，对岸山巅之上为城址，地势较为险要。残损十分严重，地表仅存一段南北向墙体，保存状况较差。南墙仅在小路断面处发现有夯层，地表以上无痕迹，其他墙体已无存。残存墙体顶部两端较高，中部微低，墙体南端断面有一处小窑洞，墙体底部四面均被铲削，周围为退耕还林地带。西侧地表散落有少量绳纹瓦片。采集绳纹瓦片等标本4件。

该城障东墙残长34米，底宽8.6、顶宽1.5米，高3.4米。夯层厚9～11厘米。南墙断面夯土痕迹残长30米（图八七；彩图一二九）。

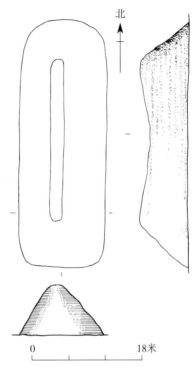

图八六　彭阳县坡头城障平、剖面图

（七）张号家城障（编码 640425353102030006；编号 PB006）

该城障位于白阳镇袁老庄张号家自然村南山巅之上，地势高亢，视野开阔。北距长城遗址直线距离 150 米。地表仅存一段墙体，残损十分严重，呈东北—西南方向，可能为西墙。保存状况差。采集绳纹板瓦等标本 3 件。残存墙体顶部呈拱形，墙体黄色夯土内夹杂黑土颗粒，夯层较为均匀。墙体南段顶部有凹槽，北部为人工育林山地，西侧为梯田，底部被铲削，东侧临近山坡边缘，坡陡山高，视野开阔。地表散布少量粗、细绳纹瓦片等遗物。

残存墙体长 32 米，底宽 5、顶宽 2 米，东侧高 1.6、西侧高 3 米，北侧斜高 3、南侧墙基高 2.6 米，底部因整修梯田铲削 3 米。夯层厚 9 ～ 12 厘米（图八八）。

（八）朝那古城城址 [1]（编号 PB007）

该城址位于彭阳县县城西 16 千米处的古城镇，因其年代久远，故名古城，为秦汉朝那县治所。东北距战国秦长城约 8 千米。在东南距 4 千米处马鞍桥梁发现战国秦人墓地。城址处于茹河北岸古城川，地势平坦，城西海子峡口为朝那湫水与茹河交汇处，为古丝绸之路要冲。

城址平面呈长方形，东墙方向 100°，城墙黄土夯筑而成，东西长 685、南北宽 445 米，占地面积约 30 万平方米。城内住户密集，城墙人为破坏豁口较多，整体保存状况一般。城墙残高 1 ～ 13 米，基宽 14 米。夯土厚层 14 ～ 20 厘米。依东西南北开四门，今彭固公路穿东西城门而过。沿城墙外四周辟有深 3、宽 20 米的护城壕堑，至今犹存（图八九）。

东墙被穿城公路横截为四段，南北段两侧多为城郊耕地，墙体高大保存相对较好，东门豁口宽 14 米，东门豁口两侧住户密集，墙体铲削单薄，破坏较为普遍。东南角由于受茹河河道影响，略呈圆弧状，残留墙体低矮。南墙临茹河河道，随地形略曲折，基本保存完整，但整体坍塌低矮，南门外有半圆形瓮城，

---

[1]　该城址调查数据库未登录。

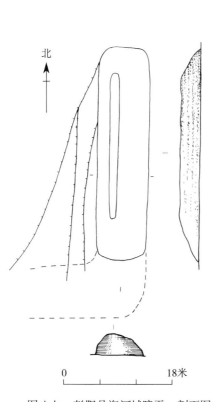

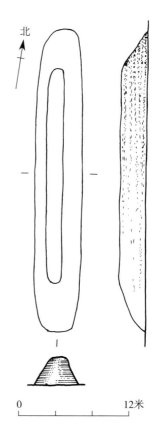

图八七　彭阳县海河城障平、剖面图　　　　　图八八　彭阳县张号家城障平、剖面图

瓮城东侧墙体尚存。西墙因居民建房破坏严重，残留墙体断续相连。北墙整体较为高大，中部彭固公路斜穿而过，破坏豁口长 70 米，断面用青砖包砌。

朝那古城历史悠久，是宁夏境内设置最早的四个县治之一。公元前 272 年，秦昭襄王伐灭义渠戎国，以朝那邑为中心，有县治达 1200 多年，金代改为东山县，至明代降为东山里，清为古城川堡。20 世纪以来城内曾出土错金铜羊、刻有"朝那""乌氏"等铭文的铜鼎等秦汉文物。1985 年被县人民政府公布为县级重点文物保护单位。[1]

（九）朝那湫祭祀遗址 [2]

朝那湫祭祀遗址位于今彭阳县与原州区交界处海口村 [3]，南距朝那古城 6 千米，东距李家寺台战国秦长城 7 千米。朝那湫是先秦时期秦人祭祀的名山大川之一，为一处地震堰塞湖，秦惠文王时曾投诅楚文于此湫渊。《史记集解》记载"湫渊在安定朝那县，方四十里，停不流，冬夏不增减，不生草木"。秦汉时期曾于此设官四时祭祀。现俗称东海子，为一处高山堰塞湖泊，后因地震，东南侧堤堰决口，湖水外泄。现存水面东西长约 1000、南北宽 300 米。祭祀遗址位于湖东山梁上，断面文化层厚约 1 米，地面上散布大量汉代的筒瓦、板瓦、建筑构件、陶片等。该遗址祭祀活动一直延续到了宋元时期，山梁地表有宋金时期石砌城址及建筑遗迹。遗址面积约 4 万平方米，地表现为坡状耕地。元代大德十年开城路大地震，湖水溢泄，祭祀活动遂中止。遗址曾出土残碑，残留有"（朝）那之湫"等碑文。

---

[1]　彭阳县人民政府彭政发〔1985〕74 号文件《转批县文物站关于我县文物保护单位的报告的通知》。

[2]　该遗址未录入调查数据库。

[3]　也有一说朝那湫位于庄浪县郑河乡上寨村东北湫头山（为陇山山脉）巅。

　　2010 年 5 月 17 日被原州区人民政府公布为县（区）级文物保护单位[1]，2010 年 12 月 6 日被宁夏回族自治区人民政府公布为省（区）级文物保护单位（彩图一三〇）。[2]

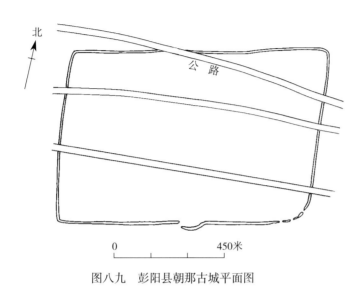

图八九　彭阳县朝那古城平面图

　　[1]　固原市原州区人民政府原政发〔2010〕32 号文件《关于公布第四批区级文物保护单位暨补充划定前三批部分县（区）级文物保护单位保护范围和建设控制地带的通知》。

　　[2]　宁夏回族自治区人民政府宁政发〔2010〕84 号文件《自治区人民政府关于公布第四批自治区文物保护单位的通知》。

第三章
原州区战国秦长城

原州区位于六盘山东麓，清水河上游两岸，政府驻地固原市是一座历史文化名城。汉初于此地置高平城，元鼎三年（公元前 114 年）析北地郡，增置安定郡，郡治于此。北魏置高平镇，后又改为原州，唐仍治此，宋建镇戎军，金改镇戎州，明置固原州。原州不仅是西北边陲军事要塞之地，拱卫着汉、唐古都长安，更是古丝绸之路东段北道上的重要驿站。自古以来就是关中之屏障，塞上之咽喉，历代兵家必争之地。战国初期各诸侯国为了争霸，兼并战争频繁发生。秦昭王时设计杀义渠戎王之后，为了加强守备，防御义渠戎卷土重来，经由此地修筑了最初的边境军事防御工程——长城。

原州区境内的战国秦长城，东南从与彭阳县交界处的河川乡骆驼河村入境，沿小川河的上游溯流而上，出沙窝沟、穿清水河，上长城梁、进入滴滴沟，在马莲水库东南侧进入西吉县，先后经过河川乡、清河镇、中河乡、张易镇四个乡镇 21 个行政村。共计调查战国秦长城墙体 57 段，总长度 74.207 千米，现存墙体 38.366 千米，长城沿线调查敌台 69 座，城址 25 座（与战国秦长城同时代城址 19 座）。调查登记遗物标本 220 件。

原州区战国秦长城东山河川一带保存状况较差，清水河谷尤其是固原市北郊长城梁上有长近 10 千米的一段土筑墙体保存状况较好，墙体高大、墩台密集、壕沟完整，即以前所谓的"内城"，此段长城经剖面发掘确定为明代时期为拱卫固原城而加固、修复利用的结果。长城在滴滴沟及马莲河谷地段主要为砂石土夯筑，大部分墙体地表遗迹保存状况较差或基本消失。原州区战国秦长城沿线关堡，多数为临长城内侧而建的小城障，面积仅数百平方米，有些仅残存一道墙体，但固原城附近的城障形制基本完整，保存较好。地表多见绳纹筒、板瓦等遗物。

同时在固原城郊及其西南六盘山滴滴沟口一带的战国秦长城南北两侧发现有宋代时期依托其修筑的长城墙体、壕沟等防御设施，墙体总长约 24 千米，保存状况较差。

第一节　阳儿堡—沙窝沟口段战国秦长城墙体及敌台

阳儿堡—沙窝沟段战国秦长城墙体沿小川河上游及支流南岸蜿蜒修筑，在水泉村翻越黄峁山，出沙窝沟进入清水河谷。沿线地形崎岖，交通不便，墙体因河流改道及冲刷崩塌损毁严重，大部消失无存，仅起止两端保存有较长连续墙体。共计调查墙体 22 段，长 23.981 千米，实际保存墙体 9.194 千米，沿线调查敌台 6 座，城障 2 座（图九〇、九一）。

（一）阳儿堡战国秦长城 1 段墙体（编码 640402382101020001；编号 YQ001）

G134—G135，长 862 米。消失。

此段长城墙体起点位于彭阳县古城镇田庄村白塬自然村西北与原州区交界处（G134 点），沿小河川西岸台地向西北延伸，至河川乡骆驼河村阳儿堡自然村东南（G135 点）止。其间地势较平缓，所处区域水土流失严重，沟壑纵横，墙体因山洪冲毁、沿线居民修路、修梯田破坏严重，地表墙体已消失，但河谷沟畔及台地边缘地带灰陶罐残片及粗绳纹瓦片较多见。止点处为一河道冲沟间的舌状台地，其上现存 1 座敌台（YD001）（彩图一三一）。

（二）阳儿堡村战国秦长城 2 段墙体及敌台（编码 640402382101020002；编号 YQ002）

G135—G136，长 625 米。保存状况差。

此段长城墙体自河川乡骆驼河村阳儿堡自然村东（G135 点）开始，由南向北沿阳儿堡村东台地边缘延伸，至河川乡骆驼河村阳儿堡自然村东北（G136 点）截止。墙体大部崩塌入小河川沟内，仅在河畔边缘发现断断续续的夯土层。墙体起止点处台地上各存 1 座敌台。沿线地表有绳纹瓦片等遗物，局部断面可见夯层，整体保存状况差。

阳儿堡村战国秦长城 2 段 1 号敌台（编码 640402352101020001；编号 YD001）

该敌台处于阳儿堡村战国秦长城 2 段长城墙体起点处，位于河川乡骆驼河村阳儿堡自然村河道拐弯处南侧台地之上，四周为河滩地，地势险要，视野开阔，现为一处独立的高台。北距阳儿堡村战国秦长城 2 段 2 号敌台 625 米。

台体顶小底大，平面形制呈土丘状，整体保存状况较差。台体南侧断崖正对河道，高约 30 米。台体西侧夯层明显，其间夹杂有绳纹陶瓦片。敌台西侧断崖处有一人工掏挖出的土槽，掏挖处断面上的夯层清晰可见。台体顶部及西壁、北壁长满杂草，顶部有人工掏挖的小洞。台体顶小底大。敌台表面散落有横向凹弦纹瓦片、素面盆口沿残片等。

敌台底部东西长 14、南北宽 8～10 米，台顶部东西长 0.7～2.5、南北宽 4～4.5 米，台高 3.4～3.8 米。夯层厚 8～13 厘米。东壁方向 10°（图九二；彩图一三二）。

阳儿堡村战国秦长城 2 段 2 号敌台（编码 640402352101020002；编号 YD002）

该敌台处于阳儿堡村战国秦长城 2 段长城墙体止点处，位于河川乡骆驼河村阳儿堡自然村河道西侧台地上。东侧约 10 米断崖下为黄家河，北侧 30 米处断崖下为黄家河一 "S" 形拐弯处，东侧河道宽约 110、深 25 米左右。

该敌台残存部分处于长城墙体西侧，并与长城墙体相连，为黄土夯筑而成的土丘状实心台体，台体较高大，保存状况较差。现残存平面形状呈长方形，顶小底大，剖面呈梯形，四周均因修田整地时铲削而壁面峭直，夯层清晰。台体四周散落有陶瓦片，顶部与四壁底部长满杂草。在此采集绳纹板瓦片 3 件。

敌台底部东西长 5、南北宽 8.6 米，台高 2.7～4 米。夯层厚 11～14 厘米。东壁方向 340°（图九三；彩图一三三）。

（三）阳儿堡村战国秦长城 3 段墙体（编码 640402382101020003；编号 YQ003）

G136—G137，长 791 米。消失。

此段长城墙体自河川乡骆驼河村阳儿堡自然村东（G136 点）开始，至河川乡骆驼河村阳儿堡自然村东北（G137 点）截止。方向呈东南—西北向。

此段长城墙体沿小河川西岸台地由南向北延伸，地势较平缓，落差不大。该段墙体处于村庄内，由于建房、耕种等人为活动以及小河川河水泛滥造成的河道崩毁，局部为村民建房、建场院侵占。墙体整体已消失，但沿线仍有少量绳纹瓦片等遗物。G137 点处为骆驼河村北三里塬塬头，此点北侧 10 米处为一户农家，东侧为河谷断崖，东北侧为一台地（彩图一三四）。

（四）骆驼河村战国秦长城 1 段墙体（编码 640402382101020004；编号 YQ004）

G137—G138，长 379 米。保存状况差。

此段长城墙体由河川乡骆驼河村阳儿堡自然村东南向西北沿骆驼河村北三里塬东缘、小河川西岸山坡延伸。小河川此段也称黄家河，沟深水急，村西有一条支流骆驼河，在阳儿堡一带汇入小河川，该地名因古代有驼运商路经过而得名。墙体从村东南一高姓农户屋后西南侧 10 米处的三里塬塬头开始。此塬长约 1.5 千米，呈条状，方向大体为东南—西北方向，东侧断崖下为小河川，西侧为陡坡，坡面陡峭，局部有人为铲削修整迹象，现辟为护坡林带，栽植山杏。塬顶部宽 10 ～ 20 米左右，地势较平坦，上面散落有较多陶片。长城墙体沿塬东侧坡麓地带修筑，墙体东侧为河边滩地，黄家河在此呈"S"形拐弯，大部墙体现已破坏，北段断续发现有夯筑墙体痕迹，夯层明显。残存处有水冲的断崖和当地村民修田时铲挖的痕迹。此段采集灰陶盆口沿 2 件、绳纹板瓦 2 件和兽面纹瓦当残片 1 件。残存部分墙体基宽 4、高 1.4 米。夯层厚 8 ～ 12 厘米（彩图一三五）。

（五）骆驼河村战国秦长城 2 段墙体（编码 640402382101020005；编号 YQ005）

G138—G139，长 1701 米。方向呈东南—西北向，保存状况差。

此段长城墙体自河川乡骆驼河村东（G138 点）开始，由东南向西北沿骆驼河村北三里塬东缘、小河川西岸山坡延伸，地势呈东南低西北高，至河川乡王家嶙岘村南（G139 点）截止。由于山体滑坡、当地居民修建梯田等原因，大部地段墙体痕迹不明显，仅存在小段夯层明显的墙体，但沿线发现有绳纹瓦片等遗物。止点处为一水冲沟断崖，发现残存墙体宽 0.6、高 0.5 米。夯层厚 11 ～ 13 厘米。墙体周围散落有灰陶瓦片，采集绳纹板瓦残片 1 件（彩图一三六）。

（六）王家嶙岘村战国秦长城墙体（编码 640402382101020006；编号 YQ006）

G139—G140，长 1375 米。方向呈东南—西北向，保存状况差。

此段长城墙体自河川乡王家嶙岘村南（G139 点）开始，自河道西侧台地上由东南向西北沿王家嶙岘村三里塬东缘、小河川西岸山坡延伸，地势呈东南低西北高，至河川乡王家嶙岘村西北（G140 点）截止。保存状况差。由于山体滑坡、当地居民修建梯田等原因，仅局部梯田断面存在小段可辨夯层的墙体痕迹，其内夹杂陶片、绳纹瓦片。塬面上紧临墙体宋代修筑有三里塬城址一座（图九一；彩图一三七）。

（七）上黄村战国秦长城墙体（编码 640402382101020007；编号 YQ007）

G140—G141，长 2663 米。方向呈东南—西北向，消失。

此段长城墙体自河川乡王家嶙岘村西北（G140 点）开始，大致沿小河川西岸山坡向西北延伸，至河川乡上黄村南（G141 点）截止，地势东南低西北高。东段穿过现代村落，有近代防匪民堡一座及人工掏挖窑洞多处，西段为上黄村旱地农作物示范区，生活、生产活动破坏严重。沿线没有发现墙体遗迹，仅在止点处北侧台地上发现有较多的陶片及绳纹瓦片等相关遗物。采集陶瓦片和陶质器物残片等 11 件（图九四；彩图一三八）。

（八）乔家沟村战国秦长城墙体（编码 640402382101020008；编号 YQ008）

G141—G142，长 759 米。消失。

此段长城墙体自河川乡上黄村南（G141 点）开始，沿小河川西岸山坡向西北拐向乔家沟，至河川乡上黄村乔家沟村自然村北（G142 点）截止。沿线河岸蜿蜒曲折，崩塌严重，断崖高达数十米，地势呈东南高西北低，落差较大，地形复杂。该段墙体已消失，沿线遗物亦较为少见（图九四；彩图一三九）。

（九）马家沟村战国秦长城 1 段墙体（编码 640402382101020009；编号 YQ009）

此段长城墙体自河川乡上黄村乔家沟自然村北（G142 点）开始，由东向西沿小河川西南岸沟边台地延伸，至河川乡上黄村马家沟自然村西（G144 点）截止，全长 890 米。沿线地势相对平缓，落差不大，但河岸崩塌严重，崖壁高达数十米，仅局部保留墙体遗迹，保存状况差。按其走向特征分为二段（图九五）。

第一段，G142—G143，长 721 米。此段沿河沟南侧向西至马家沟村，沿线沟壑纵横，零星发现部分断面有夯土痕迹，夯层不甚明晰。G143 处有一座圆形土丘，形状似敌台，经刮铲断面，没有发现明显夯层等人工迹象（彩图一四〇）。

第二段，G143—G144，长 169 米。此段 G143 点西侧有一段土垄状墙体残痕，时断时续。北侧为河沟，南侧为农田，南侧壁面有因修田而铲削的痕迹，地表散落有少量陶片。现存墙体处于断崖边，顶宽 1、高 3 米。

（十）马家沟村战国秦长城 2 段墙体（编码 640402382101020010；编号 YQ010）

G144—G145，长 1921 米。消失。

此段长城墙体自河川乡上黄村马家沟自然村西（G144 点）开始，由东向西沿小河川南岸山坡及台地延伸，地势呈东低西高，至河川乡上黄村母家沟自然村东（G145 点）砂石公路处。沿线沟壑纵横，河岸崩塌，地形复杂，仅有数户居民，交通十分不便。因沟谷河水冲毁，居民修路建房、修建梯田等破坏，墙体已消失无存（彩图一四一）。

（十一）母家沟村战国秦长城墙体（编码 640402382101020011；编号 YQ011）

G145—G146，长 1734 米。消失。

此段长城墙体自河川乡母家沟村东（G145 点）开始，由东向西南沿小河川南岸山坡及台地延伸，至河川乡上坪村南（G146 点）截止。该段沿线沟壑纵横，地势复杂，交通不便。墙体处于沟边，大部被小河川河水冲毁，止点处台地断面上夹杂有陶片、瓦片，但未发现明显夯层，整体已消失（图九五；彩图一四二）。

（十二）买家庄战国秦长城墙体及敌台（编码 640402382101020012；编号 YQ012）

此段长城墙体自河川乡上坪村南（G146 点）开始，由东北向西南沿小河川南岸山坡及台地延伸，至河川乡上坪村买家庄自然村西南（G148 点）截止，全长 1061 米。墙体大部被小河川河水冲毁，保存状况差。其间分布 1 座敌台。按其走向分为二段（图九六）。

第一段，G146—G147，长 801 米。起点处有一小段墙体，夯层清晰，中间部分已被河水冲毁，崩塌入河中，残长 4.5 米。起点西南 70 米一处土墩东壁发现有几层夯层，夯层清晰，此土墩东侧因取土形成凹槽，槽宽 10 米，土丘高 12 米。此点以西已被河水冲毁，其间散落有粗凸弦纹板瓦残片。采集标本 5 件（彩图一四三）。

第二段，G147—G148，长 260 米。起点处为买家庄村敌台（YD003）。G148 点处残存一小段墙体，顶部平坦，长满杂草。该小段墙体应是由南侧山坡处取土修筑，因此墙体南侧有一宽约 10 米的凹槽，北侧为一河沟，西端为河沟断崖，东侧为村道。残存墙体长 46、底宽 7.2、顶宽 1.6 米，高 4.5 米。

买家庄战国秦长城敌台（编码 640402352101020003；编号 YD003）

该敌台处于买家庄战国秦长城墙体西部第二段起点处，位于河川乡上坪村买家庄自然村河道南侧台地上。

该敌台建于长城墙体的北侧，与长城墙体相连，黄土夯筑而成，平面形制近似椭圆形，顶部凸出墙体。台体东侧连接一小段墙体，其底部掘土坑院为一户农家院落，断面处有铲削痕迹。南壁壁面陡峭，底部有一人工掏挖的凹槽，内种有杏树，西侧10米为买家河断崖处，北壁为一陡峭断面，是因平田整地取土时铲削形成。顶部呈圆拱状，其上长满杂草。整体保存状况较差。

敌台台体顶小底大。底部东西长17.1、南北宽9米，台高2.3～4米。夯层厚11～14厘米。东壁方向240°（图九七；彩图一四四）。

（十三）海坪村战国秦长城1段墙体（编码640402382101020013；编号YQ013）

G148—G149，长2213米。消失。

此段长城墙体自河川乡上坪村买家庄自然村西南（G148点）开始，由东北向西南沿小河川南岸山坡及台地延伸，经海坪村水坝北侧河沟断崖两条河沟交汇处，至海坪清真寺北侧河沟边（G149点）截止。沿线由于河流冲刷等自然损毁以及村落、耕地、水坝人为破坏，墙体整体已消失，未发现明显夯层及相关遗物（彩图一四五）。

（十四）海坪村战国秦长城2段墙体（编码640402382101020014；编号YQ014）

此段长城墙体自河川乡海坪村西南（G149点）开始，由东向西沿小河川南岸山坡及台地延伸，至河川乡海坪村西（G151点）截止，全长323米。墙体用黄土夯筑而成，整体保存状况差。按其走向分为二段。

第一段，G149—G150，长281米。该段位于马坪水坝北侧河沟滩地，G149点处发现一小段残存墙体，长20.1、底宽4.7、顶宽1.8米，高4.3米。在墙体断面夯层内采集绳纹瓦片3件。

第二段，G150—G151，长42米。此段G151点处为拐点，墙体自此拐向西南。其间尚存一段残墙体，长33.6、宽4米，高1.2米。G150点位于水坝东侧一坡地之上，在其北侧村道壁面上发现有夯层痕迹（彩图一四六）。

（十五）马家坪村战国秦长城1段墙体（编码640402382101020015；编号YQ015）

G151—G152，长596米。消失。

此段长城墙体自河川乡海坪村西（G151点）开始，由东南向西北沿小河川南岸山坡及台地延伸，至河川乡马家坪自然村西南（G152点）截止。由于河水冲刷及沿线居民修路建房、修建梯田破坏，墙体消失无存，未发现夯层及相关遗物（彩图一四七）。

（十六）马家坪村战国秦长城2段墙体（编码640402382101020016；编号YQ016）

G152—G153，长35米。保存状况较差。

此段长城墙体自河川乡马家坪自然村西南（G152点）开始，沿小河川南岸沟边台地向西南延伸，至河川乡马家坪自然村西（G153点）截止，墙体用黄土夯筑而成，墙体北侧为小河川河冲沟，西侧一南北向冲沟将墙体截断，断面处墙体夯层清晰，墙顶较平坦，长满柠条，此段墙体有可能为障墙。墙体底宽4、顶宽2米，高1.7米。夯层厚10～13厘米（图九六；彩图一四八）。

（十七）马家坪村战国秦长城3段墙体（编码640402382101020017；编号YQ017）

G153—G154，长1386米。消失。

此段长城墙体自河川乡马家坪自然村西（G153点）开始，沿小河川南岸山坡及台地向西北方向延伸，至河川乡马家坪自然村西北马家坪沟与高坊坪沟交汇处（G154点）截止。该段河沟南侧山坡地带有多道横向水冲沟，山坡陡峭，地形崎岖复杂，交通极为不便，墙体已无痕迹，但山坡及河滩上发现有零星绳纹瓦片。止点处为蔡家洼沟与马家坪沟交汇处，两沟内均有流水，马家坪沟水量较大，水质较清，向西上游为高坊坪村；蔡家洼沟水量较小，当地俗称为烂泥沟，向北上游沟东为蔡家洼村，两沟交汇的河谷地带及河边台地上散落有较多绳纹瓦片。在蔡家洼沟边采集带弦纹的绳纹板瓦残片2件（彩图一四九）。

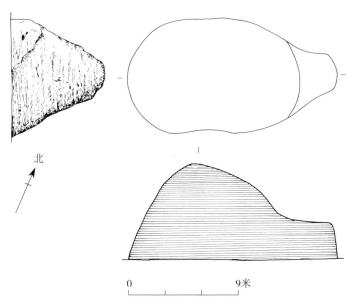

北

0   9米

图九七　原州区买家庄战国秦长城敌台平、剖面图

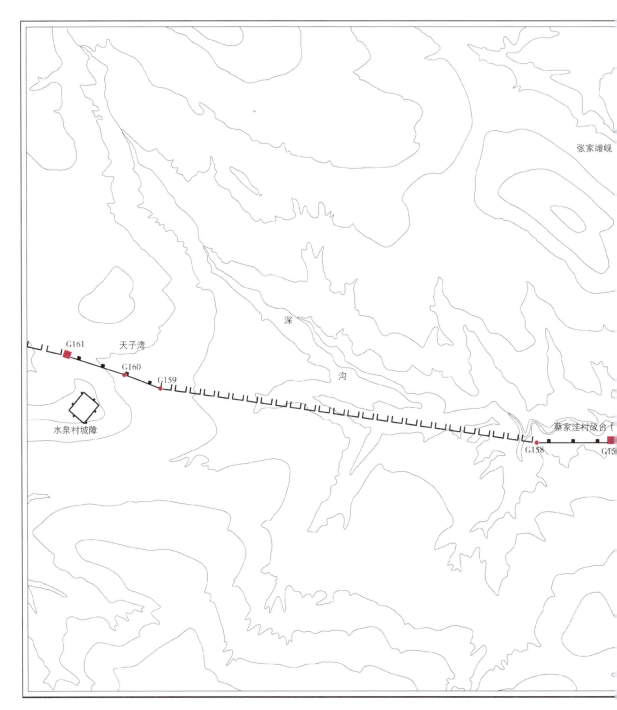

图九八　宁夏战国秦长城墙体走向图

（十八）蔡家洼村战国秦长城 1 段墙体（编码 640402382101020018；编号 YQ018）

G154—G155，长 879 米。消失。

此段长城自河川乡马家坪自然村西北马家坪沟与高坊坪沟交汇处（G154 点）开始，沿蔡家沟西边台地向西北延伸，至清河镇蔡家洼自然村西北（G155 点）截止。沿线地表无墙体痕迹，但台地上散落较多瓦片。此沟深 50 余米、宽约 140 米，在蔡家洼村河沟西侧发现一处城障，城障东距长城墙体约 80 米，现仅存一道东西向的墙体，墙体南侧台地上散落较多绳纹瓦片。台地南临马家坪河沟，墙体东侧为蔡家洼河沟，北侧为一村道，地势较高。西段跨越一东西向的红土沟，至沟北断崖处。G155 点处周围散落有少量绳纹瓦片（彩图一五〇）。

（十九）蔡家洼村战国秦长城 2 段墙体及敌台（编码 640402382101020019；编号 YQ019）

此段长城自清河镇蔡家洼自然村西北（G155 点）开始，向西北沿小河川南岸山坡及台地延伸至清河镇高坊坪村蔡家洼自然村北小河川源头（G158 点）截止，全长 1158 米。整体保存状况差，其间分布 1 座敌台。采集绳纹瓦片 1 件。按其走向分三段（图九八）。

第一段，G155—G156，长 670 米。该段中部河沟断崖处断续处有墙体残留痕迹，周围散落有绳纹瓦片。G155 点处为一土丘状墙体残存痕迹，有夯土迹象。残长 4、底宽 3、顶宽 2.6 米，高 1.5 米。东侧为河沟，西侧为山坡（彩图一五一）。

第二段，G156—G157，长 238 米。该段沿河沟西侧小台地向西北延伸，其间沟壑纵横，沟边散落有较多瓦片。G157 点处为蔡家洼村敌台（YD004）。

第三段，G157—G158，长 250 米。该段沿河沟西侧至台地东西向延伸至河沟断崖处，G158 点处为两河沟交汇处。

蔡家洼村战国秦长城 2 段敌台（编码 640402352101020004；编号 YD004）

该敌台处于蔡家洼村战国秦长城 2 段墙体中部，位于清河镇高坊坪村蔡家洼自然村河沟西岸断崖处，周围沟壑纵横，地势险要。

敌台南倚长城墙体而建，并凸出墙体，整体保存状况较差。残存部分平面呈椭圆形。东壁底部为河沟断崖处，南壁较陡峭，断面处夯层清晰，西壁陡峭且底部有一水冲洞，北壁较斜缓，台体表面长满杂草，其中在其西侧山坡上散落有较多绳纹瓦片。台体顶小底大，顶部凹凸不平，有人为掏挖的坑洞。

敌台底部东西长 5、南北宽 8.6 米，台高 2.7～4 米。夯层厚 11～14 厘米。东壁方向 325°。（图九九；彩图一五二）。

（二十）水泉村战国秦长城 1 段墙体（编码 640402382101020020；编号 YQ020）

G158—G159，长 1292 米。消失。

此段长城自清河镇蔡家洼自然村北（G158 点）开始，沿水泉村东南山坡及沟壑向西北延伸，至清河镇水泉村天子湾自然村南墙体（G159 点）止。此段墙体整体已消失。地势东南低西北高，海拔高差约 80 米，落差较大。通过访问村中老人，基本明确墙体位置及走向。东南段为山洪冲沟冲毁，西北段临近村落，原有墙体，20 世纪 60 年代当地居民修建乡村便道时平毁（图九八；彩图一五三）。

（二一）水泉村战国秦长城 2 段墙体及敌台（编码 640402382101020021；编号 YQ021）

此段长城自清河镇水泉村天子湾自然村南（G159 点）开始，向西北沿山坡折行上东岳山，过水泉村，翻山进入沙窝沟，至清河镇水泉村糜地湾自然村西（G166 点）截止，全长 1338 米。地势西北高东南低，从马家坪沟与高坊坪沟交汇处沟底至东岳山顶，高差约 250 余米。墙体大部处于东岳山西麓山坡上，冲蚀严重，墙体仅存痕迹。其间分布 2 座敌台。按其走向特征及保存现状分为七段（图一〇〇）。

第一段，G159—G160，长 136 米。保存状况差。起点处于水泉村南山坡之上，东侧为水泉村 3 队梯田台地，该处残存墙体痕迹呈土墩状，南侧被掏挖为窑洞，墙体表层因雨水侵蚀剥落严重。墙体残长 13 米，底宽 8、顶宽 4.4 米，残高 3 米。夯层厚 5～10 厘米。G160 点处有一小段夯筑长城墙体，断面夯层清晰。残长 10、顶宽 2、底宽 5 米，高 3 米。夯层厚 5～7 厘米。该段穿越一处苹果园，园内地坎断面上有夯土痕迹（彩图一五四）。

第二段，G160—G161，长 207 米。保存状况差。该段 G161 点处为水泉村 1 号敌台（YD005），位于水泉村村道西侧、东岳山山顶，此处为东岳山山脊分水岭，翻过山脊进入东岳山西麓山坡及沙窝沟。敌台南侧墙体因修路被毁，北侧为带夯筑围墙的回民墓地（彩图一五五）。

第三段，G161—G162，长 372 米。消失。该段处于东岳山西麓山坡上，山坡陡峭，沿线有几户人家，周围为梯田，墙体痕迹基本无存。

第四段，G162—G163，长 69 米。保存状况差。该段处于山沟间的一道山脊梁之上，两侧为陡坡及冲蚀深沟，墙体断续相连，坍塌情况严重。其断面处底宽 2.7、顶宽 1.1 米，外高 1、内高 1.5 米。止点处为水泉村 2 号敌台（YD006）。

第五段，G163—G164，长 110 米。消失。该段墙体为山洪冲沟所毁，冲蚀深沟为后期水冲形成，跨过沟西北侧山坡段墙体仍存。

第六段，G164—G165，长 138 米。保存状况差。该段墙体沿沟北山坡向西北延伸。呈断续状相连，中间有道水冲豁口，北端墙体两侧被农民平田铲削较多，形成土梁状。在此采集红陶绳纹板瓦片 1 件。墙体底宽 3 米，外高 3.4、内高 2 米。

第七段，G165—G166，长 306 米。保存状况差。该段基本处于沟底，大部墙体已因山体垮塌滑坡消失无痕。仅在沙窝沟沟口南侧山边发现一小段墙体。从此点起墙体沿山沟方向折向西北。

水泉村战国秦长城 2 段 1 号敌台（编码 640402352101020005；编号 YD005）

该敌台处于水泉村战国秦长城 2 段东南部第二段墙体止点处，位于清河镇水泉村糜地湾自然村村道西侧山梁顶部。北距水泉村战国秦长城 2 段 2 号敌台 441 米。

敌台黄土夯筑而成。倚长城而建，东西两侧与墙体相连，平面形制近似圆丘状，整体保存状况较差。台体南侧墙体因修路被毁，西端连接数米长残存墙体，北侧有农民夯打的围墙、坟地。敌台四周散落有少量绳纹瓦片。台体顶小底大，顶部浑圆，表面为缓坡，长满杂草。

敌台底部东西长 15、南北宽 10 米，顶部东西长 5、南北宽 3 米，台高 3.6～4 米。东壁方向 325°（图一〇一；彩图一五六）。

水泉村战国秦长城 2 段 2 号敌台（编码 640402352101020006；编号 YD006）

该敌台处于水泉村战国秦长城 2 段中部第四段墙体止点处，位于清河镇水泉村糜地湾自然村，孤悬于沟畔，其东西两侧均为冲蚀深沟。

敌台黄土夯筑而成。南倚长城墙体而建并凸出墙体，两侧与墙体相连。修筑于一平台之上，平面形制呈圆丘状，形体较矮，整体保存状况较差。台体东北侧呈弧形外扩，南侧因人为取土稍有破坏，底部有取土形成的平台。北侧连接数米墙体，下临深沟。台体顶小底大。

敌台底部东西长 4.1、南北宽 7 米，顶部东西长 1.4、南北宽 1.5 米，台高 2 米。东侧方向 345°（图一〇二；彩图一五七）。

（二二）沙窝沟战国秦长城墙体（编码 640402382101020022；编号 YQ022）

此段长城自清河镇水泉村糜地湾自然村西（G166 点）开始，至清河镇沙窝沟口（G167 点）截止，全长 1977 米。方向呈东南—西北向，消失段。此段长城沿沙窝沟东南侧山坡修建，由东南向西北延伸，地势东南高西北低，海拔高差约 110 米，落差较大。由于山体滑坡，人工采砂等原因，大部墙体已随

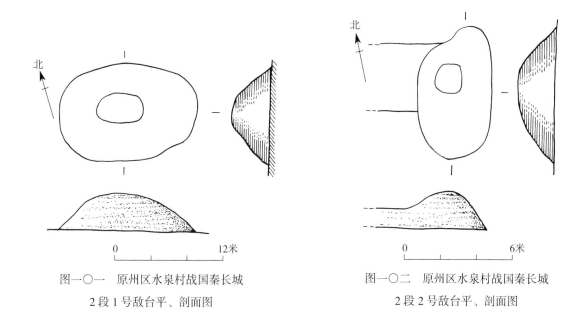

图一〇一　原州区水泉村战国秦长城　　　　　　图一〇二　原州区水泉村战国秦长城
2段1号敌台平、剖面图　　　　　　　　　　　　2段2号敌台平、剖面图

山体塌垮冲毁，仅局部有夯土痕迹，但夯层并不明显。止点为 203 省道沙窝沟口公路桥西，该点向东出沟为清水河河谷川地，东岳山西麓山坡地形陡峭崎岖，从处于山顶的水泉村 2 号敌台至沙窝沟口谷底间墙体高差达 180 余米（彩图一五八）。

第二节　沙窝沟口—滴滴沟口段战国秦长城墙体及敌台

沙窝沟口—滴滴沟口段战国秦长城墙体走向呈东北—西南向，横穿清水河谷沿长城梁顶及南塬塬畔修筑，因临近固原城，军事战略位置重要，调查发现有宋代、明代时期续修、加固及改建遗迹，保存状况较好。沿线调查墙体 15 段，长 20.2 千米，现存墙体 19.126 千米，沿线调查敌台 59 座，城址（障）11 座。

（一）沙窝沟口战国秦长城墙体（编码 6404023821010020023；编号 YQ023）

此段长城自清河镇沙窝村沙窝沟口北侧（G167 点）开始，沿清水河东岸台地向西北延伸，至清河镇陈家沟自然村北（G173 点）截止，全长 1005 米。北段局部被宝中铁路路基覆压。按其走向特征及保存现状分为六段。

第一段，G167—G168，长 114 米。保存状况较差。该段墙体仅两端打点处残留的墙体高于地面，中间段由于平田整地被毁，两侧梯田断面处地坎高 1 米，仍有墙基痕迹。起点始残留墙体长 3、宽 1.8 米，高 1 米。止点处为一墙体横断面，高出地面呈土包状，方向为南北向，墙体自此向西折拐，地表散落有绳纹瓦片。

第二段，G168—G169，长 288 米。保存状况差。该段墙体处于平地之上，外侧有一道人工地坎，高 2.5 米，墙体高出地表约 0.3 米，呈土垄状。止点东侧墙体宽 11、残长 7 米，高 3 米。沿线分布有绳纹瓦片等遗物。止点处为沙窝村东北通向固环公路的土路豁口东侧。

第三段，G169—G170，长 249 米。保存状况较差。该段大部仅存高出地表约 0.3 米的土垄状墙体残迹，大部分被雨水冲蚀及人为取土挖掘所破坏，墙体参差不齐，南侧断面夯层内夹杂粗沙砾，北侧断面土质纯净，夯层均匀清晰，地表散落有绳纹瓦片。止点处为耕田挖断的豁口，宽 9.5 米。

第四段，G170—G171，长 80 米。保存状况较差。该段北侧因取土被铲削峭直，壁面夯层清晰，中部夯层夹杂有粗砂。此段墙体底宽 4 米，地表夯层高 2 米，墙体总高 3 米。夯层厚 8 ～ 9 厘米。止点处为断点，内侧为陡坡，残存墙体较高。

第五段，G171—G172，长 161 米。保存状况差。止点为中宝铁路穿越长城处，铁路路基宽 7 米（图一〇〇）。

第六段，G172—G173，长 113 米。保存状况差。该段大部被宝中铁路覆压，铁路西侧沟边地表发现有陶片，北段墙体被陈家沟沟内山洪冲毁。止点位于陈家沟北侧断面下，沟宽 21.6 米，沟内有流水，该处断面暴露有墙体夯层（彩图一五九）。

（二）陈家沟战国秦长城墙体（编码 640402382101020024；编号 YQ024）

此段长城大致沿宝中铁路向北延伸，在陈家沟村北西折，穿越铁路，跨过清水河，全长 1075 米。20 世纪 90 年代以前尚有痕迹，原有墙体大部为宝中铁路路基覆压，当地年长村民尚能大致指认其走向，按其走向特征及保存现状分为三段。

第一段，G173—G174，长 752 米。保存状况差。东南—西北向。该段其余地段大部被铁路覆盖，止点位于陈家沟村北铁路西侧，此处残留一小段夯土墙体，长约 8、宽 3 米，高 4 米，地表散布绳纹瓦片，其余墙体已无痕迹（彩图一六〇）。

第二段，G174—G175，长 115 米。保存状况差。东西向。止点处为清水河谷断面、公路东侧；此段当地居民建有一处拦水坝，坝面散布较多的绳纹瓦片，建坝时可能利用了长城墙体。

第三段，G175—G176，长 208 米。消失。东西向。该段处于清水河河道段，墙体已被清水河河水冲毁。止点为郑磨村村口墙体断面，底部因修路取土被挖毁，原向河边还延伸数米，近年因修路、取土被挖毁，河道以西至长城梁一带墙体，明代修缮利用，清水河河道地段，据老乡介绍，清水河道原设有水关，现已无存，可能为明代时守卫固原城而增设。

（三）郑磨村战国秦长城 1 段墙体（编码 640402382101020025；编号 YQ025）

G176—G177，长 447 米。保存状况较好。

此段长城自清河镇郑磨村南（G176 点）开始，至郑磨村西（G177 点）截止。此段长城沿清水河西岸川地由东北向西南延伸，地势平缓，落差不大。该段墙体用黄土夯筑而成，墙体高大，外侧有宽大的壕沟，整体保存较好。墙体东段两侧呈斜坡状，坡面植有榆树、槐树等树木，顶部有一道水泥板砌筑的水渠，内侧为一条与墙体并行的柏油村道，外侧为耕地。止点在一豁口东侧，宽 23.3 米，豁口处墙体完全被挖毁，形成田间小路。

此段墙体东端起点处断面经过发掘解剖，发现该段长城存在叠压关系，其底部夯土墙体应属早期

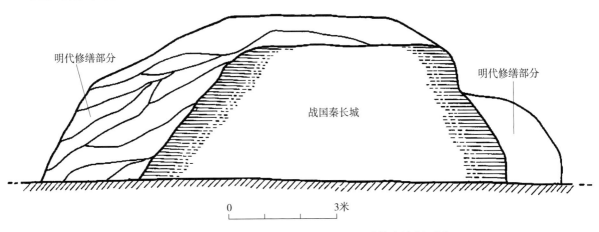

图一〇三　原州区郑磨村战国秦长城 1 段墙体东端断面图

修筑的战国秦长城，两侧及顶部明代又进行了堆宽及堆高，南侧堆土内发现有明代青花瓷片，增补部分没有夯层。墙体外侧现存壕沟，应当为明代增补时取土而形成，内侧壕沟曾作为村内泄洪沟，近代平田大部被填平。外侧壕沟距墙体 10～20、沟现宽 3～8、深 3～5 米，内侧距离墙体 1～8 米不等。此段墙体东端内高 4.4、外高 1.4、顶宽 1 米；西端底宽 5、顶宽 2.5 米，高 4 米。夯层厚 7～16 厘米（图一〇三；彩图一六一～一六三）。

（四）郑磨村战国秦长城 2 段墙体及敌台（编码 640402382101020026；编号 YQ026）

此段长城自清河镇郑磨村西（G177 点）开始，由东向西延伸，至清河镇王堡自然村东北（G184 点）山坡断崖下截止，全长 872 米。地势平缓，落差不大。该段墙体用黄土夯筑而成，其间分布 3 座敌台。按其走向特征及保存现状分为七段（图一〇四）。

第一段，G177—G178，长 194 米。保存状况一般。该段东端豁口长 23.3 米。豁口西侧 55 米内墙体上连续挖建有 7 孔窑洞及 3 座砖窑，砖窑中华人民共和国成立后当地农村实行农业合作社时期修建，东侧三孔窑洞打穿墙体，窑洞底部因浇地被水侵蚀下切严重，墙体随时有垮塌的危险。G178 点处为郑磨村 1 号敌台（YD007）（彩图一六四、一六五）。

第二段，G178—G179，长 59 米。保存状况较差。该段墙体已被平毁，现为豁口，但墙基尚存，残高 1 米，顶部为田地与水渠，中间有一道机耕道。

第三段，G179—G180，长 88 米。保存状况一般。该段墙体内侧因修路被切削较直，外侧为缓坡，顶部宽平。

第四段，G180—G181，长 77 米。保存状况差。该段因修公路被平毁，墙基被压于公路之下，G181 点处为郑磨村 2 号敌台（YD008）。

第五段，G181—G182，长 197 米。保存状况差。该段墙体因修公路被损毁，现地表为耕地，有高约 1 米的地坎。G182 点处为郑磨村 3 号敌台（YD009）。

第六段，G182—G183，长 127 米。保存状况差。该段墙体处于王堡村西侧，G183 点为固原～胡大堡县级公路穿长城处，从此处起墙体方向折向西南。

第七段，G183—G184，长 130 米。保存状况差。东北—西南向。该段墙体位于王堡村内，墙体为村民建房、修路平毁。止点断面处墙体悬空，底宽 8、顶宽 2.7 米，高 3.8 米；其北侧有取土坑，内侧墙基底部有农民用土坯券成的窑洞。止点以西墙体沿"长城梁"山梁修筑。

郑磨村战国秦长城 2 段 1 号敌台（编码 640402352101020007；编号 YD007）

该敌台处于郑磨村战国秦长城 2 段墙体东部第一段止点处，位于清河镇郑磨村南，西距郑磨村战国秦长城 2 段 2 号敌台 224 米。

南倚长城墙体而建并凸出墙体，黄土夯筑而成，敌台东侧呈斜坡状与长城墙体相连，北侧突出墙体，顶部与墙体持平，现残存平面形状略呈长方形台体，整体保存状况差。台体西侧、北侧断面较平直。敌台内侧现被改挖为三座砖瓦窑，台顶有烟囱 3 孔，敌台与墙体分隔明显。台体顶部埋设有一测绘水泥基桩。台体顶小底大。

敌台底部东西长 28.4、南北宽 15 米，高 2.6～4.6 米，长城墙体略高出敌台 0.2～0.5 米。夯层 10～13 厘米。东壁方向 270°（图一〇五；彩图一六六）。

郑磨村战国秦长城 2 段 2 号敌台（编码 640402352101020008；编号 YD008）

该敌台处于郑磨村战国秦长城 2 段墙体中部第四段止点处，位于清河镇郑磨村南，西距郑磨村战国秦长城 2 段 3 号敌台 197 米。

该敌台南倚长城墙体而建并与墙体相连。形体低矮宽大，现残存形制近似椭圆形，整体保存状况

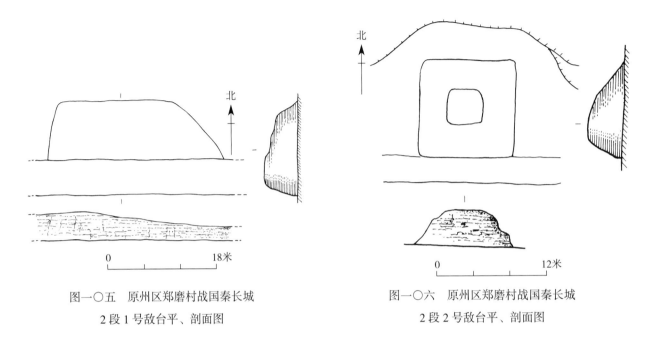

图一〇五　原州区郑磨村战国秦长城　　　　　　　图一〇六　原州区郑磨村战国秦长城
2段1号敌台平、剖面图　　　　　　　　　　　　2段2号敌台平、剖面图

一般。台体内侧底部因耕地及修路被切削陡直，夯层明显，东侧因取土形成内凹形断面，西北侧呈自然弧形的坡面，北部向外突出墙体，顶部浑圆，有几处凹坑。四壁及顶部长满杂草。

敌台底部东西长10.4、南北宽10.5米，台体顶部东西长4、南北宽4米，高2～5.3米。夯层10～17厘米。东壁方向270°（图一〇六；彩图一六七）。

郑磨村战国秦长城2段3号敌台（编码640402352101020009；编号YD009）

该敌台处于郑磨村战国秦长城2段墙体西部第五段止点处，位于清河镇郑磨村西南，东距郑磨村战国秦长城2段2号敌台200米。

该敌台南倚长城而建并与墙体相连，现残存平面近似方形，顶小底大，整体保存状况较差。台体东、西两侧因修筑公路被取土铲削，西壁有较多风蚀凹槽，北侧为缓坡，顶部有两处取土所掏挖的凹坑。周围布满杂草并种植有杨树。胡大公路紧靠敌台南侧修筑，西南侧公路距敌台2米处有水泥质地保护碑一座。

敌台底部东西长9.3、南北宽12.6米，顶部东西长4.8、南北宽4米，高2.1～3.6米。夯层9～13厘米。方向270°（图一〇七；彩图一六八）。

（五）王堡村战国秦长城墙体及敌台（编码640402382101020027；编号YQ027）

此段土墙自清河镇王堡自然村东北（G184点）开始，沿当地人称"长城梁"的山梁由东北向西南延伸，至清河镇王堡自然村西侧山梁上（G193点）截止，全长1818米。地势东北低西南高，高差110米，落差较大。该段墙体用黄土夯筑而成，南端被人为取土损毁，山坡段北侧壕沟被山洪雨水下切侵蚀呈深沟状，部分墙体现处于绝壁上，整体保存状况一般，其间分布9座敌台，墙体内侧南距王堡村城障50米。按其走向特征及保存现状分为九段（彩图一六九）。

第一段，G184—G185，长158米。保存状况较好。此段墙体位于王堡村西山坡上，内侧因种地铲削较直，外侧为缓坡，坡面栽植柠条，内外两侧均为坡地，墙顶较为宽平。其中G185点处为王堡村1号敌台（YD010）。

第二段，G185—G186，长125米。保存状况较好。此段墙体处于山坡段，地势内高外底，墙体外壁为陡坡，内壁因种地铲削较直，北侧有取土壕沟，壕沟内为农耕地。墙体内高5～6、外高8～10米。

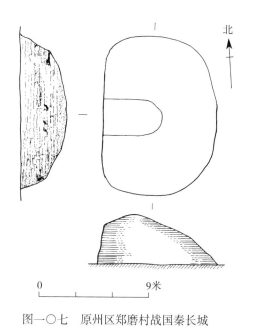

图一〇七　原州区郑磨村战国秦长城
2段3号敌台平、剖面图

夗层厚5～11厘米。G186点处为王堡村2号敌台（YD011）。

第三段，G186—G187，长251米。保存状况较差。此段墙体处于两沟间的山脊上，大部分为平台地，地表墙体已无存，仅南侧冲沟坡面有夗层痕迹，东端与敌台YD11相接处为一宽约6.2米的冲沟。G187点处为王堡村3号敌台（YD012）。

第四段，G187—G188，长218米。保存状况一般。此段墙体处于山脊上，两侧为山洪冲沟，坡面陡峭，墙体坍塌严重，顶部现仅容单人通行，两侧坡面栽种柠条，山梁横断面呈三角形，墙顶距沟底深约20米。G188点处为王堡村4号敌台（YD013）（彩图一七〇）。

第五段，G188—G189，长214米。保存状况较好。此段墙体高大，外侧壕沟保存较好，墙体呈梯形状，内侧较低，外侧较高，坡面栽植柠条，壕沟底部宽平，整体呈倒梯形，西端与王堡村1号敌台相接处有一宽约7米的豁口。G189点处为王堡村5号敌台（YD014）。

第六段，G189—G190，长209米。保存状况一般。此段墙体东侧顶部被耕地平毁，基本与外侧地表相平，但外侧坡面陡峭，壕沟宽大，西段保存较好，起点以西15米处墙体断面基宽11、顶宽1.2米，北侧高出壕沟底部6米，南侧高出平地3.2米。西端止点有一宽约5米的机耕道路豁口。G190点处为王堡村6号敌台（YD015）。

第七段，G190—G191，长207米。保存状况一般。此段墙体处于山梁上，墙体南侧地势较高，墙顶被平毁为耕地，但外侧壕沟保存较好，外侧坡面陡直，壕沟内种植糜子。G191点处为王堡村7号敌台（YD016）。

第八段，G191—G192，长217米。保存状况较好。此段墙体呈宽大的土垅状，横断面呈三角形，顶部较平，现为人工踩踏的小道，两侧为斜缓坡，YD16敌台西侧36米处有一豁口，现为乡间机耕道路，大体呈东南—西北走向，豁口宽约10.5米，道路宽3.5米。G192点处为王堡村8号敌台（YD017）。

第九段，G192—G193，长219米。保存状况一般。此段墙体中部略外鼓，东段墙体顶部地表隆起，西段墙体地表以上部分被平毁，外侧为陡坡状，北侧壕沟保存较好。G193点处为王堡村9号敌台（YD018）（彩图一七一）。

王堡村战国秦长城1号敌台（编码640402352101020010；编号YD010）

该敌台处于王堡村战国秦长城东北部第一段墙体止点处，位于清河镇郑磨村王堡自然村西山坡上，西南距王堡村战国秦长城墙体2号敌台128米。

该敌台南倚长城而建，并与墙体相连，北侧突出墙体。台体残存现呈椭圆形，保存状况差。顶部被掏挖形成一土坑，西端与墙体相接处被挖成一道宽约1米的槽型豁口，此处残砖较多，北壁坡面陡直，长有柠条，北壁外侧斜修有一条斜坡道路，豁口处散布有较多素面灰陶残砖块。台体顶小底大。

敌台底部东西长23、南北宽17.6米，台体顶部东西长4、南北宽5米，台体高出墙体顶部4米，南侧整体高7.5米；夗层10～11厘米。东壁方向235°（图一〇八；彩图一七二）。

王堡村战国秦长城2号敌台（编码640402352101020011；编号YD011）

该敌台处于王堡村战国秦长城东北部第二段墙体止点处，位于清河镇郑磨村王堡自然村西南，与

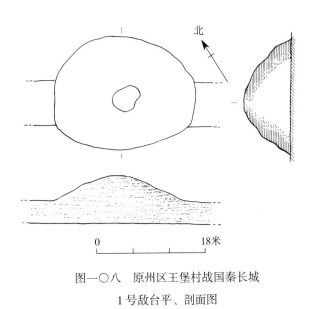

图一〇八　原州区王堡村战国秦长城
1号敌台平、剖面图

王堡城障隔沟相望，相距68米，西南距王堡村战国秦长城墙体3号敌台251米。

该敌台台体形制较大，骑跨于长城墙体之上，南北两侧均突出墙体。台体因风雨侵蚀形制破坏较为严重，平面呈不规则形。保存状况差。台体顶部残损为平台，南侧为缓坡，外部突出呈椭圆状，北侧坡面较为陡直，外临深沟。底部平台较大，散布少量灰陶罐口。台体表面杂草丛生。

敌台底部东西长43.1、南北宽37米，顶部东西长23、南北宽30米，内高5.5、外高8米，台体北侧突出墙体7.5、南侧突出墙体15米。台体北侧平台宽10～11米，北侧有一深沟，口宽62、深约45米。东壁方向245°（图一〇九；彩图一七三）。

王堡村战国秦长城3号敌台（编码640402352101020012；编号YD012）

该敌台处于王堡村战国秦长城东北部第三段墙体止点处，位于清河镇郑磨村王堡自然村西南长城梁上，西南距王堡村战国秦长城墙体4号敌台213米。

该敌台南倚长城而建并与墙体相连，因水土流失严重，台体较低矮，残存形制呈椭圆形，东端略大，顶面呈纵向脊状，保存状况较差。东侧墙体现为平台地，台体南北两侧临近深沟，南侧沟底较平，坡面较陡直，北侧为深沟断崖。敌台四周杂草丛生，北壁常年受雨水冲蚀而坍塌。

敌台底部东西长19.4、南北宽10米，台顶东西长11.2、南北宽3米，台顶高出墙体3.4米左右，台体北侧深沟口宽25、深22米。东壁方向250°（图一一〇；彩图一七四）。

王堡村战国秦长城4号敌台（编码640402352101020013；编号YD013）

该敌台处于王堡村战国秦长城中部第四段墙体止点处，位于清河镇郑磨村王堡自然村西南长城梁一处山脊之上，西南距王堡村战国秦长城墙体5号敌台215米。

敌台东西两侧与长城墙体相连，形制近似椭圆形，保存状况一般。台体顶部较为平整，北侧及顶

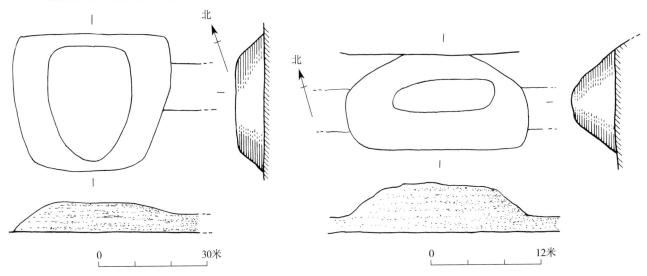

图一〇九　原州区王堡村战国秦长城2号敌台平、剖面图　　　　图一一〇　原州区王堡村战国秦长城3号敌台平、剖面图

部突出墙体，受雨水侵蚀崩塌，现为断崖，仍有坍塌隐患。台体南侧为缓坡，下部为当地居民农田。台体四周除北侧坍塌外，其余都长满杂草，呈缓坡状，台体北侧外临深沟，底部现为取土壕沟，痕迹明显。

敌台底部东西长12.9、南北宽7.3米。东西两侧高出墙体顶部1.5～2.5米，台体北侧突出墙体3米。东壁方向250°（图一一一；彩图一七五）。

王堡村战国秦长城5号敌台（编码6404023521010200014；编号YD014）

该敌台处于王堡村战国秦长城中部第五段墙体止点处，位于清河镇郑磨村王堡自然村西南侧长城梁上，西南距王堡村战国秦长城墙体6号敌台208米。

该敌台南倚长城而建，并与墙体相连，因耕地破坏现存台体形制近似椭圆形，保存状况一般。台体北侧呈半圆形突出墙体，坡面较为陡直，底部取土壕沟较为明显。东西两端与墙体顶部相持平，南侧为缓坡，表面覆土完整，暴露夯层较明显。台体顶部小而平坦，顶部及四周杂草丛生，东端与长城墙体间有一豁口，台体内侧为当地居民的耕地。

敌台底部东西长23、南北宽17.4米，台体顶部东西长3.4、南北宽4.3米。敌台北侧高出底部壕沟14米，南侧高出底部田地6.2米。台体暴露夯层厚6～11厘米。北壁外侧壕沟口宽27、底宽13.5米。东壁方向255°（图一一二；彩图一七六）。

王堡村战国秦长城6号敌台（编码6404023521010200015；编号YD015）

该敌台处于王堡村战国秦长城中部第六段墙体止点处，位于清河镇郑磨村王堡自然村西南侧长城梁之上，西南距王堡村战国秦长城墙体7号敌台204米。

南倚长城而建，并与墙体相连，因耕地破坏现存台体形制近似椭圆形，保存状况一般。台体顶部较为宽大，北侧有一处取土坑。台体底部东北侧绕行有一条田间机耕路。台体南壁呈缓坡状，长满杂草。北侧壁面较直，底部壕沟在此处呈半圆环绕台体。顶部及四周杂草丛生，台体夯层较为明显。周围散落有绳纹瓦片。

敌台底部东西长27.8、南北宽20米，顶部东西长8.4、南北宽9米。台体夯层厚5.5～7.5厘米。敌台北侧高出底部壕沟15.5米，南侧高出田地5.2米，台体北侧底部突出墙体12.1米。台顶取土坑东西长4、南北宽7、深约1米。东壁向255°（图一一三；彩图一七七）。

王堡村战国秦长城7号敌台（编码6404023521010200016；编号YD016）

该敌台处于王堡村战国秦长城西南部第七段墙体止点处，位于清河镇郑磨村王堡自然村西南长城

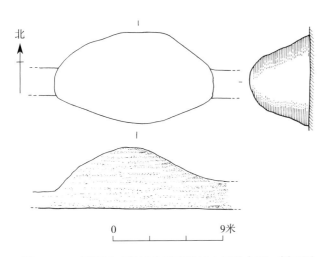

图一一一　原州区王堡村战国秦长城4号敌台平、剖面图　　图一一二　原州区王堡村战国秦长城5号敌台平、剖面图

梁上，西南距王堡村战国秦长城墙体 8 号敌台 215 米。

该敌台南倚长城而建，并与墙体相连，因耕地破坏现存台体形制略呈椭圆形，保存状况较差。台体顶部宽大平坦，与西侧墙体顶部相持平。敌台北侧向外突出墙体，外临壕沟。北壁壁面较为陡直。底部壕沟于此呈半圆形围绕台体。台体四周杂草丛生，南侧底部有一条南—北向田间机耕道路。

敌台底部东西长 16.6、南北宽 11 米，顶部东西长 5.6、南北宽 3.9 米，台高 3 米。敌台断面处夯层清晰可见，厚 8～11.5 厘米。台体顶部高出北侧外壕沟 14.5、南侧高出平地 4 米。台体东侧为一平台，呈楔形，底部宽 8 米。东壁方向 265°（图一一四；彩图一七八）。

王堡村战国秦长城 8 号敌台（编码 640402352101020017；编号 YD017）

该敌台处于王堡村战国秦长城西南部第八段墙体止点处，位于清河镇郑磨村王堡自然村西南侧长城梁上，西南距王堡村战国秦长城墙体 9 号敌台 209 米。

该敌台南倚长城而建，并与墙体相连，因耕地破坏现存台体形制略呈椭圆形，保存状况较差。台体顶部宽大并凸出墙顶，台体南侧有一取土凹坑，基本与墙体平齐，北侧突出墙体，坡面较为陡直，底部围绕台体形成半圆形的壕沟。敌台表面长满杂草。

敌台底部东西长 25.5、南北宽 15 米，顶部东西长 7、南北宽 7.9 米。台体顶部高出壕沟底 14.4、南侧高出平地 7 米。外侧壕沟口宽 19.4、底宽 16 米。台体顶部高出墙顶 2.6 米左右，顶部取土凹坑东西长 6、南北宽 7.6、深约 2.2 米。东壁方向 265°（图一一五；彩图一七九）。

王堡村战国秦长城 9 号敌台（编码 640402352101020018；编号 YD018）

该敌台处于王堡村战国秦长城墙体西南止点处，位于清河镇郑磨村王堡自然村西南侧长城梁上，西南距什里三组战国秦长城墙体 1 号敌台 205 米。

该敌台南倚长城而建，并与墙体相连，因耕地破坏，现存台体形制近似土丘状，保存状况一般。台体北壁呈弧形向外突出，坡面较陡直，底部为修筑台体取土时形成的半圆形壕沟，保存较好。南侧呈缓坡状。台体表面长满杂草，顶部因平地修田被毁，现形成一道田埂，略高于周围地表，内侧现为当地居民的农田。

敌台底部东西长 14、南北宽 6 米，顶部东西长 7.6、南北宽 2 米。台体顶部高出北侧外底部壕沟 15、南侧高出底部田地 1 米。外侧壕沟口宽 45.6、底宽 18.8 米。台体夯层不清。东壁方向 260°（图

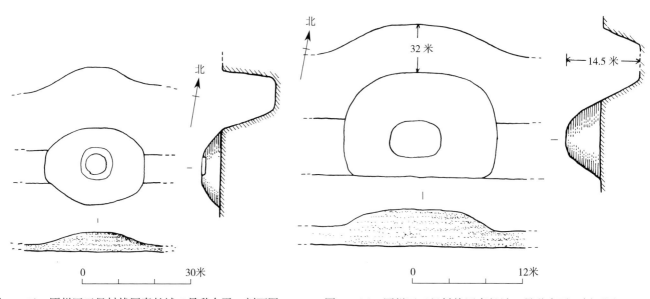

图一一三　原州区王堡村战国秦长城 6 号敌台平、剖面图　　　　图一一四　原州区王堡村战国秦长城 7 号敌台平、剖面图

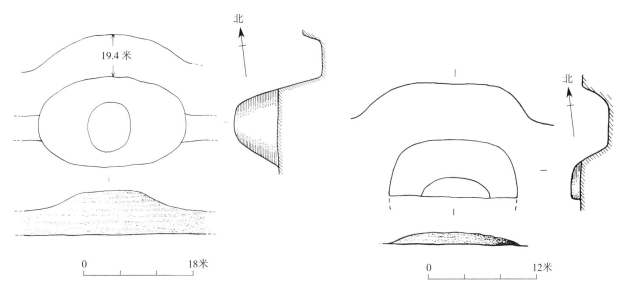

图一一五　原州区王堡村战国秦长城 8 号敌台平、剖面图　　图一一六　原州区王堡村战国秦长城 9 号敌台平、剖面图

一一六；彩图一八〇）。

（六）什里村战国秦长城墙体及敌台（编码 6404023821010 2 0 028；编号 YQ028）

此段土墙自清河镇王堡自然村西（G193 点）开始，由东北向西南延伸，至清河镇什里村北侧长城梁上（G202 点）截止，西南与海堡村战国秦长城相连。全长 1974 米。地势西南高东北低，高差约 50 米，落差较大。该段墙体用黄土夯筑而成，整体保存状况较好，其间分布 8 座敌台，墙体外侧有宽大的壕沟，南距营盘圈城障 84 米。按其走向特征及保存现状分为九段。

第一段，G193—G194，长 195 米。此段墙体呈土垅状，隆起于地表，顶部外侧因雨水冲刷呈连续的土包状，外侧坡面凹凸起伏，较为陡峭。北侧取土壕沟因雨水冲刷下切形成深沟，壕沟北侧现为断崖，地表有少量绳纹瓦片。G194 点处为什里村 1 号敌台（YD019）（彩图一八一）。

第二段，G194—G195，长 206 米。此段墙体呈宽大的土垅状，两侧坡面较为平缓。敌台 YD20 以东 53 米处有一宽 12 米的乡村土路，长城北侧壕沟内的冲沟至此结束，以西为平地，壕沟不明显。G195 点处为什里村 2 号敌台（YD020），墙体内侧有营盘圈城障（YB008）（彩图一八二）。

第三段，G195—G196，长 260 米。敌台 YD20 以西 52 米处有一宽 6.8 米的村道路豁口，其余段墙体高大，外侧为斜坡，内侧因耕地铲削坡面陡峭，墙体底宽 11.5、顶宽 1 米，高 4.4 米。墙体外侧壕沟宽大，沟底平整，现为耕地，北侧沟畔为斜缓坡。G196 点处为什里村 3 号敌台（YD021）。

第四段，G196—G197，长 228 米。此段墙体在敌台 YD22 东侧有一乡村土路，其余墙体呈土垅状，两侧均为斜缓坡，墙底宽 11.9、顶宽 2 米，高 3.7 米。夯层厚 8～9 厘米。北侧壕沟被淤埋较浅，深不足 1 米，沟底现为耕地。G197 处为什里村 4 号敌台（YD022）。

第五段，G197—G198，长 222 米。此段墙体连续，保存完整。墙体内侧坡面较陡，外侧为斜坡状，北侧壕沟现为机耕道路，北高南低。G198 处为什里村 5 号敌台（YD023）。

第六段，G198—G199，长 225 米。此段墙体南侧因耕地底部被铲削陡直，北侧为缓坡，墙顶较为宽平，长满低矮的梭梭刺等小灌木丛，北侧壕沟现为机耕道路，路北坡面平缓，多被开垦为农田。G199 处为什里村 6 号敌台（YD024）（彩图一八三）。

第七段，G199—G200，长 243 米。此段墙体连续，内侧为由东向西连续的梯田，墙体顶部较平宽，现为一小道，两侧坡面斜缓，外侧壕沟淤埋严重，已大量被开垦为农田。YD024 敌台西侧的断面豁口宽约2.5、墙体基宽13.8、顶宽1米，高2.5米。G200处为什里村7号敌台（YD025），敌台东侧豁口宽约4米。

第八段，G200—G201，长219米。此段墙体保存完好，顶部宽平，两侧为缓坡，地表长满青草植被，内侧为耕地，外侧壕沟宽平，墙体高6.5～7米。沟壁北侧铲削较直。G201点处为什里村8号敌台（YD026）。

第九段，G201—G202，长176米。此段墙体保存完整，西端为水冲断点，水冲形成深沟口宽约32、深约20米，止点处为横切墙体的自然冲沟沟畔，冲沟东侧沿沟畔冲毁墙基劈有一条穿越长城南北向乡村土路，路基两侧形成较为陡直的断面，内侧断面墙体夯层清晰可见，分版情况明显，版宽0.95～1.4米，此处墙体底宽13.3、高4米。夯层厚7～15厘米（彩图一八四）。

什里村战国秦长城1号敌台（编码640402352101020019；编号YD019）

该敌台处于什里村战国秦长城东北部第一段墙体止点处，位于清河镇什里村东北侧长城梁上，西南距什里村战国秦长城2号敌台203米。

敌台南倚长城而建，并与墙体相连，现存台体高大，顶部浑圆，形制近似椭圆形，保存状况一般。敌台顶部被削平，顶部中心埋设有测绘水泥基桩，桩顶部标注有"宁夏测绘局水准点"字样。南壁坍塌形成缓坡状，其外侧被当地居民修整为田地。北壁坍塌严重，中部整体崩塌形成陷坑，底部为取土修筑墙体时挖成的壕沟，沟底较平整。台体顶部及表面长满杂草。

敌台底部东西长19、南北宽12米，顶部东西长6.4、南部宽4.2米。台体顶部高出北侧外壕沟底部20、南侧高出平地4.4米。北侧壕沟口宽21.3、底宽5米。台体东侧高出墙体3米，西侧基本与墙体顶部相平。东壁方向240°（图一一七；彩图一八五）。

什里村战国秦长城2号敌台（编码640402352101020020；编号YD020）

该敌台处于什里村战国秦长城东北部第二段墙体止点处，位于清河镇什里村东北侧长城梁上，西南距什里村战国秦长城3号敌台255米。

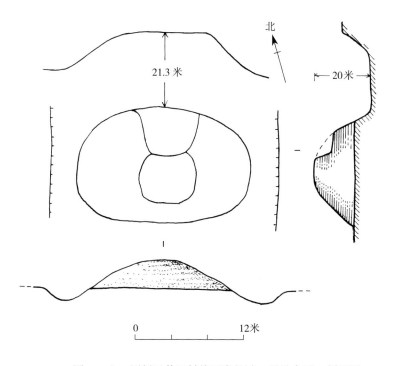

图一一七　原州区什里村战国秦长城1号敌台平、剖面图

　　该敌台南倚长城而建，并与墙体相连，现存台体高大，形制呈圆丘状，保存状况一般。北侧呈半圆形突出墙体，南侧基本与墙体相平，敌台顶部浑圆，底部宽大，内侧由于水冲形成较平缓的凹坡。敌台其他坡面均因坍塌而较平缓，表面长满杂草。

　　敌台底部东西长 20.2、南北宽 16.2 米，顶部东西长 5、南北宽 4 米。台体北侧突出墙体 12.7 米。敌台顶部高出北侧壕沟底 5 米，东侧高出墙体顶部 2 米。东壁方向 240°（图一一八；彩图一八六）。

什里村战国秦长城 3 号敌台（编码 6404023521010200021；编号 YD021）

　　该敌台处于什里村战国秦长城东北部第三段墙体止点处，位于清河镇什里村东北侧长城梁上，西南距什里村战国秦长城 4 号敌台 222 米。

　　该敌台南倚长城而建，并与墙体相连，台体北侧突出部分呈半圆形，现存台体高大，形制近似椭圆形，保存状况一般。南壁因自然滑坡致使坡面较为陡直，西侧被挖取土形成凹坡。北壁外侧底部壕沟亦呈半圆形向外弧扩，壁面由于坍塌而较为平缓。台体顶部有两处人工掏挖的盗洞，对台体破坏较大，近底部有一处取土凹坑。台体四周长满杂草，在敌台北侧坡面采集残"大观通宝"宋代铜钱一枚。

　　敌台底部东西长 21.3、南北宽 17 米，顶部东西长 7、南北宽 6.8 米。北侧突出墙体 9 米，台体顶部高出北侧底部壕沟底 8 米，壕沟口宽 16.9、底宽 13 米，台顶高出南侧平地 6 米，高出东、西两侧墙顶分别为 1、2 米。东壁方向为 240°（图一一九；彩图一八七）。

什里村战国秦长城 4 号敌台（编码 6404023521010200022；编号 YD022）

　　该敌台处于什里村战国秦长城中部第四段墙体止点处，位于清河镇什里村东北侧长城梁上，西南距什里村战国秦长城 5 号敌台 225 米。

　　该敌台南倚长城而建，并与墙体相连，台体北侧突出部分呈半圆形，现存台体高大，形制近似圆丘状，保存状况一般。台体东西两侧连接墙体，东侧有一豁口，豁口断面处夯层清晰可见。西侧略高出墙体顶部。南侧坡面较陡直。北壁底部呈方形，中部向外弧扩，坡面较为平缓。台体表面长满杂草。敌台顶部有一处方形盗坑，对台体破坏较为严重。

　　敌台底部东西长 37、南北宽 27.5 米，顶部东西长 8、南北宽 6 米。夯层厚度为 7～9.5 厘米，北

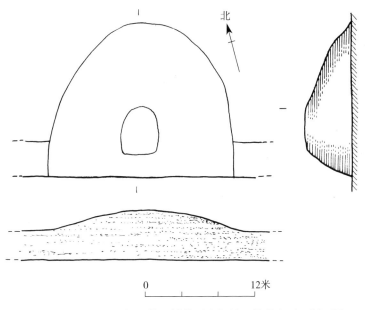

图一一八　原州区什里村战国秦长城 2 号敌台平、剖面图

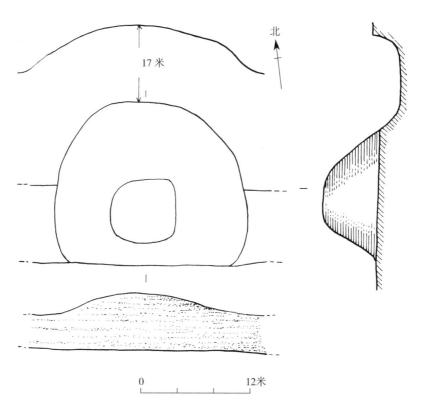

图一一九　原州区什里村战国秦长城 3 号敌台平、剖面图

壁底部突出墙体 15.5 米，顶部高出北壁外侧壕沟底部 8.6、壕沟宽约 8.5 米。顶部盗坑东西长 4、南北宽 6 米。敌台东侧豁口断面基宽 11.9、顶宽 2 米，高 3.7 米，断面北侧壕沟宽 17、深约 1 米。东壁方向 240°（图一二○；彩图一八八）。

什里村战国秦长城 5 号敌台（编码 6404023521010 20023；编号 YD023）

该敌台处于什里村战国秦长城中部第五段墙体止点处，位于清河镇什里村东北侧长城梁一平台之上，西南距什里村战国秦长城墙体 6 号敌台 218 米。

该敌台南倚长城而建，并与墙体相连，台体北侧突出部分呈半圆形，现存台体高大，顶部略平，近似圆形，保存状况一般。敌台东西两侧连接长城墙体，两侧均有水冲豁口。台体顶部有 3 处小盗坑，北壁呈斜坡状，坡面较缓，底部外侧为取土壕沟，沟底平整。南侧亦为缓坡，底部外侧呈壕沟状，东西两侧坡面较为陡直，台体顶部及四周长满杂草。

敌台底部东西长 24、南北宽 23.6 米，顶部东西长 4、南北宽 8 米。敌台顶部高出北侧壕沟底 6 米，壕沟宽 10 米。南侧壕沟口宽 8、底宽 7 米。台体高出东侧墙顶 4.2 米，此处豁口宽约 7 米，高出西侧墙顶 4 米，东壁方向 240°（图一二一；彩图一八九）。

什里村战国秦长城 6 号敌台（编码 6404023521010 20024；编号 YD024）

该敌台处于什里村战国秦长城西南部第六段墙体止点处，位于清河镇什里村东北侧长城梁一平台之上，西南距什里村战国秦长城 7 号敌台 243 米。

该敌台南倚长城而建，并与墙体相连，台体北侧突出部分呈半圆形，现存台体高大，顶部略平，形制近似椭圆形，保存状况较差。台体北侧壁面呈缓坡状，掏挖有几处较小的盗坑，底部外侧为壕沟，南侧壁面较为陡直，底部被人工铲削，形成平台地，西侧外为一豁口，其间为横穿墙体的乡间机耕路，

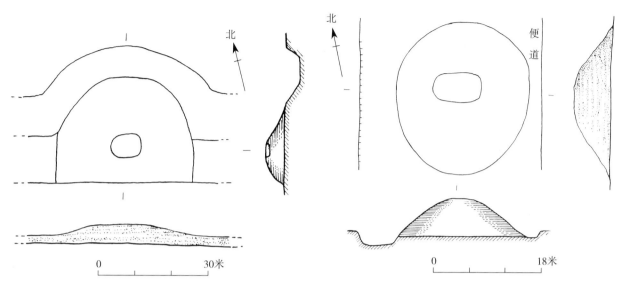

图一二〇　原州区什里村战国秦长城 4 号敌台平、剖面图　　图一二一　原州区什里村战国秦长城 5 号敌台平、剖面图

西侧断面夯层不清晰。敌台顶部有人工掏挖的较大盗坑一处，呈锅底形。敌台顶部及东、南、北三面长满杂草。

敌台底部东西长 20、南北宽 25.8 米，顶部东西长 7.8、南北宽 7.2 米。台体北侧底部突出墙体 10 米，敌台北侧高 4、南侧高 5 米，西侧高出路面 5.1 米。东壁方向 240°（图一二二；彩图一九〇）。

什里村战国秦长城 7 号敌台（编码 6404023521010200025；编号 YD025）

该敌台处于什里村战国秦长城西南部第七段墙体止点处，位于清河镇什里村东北侧长城梁上，西南距什里村战国秦长城 8 号敌台 221 米。

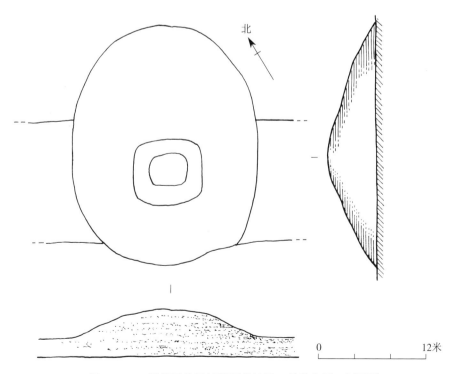

图一二二　原州区什里村战国秦长城 6 号敌台平、剖面图

该敌台南倚长城而建，并与墙体相连，台体北侧突出墙体部分呈半圆形，现存台体高大，顶部略平，形制近似圆形，保存状况较好。敌台东西两侧均高出墙体，东侧坍塌较严重，形成一处小豁口。南侧坡面较为陡直，下部有人为铲削痕迹。北壁现为缓坡状，台体顶部微隆呈馒头状，表面长满杂草。

敌台底部东西长26.2、南北宽31米，顶部东西长6、南北宽4米。北侧底部突出墙体7米，台顶高出北侧壕沟底7米，壕沟宽约10米。东壁方向240°（图一二三；彩图一九一）。

什里村战国秦长城8号敌台（编码640402352101020026；编号YD026）

该敌台处于什里村战国秦长城西南部第八段墙体止点处，位于清河镇什里村东北侧长城梁上，西南距海堡村战国秦长城1号敌台217米。

敌台南倚长城而建，并与墙体相连，台体北侧突出部分呈半圆形，现存台体较大，顶部浑圆，形制近似椭圆形，保存状况一般。西壁外侧因铲削而峭直，顶部南侧坡面被掏挖呈凹槽状，敌台底部为方形平台，东侧、北侧台地形制清晰，台体四周壁面由于长期雨水冲刷均为缓坡状，敌台顶部现为馒头状，表面长满杂草。

敌台底部东西长34.5、南北宽29.1米，顶部东西长4.1、南北宽2米。北壁底部突出墙体11.3米，台顶高出北侧底部8.5米，北侧外壕沟宽约4米，东壁方向210°（图一二四；彩图一九二）。

（七）海堡村战国秦长城墙体及敌台（编码6404023821010200029；编号YQ029）

此段土墙自清河镇什里村北侧沿长城梁向西南延伸，至清河镇海堡村北"长城梁"（G211点）截止，全长1807米。此段墙体所处地势较高，视野开阔，地形较平缓，长城墙体及敌台高大，墙体外侧壕沟宽大，整体保存状况较好。墙体间分布9座敌台，墙体内侧海堡村城障北距此段长城墙体110米。按其走向特征及保存现状分为九段（彩图一九三）。

第一段，G202—G203，长39米。消失。此段由于雨水冲蚀现为深沟，沟口深38米，墙体整体坍塌消失。G203点处为海堡村1号敌台（YD027）。

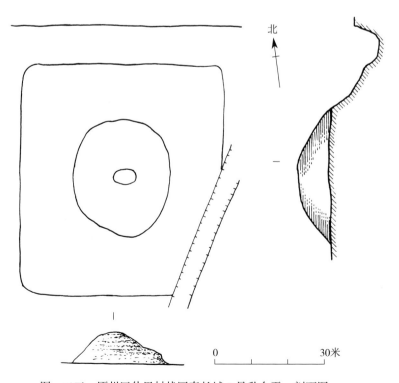

图一二三　原州区什里村战国秦长城7号敌台平、剖面图

第二段，G203—G204，长 205 米。保存状况较好。此段墙体呈宽大的土垄状，顶部宽平，有人工踩踏出的便道，两侧为斜坡状，长满杂草，北侧外壕沟亦保存较好。东端敌台 YD027 西侧有人工开挖出的一条横穿墙体通往长城北侧壕沟内的便道，便道豁口宽约 5 米，此处墙体断面高 3 米，底部宽约 9 米，断面处夯层清晰，厚 8～11 厘米。G204 点处为海堡村 2 号敌台（YD028）。

第三段，G204—G205，长 218 米。保存状况较好。此段长城墙体呈宽大的土垄状，顶部为一人工踩踏的便道，两侧为斜坡，墙体南侧为耕地，坡面较陡，北侧呈缓坡状，底部外侧为壕沟，沟内被开垦为农田，壕沟北侧壁面因铲削而较直，其中 G205 点处为海堡村 3 号敌台（YD029）。此段墙体内侧有海堡村城障（YB009）。

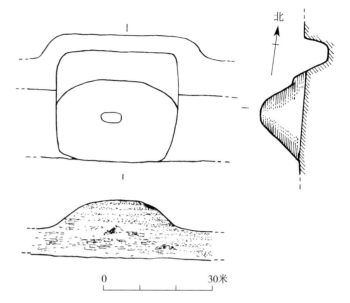

图一二四　原州区什里村战国秦长城 8 号敌台平、剖面图

第四段，G205—G206，长 199 米。保存状况较好。此段长城地势两端较高，中部略低洼，墙体呈马鞍形。敌台 YD30 以东 30、38 米处墙体南侧分别为两处人为掏挖的土坑，其余段墙体均保存较好，墙体南侧为人工修筑的梯田，北侧为缓坡，底部坡面较陡，外侧取土壕沟保存较好，壕沟及墙体表面均被杂草所覆盖。G206 点处为海堡村 4 号敌台（YD030）。

第五段，G206—G207，长 233 米。保存状况一般。此段墙体所处地势西高东低，东端低洼地段因修筑田间机耕路，墙体被毁严重，形成几处土包。YD030 敌台西侧豁口宽 4.5 米，此处墙体断面高约 6.5 米，西距台体 11.3 米处亦有一水毁豁口，宽 11.3 米，其间道路宽约 4 米。西段墙体保存较好，南侧因修筑田地墙体底部被铲削，北侧坡面较缓，均被杂草覆盖。G207 点处为海堡村 5 号敌台（YD031）（图一〇四；彩图一九四）。

第六段，G207—G208，长 226 米。保存状况一般。此段墙体东段南侧坡状地带被开垦出一条两米多宽的耕地，现废弃为荒草滩，墙体北侧壕沟整体保存较好。西端敌台 YD032 以东 15 米处有一宽约 3.5 米的豁口，现为南北向穿越长城的便道。豁口处墙体底宽 17.4、高 5.2 米。夯层厚 7～8 厘米。其中 G208 点处为海堡村 6 号敌台（YD032）。

第七段，G208—G209，长 215 米。保存状况较好。此段墙体东段壕沟底部因水冲现为冲沟。墙体顶部宽平，两侧均呈缓坡状，南侧现为耕地，北侧外壕沟较浅，现亦为耕地。G209 点处为海堡村 7 号敌台（YD033）。

第八段，G209—G210，长 244 米。保存状况较好。此段墙体呈宽大的土垄状，保存完整，墙体两侧坡面斜缓，生长有人工栽植的柠条，北侧外壕沟浅而窄，南侧为耕地。东端 YD033 敌台西侧有一处豁口，现为机耕路，宽 4.3 米，豁口处墙体断面高约 3、基宽 12 米，夯层清晰可见，厚 10～14 厘米。G210 点处为海堡村 8 号敌台（YD034）。

第九段，G210—G211，长 228 米。保存状况较好。此段墙体中部一处因滑坡坍塌形成的豁口，豁口宽约 3、深约 1 米。西端 YD035 敌台东侧有一乡村公路豁口，宽约 3、断面高 7.2 米，豁口东侧断面夯层厚 6.5～12 厘米。G211 点处为海堡村 9 号敌台（YD035）（彩图一九五）。

海堡村战国秦长城 1 号敌台（编码 640402352101020027；编号 YD027）

该敌台处于海堡村战国秦长城墙体东部第一段止点处，位于清河镇海堡村西北侧长城梁上，西南距海堡村战国秦长城 2 号敌台 198 米。

该敌台南倚长城而建，并与墙体相连，台体北侧突出部分呈半圆形，现存台体较大，顶部浑圆，形制略呈椭圆形，保存状况差。敌台残留部分呈南北向带状，东侧为冲沟，台体底部由于长期水冲而坍塌，台体底部因修整便道而铲削较直，敌台北侧呈缓坡状，长满杂草，南侧亦呈缓坡状，台体顶部呈脊状，西南侧有人工掏挖的小土坑几处。

敌台底部东西长 8、南北宽 21.1 米，敌台高出南侧地表 3 米，东壁方向 215°（图一二五；彩图一九六）。

海堡村战国秦长城 2 号敌台（编码 640402352101020028；编号 YD028）

该敌台处于海堡村战国秦长城墙体东部第二段止点处，位于清河镇海堡村西北侧长城梁上，西南距海堡村战国秦长城 3 号敌台 205 米。

该敌台南倚长城而建，并与墙体相连，台体北侧突出部分呈半圆形，现存台体较大，形制近似椭圆形，保存状况一般。敌台坐落于底部方形平台之上，北侧底部突出墙体之外，外侧为壕沟，沟底淤埋较浅，已被开垦为农田。敌台上部为半圆形墩台，高出墙体顶部，台顶人工掏挖有几处较大凹坑，周围散布有少量绳纹瓦片，台体南侧为陡坡，台体表面长满杂草。

敌台底部东西长 35.3、南北宽 21.4 米，顶部东西长 8.4、南北宽 12.2 米。北侧底部突出墙体 12.4 米，台体高出北侧壕沟底 9 米，此处壕沟宽约 6 米，台顶高出南侧平地 6 米，高出东侧墙体 2、西侧墙体 2.7 米，顶部凹坑东西长 5、南北宽 4、深约 1 米。东壁方向 215°（图一二六；彩图一九七）。

海堡村战国秦长城 3 号敌台（编码 640402352101020029；编号 YD029）

该敌台处于海堡村战国秦长城墙体东部第三段止点处，位于清河镇海堡村西北侧长城梁上，西南距海堡村战国秦长城 4 号敌台 208 米。

该敌台南倚长城而建，并与墙体相连，台体北侧突出部分呈半圆形，现存台体较大，形制略呈椭圆形，保存状况一般。敌台北侧突出墙体，底部为方形平台，顶部为半圆形土墩，有轻微的滑坡迹象，北侧坡面上有一人工掏挖的凹槽，槽壁夯层清晰可见，北壁坡面较缓，杂草丛生，南壁坡面较直，外侧被开垦为农田。台体顶部及表面长满杂草。

敌台底部东西长 33.6、南北宽 19.7 米，顶部东西长 6、南北宽 5 米。北侧底部突出墙体 10.7 米，台体北侧高出壕沟底 10.2、南侧高 5.7 米；顶部高出东侧墙体 4.2、高出西侧墙体 4 米，北壁人工掏挖的凹槽宽长

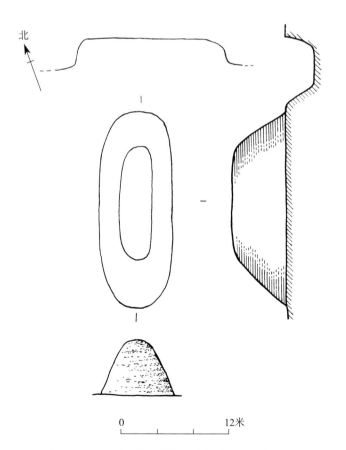

图一二五　原州区海堡村战国秦长城 1 号敌台平、剖面图

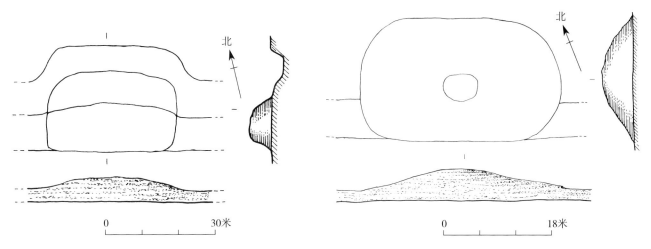

图一二六　原州区海堡村战国秦长城2号敌台平、剖面图　　图一二七　原州区海堡村战国秦长城3号敌台平、剖面图

13.8、南北宽5、深1米左右。东壁方向213°（图一二七；彩图一九八）。

海堡村战国秦长城4号敌台（编码6404023521010202030；编号YD030）

该敌台处于海堡村战国秦长城墙体中部第四段止点处，位于清河镇海堡村西北侧长城梁一处地势相对低洼处，西南距海堡村战国秦长城5号敌台223米。

该敌台南倚长城而建，并与墙体相连，台体北侧突出部分呈半圆形，现存台体较大，形体高大，顶部浑圆，形制近似椭圆形，保存状况较差。敌台东侧连接长城墙体，西侧有一豁口，由此显得台体高大陡峭，北壁呈缓坡状，南侧坡面较陡直，台体底部西北角因修筑南北向田间机耕路被铲削损毁严重，北壁外侧壕沟亦为农田机耕路，台体顶部坡面有轻微滑坡迹象。敌台顶部及表面长满杂草。

敌台底部东西长22.8、南北宽19.4米，顶部东西长2.5、南北宽4米。台体高出北侧底部壕沟底7.5米，高出南侧平地3.8米。东壁方向220°（图一二八；彩图一九九）。

海堡村战国秦长城5号敌台（编码6404023521010202031；编号YD031）

该敌台处于海堡村战国秦长城墙体中部第五段止点处，位于清河镇海堡村西北侧长城梁上，西南距海堡村战国秦长城6号敌台230米。

该敌台南倚长城而建，并与墙体相连，台体北侧突出部分呈半圆形，现存台体较高大，顶部浑圆，形制近似椭圆形，保存状况较好。敌台坐落于底部为方形的平台之上，平台较为宽大，东西两侧连接墙体，与墙体连接处呈凹槽状，北壁呈缓坡状，南侧坡面较为陡直，台体顶部埋设有测绘水泥桩，北侧被掏挖出一较大的凹坑，敌台顶部及表面长满杂草。

敌台底部东西长25.2米，顶部东西长5.4、南北宽4.2米，北侧底部凸出墙体10.2米，敌台北壁呈阶梯状，顶部高出南侧底部平台5.9米，平台高出底部壕沟3米。台顶高出东西两侧墙体分别为3～3.5米。东壁方向为220°（图一二九；彩图二〇〇）。

海堡村战国秦长城6号敌台（编码6404023521010202032；编号YD032）

该敌台处于海堡村战国秦长城墙体中部第六段止点处，位于清河镇海堡村西北侧长城梁上，西南距海堡村战国秦长城7号敌台213米（图一三〇）。

该敌台南倚长城而建，并与墙体相连，台体北侧突出部分呈半圆形，顶部略平，低矮宽大，现残存台体平面形制近似圆丘状，保存状况一般。台顶北侧被掏挖形成较大的凹坑，对敌台造成较大破坏。底部方形台体已不明显。台体东西两侧连接长城墙体，北壁现呈阶梯状，外侧取土壕沟现为田间机耕路；南侧坡面较为陡直，内侧现为农田，台体顶部及四周均长满杂草。

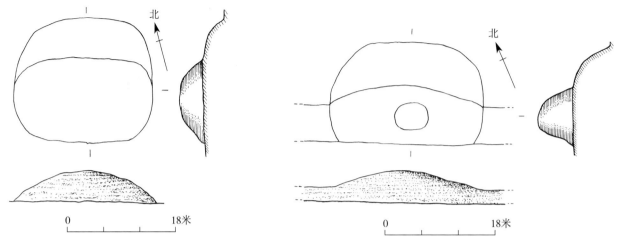

图一二八　原州区海堡村战国秦长城 4 号敌台平、剖面图　　图一二九　原州区海堡村战国秦长城 5 号敌台平、剖面图

敌台底部底部东西长 28.3 米，顶部东西长 5.4、南北宽 5.2 米，北侧平台至台顶高 1.8 米，平台至壕沟底高 4.8 米，敌台高出南侧外平地 5 米，顶部凹槽东西长 6、南北宽 7.5、深约 1.5 米。敌台东西两侧分别高出墙体 2.7、3.8 米。东壁方向 225°（图一三一；彩图二〇一）。

海堡村战国秦长城 7 号敌台（编码 640402352101020033；编号 YD033）

该敌台处于海堡村战国秦长城墙体西部第七段止点处，位于清河镇海堡村西北侧长城梁一豁口处，西南距海堡村战国秦长城 8 号敌台 245 米。

该敌台南倚长城而建，并与墙体相连，台体北侧突出部分呈半圆形，现存台体较大，顶部浑圆，形制近似椭圆形，保存状况差。东侧连接墙体，呈缓坡状，与墙体连接处有一小豁口；南壁坡面较为陡直，杂草丛生，底部由于开垦农田而被铲削；西侧现为豁口，其间为乡间机耕道路，断面处多水蚀凹槽。台体西北侧亦为田间机耕路，因修路对敌台底部铲削较为严重。北壁现为缓坡，长满杂草。

敌台底部东西长 19.5、南北宽 18 米，顶部东西长 6、南北宽 6 米，北侧外高 6.5 米，南侧高出平台 4.8 米，东侧与墙体连接处豁口宽分别为 2.7、1.0 米，东壁方向为 225°（图一三二；彩图二〇二）。

海堡村战国秦长城 8 号敌台（编码 640402352101020034；编号 YD034）

该敌台处于海堡村战国秦长城墙体西部第八段止点处，位于清河镇海堡村西北侧长城梁上，西南距海堡村战国秦长城 9 号敌台 226 米。

该敌台南倚长城而建，并与墙体相连，现存台体顶小底大，形制低矮，敌台位于底部的方形平台之上，顶部浑圆，保存状况较好，形制近似椭圆形。底部方形平台较为规整，顶部墩台保存较好，上部埋设有测绘水泥桩一座，北壁现呈阶梯状，其余三面为缓坡状，表面被青草植被覆盖。台体东侧有一条人为踩踏出的南北向小道，南北两侧各有一条田间机耕路。

敌台底部南北宽 40.8 米，顶部东西长 7.2、南北宽 7.5 米，北侧凸出墙体 13.1 米，北侧平台至台顶高 6 米，平台至壕沟底高 4 米，壕沟宽 5.7 米，台体南侧高出地表 7.2 米，高出东西两侧墙体分别为 2.8、3.5 米。东壁方向为 215°（图一三三；彩图二〇三）。

海堡村战国秦长城 9 号敌台（编码 640402352101020035；编号 YD035）

该敌台处于海堡村战国秦长城墙体西端第九段止点处，位于清河镇海堡村西北侧长城梁上，西南距明庄战国秦长城墙体 1 号敌台 237 米。

该敌台南倚长城而建，并与墙体相连，台体北侧突出部分呈半圆形，现存台体较大，顶部浑圆，

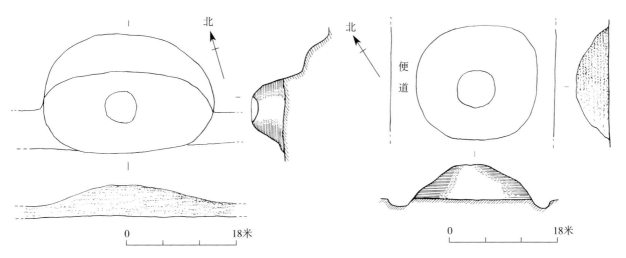

图一三一　原州区海堡村战国秦长城6号敌台平、剖面图　　图一三二　原州区海堡村战国秦长城7号敌台平、剖面图

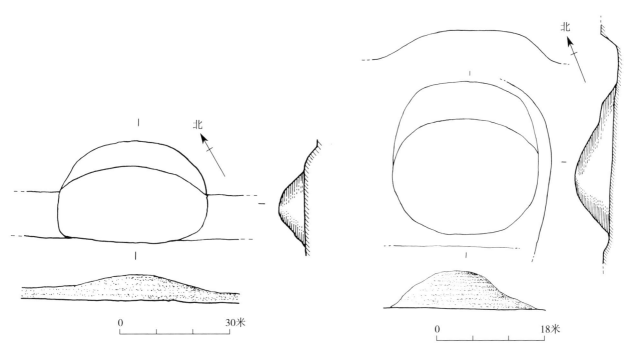

图一三三　原州区海堡村战国秦长城8号敌台平、剖面图　　图一三四　原州区海堡村战国秦长城9号敌台平、剖面图

形制近似椭圆形，保存状况一般。敌台东侧为一处自然水蚀豁口，现村道穿过公路，此处坡面由于修筑道路被铲削较直。敌台北侧平台向外突出，两角分明，其上圆形墩台坡面斜缓，台顶部较为平坦，略高于两侧墙体，两侧与墙体连接处略有损毁，台体顶部及表面长满杂草。

敌台底部东西长23.9、南北宽24.4米，顶部东西长5.7、南北宽4.4米，台体北侧高6.5米，外侧壕沟底部宽8米，台体高出南侧平地6米，高出东西两侧墙体分别为1、1.2米。夯层清晰可见，厚6.5～12厘米。东壁方向为220°（图一三四；彩图二〇四）。

（八）明庄战国秦长城墙体及敌台（编码640402382101020030；编号YQ030）

此段土墙沿清河镇海堡村北长城梁（G211点）向西南延伸，至清河镇明庄东北长城梁（G219点）截止，全长1697米。墙体处于东北高西南低的坡状山梁，高差22米。墙体用黄土夯筑而成，较为高大，外侧壕沟宽大，整体保存状况一般，其间分布 7 座敌台，墙体内侧有一处城障。按其走向特征及保存现状分为八段。此段长城明代修缮特征明显，为固原早期长城保存最为完好部分（图一三五；彩图二〇五）。

第一段，G211—G212，长 237 米。保存状况较好。此段长城墙体整体呈宽大的土垅状，顶部宽平，现为行人踩踏的一条小道，墙体南侧坡面底部较陡直，中部外鼓，北侧呈斜坡状，斜长 9.0 米左右，外侧取土壕沟保存较好，现为机耕路，其中 G212 点处为明庄 1 号敌台（YD036）。

第二段，G212—G213，长 272 米。保存状况一般。此段长城墙体顶部较宽大，宽约 1.5 米，现为人工踩踏的小道，墙体南侧坡面陡直，北侧坡面较缓，底部取土壕沟保存较好，现为乡间机耕路，墙体坡面及壕沟内均长满杂草。起点西侧处有一豁口，宽约 12 米，此处墙体断面高 7.1、底宽 16.9 米。夯层清晰可见，厚 4.5 ～ 9 厘米，豁口处现为上下相错的两条田间机耕路，西侧底部道路宽 3.0、东侧上部道路宽 2.0 米，落差 4.5 米。其中 G213 点处为明庄 2 号敌台（YD037）（彩图二〇六）。

第三段，G213—G214，长 176 米。保存状况较好。此段墙体顶部高低起伏，北侧坡面较为斜缓，两侧坡面局部有轻微滑坡迹象，外侧壕沟保存较好，底部平坦，墙体坡面及壕沟底部均被杂草覆盖，对墙体起到一定保护作用，其中 G214 点处为明庄 3 号敌台（YD038）（彩图二〇七）。

第四段，G214—G215，长 190 米。保存状况较好。此段城墙体顶部宽平，两侧坡面植被保持良好，北侧坡面外侧壕沟窄而深，G215 点处为明庄 4 号敌台（YD039）。敌台（YD039）以南 58 米处为明庄城障（YB010）（彩图二〇八）。

第五段，G215—G216，长 212 米。保存状况一般。此段长城墙体有两处豁口，均为修路人为开挖所致，其中第一处豁口宽约 10.2 米，豁口处有机耕道路横穿墙体，宽 3.5 米。第二处豁口宽 13.5 米，其间早期为机耕道路，现被废弃，改为农田，种植马铃薯，农田宽约 4.5 米，此处豁口西侧墙体断面发现有较明显的夯土墙基，宽 7.4 米。其中 G216 点处为明庄 5 号敌台（YD040）。

第六段，G216—G217，长 300 米。保存状况一般。此段长城墙体处于下坡段，中间为一豁口（彩图二〇九），其余部分墙体保存较好，南侧坡面较陡直，北侧现为缓坡，均被青草覆盖，外侧壕沟被开挖为上山道路，豁口东侧断面分版明显，夯层亦较为明显，从南向北共有 9 版，版宽分别为 1.0、1.2、1.0、0.9、0.85、1.2、0.7、0.95、0.95 米，夯层分别为 9 ～ 11、8 ～ 11、8 ～ 11、9 ～ 13、8 ～ 12、9 ～ 12、8 ～ 13、8.5 ～ 12、10.5 ～ 11 厘米，其中 G217 点处为明庄 6 号敌台（YD041）。

第七段，G217—G218，长 213 米。保存状况较好。此段墙体顶部宽平，约 1.5 米，墙体东段为上坡段，较为高大，北壁高约 13、斜坡长 21 米，南壁高 5、斜坡长 10 米，北侧外壕沟被修整为土路，局部墙体基部被铲削，该墙体有一宽约 2.5 米的水冲豁口，豁口东侧有一人为掏挖的圆形盗坑，口径 1.2、深 1.2 米，豁口东侧断面夯层厚 8 ～ 12 厘米，断面基部宽约 16.3、高 4.5 米，其中 G218 处为明庄 7 号敌台（YD042）（彩图二一〇）。

第八段，G218—G219，长 97 米。保存状况一般。此段墙体处于下坡地带，西端临近银平公路，墙顶被覆压为简易道路，墙体南侧路口醒目位置分别树立有两块标示为"自治区重点"及"全国重点"文物保护单位的长城保护碑。G219 点处于银平公路豁口的东侧。

明庄战国秦长城 1 号敌台（编码 6404023521010200036；编号 YD036）

该敌台处于明庄战国秦长城墙体东部第一段止点处，位于清河镇明庄东北侧长城梁上，西南距明庄战国秦长城 2 号敌台 270 米。

该敌台南倚长城而建，并与墙体相连，台体北侧突出部分呈半圆形。现存台体高大，顶小底大，形制近似椭圆形，保存状况一般。敌台东西两侧连接墙体，坐落于底部的方形平台之上，平台两角突出，

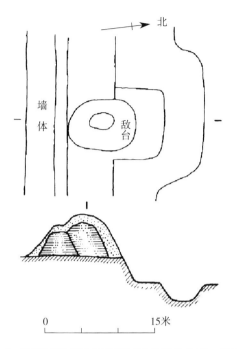 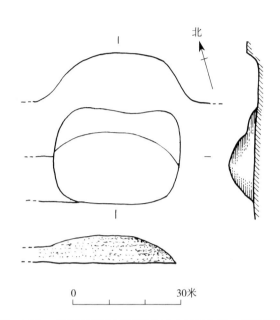

图一三五　原州区明庄战国秦长城墙体及敌台平、剖面图　　图一三六　原州区明庄战国秦长城 1 号敌台平、剖面图

中部略向内凹，平台之上为圆形墩台，四周坡面较缓，长满杂草，北侧有轻微滑坡现象，台体顶部略高于两侧墙体，东西两侧由于早期取土形成凹坑，坑壁内部夯层清晰可见。

敌台底部东西长 35.6 米，顶部东西长 4.7、南北宽 3.7 米，北侧突出墙体 13 米，北侧底部方形平台中部向北凹进 1 米左右，台体北侧平台至台顶高 4.1、平台至壕沟底部高 3.3 米，壕沟宽约 9.6 米，台体南侧高出地表 6.9 米，高出墙体 3.8 米，顶部西侧铲削断面处夯层厚 7～11 厘米。东壁方向 226°（图一三六；彩图二一一）。

明庄战国秦长城 2 号敌台（编码 6404023521010200037；编号 YD037）

该敌台处于明庄战国秦长城墙体东部第二段止点处，位于清河镇明庄东北侧长城梁上，西南距明庄战国秦长城 3 号敌台 179 米。

该敌台南倚长城而建，并与墙体相连，台体北侧突出部分呈半圆形，现存台体高大，底部略平，形制略呈椭圆形，保存状况一般。敌台坐落于底部的方形平台之上，平台外侧两角突出明显，外侧取土壕沟较为明显，台体四周壁面由于水冲现均呈缓坡状，东侧有一处较宽豁口，台体西侧因取土形成较大凹坑，台体顶部亦有一早期取土形成的凹坑，东侧有人为掏挖的方坑一处，对台体破坏较大，南侧残存一线脊顶，暴露夯层明显，台体顶部及表面长满杂草。

敌台底部东西长 37.1 米，顶部东西长 7、南北宽 6.8 米，突出墙体 11.3 米，北侧平台至台顶高 5.2 米，平台至壕沟底高 3 米，台顶高出墙体 2.6 米左右，顶部方坑东西宽 1、南北宽 2.3、深约 0.6 米。东壁方向 220°（图一三七；彩图二一二）。

明庄战国秦长城 3 号敌台（编码 6404023521010200038；编号 YD038）

该敌台处于明庄战国秦长城墙体东部第三段止点处，位于清河镇明庄东北侧长城梁上，西南距明庄战国秦长城 4 号敌台 192 米。

该敌台南倚长城而建，并与墙体相连，台体北侧突出部分呈半圆形，现存台体高大，顶部浑圆，形制近似椭圆形，保存状况一般。台体坐落于底部的方形平台之上，外侧两角突出明显，外侧取土壕

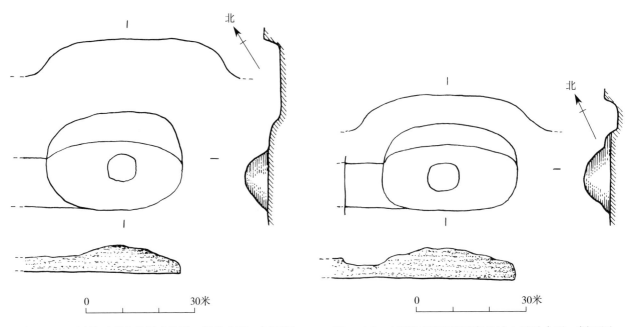

图一三七　原州区明庄战国秦长城2号敌台平、剖面图　　图一三八　原州区明庄战国秦长城3号敌台平、剖面图

沟保存较好。周围坡面较缓，北侧底部坡面较为陡直，长满杂草，顶部北侧略为斜缓。南侧由于早期掏挖形成一凹坑，外侧为大片农田，台体顶部略高出两侧墙体，台体西侧与墙体连接处为一水冲豁口。台体表面杂草丛生。

敌台底部东西长37.2米，顶部东西长8.3、南北宽7.9米，北侧底部凸出墙体11米，北侧平台至台顶高5.2米，平台至壕沟底高4米，外侧壕沟宽约5米，敌台高出东、西两侧墙体分别为3.1、4米，顶部南侧凹坑东西长5、南北宽4.4、深约1米，台体西侧豁口宽约11米。东壁方向222°（图一三八；彩图二一三）。

明庄战国秦长城4号敌台（编码6404023521010202039；编号YD039）

该敌台处于明庄战国秦长城墙体中部第四段止点处，位于清河镇明庄东北侧长城梁上，西南距明庄战国秦长城5号敌台207米。

该敌台南倚长城而建，东西两侧与墙体相连，台体北侧突出部分呈半圆形，现存台体低矮宽大，形制近似椭圆形，保存状况一般。敌台整体坐落于方形平台之上，平台较宽大，北侧坡面上有一条小道直通台顶。顶部墩台四面较缓，长满杂草，有人为掏挖的凹坑一处，西侧坡面残缺凹凸，西南壁有铲削痕迹，此处夯层明显。台体顶部散落少量绳纹瓦片。台体顶部及表面均被青草覆盖。北侧壕沟呈半圆形环绕台体。

敌台底部东西长33.1米，顶部东西长6.7、南北宽7.6米，北侧底部凸出墙体11米，北侧平台至台顶高4.3米，平台至壕沟底高5米，台体高出南侧外平地5.5米，顶部凹坑东西长5、南北宽7.6、深约1米。东壁方向220°（图一三九；彩图二一四）。

明庄战国秦长城5号敌台（编码6404023521010202040；编号YD040）

该敌台处于明庄战国秦长城墙体中部第五段止点处，位于清河镇明庄东北侧长城梁上，西南距明庄战国秦长城6号敌台302米。

该敌台南倚长城而建，并与墙体相连，台体北侧突出部分呈半圆形，现存台体低矮宽大，顶部凹凸不平，形制近似椭圆形，东西两侧连接墙体，保存状况一般。台体凸出墙体北侧，坐落于底部的方

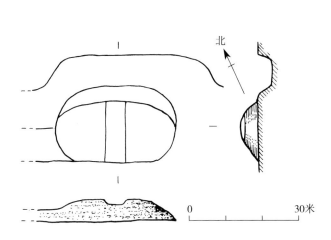 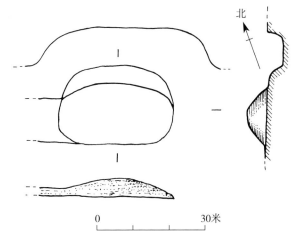

图一三九　原州区明庄战国秦长城 4 号敌台平、剖面图　　　图一四〇　原州区明庄战国秦长城 5 号敌台平、剖面图

形平台之上。平台两角已被毁，外侧壕沟现为乡村机耕路。上部墩台坡面较为陡直，顶部有早期人为掏挖的大土坑，南侧坡面亦有几处小盗坑，台体表面长满杂草。台体南侧下现为农田，种植胡麻。

敌台底部东西长 31.5 米，顶部东西长 5.2、南北宽 2 米，北侧底部凸出墙体 9.1 米，北侧平台至台顶高 5 米，平台至壕沟底高 4.5 米，南侧高出外侧平地 4.5 米，台顶北侧土坑东西长 7.2、南北宽 5.8、深约 1.3 米。东壁方向 237°（图一四〇；彩图二一五）。

明庄战国秦长城 6 号敌台（编码 6404023521010 20041；编号 YD041）

该敌台处于明庄战国秦长城墙体西部第六段止点处，位于清河镇明庄东北侧长城梁上，西南距明庄战国秦长城 7 号敌台 210 米。

该敌台南倚长城而建，并与墙体相连，台体北侧突出部分呈半圆形，现存台体低矮宽大，顶部凹凸不平，形制近似椭圆形，保存状况较好。敌台东西两侧连接墙体，凸出墙体北侧。台体坐落于底部的方形平台之上，平台外侧两角分明。台面平坦宽大，外侧壕沟保存较好。上部墩台稍高于两侧墙体，顶部东西两侧各有一处小凹坑。北侧坡面较陡，顶部被掏挖成凹底平台，南侧坡面较为陡直，外侧底部因修整农田被铲削较直。台体表面被杂草覆盖。

敌台底部东西长 48.4 米，顶部东西长 6、南北宽 6.3 米，北侧底部凸出墙体 12.4 米，北侧平台至台顶高 6.2 米，平台至壕沟底高 4.5 米，顶部高出南侧地表 5 米，南侧被铲削部分高 1.2 米。东壁方向 235°（图一四一；彩图二一六）。

明庄战国秦长城 7 号敌台（编码 6404023521010 20042；编号 YD042）

该敌台处于明庄战国秦长城墙体西部第七段止点处，位于清河镇明庄东北侧长城梁上，西南距长城村战国秦长城 1 号敌台 218.8 米。

该敌台南倚长城而建，并与墙体相连，地势险要，视野开阔，形制略呈圆形，保存状况一般。敌台东西两侧连接墙体，坐落于底部方形平台之上。平台较为低矮、浑圆，西北角已不甚明显。西北侧有人为

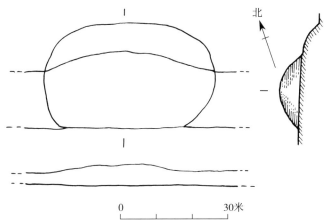

图一四一　原州区明庄战国秦长城 6 号敌台平、剖面图

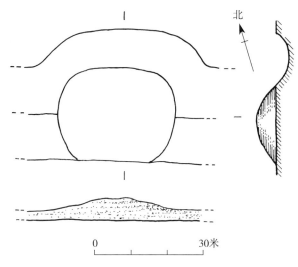

图一四二　原州区明庄战国秦长城 7 号敌台平、剖面图

掘挖的土坑一处。北侧坡面较缓，外侧为田间机耕路。南侧较为陡直，外为平地。台体表面长满杂草。

敌台底部东西长 32.2 米，顶部东西长 3.5、南北宽 4.2 米，北侧底部凸出墙体 13.2 米，北侧坡面高 7.2 米，外侧道路宽约 5 米，台体高出南侧平地 5.3 米，高出东、西两侧墙体分别为 3、3.4 米。东壁方向 237°（图一四二；彩图二一七）。

（九）长城村战国秦长城墙体及敌台（编码 640402382101030031；编号 YQ031）

此段土墙自清河镇明庄村二组东北侧"长城梁"（G219 点）开始，由东北向西南顺地势跃下，沿南塬塬地西北边缘延伸，至清河镇长城村一组北侧南塬塬畔（G228 点）截止，全长 1701 米。地势较平缓，墙体高大，用黄土夯筑而成，外侧壕沟大部尚存，局部因水淤或人为取土挖毁，此段墙体间分布有 9 座敌台，南侧有城障一座。其间自东向西分别被银平公路、银福高速公路、309 国道三条进出固原市的重要公路穿越，整体保存状况一般。按其走向特征及保存现状分为九段。

第一段，G219—G220，长 113 米。保存状况一般。此段墙体东端为银平公路破坏，豁口宽 21.8 米（彩图二一八），断面斜直，夯层清晰，北侧明代堆筑加高加宽修缮痕迹明显，外侧壕沟淤平，现为耕地。早期长城墙体断面基宽 11.2、高 4.7 米。夯层厚 9.5 ～ 11.5 厘米，明代修缮部分基宽 4.7、外高 2.5、顶部 0.5 米（图一四三）。公路豁口以西墙体呈土垅状，南侧因农民修整田地而坡面较陡，北侧坡面较缓，局部曾经被开垦，现弃耕，墙体残高 2 米左右，外侧壕沟大部分被淤平，现为林带或农田。其中 G220 点处为长城村 1 号敌台（YD043）。

第二段，G220—G221，长 213 米。保存状况较好。此段墙体保存连续，东段相对较矮，西段较高，墙体整体呈土垅状，南侧坡面较陡直，北侧坡面较平缓，有轻微滑坡现象，底部壕沟东段因耕种沟壁被毁，

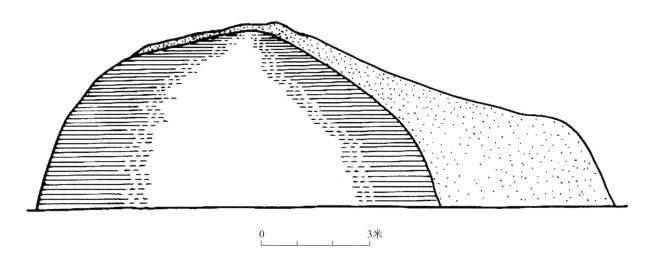

图一四三　原州区银平公路西侧墙体断面图

西段则保存较好，墙体上长满杂草。其中 G221 点处为长城村 2 号敌台（YD044）。

第三段，G221—G222，长 183 米。保存状况一般。此段墙体中部为银川～福州高速公路穿越长城豁口，此处地势相对低洼，原有较小自然水冲豁口及便道，修建高速路时拓宽利用。豁口现宽 63 米，豁口两侧断面用青砖砌护墙体，并镶嵌有石碑，东侧断面中碑文"长城豁口加固记"，介绍长城历史，记述加固维修情况，西侧碑文记述加固单位、时间等。高速路西侧墙体保存较好，墙顶呈脊状，有一条人工踩踏的小道，两侧坡面均长满杂草。其中 G222 点处为长城村 3 号敌台（YD045）。

第四段，G222—G223，长 178 米。保存状况较好。此段墙体整体连续，顶部呈土垅状，南侧壁面因修整农田被铲削较直，北侧现为缓坡，外侧壕沟保存较好，现为耕地，墙体顶部人工栽植有松树、榆树等低矮小树，表面长满杂草。其中 G223 点处为长城村 4 号敌台（YD046）（彩图二一九）。

第五段，G223—G224，长 194 米。保存状况一般。此段墙体西端敌台 YD047 东侧有一豁口（彩图二二〇），宽 23.6 米，其间为机耕路，此处墙体断面高 8.5、基宽 28.7 米。附近有机砖厂，豁口东南侧为大片的取土场，取土断面高 3 ～ 4 米，距墙体仅 5 ～ 6 米，导致此段墙体有坍塌危险。其余段墙体连续，北侧坡面较缓，有大量农民掏挖白刺根作草药留下的小土坑，南侧墙体坡面栽有零星的小榆树。其中 G224 点处为长城村 5 号敌台（YD047）。

第六段，G224—G225，长 191 米。保存状况较好。此段墙体呈土垅状，南侧坡面底部因修田被铲削较直，底部靠近墙体有零星现代坟地，北侧为斜坡，外侧壕沟现为乡间机耕路，壕沟北侧壁面遭取土破坏，壕沟形制已毁。墙体顶部有早年因植树掏挖的梯田状育林带，现仅存活少数小树苗。其中 G225 点为长城村 6 号敌台（YD048），此段墙体内侧为长城村城障（YB011）（彩图二二一）。

第七段，G225—G226，长 210 米。保存状况一般。此段墙体顶部及北侧挖有育林带，壕沟因取土被毁，南侧坡面底部因修田被铲削较直，墙体两侧坡面均长满杂草。敌台 YD049 东侧为 309 国道豁口（彩图二二二），公路豁口宽约 63 米，路宽 8 米，路面两边排水沟口宽 1.6 米。东侧墙体断面底宽约 5.5、顶宽 1.6 米，高 1.7 米。夯层厚 5 ～ 9 厘米。其中 G226 点处为长城村 7 号敌台（YD049）。

第八段，G226—G227，长 222 米。保存状况一般。此段墙体有两处豁口，敌台 YD049 西侧 40 米处有一处因自然坍塌而导致墙体消失的豁口，宽约 20 米，西侧 98 米处豁口宽约 9.4 米，现为乡间机耕路，其余段墙体呈连续的土包状，两侧因垦种壁面而凹凸不平。其中 G227 点处为长城村 8 号敌台（YD050）。

第九段，G227—G228，长 197 米。保存状况较好。此段墙体连续完整，外侧壕沟保存较好，墙体南侧因耕种铲削而参差不齐，北侧坡面较为斜缓，墙体坡面长满杂草，墙体外侧坡面有通讯水泥电杆。其中 G228 点处为长城村 9 号敌台（YD051）（彩图二二三）。

长城村战国秦长城 1 号敌台（编码 6404023521010202043；编号 YD043）

该敌台处于长城村战国秦长城墙体东北部第一段止点处，位于清河镇长城村一组北侧长城梁西南麓山坡上，西南距长城村战国秦长城 2 号敌台 210 米。

该敌台南倚长城而建，并与墙体相连，轮廓清晰，形体低矮，形制近似椭圆形，东西两侧连接墙体，保存状况差。敌台坐落于底部的方形平台之上，平台被开垦破坏，大部分无存。顶部圆形墩台高出两侧墙体，台顶轻微滑坡，形成一处凹坑。敌台北侧坡面因垦田形成三级阶梯状，由下往上依次为农田、废弃耕地、草皮坡地。南侧坡面较为陡直。台体四周长满杂草。

敌台底部东西长 8.2 米，顶部东西长 4、南北宽 3 米，北侧呈三级梯状，从顶至底依次高 2.4、2.4 米，台体高出南侧外平地 3.8 米，高出东、西两侧墙体分别为 2.5、1.5 米。东壁方向 235°（图一四四；彩图二二四）。

长城村战国秦长城 2 号敌台（编码 6404023521010202044；编号 YD044）

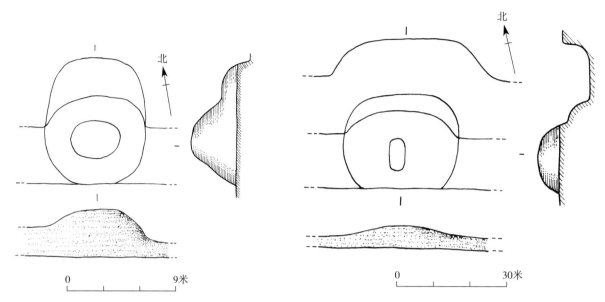

图一四四　原州区长城村战国秦长城 1 号敌台平、剖面图　　图一四五　原州区长城村战国秦长城 2 号敌台平、剖面图

该敌台处于长城村战国秦长城墙体东北部第二段止点处，位于清河镇长城村一组长城梁西南麓山坡一处小土丘上，西南距长城村战国秦长城 3 号敌台 184 米。

该敌台南倚长城而建，并与墙体相连，现存台体低矮宽大，形制近似圆丘形，东西两侧连接墙体，东侧为上坡段，西侧为下坡段，保存状况一般。敌台坐落于方形平台之上，平台北侧底部被铲削较直，中部略向内凹，两角保存较好。坡面下部曾被开垦为耕地，现已弃耕。上部圆形墩台保存较好，北侧坡面较为陡峭，有几处人为掏挖的凹坑。顶部较为平整，埋设有测绘水泥基桩一座。南侧坡面较为陡直，长满杂草，外侧耕地，种植胡麻。

敌台底部东西长 30.4 米，顶部东西长 4.3、南北宽 8 米，北侧底部凸出墙体 12.7 米，北侧平台呈缓坡，下部为直壁，从平台至台顶高 8 米，平台至沟底高 6 米。外侧壕沟宽 11.5 米，台体高出南侧外平地 6.2 米。东壁方向 235°（图一四五；彩图二二五）。

长城村战国秦长城 3 号敌台（编码 6404023521010200 45；编号 YD045）

该敌台处于长城村战国秦长城墙体东北部第三段止点处，位于清河镇长城村一组北侧低矮山坡上，西南距长城村战国秦长城 4 号敌台 165 米。

该敌台南倚长城而建，并与墙体相连，现存台体低矮宽大，形制近似椭圆形，东西两侧连接墙体，东侧呈坡状地势，西侧较平，保存状况一般。敌台北侧底部方形平台两角突出，底部壁面较直。外侧壕沟向外弧扩，沟内现为耕地。上部圆形墩台北侧坡面掏挖有一处较大凹坑。台体顶部较为平坦，南侧坡面较为陡直，外侧为西高东低的大片梯田。

敌台顶部东西长 4.5、南北宽 10 米，底部北侧平台东西长 40.9 米，北侧平台凸出墙体 10.5 米，北侧台顶高出墙体 1.5 米，至平台 3.6 米，平台至沟底 4 米。外侧壕沟宽约 13 米，台体高出南侧平地 7.5 米，顶部北侧凹坑东西长 5.2、南北宽 5.6 米。东壁方向 232°（图一四六；彩图二二六）。

长城村战国秦长城 4 号敌台（编码 6404023521010200 46；编号 YD046）

该敌台处于长城村战国秦长城墙体中部第四段止点处，位于清河镇长城村一组北侧山坡上，西南距长城村战国秦长城 5 号敌台 175 米。

该敌台南倚长城而建，并与墙体相连，因水土流失严重，现存台体顶小底大，形制呈不规则形，

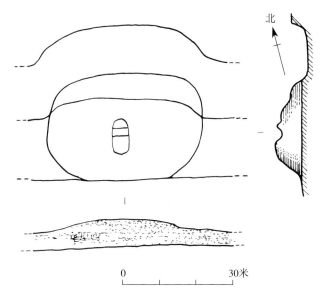

图一四六　原州区长城村战国秦长城 3 号敌台平、剖面图

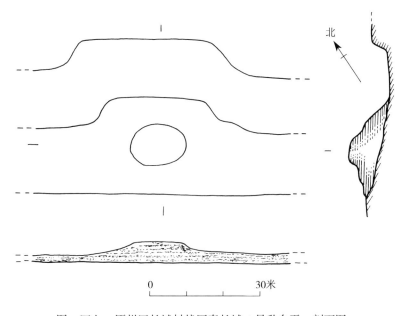

图一四七　原州区长城村战国秦长城 4 号敌台平、剖面图

东西两侧连接墙体，保存状况一般。底部方形平台两侧拐角较直，保存较好，外侧取土壕沟保存较好，现为耕地。上部墩台东北角呈弧形，北侧坡面较缓，南侧坡面较为陡直，外侧为大片农田。台体顶部呈尖顶状，表面长满杂草。

敌台北侧底部平台东西长 32.5 米，凸出墙体 5 米，台体高出南侧外平地 4.2 米，北侧高出平台 7.2 米，平台高出沟底 4 米，外侧壕沟宽 13.8 米。东壁方向 232°（图一四七；彩图二二七）。

长城村战国秦长城 5 号敌台（编码 640402352101020047；编号 YD047）

该敌台处于长城村战国秦长城墙体中部第五段止点处，位于清河镇长城村一组北侧平地上，西南距长城村战国秦长城 6 号敌台 215 米。

该敌台南倚长城而建，并与墙体相连，现存台体低矮宽大，形制破坏呈不规则形，东西两侧连接墙体，东侧现为豁口，保存状况一般。敌台坐落于底部的方形平台之上，平台东北角由于滑坡，损毁较为严重，仅西北角残存较好。四周壁面现均呈缓坡状，长满杂草，坡面散落少量绳纹瓦片。台体顶部呈南北向长条形，略高出东西两侧墙体，南侧坡面暴露夯层，外侧为农田。台体底部因修整农田被铲削较直。

敌台底部平台西侧突出墙体6.9米，顶部南北宽10.1米，北侧底部平台东西长14、南北宽14.2米，台体顶部高出北侧外壕沟底约8米，高出南侧外平地5.3米。南侧坡面夯层厚8～10.5厘米，东壁方向233°（图一四八；彩图二二八）。

长城村战国秦长城6号敌台（编码6404023521010201020048；编号YD048）

该敌台处于长城村战国秦长城墙体西南部第六段止点处，位于清河镇长城村一组北侧南塬塬畔平地上，西南距长城村战国秦长城7号敌台213米。

该敌台南倚长城而建，并与墙体相连，因水土流失及耕地破坏，形制呈不规则形，保存状况一般。敌台坐落于底部的方形平台之上，平台两角被毁较严重，中部略向内凹，壁面因轻微滑坡，现呈斜坡状。顶部墩台北侧坡面被掏毁成大陷坑，顶部有育林带及掏挖的栽树坑，南侧有一处小窑洞，洞内暴露夯层较明显。敌台顶部及四周坡面均长满杂草。

敌台顶部东西长5、南北宽6米，顶部凹坑南北宽6、东西长7.6米，北侧坡面外侧平台痕迹明显，北侧底部平台东西长35.4、南北突出墙体7米，平台至台顶高2.6米，平台至沟底高6.4米，台体高出南侧外平地4.8米，南侧坡面顶部窑洞口宽1.5、高1.2、进深1.6米，洞内夯层厚7～9厘米。东壁方向237°（图一四九；彩图二二九）。

长城村战国秦长城7号敌台（编码6404023521010201020049；编号YD049）

该敌台处于长城村战国秦长城墙体西南部第七段止点处，位于清河镇长城村一组北侧南塬塬畔平地上，西南距长城村战国秦长城8号敌台222米。

该敌台南倚长城而建，并与墙体相连，现存台体低矮宽大，形制略呈圆形，东西两侧连接墙体，保存状况差。台体东侧为309国道公路豁口，底部方形平台已无存。北侧底部现呈半圆形，外侧壕沟为耕地，种植马铃薯。沟底南侧被铲削较直，上部墩台呈圆形，四周均为斜坡面。顶部挖有一凹坑，

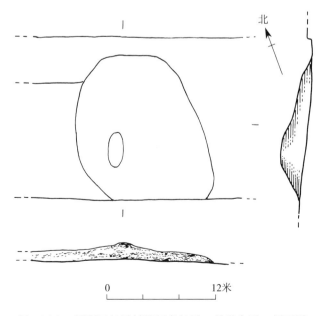

0　　　　　　　　　12米

图一四八　原州区长城村战国秦长城5号敌台平、剖面图

旁边埋设有测绘水泥基桩一座。南侧坡面较为陡直，夯层清晰可见，外侧为耕地。北侧呈缓坡状。

敌台底部南北宽21米，顶部东西长2.2、南北宽1.5米，北侧高7.7米，底部被铲削较直处高2米，台体高出南侧外平地5.5米，南侧坡面夯层厚4.5～9厘米。敌台东侧断面高5米，东壁方向213°（图一五〇；彩图二三〇）。

长城村战国秦长城8号敌台（编码640402352101020050；编号YD050）

该敌台处于长城村战国秦长城墙体西南部第八段止点处，位于清河镇长城村一组北侧南塬塬畔平地上，西南距长城村战国秦长城9号敌台197米。

该敌台南倚长城而建，并与墙体相连，现存台体低矮宽大，顶部浑圆，形制近似椭圆形，东西两

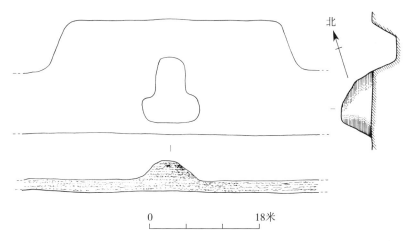

图一四九　原州区长城村战国秦长城6号敌台平、剖面图

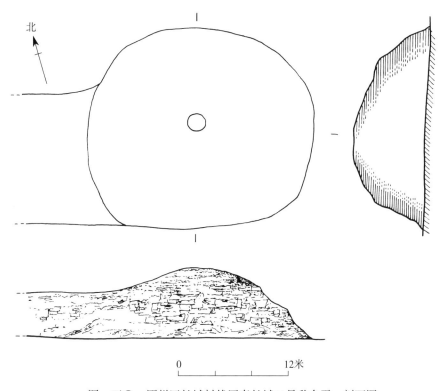

图一五〇　原州区长城村战国秦长城7号敌台平、剖面图

侧连接墙体，保存状况较好。敌台坐落于底部方形平台上，平台西北角保存完整，东北角因开垦农田被铲削，现呈半圆形。北侧底部被铲削较直，外侧壕沟保存较好，向北弧扩，现种植马铃薯。顶部墩台坡面较为斜缓，台顶较平整，有一些人为掏挖的植树坑。南侧有一处坍塌的小窑洞，外侧坡面较陡。台体顶部及四周长满杂草。

敌台底部东西长 51 米，顶部东西长 3.7、南北宽 4.2 米，北侧底部突出墙体 7.4 米，北侧呈缓坡状，高 9.9 米，外侧壕沟宽约 14.4 米，台体高出南侧外平地 5 米，高出东、西两侧墙体分别为 3.4、3.3 米，台体南侧小窑洞口宽 1、高 0.9、进深 2.9 米。东壁方向 235°（图一五一；彩图二三一）。

长城村战国秦长城 9 号敌台（编码 640402352101020051；编号 YD051）

该敌台处于长城村战国秦长城墙体西南端第九段止点处，位于清河镇长城村一组北侧南塬塬畔平地上，位于长城墙体的拐点处，西南距阎家庄村战国秦长城 1 号敌台 238 米。

该敌台南倚长城而建，东端与墙体相连。台体顶部与墙顶相平，形制近似椭圆形，整体保存状况较差。敌台底部西北角被铲削严重，现呈弧形。台体南北两侧现为耕地，种植糜子。外侧呈半圆形壕沟外侧被开垦为缓坡耕地，外侧临陡峭山坡，下为西海子古河道。台体四周坡面较陡直，长满杂草。敌台掏挖有小土坑。

敌台顶部东西长 5、南北宽 4 米，北侧呈两级梯状，从台顶至壕沟口高 5、壕沟深 2.5 米。台体高出南侧平地 3 米。东壁方向 236°（图一五二；彩图二三二）。

（十）阎家庄战国秦长城墙体及敌台（编码 6404023821010200032；编号 YQ032）

此段长城自清河镇长城村一组北侧南塬塬畔平地上（G228 点）开始，沿原州区南塬长城村西北边缘由东北向西南延伸，至清河镇阎家庄自然村西北侧塬畔（G234 点）截止，全长 793 米。其间地势较平缓，墙体高大，临近陡峭塬畔地带，墙体外侧无壕沟，整体保存状况一般，其间分布 3 座敌台。南侧有城障（YB016）1 座，宋代内线长城逐渐与其接近并线。按其走向特征及保存现状分为六段。

第一段，G228—G229，长 30 米。墙体消失。此段为一处水冲豁口，豁口内长满杂草。

第二段，G229—G230，长 201 米。保存状况一般。此段墙体整体连续，南侧被铲削坍塌少部，北

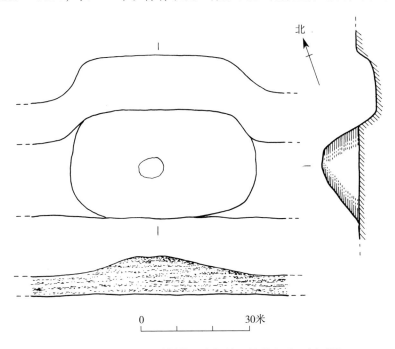

图一五一　原州区长城村战国秦长城 8 号敌台平、剖面图

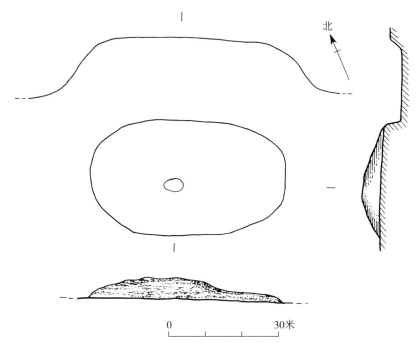

图一五二　原州区长城村战国秦长城 9 号敌台平、剖面图

侧坡面因轻微滑坡而参差不齐，外侧壕沟平田整地沟壁被破坏，现呈寰底状，墙体内侧有两处人工掏挖的小窑洞。外侧临近塬畔，断面高约 20 米，塬畔下为下庙湾村。其中 G230 点处为阎家庄村 1 号敌台（YD052）（彩图二三三）。

　　第三段，G230—G231，长 31 米。消失。此段墙体因当地居民近年取土而被人为挖断，现为豁口。深 10 米。

　　第四段，G231—G232，长 165 米。保存状况一般。此段墙体向内偏移，距离塬畔稍远，外侧有壕沟，沟底为耕地。内侧因农民耕田被铲削呈峭壁状，坍塌现象普遍存在，夯层裸露，厚 8 ～ 12 厘米，墙体顶部被挖成凹槽状的平台，墙体内高 1 ～ 2.5、外高 5 米，顶宽 1.5、底宽 16.3 米。北侧斜坡上开挖有育林带，其中 G232 点处为阎家庄村 2 号敌台（YD053）（彩图二三四）。

　　第五段，G232—G233，长 206 米。保存状况较好。此段墙体整体连续，内侧虽因耕田而被铲削，但损毁不严重。墙顶部宽平，外侧坡面略有轻微滑坡，外侧壕沟保存较完整，沟底为耕地。其中 G233 点处为阎家庄村 3 号敌台（YD054）（彩图二三五）。

　　第六段，G233—G234，长 160 米。保存状况一般。此段墙体呈连续状，内侧因耕田而被铲削，墙顶部宽平，外侧坡面略有轻微滑坡，外侧壕沟保存较完整，沟底为耕地。G234 点处临近塬畔，墙体地面部分已消失，仅存外侧取土的平台，此处地势略凹，内侧阎家庄城障（YB016）。

阎家庄战国秦长城 1 号敌台（编码 640402352101020052；编号 YD052）

　　该敌台处于阎家庄战国秦长城墙体东北部第二段止点处，位于清河镇长城行政村阎家庄自然村西北侧南塬塬畔上，西南距阎家庄村战国秦长城 2 号敌台 195 米。

　　该敌台北倚长城而建，东端连接墙体，北侧凸出墙体，呈半圆形堆积，台体形制近似圆形，保存状况差。台体顶部现呈土丘状，有几处小土坑。东侧坡面因坍塌较为陡直，西侧有一较宽水毁冲沟，中上部断面夯层明显。南侧较为陡峭，表面有较多的水冲凹槽和风蚀凹坑，底部为乡间机耕路。顶部及周边长满杂草。

敌台顶部东西长 3.3、南北宽 4.5 米，东侧高出墙体 3.1、南侧高出外侧平地 4.2、西侧高出外侧机耕路 15、北侧高 11 米，敌台东侧沟口宽约 16.9 米。东壁方向 204°（图一五三；彩图二三六）。

阎家庄战国秦长城 2 号敌台（编码 640402352101020053；编号 YD053）

该敌台处于阎家庄战国秦长城墙体中部第四段止点处，位于清河镇长城行政村阎家庄自然村西北侧南塬塬畔上，西南距阎家庄村战国秦长城 3 号敌台 247 米。

该敌台北倚长城而建，并与墙体相连，南侧突出部分呈半圆形，台体顶部浑圆，形制较为高大。现存台体形制略呈椭圆形，保存状况一般。台体顶部浑圆，略高出墙体。敌台坐落于方形平台之上，两角被铲削成弧状，北侧坡面现呈斜坡状，外侧半圆形壕沟底部平整，保存较好，南侧坡面较为陡直，底部因修整田地被铲削、破坏，现呈半弧形断面，敌台南侧耕地种植马铃薯，台体表面长满杂草。

敌台底部东西长 28 米，顶部东西长 5、南北宽 4.1 米，南侧高 2.3 米，北侧台顶距沟底 7.7 米，壕沟宽 19 米。东壁方向 205°（图一五四；彩图二三七）。

阎家庄战国秦长城 3 号敌台（编码 640402352101020054；编号 YD054）

该敌台处于阎家庄战国秦长城墙体西南部第五段止点处，位于清河镇长城行政村阎家庄自然村西北侧南塬塬畔上，西南距苦井村战国秦长城 1 号敌台 245 米。

该敌台南倚长城而建，并与墙体相连，台体北侧突出部分呈半圆形，台顶略平，形制较为高大，平面略呈椭圆形，保存状况较好。该敌台底部坐落于方形平台之上，平台两角凸出，底部被铲削较直。北侧坡面现呈缓坡状，底部壕沟较为平整，保存较好，沟底现为耕地，种植荞麦和马铃薯。南侧坡面较为陡直，底部被开垦为大片农田。敌台顶部高出东、西两侧墙体，有两处人工掏挖的小凹坑。敌台顶部及四周长满杂草。

敌台底部东西长 37 米，顶部东西长 5.0、南北宽 3.1 米，西侧凸出墙体 7.4 米，北侧距沟底 9.7 米，南侧高出外平地 5.2 米。壕沟宽约 13.5 米，台体高出东、西两侧墙体分别为 3.8、2 米，东壁方向 218°（图一五五；彩图二三八）。

（十一）苦井村战国秦长城墙体及敌台（编码 640402382101020033；编号 YQ033）

此段土墙自清河镇阎家庄自然村西北侧南塬西北边缘由东北向西南延伸（G234 点），至中河乡苦井自然村西南（G240 点）截止，全长 1110 米。其间地势东北高西南低，墙体外侧为陡峭的黄土崖面，

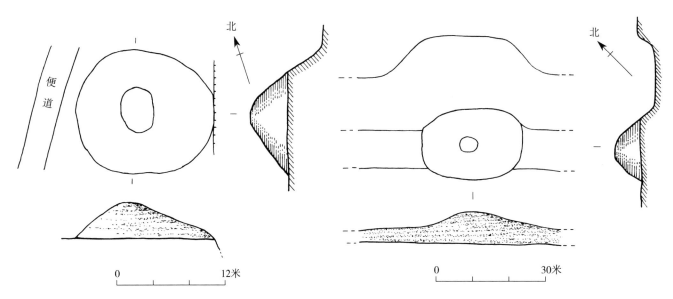

图一五三　原州区阎家庄战国秦长城 1 号敌台平、剖面图　　　图一五四　原州区阎家庄战国秦长城 2 号敌台平、剖面图

因坍塌及耕种、居民建房取土等破坏，墙体保留痕迹较少，整体保存状况差。起点处紧临墙体内侧有一座城障，在其东南距长城 700 余米的阎家庄南塬上分布有一座较大的汉代城址，宋代内线长城逐渐与其接近并线。墙体沿线分布 2 座敌台，按其走向特征及保存现状分为六段。

第一段，G234—G235，长 84 米。保存状况差。此段墙体因临近塬畔，水土流失严重，地面夯土部分大都已坍塌消失。其中 G235 点处为苦井村 1 号敌台（YD055）（彩图二三九）。

第二段，G235—G236，长 272 米。保存状况较差。此段墙体大部被修整为梯田，墙体沿线地表多呈土垄状堆积，表面散布较多的绳纹瓦片等遗物（彩图二四○），地坎上发现有夯层等墙体遗迹。止点处为西气东输二线工程管线穿越长城处。

第三段，G236—G237，长 151 米。保存状况差。此段地表无墙体，塬边台地已被修整为梯田，地坎断面有夯土迹象，出露夯土 5～10 层，夯层厚 8～10 厘米。地坎上部有夯土块及绳纹瓦片等遗物，G237 点为地坎消失处。

第四段，G237—G238，长 289 米。保存状况差。此段墙体沿线多为梯田耕地及居民院落，夯土墙体痕迹大部已消失，G238 点处有一道墙体残迹，现呈平台状，高出地表 0.1～0.3、宽 1 米，其南北两侧、西侧有居民建房时铲挖形成的不规则平台，出露部分可见夯层，夯层厚 9～11 厘米。其中夹杂残碎瓦片及石块。

第五段，G238—G239，长 92 米。消失。此段地势低洼，其间墙体消失无痕，中部东西向固将公路横穿而过，公路宽 7 米。路南塬畔 70 米处有一民国时期修建的土堡，残存约 25 平方米，围墙基宽 1.5、高 4 米。

第六段，G239—G240，长 222 米。保存状况差。此段墙体沿线被村落、果园侵占，地表无明显的墙体痕迹，仅局部断面有夯层出露。G240 点处为苦井村 2 号敌台（YD056）（图一三○；彩图二四一）。

苦井村战国秦长城 1 号敌台（编码 6404023521010200 55；编号 YD055）

该敌台处于苦井村战国秦长城墙体东北部第一段止点处，位于清河镇长城村苦井自然村东北南塬塬畔上，西南距苦井村战国秦长城 2 号敌台 902 米。

该敌台倚长城而建，并与墙体相连，现存台体较大，顶部浑圆，因水土流失导致台体坍塌呈坡状堆积，现存台体平面呈半圆形，保存状况差。台体顶部略平坦，西侧有多处水冲沟。北侧坡面较缓，底部较平整，现为耕地，种植荞麦。南侧壁面较陡峭，外侧为大片开挖的耕地。敌台东、西两端墙体因被耕地破坏无存，台体顶部及坡面均长满杂草，四周地表绳纹瓦片等遗物较多。

敌台顶部东西长 5、南北宽 3.3 米，台体北侧高 5、南侧高出平地 3.7 米。东壁方向 220°（图一五六；彩图二四二）。

苦井村战国秦长城 2 号敌台（编码 6404023521010200 56；编号 YD056）

该敌台处于苦井村战国秦长城墙体西南端第六段止点处，位于清河镇长城村苦井自然村西南南塬塬畔上，西南距苦井村宋代内线长城敌台 110 米。

该敌台倚长城而建，东西两端墙体已消失，台体顶部破坏较严重，现存台体形制近似方形，保存状况较差。顶部较为平坦，埋设有测绘水泥基桩一座。台体南北两壁因耕种铲削痕迹较为明显，壁面陡直现整体呈方台状。东南侧有少量堆土，呈斜坡状堆积，尚有一条人工踩踏的小道。台体四壁暴露夯层较为明显，夯层内夹杂有少许石子，台顶及周边布满杂草。

敌台底部东西长 7 米，顶部东西长 5、南北宽 4.4 米，敌台北侧高 2.1、南侧高出平地 1.4 米，南侧壁面夯层明显，厚度 7～13 厘米。东壁方向 210°（图一五七；彩图二四三）。

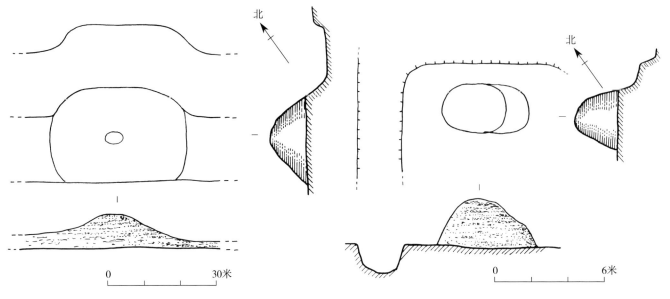

图一五五　原州区阎家庄战国秦长城 3 号敌台平、剖面图　　　　图一五六　原州区苦井村战国秦长城 1 号敌台平、剖面图

（十二）油坊村战国秦长城墙体及敌台（编码 640402382101020034；编号 YQ034）

此段土墙自中河乡苦井自然村西南（G240点）开始，南塬西北边缘由东北向西南延伸，至中河乡油坊村西（G245 点）截止，全长 2101米。内侧与宋长城墙体相距仅数十米。地势较平缓，地表仅敌台残存，墙体大部因平田整地毁坏无存，仅局部地表微隆，残留有墙体痕迹，其间分布有 5 座敌台。按其走向特征及保存现状分为六段（图一五八）[1]。

第一段：G240—G241 点，长 938 米。保存状况差。此段长城墙体地表微隆，现为耕地。G241 点处为油坊村战国秦长城 1 号敌台（YD061）（彩图二四五）。

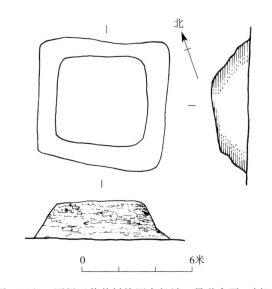

图一五七　原州区苦井村战国秦长城 2 号敌台平、剖面图

第二段：G241—G241* 点[2]，长 494 米。消失。东北～西南向。此段现为平整耕地，地表已无墙体痕迹。

第三段：G241*—G244 点，长 220 米，保存状况差。此段长城墙体局部地表微隆，外侧有壕沟迹象。现为耕地，种植玉米等高秆作物。G244 点处为油坊村战国秦长城 2 号敌台（YD065）。

第四段：G244—G245 点，长 181 米。保存状况差。此段长城墙体局部地表微隆，外侧有壕沟迹象。现为耕地，种植玉米等高秆作物。G245 点处为油坊村战国秦长城 3 号敌台（YD067）。

第五段：G245—G246 点，长 135 米。保存状况差。此段长城墙体地表微隆，现为耕地，仅敌台两侧残留部分墙体。G246 点处油坊村战国秦长城 4 号敌台（YD070）。

第六段：G246—G247 点，长 133 米。消失。此段长城墙体地表已无痕迹。沿线经考古勘探，发

---

[1]　此段走向图略有调整，相关资料与此不符者，以本报告为准。

[2]　此处增加一处 GPS 点号。G242、G243 修正为油坊村宋代内线长城墙体 GPS 点号。

现原地面未经平整，在地势低洼处，地表下仍有夯土痕迹，地势突出部分夯土已经无存。G247 点处为油坊村战国秦长城 5 号敌台（YD071）（彩图二十六）。

油坊村战国秦长城 1 号敌台（编码 640402352101020057；编号 YD061）

该敌台处于油坊村战国秦长城墙体东北部第一段止点处，坐落于油坊村南塬平地之上，西南距油坊村战国秦长城 2 号敌台 720 米。

敌台大体呈椭圆形，东西较长，南北两侧被切削，壁面陡直，残存台体低矮狭长，保存状况一般。敌台南侧坡面因取土形成一处凹槽，槽内断面夯层清晰可见，北侧坡面底部略向内凹，顶部较为平整，台顶及周边长满杂草，散布有少量绳纹瓦残片。敌台顶部东西 11 米，南北 2.9 米，底部东西 16 米，南北 7 米，台高约 3.6 米，北侧取土凹槽口宽约 5 米，南侧坡面凹槽口宽 3 米，进深约 2 米，夯层厚 4.5～9 厘米。东壁方向 237°（图一五九；彩图二四七）。

油坊村战国秦长城 2 号敌台（编码 640402352101020060；编号 YD065)

该敌台处于油坊村战国秦长城墙体中部第四段止点处，位于中河乡油坊沟村平地之上，西南距油坊村战国秦长城 3 号敌台 181 米。

台体较为高大，四周壁面铲削较直，平面近似椭圆形，保存状况一般。西南角因取土铲削而内凹，凹槽壁面夯层明显。台体顶部及四周壁面杂草茂密，顶部鼠洞较多。敌台周围种植大片玉米及高粱。敌台底部东西 17.8 米，南北 10 米，台体北侧高出地表 4.6 米，南侧高 3.4 米，台体夯层厚 5.5～8 厘米。东壁方向 242°（图一六○；彩图二四八）。

油坊村战国秦长城 3 号敌台（编码 640402352101020061；编号 YD067）

该敌台处于油坊村战国秦长城墙体西南部第四段止点处，位于中河乡油坊村南山前斜坡地上，西南距油坊村战国秦长城 4 号敌台 135 米。

该敌台顶小底大，形体低矮，残存台体形制呈不规则形，保存状况差。台顶因铲削破坏，现略呈平顶，有一处较浅的塌陷凹坑，残存部分西高东低呈斜坡状。东壁坍塌严重，下部掏挖形成一处取土坑。南壁铲削较直，底部有人为掏挖的盗坑，洞内壁面夯层清晰可见。北壁由于滑坡现呈陡坡状，台体表面杂草茂密。敌台底部东西 12.5 米，南北 8 米，顶部东西 7.5 米，南北 2.2 米，台高 3.5 米。东壁凹槽口宽约 3.6 米，高 2.1 米，进深 1.3 米，南壁底部盗坑口宽 0.7 米，高 0.75 米，进深 1.9 米，敌台夯层厚 2.5～8 厘米。东壁方向 230°（图一六一；彩图二四九）。

油坊村战国秦长城 4 号敌台（编码 640402352101020062；编号 YD070）

该敌台处于油坊村战国秦长城墙体西南部第五段止点处，位于中河乡油坊村山前台地上，西南距油坊村战国秦长城 5 号敌台 145 米，南距吴庄村宋代内线长城 5 号敌台 55 米，西南距油坊村战国秦长城 5 号敌台 133 米。

该敌台因平田整地及耕地破坏，保存状况差。敌台南侧整体被掏挖过半，现存台体平面呈月牙状，北侧坡面较陡直，表面长满杂草。东西两侧尚存部分呈土垄状堆积的墙体痕迹。敌台现存部分东西 18.3 米，南北 6 米，高约 3.8 米，取土面向内凹进 3.2 米左右。东壁方向 216°（图一六二；彩图二五○）。

油坊村战国秦长城 5 号敌台（编码 640402352101020063；编号 YD071）

该敌台位于中河乡油坊村东南塬平地之上，处于油坊村战国秦长城墙体止点处，西南距吴庄战国秦长城 1 号敌台（YD074）520 米。

台体破坏较为严重，形制呈不规则形，保存状况差。敌台西南侧因取土被铲削掏挖至过半，底部被掏挖成较大的取土坑。南侧中部有一近代墓穴，内填松散的塌陷夯土，填土内陷。台体东北角呈斜坡状，

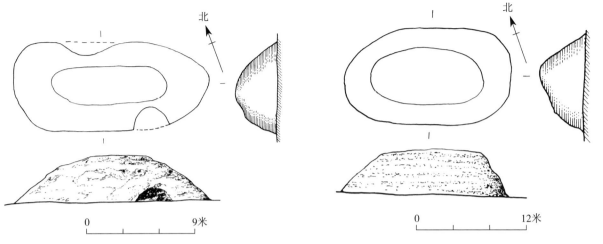

图一五九　原州区油坊村战国秦长城 1 号敌台平、剖面图　　图一六〇　原州区油坊村战国秦长城 2 号敌台平剖面图

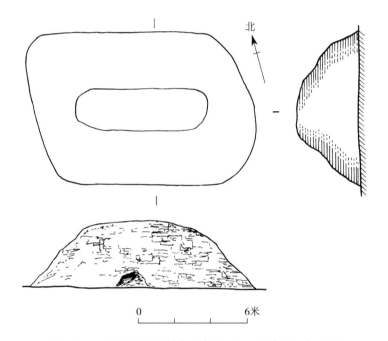

图一六一　原州区油坊村战国秦长城 3 号敌台平、剖面图

长满杂草。周围地表散布有较多人为加工过的规则薄石块。敌台残存部分东西 11.4 米，南北 8 米，西南侧近代墓穴长 2 米，内凹 0.55 米，壁面夯层厚度为 3.5～9 厘米。东北部经勘探，发现墙体无基槽，残存墙体长 16 米，残宽 6 米，敌台突出墙体部分基槽宽 3 米（图一六三；彩图二五一）。

（十三）吴庄战国秦长城墙体及敌台（编码 6404023821010200035；编号 YQ035）

此段长城起点自中河乡油坊村西（G247 点）下坡坎沿海子峡口折向西北，西南与孙家庄战国秦长城相连，全长 873 米。墙体穿过明代铲削山险墙，下坡段墙体大部无存，海子峡口河川平地墙体尚存，整体保存状况较差。墙体内侧 30 米平地为海子峡口城障。墙体沿线其间现存 2 座敌台。在该段长城内侧并行有宋代长城，在其外侧亦修筑有两道较低矮的宋代长城。按其走向特征及保存现状分为三段（彩图二五二）。

第一段，G247—G248，长 241 米。保存状况差。东北—西南向。此段墙体沿吴庄村外南塬塬畔修筑，大部地表已无痕迹，局部残存垄状墙基。残存墙基经解剖，为砂石土混合土夯筑，并且外侧有护壕，

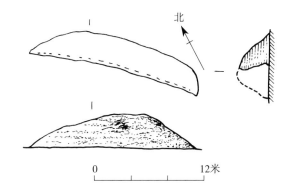

图一六二　原州区油坊村战国秦长城 4 号敌台平、剖面图

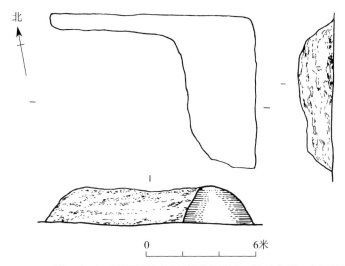

图一六三　原州区油坊村战国秦长城 5 号敌台平、剖面图

墙基约宽 12、残高 0.7 米。夯层不清。护壕紧靠墙体外侧修筑，宽约 8、勘探深度超过 2 米。护壕内填土为墙体破坏后的花杂土。G248 点处为穿过明代铲削山险墙拐点。

　　第二段，G248—G249，长 444 米。保存状况较差。东南—西北向。此段墙体沿南塬塬畔坡地穿过明代铲削山险墙坡面向北折拐入河谷地带，高差 10 米。塬畔坡面现被开垦为坡地，坡底西海子冲刷形成的干涸河床豁口宽约 8 米。河床以北河谷平地墙体呈连续的土包状，痕迹清晰，表面长满杂草。G249 点处为吴庄战国秦长城 1 号敌台（YD074）。

　　第三段，G249—G250，长 188 米。保存状况较差。此段墙体大部已被平毁为耕地，外侧残留有一道高约 1 米的地坎。G250 点处为吴庄战国秦长城 2 号敌台（YD076），该敌台西侧临近河床断崖。

吴庄战国秦长城 1 号敌台（编码 640402352101020064；编号 YD074）

　　该敌台处于吴庄战国秦长城墙体中部第二段止点处，位于开城镇吴庄战国秦长城墙体西段、山前台地之上。西距吴庄战国秦长城 2 号敌台 188 米。南倚长城而建，东西两端与墙体相连，台体顶部浑圆，低矮宽大，形制近似椭圆形，保存状况差。敌台东高西低，呈斜坡状，西壁长期遭受雨水冲刷，坍塌呈缓坡状，北壁较为陡直，坡面散布较多的石片。台体东侧残留两道低矮的表面布满沙石的垄状墙体。

　　敌台东西长 12、南北宽 6、台体高出平地约 3 米。方向为 281°。经钻探，该敌台基槽深 0.9、距现地表 1.1、南北宽 15 米，槽内均为黄土夯筑，但由于敌台上部与墙体夯土夹石较多，无法勘探，墙体与敌台关系不详。现只能判断出敌台凸出墙体部分有基槽（图一六四；彩图二五三）。

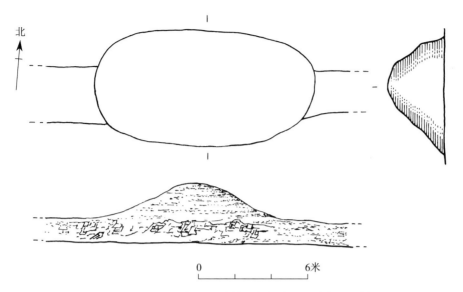

图一六四　原州区吴庄战国秦长城1号敌台平、剖面图

吴庄战国秦长城2号敌台（编码640402352101020065；编号YD076）

该敌台处于吴庄战国秦长城墙体西端第三段止点处，位于吴庄战国秦长城村北段、山前台地中部，东距吴庄战国秦长城1号敌台188米。黄土夹杂碎石粒夯筑而成。台体顶部浑圆，低矮宽大，现存台体平面形制近似椭圆形，保存状况较差。台体东南侧坡面较缓，呈微隆形，北壁因耕种而铲削较直，西侧现冲刷为断崖，坍塌严重。西北角外侧有整体崩塌迹象，敌台保存状况堪忧。台体表面散布有较多薄石片。顶部及周边杂草丛生。

敌台底部东西长16.9、南北宽12.5米，顶部东西长3.2、南北宽1.5米。北侧高出地表4.7、东侧高2.5、南侧高3.4米，台体顶部高出西侧河道约15.5米。方向为280°（图一六五；彩图二五四）。

（十四）孙家庄战国秦长城墙体及敌台（编码640402382101020036；编号YQ036）

此段土墙自开城镇吴庄村海子峡口东北断崖（G250点）开始，由东南沿沟谷滩地，穿过固将公路，向西北山坡延伸至中河乡小沟村后磨河自然村（G253点）滴滴沟口截止，全长1417米。墙体南侧孙家庄村东谷地曾发掘过西周墓葬[1]。

此段长城地势东北低西南高，用黄土夯筑而成，整体保存状况差，其间分布1座敌台。在其南侧有宋代内线长城，北侧亦修筑有两道低矮的宋代长城墙体。按其走向特征及保存现状分为3段（彩图二五五）。

第一段，G250—G251，长190米。消失。东南—西北向。此段为海子峡河道冲毁，河道两侧断面墙体痕迹明显。G251点为固将公路北侧断崖处。

第二段，G251—G252，长629米。保存状况差。东南—西北向。此段墙体现辟为耕地，但地表仍有明显的墙基隆起。此段墙体大部已被平毁为耕地，地表有明显的隆起。G252点为孙家庄战国秦长城敌台（YD087），沿线地表陶片较多。

第三段，G252—G253，长598米。保存状况差。东南—西北向。此段墙体大部已被平毁为耕地，地表有明显的隆起，局部墙基两侧被洪水冲蚀为深沟，后来复查时，在白马山公路入口处的固将公路断面处，发现墙体外侧埋设两排陶制排水管（彩图二五六）。G253点为滴滴沟口后磨河南侧断面（图一五八）。

[1]　固原县文物工作站：《宁夏固原西周墓清理简报》，《考古》1983年第11期。

孙家庄战国秦长城敌台（编码 640402352101020066；编号 YD087）

该敌台处于孙家庄战国秦长城墙体中部第二段止点处，位于中河乡油房沟村孙家庄自然村西北山梁上，台体较大，西南壁因耕地破坏较为严重，现残存台体形制平面呈不规则形，保存状况差。台体四壁底部因修整农田均被铲削较陡直。东壁上部因雨水冲刷形成一断面。南壁壁面中部被掏挖出一条形土台。西壁铲削较高，壁面铁锹铲削痕迹明显。北壁呈斜坡状，底部有铲削痕迹。该敌台顶部凹凸不平，杂草较多，台顶西侧有一处人工掏挖的土坑。台体表面及周围散落较多的器物残片及瓦片，主要有绳纹瓦片、束腰宽带弦纹瓦片、陶罐口沿残片等。采集中绳纹瓦片、束腰宽带弦纹瓦片、陶罐口沿残片各1件。

敌台底部东西长14.6、南北宽7.1、台高3.1米。顶部东西长3.1、南北宽2.0米。南壁壁面中部掏挖条形土台长约2、宽约0.5米，掏挖断面处夯层厚5～10厘米。方向335°（图一六六；彩图二五七）。

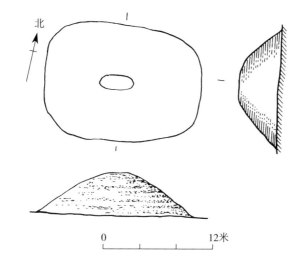

图一六五　原州区吴庄战国秦长城2号敌台平、剖面图

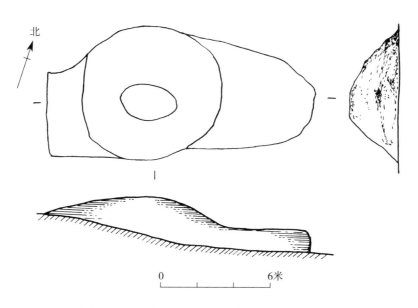

图一六六　原州区孙家庄战国秦长城敌台平、剖面图

（十五）后磨河村战国秦长城墙体（编码 6404023382101020037；编号 YQ037）[1]

此段土墙自中河乡小沟村后磨河村西沟谷南岸向东北沿延伸（G253），至村南 203 省道横穿处截止（G256），全长 1510 米，东南—西北向，保存状况差。地势东北低西南高，落差较大。墙体南侧约 100 米山坡上为后磨河城障。按墙体走向分为 3 段。

第一段，G253—G254，长 356 米。该段沿后磨河村西沟谷南岸向西南方向延伸，由于流水侵蚀及村民耕种破坏，墙体痕迹保留较少，止点为一南北向水冲沟断面，东侧断面残留墙体夯层痕迹明显，夯层厚 7～10 厘米。

第二段，G254—G255，长 190 米。该段墙体在后磨河村一农户窑洞断面处有夯层痕迹，西段横跨两条南北向水冲沟，沟边断面处亦有夯层痕迹，止点沟谷南侧山坡残留有较明显的墙体痕迹。

第三段，G255—G256，长 964 米。该段大部紧靠后磨河村西滴滴沟谷崖畔，坍塌严重，通行不便，墙体因山体垮塌已基本无存。西南端距沟谷略远，墙体痕迹少量保存。止点为 203 省道经后磨河村桥西处，桥西断面处残留墙体痕迹长 3、宽 1.8 米，高 1 米。

第三节　滴滴沟口—马莲川水库段战国秦长城墙体及敌台

滴滴沟口—马莲川水库段秦长城墙体主要沿滴滴沟及马莲川北山南麓修筑，呈东北—西南走向。滴滴沟沟谷狭窄曲折，山坡陡峭，现为国有林场，林木茂密。墙体多为山洪冲刷及修路损毁，但墙体以及断续存留，红庄以西马莲川北山麓墙体损毁严重。沿线调查墙体 16 段，长 30.026 千米，实际存留墙体 10.046 千米，调查墙体敌台 3 座，城障（址）6 座（图一六七）。

（一）滴滴沟林场战国秦长城 1 段墙体（编码 6404023382101020038；编号 YQ038）

此段土墙沿滴滴沟口河岸由北向南向沟内延伸，沟口形状呈喇叭状，沟内地势较平缓，落差不大，沟谷东坡现开辟修筑有固将公路，局部保留有墙体痕迹，全长 417 米。保存状况较差。此段墙体按其走向特征分两段。

第一段，G256—G257，长 110 米。此段止点处公路断面（彩图二五八）保留有墙体痕迹，高 2.1、底宽 8.1 米。夯层厚 5～10 厘米。沟谷沿岸有采砂掏挖形成的豁口及河沟冲刷断崖，局部断面处亦有夯层痕迹，但因腐殖土质花杂，较难辨认。夯层及沿线发现有绳纹、弦纹瓦片。

第二段，G257—G258，长 307 米。此段墙体沿固将公路西侧沟边延伸，残存墙体东侧因修路被铲削形成以断面，断面夯层内夹杂有绳纹瓦片。断面顶部坡地长满杂草，有人工栽种的小松树，有一道森林防护铁丝网。

（二）滴滴沟林场战国秦长城 2 段墙体（编码 6404023382101020039；编号 YQ039）

G258—G259，长 871 米。保存状况差。

此段土墙自中河乡小沟村后磨河自然村北（G258 点）开始，至滴滴沟林场场部东侧（G259 点）截止，全长 871 米。方向呈南北向。此段土墙沿滴滴沟由北向南延伸，地势呈北低南高，保存状况差。此段墙体仅公路西侧保留部分痕迹，夯层不清，底宽 10、高 2.8 米，其他大部分墙体因修建公路已被铲削破坏（彩图二五九）。

（三）滴滴沟战国秦长城 1 段墙体（编码 6404023382101020040；编号 YQ040）

---

[1]　从后来发现的固将公路墙体断面排水管位置判断，此段墙体第三段原先调查墙体走向有误。从孙家庄战国秦长城敌台以西至后磨河村东，并未继续向西延伸，残留墙基沿两条南北向流水冲沟间折向西南，至白马山东麓山脚，穿固将公路，绕后磨河城障进入滴滴沟口。为了保持原始调查资料客观性，此处未做更改。

此段土墙自中河乡滴滴沟口滴滴沟林场东（G259点）开始，由东北向西南顺滴滴沟延伸，至张易镇滴滴沟内（G262点）截止，全长1029米。地势呈东北低西南高，落差较大。墙体大部被滴滴沟内河水冲毁及修路破坏。按其走向特征及保存现状分为三段。

第一段，G259—G260，长165米。保存状况较差。墙体因修筑公路被切削，只存留西侧一部分。残存墙体西侧壁面呈斜坡状，表面杂草丛生，有人工栽种的松树及护林铁丝网，斜坡底部现为栽种有白杨树的小台地，残存墙体东侧切削断面夯层内夹有绳纹瓦片。残留墙体长46、底宽4.7米，高2.3米。

第二段，G260—G261，长590米。保存状况差。此段仅残留墙基，墙体地表以上因修筑固将公路被平毁，墙体地基大部已利用为公路路基。墙体西侧为河沟，东侧为铲削陡峭的山坡。

第三段，G261—G262，长274米。保存状况较差。墙体位于固将公路西侧，残存墙体两侧均为斜坡状，顶部微拱，沿线分布有木质通信电线杆6处，残墙顶宽7、底宽12米，高3.7米，墙体西壁有一道森林防护网经过。止点处墙体被一东西向水冲沟切断。此段墙体断面处夹有内壁菱形图案及外壁饰绳纹瓦片。采集标本4件（彩图二六〇）。

（四）滴滴沟战国秦长城2段墙体（编码6404023821010200041；编号YQ041）

此段土墙自张易镇滴滴沟内固将公路西侧（G262点）开始，由北向南顺滴滴沟延伸，至张易镇滴滴沟内大湾沟口北（G265点）截止，全长1085米。地势呈东北低西南高，落差较大。公路破坏及流水侵蚀严重，残留墙体较少。按其特征及保存状况分为三段。

第一段，G262—G263，长577米。消失。此段墙体大致沿公路方向由东北向西南延伸，墙体因修路时被平毁。

第二段，G263—G264，长423米。保存状况差。此段墙体只残存公路西侧的一小段，公路东侧因修路被切削呈断面，西侧为自然坡面，人工种植有杨树、松树等绿化树木，坡地杂草茂密，墙体台地有护林铁丝网。残存墙体长53、断面高6米，断面夯层内采集瓦片标本4件。

第三段，G264—G265，长85米。保存状况较差。墙体位于公路西侧，残存墙体东侧为公路切削断面，残高5.1米，断面砂石土，表层风化严重，夯层不甚不清，断面上杂草较多，有零星瓦片（彩图二六一）。墙体西侧为一自然斜坡，坡面上杂草丛生，挖有树坑，栽种松树，局部地表残留微隆的墙体痕迹，墙体顶部有防林网及通信电线杆。

（五）滴滴沟战国秦长城3段墙体（编码6404023821010200042；编号YQ042）

此段墙体自张易镇滴滴沟内大湾沟口北（G265点）开始，由北向南顺滴滴沟延伸，至张易镇滴滴沟内大湾沟口南（G268点）截止，全长947米。墙体大部被滴滴沟河水冲毁，沿线由于修筑公路、植树造林对墙体破坏严重，墙体大部消失，整体保存状况差。地势呈北低南高，按其走向特征及保存现状分为三段。

第一段，G265—G266，长492米。消失。该段墙体因修建固将公路被人为平毁，现在地表未发现墙体痕迹，沿线采集绳纹板瓦残片1件。

第二段，G266—G267，长142米。保存状况较差。此段墙体公路西侧保留一小段，墙体东侧壁面底部有森林防护网，墙体西侧为一斜坡，一直通向沟边台地，台地杂草丛生，植有人工松树林，台地西侧为河沟。残存墙体顶部较平坦，杂草较多。残存墙体高出地面约1.7、宽3.4米。

第三段，G267—G268，长313米。消失。此段墙体因修建公路被破坏，墙体西侧为河沟，东侧为山坡，坡面上栽种有松树（彩图二六二）。

（六）滴滴沟战国秦长城4段墙体（编码6404023821010300043；编号YQ043）

此段墙体自张易镇滴滴沟内大湾沟口南（G268点）开始，由东北向西南顺滴滴沟延伸，至张易镇滴滴沟内黑鹰沟口西南（G275 点）截止，全长 1639 米。沟内地势东北低西南高，落差较大，地形复杂，道路曲折，墙体大部为流水侵蚀及修路所毁，沟畔路基沿线断面及台地断续残留有墙体痕迹。按其走向特征及保存现状分为七段（图一六八）。

第一段，G268—G269，长 135 米。保存状况差。该段墙体只残存公路西侧一小部分，墙体痕迹高出地面约 1 米，顶部有栽种的小松树，并且有一道铁丝护林网经过。残存墙体西侧为一小片台地，台地上栽种有松树，东侧山坡因修筑公路被切削，形成断面，杂草丛生，夯层不清。

第二段，G269—G270，长 262 米。消失。此段墙体可能被河水冲毁，现无墙体任何痕迹。此段中部为河沟一拐弯处，公路也随河沟，拐向西南。拐弯处沟深 30、宽约 75 米。

第三段，G270—G271，长 195 米。保存状况差。此段墙体顺沟东边由东北向西南方向延伸，墙体大部因修筑公路而平毁，只残存断断续续的几处，周围散落少量瓦片。残存墙体高出地面 0.9～1.5、底宽 7 米，顶部有人工掏挖的痕迹，并且栽种有松树。残存墙体杂草丛生，墙体断面处夯层不清。

第四段，G271—G272，长 235 米。消失。此段墙体消失无任何痕迹，墙体可能因修公路而平毁。大体方向沿滴滴河沟东侧沟畔由东北向西南延伸。

第五段，G272—G273，长 172 米。保存状况较差。此段残存墙体位于公路西侧，高 1.8、宽 7 米，墙体东侧因修筑公路被切削而形成一断面，高 3.3 米，从断面处观察墙体为河床土夯筑而成，夯层清晰，夯层内夹有绳纹板瓦片。墙体顶部有人工铲削和掏挖的痕迹，栽种有松树和白杨树。墙体西侧台地表面杂草丛生，栽种有松树。墙体北侧断面长满杂草，生长有榆树和白杨树。墙体顶部设有一道护林铁丝网，埋设水泥电杆两处。

第六段，G273—G274，长 510 米。消失。此段墙体因修筑公路被平毁，未发现墙体痕迹。中部为滴滴沟一拐弯处，拐弯处河沟西侧因人采砂形成一斜坡，坡面上暴露有明显的砂层。

第七段，G274—G275，长 130 米。保存状况差。此段墙体在滴滴河沟东侧，残存墙体呈一土坎状，顶部杂草丛生，东侧因修路被铲削形成一断面，断面内夹有瓦片，夯层不清。起点以南 20 米处墙体顶部建有一座砖瓦房，为森林保护管理点，房前墙体东侧断面底部有人工掏挖窑洞两处（彩图二六三）。

（七）滴滴沟战国秦长城 5 段墙体（编码 640402382101020044；编号 YQ044）

G275—G276，长 964 米。消失。

此段墙体自张易镇滴滴沟内黑鹰沟口西南（G275 点）开始，由东北向西南顺滴滴沟延伸，至张易镇马场村堡子湾自然村北（G276 点）截止，长 964 米，已消失。从黑鹰沟沿固将公路至小杀人沟，沟谷经过两处拐弯。沿线地势较平缓，落差不大，未发现墙体痕迹。主要因修路损毁严重，也有部分地段被山洪冲毁（彩图二六四）。

（八）堡子湾战国秦长城 1 段墙体（编码 640402382101020045；编号 YQ045）

G276—G277，长 131 米。保存状况差。

此段长城自张易镇马场村堡子湾自然村北（G276 点）开始，向西南延伸，至张易镇马场村堡子湾自然村东（G277 点）出河沟横穿公路处。此段地势较平缓，地面杂草丛生，沟底有流水。在公路西侧铲削断面顶部发现一段较清晰夯土墙体，残长 52、底宽 4 米，残留夯层总厚约 2 米，土色较花杂，有明显人为加工痕迹（彩图二六五）。

（九）堡子湾战国秦长城 2 段墙体（编码 640402382101020046；编号 YQ046）

G277—G278，长 2393 米。消失。

此段墙体自张易镇马场村堡子湾自然村东（G277 点）开始，由东北向西南穿堡子湾自然村，至

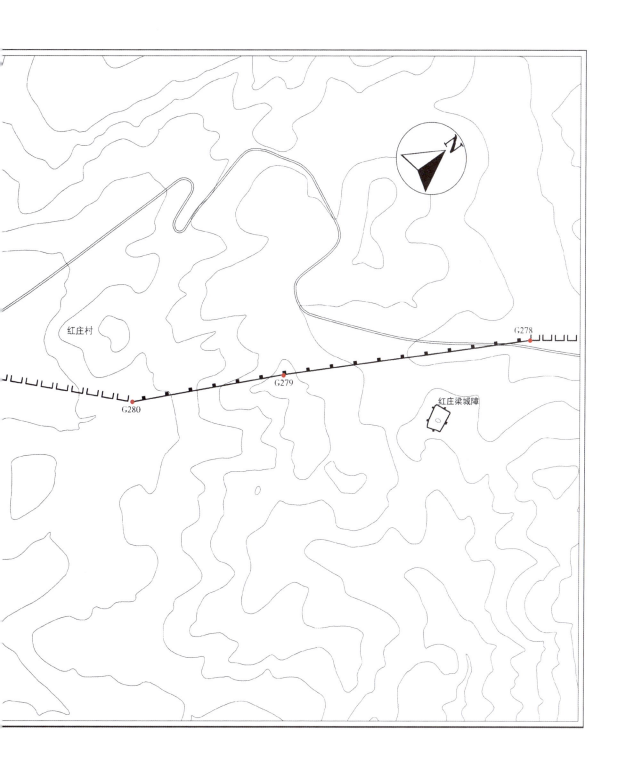

红庄村

G278

G279

G280

红庄梁城障

张易镇马场村堡子湾自然村南（G278点）截止，此段处于滴滴沟垴山垭口处，为六盘山自然分水岭，地势转为东北低西南高，落差较大。沿线由于村落侵占、居民修路、建房、平整田地、植树造林等生产、生活破坏严重，墙体整体已消失（彩图二六六）。

（十）红庄村战国秦长城 1 段墙体（编码 640402382101020047；编号 YQ047）

此段墙体自张易镇马场村堡子湾自然村南（G278点）开始，由东北向西南延伸，至张易镇红庄村（G280点）截止，全长 1375 米。保存状况差。地势东北高西南低，按其走向分为二段（彩图二六七）。

第一段：G278—G279点，长 850 米。此段墙体沿堡子湾村南山坡向红庄梁山顶延伸，因修建梯田大部被毁，地表仅存断续墙基。红庄梁山顶为滴滴沟尽头，也是自然分水岭，此段高差 68 米，与滴滴沟口 G256点高差达 230 米。墙体南侧发现城障 1 座，在山顶处采集绳纹瓦片 1 件。

第二段：G279—G280点，长 525 米。该段墙体从红庄梁山顶下坡延伸至红庄村东北台地上。高差 84 米。止点处一地坎上发现厚约 0.8 米的残存墙体痕迹，墙体里面夹杂有较多的绳纹瓦片，在此采集绳纹瓦片 3 件。残存墙体长 60 米，底宽 10 米，夯层不清。此段宁夏博物馆在上世纪八十年代调查时曾做过断面发掘[1]，发掘点处墙体后因固将公路拓宽已毁。

（十一）红庄村战国秦长城 2 段墙体（编码 640402382101020048；编号 YQ048）

G280—G281，长 1702 米。消失。

此段墙体自张易镇红庄村西（G280点）开始，由东北向西南横穿过红庄街道、固将公路、红庄变电所，至红庄村街道西南侧山坡下一东西向河沟边（G281点）截止，沿线地势相对平坦，墙体穿越居民区，因修建民房、市集、平整田地已被平毁。局部地段当地老乡仍能指认墙体走向及位置（彩图二六八）。

（十二）马其沟村战国秦长城墙体及敌台（编码 640402382101020049；编号 YQ049）

此段土墙沿红庄村南沟西山坡向西南延伸，至张易镇驼巷村马其沟自然村北（G284点）山梁截止，全长 555 米。地势东北低西南高，高差 90 米，坡度较大。沿线因修建梯田墙体遭破坏严重，但大部痕迹尚存，有敌台 1 座。采集板瓦残片 9 件。按其走向特征及保存现状分为三段（彩图二六九）。

第一段，G281—G282，长 297 米。保存状况差。该段墙体从沟西沿山坡向西南山梁延伸，地表墙体残存一小部分，墙体因修建梯田被铲削切挖，从远处观望呈一长条形土垄，有几处被挖断成为小豁口，夯层不清。墙体表面及周围散落有较多的瓦片，止点处为马其沟战国秦长城敌台。

第二段，G282—G283，长 232 米。保存状况差。此段墙体沿山坡修筑，墙体因修建梯田大多被破坏，只残存断断续续的几小段，周围散落有较多瓦片。

第三段，G283—G284，长 26 米。保存状况较差。东北—西南向。此段墙体位于山梁处一台地上，残长 30、顶宽 6、底宽 11 米，高 3.5 米，四周铲削较高，铲削断面处夯层清晰。夯层厚 8 ～ 12 厘米。残存墙体顶部微拱，植被覆盖较厚，并且有人工掏挖过的痕迹，鼠洞较多，地表较松软。墙体西侧壁面底部有一宽约 1.5、长约 12 米的小土台，墙体两侧及台地底部为铲削断面。墙体顶部及周围散落有较多的瓦片。

马其沟战国秦长城敌台（编码 640402352101020067；编号 YD088）

该敌台处于马其沟村战国秦长城墙体东部第一段止点处，位于张易镇驼巷村马其沟自然村村北山梁之上。台体低矮宽大，残存台体形制略呈椭圆形，保存状况差。台体底部因修造梯田均被铲削，东北端和西南端中底部因铲削形成一尖嘴状，南壁呈一缓坡状与梯田相连。其余壁面铲削断面处夯层清

---

[1] 宁夏博物馆：《宁夏境内战国秦汉长城遗迹》，《中国长城遗迹调查报告集》，文物出版社，1981 年。

晰可见，夯层内夹有较多的瓦片，台体顶部凹凸不平，杂草丛生，并且有人工掏挖的痕迹，顶部西侧切削成半弧状土坎。台体周围及表面散落有较多的瓦片。

敌台底部东西长8、南北宽6米，顶部东西长6、南北宽3米，台体高2.6米。夯层厚度5～17厘米。方向240°（图一六九；彩图二七〇）。

（十三）新套子村战国秦长城1段墙体（编码640402382101020050；编号YQ050）

G284—G285，长2746米，墙体保存状况差。

此段墙体自张易镇驼巷村马其沟自然村北山梁（G284点）向西南延伸，至张易镇宋洼村新套子自然村（G285点）截止，地势东北低西南高，起伏较大，止点处海拔2364米，为宁夏境内战国秦长城最高点。沿线海拔较高，地势东北低西南高，起伏较大。地表山梁修整为层层梯田，墙体主要毁于沿线居民平整田地。但据当地老百姓讲，长城沿开门坎山梁到达队伍潮山梁。山脊上有一道明显凸起的梁子，在队伍潮山梁南侧，现存一道人工壕沟，当地人称"长城壕"，可能为宋代时期沿战国秦长城外侧开辟的"长城壕"（图一七〇；彩图二七一）。

（十四）新套子村战国秦长城2段墙体（编码640402382101020051；编号YQ051）

G285—G286，全长378米。保存状况差。

此段墙体自张易镇宋洼村新套子自然村（G285点）开始，由北向南延伸，至张易镇上马泉村黄家脑自然村（G286点）截止，该段沿烽台山顶西南山梁向南延伸，地势呈北高南低，落差较大。当地人称长城壕，沿线地面长满杂草，山梁坡度较缓，沿线未发现明显的夯土墙体，但断续发现有壕沟迹象。壕沟因雨水冲蚀淤塞损毁严重，残宽3～10、深0.5～1.0米（彩图二七二）。

（十五）黄家脑—樊西堡战国秦长城墙体（编码640402382101020052～640402382101020056；编号YQ052～YQ056）

此段墙体自张易镇上马泉村黄家脑自然村（G286点）开始，至樊西堡村南墙体断面处（G291点）截止，全长12532米，墙体整体已消失无存。根据地形特征及沿线村落，分为五段。

第一段，G286—G287，长3083米。此段墙体由北向南沿黄家脑村东山梁延伸，梁上有一道土路，山梁上发现有一处砂石堆砌的土包，从断面观察似有夯土迹象，但其包含砂石极多且较松散，中心有人为挖出的四方形大坑，近年曾被利用为防雹炮台。墙体已消失无存，局部发现有人工挖掘壕沟的迹象，由于近年平田整地，路壕已被平毁，地貌变化较大，未发现明显的夯层及墙体痕迹（图一七一；彩图二七三）。

第二段，G287—G288，长2939米。此段沿阎关水库东侧东沟脑村后山梁沿山坡向西南下行，山坡植被稀疏，遭流水侵蚀严重，沟壑纵横，未发现墙体迹象，至东沟脑自然村南止（彩图二七四）。

第三段，G288—G289，长2467米。沿黄家涝子水坝东侧山梁（当地人称北梁）向西南山梁下延伸，至河谷阎关村将公路北侧平地截止，阎关村为一处向河谷平地延伸的山嘴关口，地势极为陡峭险要。此段山坡陡峭、植被稀疏，遭流水侵蚀严重，沟壑纵横，未发现墙体迹象（图一七二）。

第四段，G289—G290，长2082米。该段沿固将公路北侧山麓河岸平地向西延伸，至黄家涝子村止，沿线河谷较窄，村落、田地密集，未发现墙体痕迹。

第五段，G290—G291，长1961米。该段沿马莲河北岸平地穿越固将公路向西延伸，沿线多为河谷平地，未发现墙体遗迹。止点位于樊西堡村南平川一南北向大冲沟西侧的墙体断面处。

（十六）樊西堡村战国秦长城墙体及敌台（编码640402382101020057；编号YQ057）

此段墙体由张易镇黄堡村樊西堡自然村南川冲沟西侧墙体断面处向西延伸，大部淹没于20世纪50世纪修建的马莲河水库，止点处于马莲川水库与西吉县交界处（G296点），全长1262米。南与樊西堡 2 号城址相连；北距樊西堡 3 号城址 430 米。东北距樊西堡 4 号城址 500 米。其间地势较平缓，落差不大，分布 2 座敌台，西段墙体大部处于水库库区内，整体保存状况差，按其保存现状及墙体特征分为五段（彩图二七五）。

第一段，G291—G292，长 175 米。起点为樊西堡自然村村南平川处一南北向大冲沟的西侧，此处至止点间发现有夯土痕迹。

第二段，G292—G293，长 264 米。此段沿线已被平整为耕地，其间发现有夯土痕迹。

第三段，G293—G294，长 534 米。此段沿线已被平整为耕地，墙体多已无存。止点处为樊西堡村 1 号敌台。

第四段，G294—G295，长 138 米。该段墙体大部已被平整为一乡间土路，路基高于四周耕地 0.3～0.5 米，残存墙体底宽 7、高 2.2 米，断面夯土层痕迹明显，夯层厚 4～7 厘米。土路两侧散落有零星绳纹瓦片。止点处为樊西堡村 2 号敌台，据当地老乡介绍，此敌台西至马莲川水库大坝 20 世纪 60 年代以前尚存在两处敌台，1958 年前后大搞农田基本建设时期被平毁，现已痕迹无存。

第五段，G295—G296，长 151 米。该段墙体大部已被平整为一乡间土路，路基高于四周耕地 0.5 米，断面夯土层痕迹明显，夯层厚 4～7 厘米。止点处为原州区张易镇黄堡村樊西堡自然村与西吉县马莲乡马莲川水库交界处（图一七三）。

樊西堡村战国秦长城 1 号敌台（编码 6404023521010200068；编号 YD089）

该敌台处于樊西堡村战国秦长城墙体中部第三段止点处，位于张易镇黄堡村樊西堡自然村山前台地之上。

台体顶部浑圆，形制较大，残存台体形制略呈圆形，保存状况较差。台体地处农耕地，底部因农民耕地而被铲削出高 1 米的直壁，其上为台体坡面。东南侧有一人为掏挖出的小窑洞，现已坍塌，断面夯层薄而清晰。台顶及周围布满杂草，其间零星散布有绳纹及带纹板瓦残片。

敌台底部东西长 16、南北宽 18.5 米，顶部东西长 3.5、南北宽 5 米，台体高 8～9.1 米。夯层厚 5～10 厘米。东南侧坍塌的窑洞宽 2、高 1.1、进深 2 米（图一七四；彩图二七六）。

樊西堡村战国秦长城 2 号敌台（编码 6404023521010200069；编号 YD090）

该敌台处于樊西堡村战国秦长城墙体中部第四段止点处，位于张易镇黄堡村樊西堡自然村西塬平地之上。东距樊西堡村战国秦长城 1 号敌台 133 米。

该敌台因耕地破坏严重，现存台面略呈方形，保存状况差。台体北侧及与樊西堡村 1 号敌台间的墙体已被平整为土路。路基尚高出左右耕地 0.3～0.5 米，断面夯层明显，路两侧分布有绳纹瓦片等遗物，墩台南侧为农田，壁面被切削较直。顶部向北呈斜坡状，北侧有取土坑。采集戳刺纹板瓦残片 1 件。

敌台底部东西长 15、南北宽 4 米，顶部东西长 6、南北宽 3 米，台体高 2.6 米。方向 240°（图一七五；彩图二七七）。

第四节　原州区战国秦长城沿线关堡

原州区战国秦长城沿线共调查关堡 25 座，其中始筑及主要沿用时代为战国秦～汉代，与长城相关关堡 19 座，其余始筑及主要沿用时代为宋代的长城沿线关堡 6 座（见本书第六章第三节），其中北什里城址（YB005）与大营城址（YB015）及附近烽火台因与明代的固原内边长城密切关联，分别为当时的临洮营与甘州群牧所，《宁夏明代长城·固原内边长城调查报告》中亦有叙述。

（一）蔡家洼村城障（编码 6404023531020200003；编号 YB003）

　　该城障位于清河镇高坊坪村蔡家洼自然村东350米处的台地上，其东南侧为两条山洪沟的交汇处，长城沿东侧崖畔修筑。东北距蔡家洼村战国秦长城约80米。城障朝向呈东北—西南，平面形状约为矩形，残存北墙一道，无其他墙体设施及堡内遗迹，整体保存状况较差。

　　残存墙体南侧壁面因雨水冲刷存在片状剥落，断面处版筑痕迹明显。墙体北侧地势较高，顶部凹凸不平，长满杂草。南、北侧壁面均有被人为掏挖的痕迹。南侧壁面底部有堆土。墙体夯层内夹杂有泥质红陶罐残片等新石器时代遗物。城内现为梯田耕地，无居民住户。四周散落有斜绳纹瓦片、弦纹瓦片、灰陶罐口沿、粗绳纹瓦片等与长城沿线所见相同遗物以及新石器时代陶片等遗物。

　　北墙方向250°，城障周长约144米，占地面积约1296平方米。墙体残长36、底宽5.2米，顶宽2.9米，高2.7～4.5米。夯层厚7～12厘米（图一七六；彩图二七八）。

　　（二）水泉村城障（编码640402353102020002；编号YB002）

　　该城障位于清河镇水泉村糜地湾自然村东北山梁上，西侧为高山，南北侧为山坡，东北距战国秦长城约120米。城障所处位置地势较高，仅存东北—西南向夯筑墙体一道，应为东墙。形状可能为长方形，周围为人工梯田。整体保存状况较差。

　　残存墙体南北两侧台地因修田均被切削，南侧切削断面紧靠墙体，夯层明显，西南侧断面有一孔小窑洞。北侧取土断面离墙体较远。残存墙体顶部呈斜坡状，东高西低，顶部长满杂草。城内地表现为梯田，种植马铃薯。无居民住户及其他遗迹。地表散布绳纹瓦片及罐、盆等陶片。

　　东墙方向230°，长30米，占地面积约390平方米。墙体西端距沟边10米，东侧墙体断面底部宽13米，底部取土断面高1.5米，顶部宽11米。残墙地表以上高2.7米，外侧连取土断面共高4米。西侧小窑洞宽1.7、高1.3、进深1.7米（图一七七；彩图二七九）。

　　（三）王堡村城障（编码640402353102040007；编号YB007）

　　该城障位于清河镇王堡村西侧山梁、战国秦长城南侧平台地上。北距战国秦长城墙体约50米。东南距北什里村城障（YB006）1150米，西南距营盘圈城障（YB008）1850米。平面呈方形，朝向呈东南—西北，四面墙体尚存，南墙中部有门道。城内现为梯田，地表遗物较多。整体保存状况一般。

　　东墙墙体宽大，顶部平坦。东南角墙顶有较多盗洞，均为当地百姓盗挖文物所遗留（该城址曾出

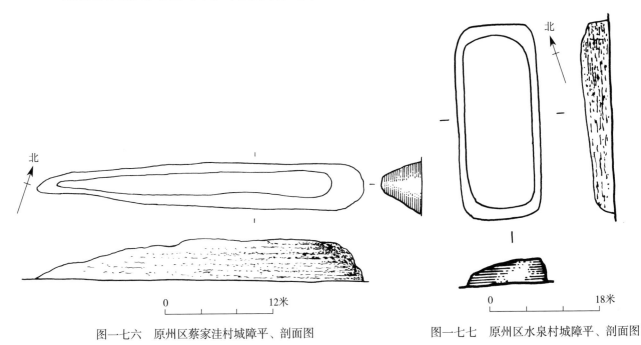

　　　　0　　　　　　　　12米　　　　　　　　　　　　　　　0　　　　　　　　18米

图一七六　原州区蔡家洼村城障平、剖面图　　　　　　　　图一七七　原州区水泉村城障平、剖面图

土过货布等汉代铜钱）。东墙内侧因耕田被铲削较直，外侧为梯田，田地外侧亦为陡峭壁面，南段墙体外侧呈斜坡状。南墙整体宽大，门道东侧墙顶被下削，现呈平台状，门道在南墙中部。西墙基本连续，但墙体被铲削窄薄。北墙外侧与战国秦长城间有一较宽的山洪冲沟，墙体东段已被冲毁。墙体西北角夯层较为均匀明显。

北墙顶及外侧倾倒较多城内出土遗物，以绳纹瓦片居多，发现有灰陶罐等陶器残片。城内中部较低，东西两侧稍高，现为耕地，无居民住户及其他遗迹。该城障规模相对较大，墙体宽大，保存较好，城内出土的货布等新莽时期遗物，表明该城障在汉代继续沿用。

四周墙体边长 100 米，占地面积约 1 万平方米。东墙内高 3.3、外高 3.7 米，顶部宽约 3.4 米。南墙外高 3.5、内高 2.4 米，基宽约 5 米。墙顶东南角部盗坑口径 0.8 ～ 1.7、深 0.85 ～ 1.60 米。西墙顶宽约 3 米，基宽 8 米，内高 2.5、外高 3 ～ 4 米。北墙残存西段内高 2.7、外高约 2 米，基宽约 7.2 米。墙体夯层厚 10 ～ 12 厘米。南墙门道豁口宽 33.6 米（图一七八；彩图二八〇、二八一）。

（四）北什里村城障（编码 640402353102020006；编号 YB006）

该城障位于固原市郊北什里村北台地之上，处于清水河西岸谷地、战国秦长城内侧。东临清水河，北侧有宋代长城及战国秦长城，北距宋代长城墙体 200 米。南距北什里铺城址（YB005）340 米。城址平面近似正方形，残存四面墙体，无其他墙体设施及堡内遗迹，整体保存状况一般。

该城障内高外低，现呈高台状。城内现为耕地，无居民住户。东墙大部分无痕迹，仅东北角残存小段墙体，外侧为梯田地坎。南墙外侧为高约 1 米的地坎，西南角处残存小段墙体。西墙残存墙体夯层明显，内外侧均被铲削较直，城内地表上仅存约 1 米的墙体，西南角被开挖为出入便道，西墙西北角外侧壁面分版情况明显，北墙保存最好，墙体基本连续，呈土垅状，内侧为缓坡，墙体低矮。外侧为陡坡，下临水渠，中段有一处豁口，墙基尚存。地表散布少量绳纹、灰陶罐残片。采集有绳纹板瓦、灰陶罐残片等。

该城障东墙方向为 340°。城墙边长 140 米，周长 560 米，占地面积约 1.9 万平方米。北墙残存段基宽 4、顶宽 1 米，外高 4.3、内高 2.2 米，中部豁口宽约 8 米，此处夯层明显，厚 5.5 ～ 7 厘米。西墙残存段顶宽 0.7、基宽 2.5 米左右，外高 2.3、内高 1 米，东墙东北角残存墙体长 6 米，城障西南角处暴露夯层厚 4.5 ～ 12 厘米，西墙西北角外侧壁面版距 0.8 ～ 0.9 米（图一七九；彩图二八二、二八三）。

（五）北什里城址（编码 640402353102170005；编号 YB002）

该城址位于固原城北北什里铺村，处于清水河西岸河谷地带。东距清水河约 400 米，南距固原城十里[1]，北距北什里城障 340、距战国秦长城 1550 米。

该城址始筑于汉代以前，城内分布有绳纹板瓦等与战国秦长城沿线相似遗物，有学者主张其为汉代萧关[2]。宋代、明代都曾维修沿用，明代改称临洮营，为陕西苑马寺管理马政的营堡[3]。因南距固原城十里，城内设有驿铺，现习称北什里铺古城。清代以后渐废弃，中华人民共和国成立后城内一度改建为固原农校，现已迁建。城内恢复为耕地。

城址大体呈正方形，有南门及瓮城。平面呈正方形，由四周墙垣、南门及瓮城、四周护城壕组成。方向为 340°。四周墙垣边长 250 米，占地面积 6.2 万平方米。四周墙垣基本完整，南门及城墙西北角处有残损，城内现为耕地，保存状况较好。东墙基本连续，两侧滑坡严重。外侧有壕沟，北段墙体较宽大，内侧掏挖有三处窑洞。东墙保存较好处基宽 9、顶宽 2.2 米，高 7.4 米。南墙东段内侧有大量杨

[1]　（明）张雨：《边政考》卷三，王友立主编：《中华文史丛书》十四册，台北华文书局，1969 年，第 32 页。

[2]　罗丰：《汉代萧关地理位置的初步研究》，《西北史地》1987 年第 1 期。

[3]　宁夏文物考古研究所编著：《宁夏明代长城·固原内边长城调查报告》，文物出版社，2019 年，第 54 页。

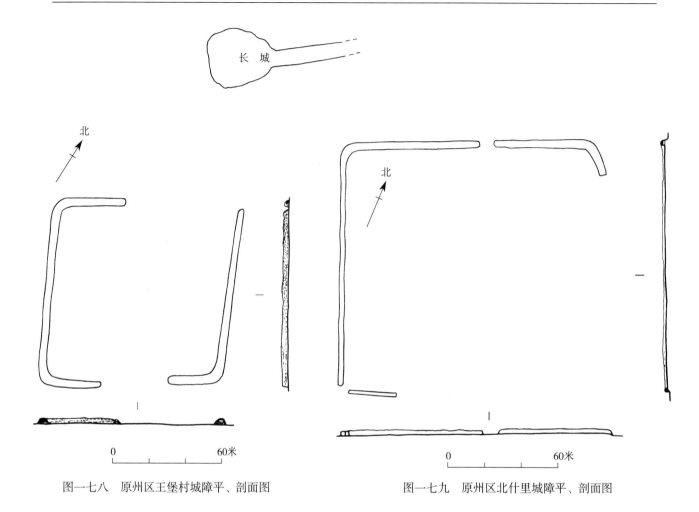

图一七八　原州区王堡村城障平、剖面图　　　　　图一七九　原州区北什里城障平、剖面图

树，杂草茂盛，墙体下坍塌堆土较高。外侧为村民居房，墙体被铲削较薄。南门处现坍塌为豁口。南墙西段内侧因灌溉水渠侵蚀，墙体局部整体崩塌。南墙顶宽1.2、底宽10米，高6.5米。西墙基本连续，靠近南端处因居民建房开挖有5米宽的豁口，现用砖墙封堵，外侧为居民院落。西墙高6.4、顶宽3、基部宽约10米。北墙西北角处现为豁口，由东向西有马面4座。墙体局部坍塌，内侧倒塌有大量夯土，墙体夯层清晰可见。北墙保存较好处高7.5、顶宽2.2、基宽9米。夯层厚11～13厘米。北墙倒塌夯土表面有圆形夯窝，直径约9.5厘米。

南门现为一豁口，有半圆形瓮城，西段墙体因建房被毁。城墙西北角处有缺口，断面中部为早期修筑，两侧为后期修补所筑，夯层内夹杂大量绳纹瓦片。瓮城残存墙体长44、基宽2.3、顶宽1.2米。四周护城壕除东墙外及北墙外东段部分保存较好，其余均淤平或被村民侵占为宅院。南临固原市火电厂，烟尘污染严重。东墙外护城壕距墙体18米，壕宽23、深1～1.5米。北墙外侧有马面4座，间距约45米，分别突出墙体2.5、4.0、2.5、5.2米，高7.5米。

该城址内虽然有大量瓦片等秦汉遗物，但从城址南门半圆形瓮城、北墙连续马面以及城外宽大的壕堑等形制判断，该城址在宋代曾进行过较大规模修缮改筑（彩图二八四、二八五）。

（六）营盘圈城障（编码640402353102020008；编号YB008）

该城障位于清河镇什里村三组北侧地势开阔的长城梁顶塬地上，北临战国秦长城，北距什里村三组战国秦长城1号敌台（YD019）84米。西南距海堡城障（YB009）1950米。该城障平面呈方形，朝向呈东南—西北，门朝北开。墙体黄土夯筑而成，现存东、西、北三面墙体，北墙中部豁口可能为门道。

城内现为耕地，无居民。地表有少量绳纹瓦片。保存状况一般。

该城障东墙、西墙保存较好，东墙底部较宽，西墙呈宽大的土垅状，两侧呈斜坡状，顶部亦呈脊状。南墙因平田被毁，现为一条田间机耕路，外侧为地坎，下临田间小道。北墙中部有门道豁口。城内地面较高，现为耕地。

该城障平面边长50米，周长200米，占地面积2500平方米。东墙底宽约10、顶部宽约1米，内高2.5、外高4.3米。西墙底宽约15、顶宽0.4～0.9、墙体高4.2米，夯层厚为7～10厘米；北墙底宽5～8米，顶部呈脊状，宽0.5～0.9米。北墙中部门道豁口宽约13米，此处断面高2.2、宽约4.5米，夯层厚为9～12厘米（图一八〇；彩图二八六、二八七）。

（七）海堡村城障（编码640402353102020009；编号YB009）

该城障位于清河镇长城梁海堡村北侧山梁平地之上，北距战国秦长城墙体110米。东北距营盘圈城障（YB008）1950米。周围地势开阔。平面呈方形，西北角突出一高台，其余墙体不明显。城内现为耕地，无居民住户及其他遗迹，整体保存状况较差。

东墙外侧现为平地，南墙处平整为梯田，地坎断面暴露夯层较为明显，地表以上无墙体痕迹。西墙因平田被切削，西墙北端凸出一高大墩台，现呈椭圆形，顶部略平，有盗洞，可能为瞭望墩台。城内有数十座现代坟墓。地表有少量绳纹瓦片。

东墙方向为331°。该城障平面边长50米，周长200米，占地面积2500平方米。东墙外高约3.5米。夯层为8～13厘米。西北角高台半径约23、高约4.9米。顶部圆形盗坑口径约1.3、深0.6米（图一八一；彩图二八八、二八九）。

（八）明庄村城障（编码640402353102020010；编号YB010）

该城障位于清河镇明庄二队东北侧山梁上，北距战国秦长城墙体60米。西南距长城村城障（YB011）1650米。平面呈方形，朝向呈东南—西北，整体呈高台状。西南角台较高大，墙体外侧四周墙基因修梯田遭铲削，现存墙体呈陡坡状，表面轻微滑坡，长满杂草。整体保存状况差。

东墙较高大，南墙被铲削较直，外壁呈断面，西端夯层暴露明显。西墙滑坡坍塌严重，呈斜坡状，中部向内凹陷，外侧有一条机耕道路。北墙外侧坡面斜缓。西南角台较为高大，残留台体呈三角形，顶部掏挖有一处圆形盗坑。城内现为耕地，种植紫花苜蓿，无居民住户及其他遗迹。地表散布少量绳纹瓦片。

东壁方向130°。四周墙体80平方米，周长320米，占地面积6400平方米。东墙外高7、内高1.4米。南墙夯层厚7～14厘米。西墙外高6.8米。北墙底宽8米，外高6、内

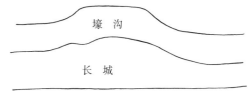

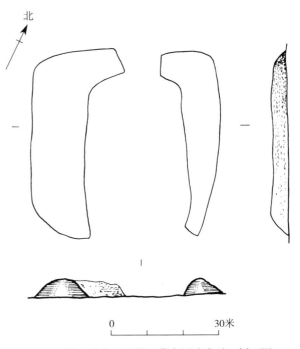

图一八〇　原州区营盘圈城障平、剖面图

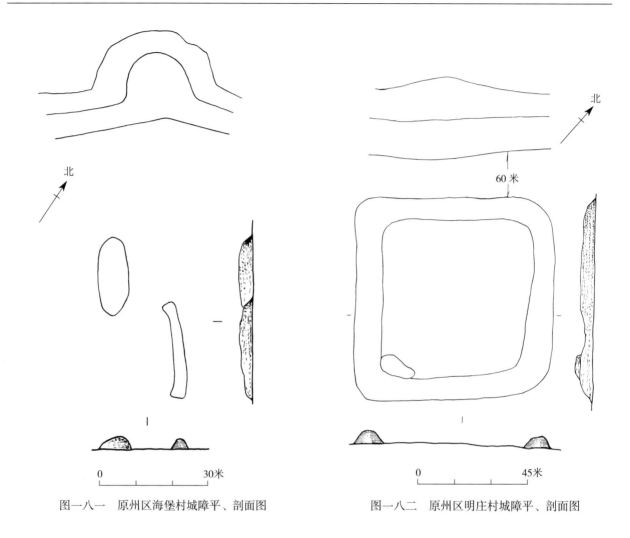

图一八一　原州区海堡村城障平、剖面图　　　　　图一八二　原州区明庄村城障平、剖面图

高 2.3 米。西南角台东西长 8、南北宽 7 米，外高 6.8、内侧高出地面 2.4 米，台体顶部盗坑口径 1.5、深约 1.5 米（图一八二；彩图二九〇、二九一）。

　　（九）长城村城障（编码 640402353102020011；编号 YB011）

　　该城障位于长城村北战国秦长城南侧台地上。北距战国秦长城 68 米。东北距明庄村城障（YB010）1650 米，西南距阎家庄城障（YB016）1600 米。朝向呈东南—西北，平面形状呈矩形，地表墙体仅存东北角，无其他墙体设施及堡内遗迹，整体保存状况差。

　　该城障现呈高台状，凸出于现地表之上。地面夯筑墙体现仅存东北一角，其余段墙体已消失。城内现为耕地，无居民住户。地表有少量绳纹瓦片。东墙外侧被平整为两级台地，北墙外侧断面暴露有明显夯层，东北角残存夯筑墙体。

　　东墙方向为 127°。墙体边长约 45 米，周长 180 米。占地面积约 2025 平方米，现存墙体断面高 1.9～4.0 米。东北角残存墙体高出地表约 1 米。南墙外高 3、西墙外高 2.8～3、北墙外高约 1.9 米。断面夯层厚 5.5～9 厘米（图一八三；彩图二九二、二九三）。

　　（十）阎家庄城障（编码 640402353102020016；编号 YB016）

　　该城障位于清河镇长城村阎家庄自然村西北战国秦长城内侧一处平台地上，北距战国秦长城约 50、东南距阎家庄城址 600 米。城障大致为方形，朝向呈东南—西北，四周墙体因平田整地残损严重，现仅存东北角一圆形角台，整体保存状况差。

城障现呈平台状，明显高于四周地表。东墙、南墙已消失，地表无痕迹。西墙仅存高约 0.3 米的痕迹，北墙外侧为斜坡面，散布有较多绳纹板瓦残片、卷云纹瓦当等遗物。东北角台周壁呈漫坡状，顶部较为平整，外侧断面暴露夯层。城障内现为耕地，无居民住户及其他遗迹。

四面墙体边长 50 米，周长 200 米，占地面积约 2500 平方米。城障方向为 332°。东北角台底部东西长 15.5、南北宽 15.8 米，外侧高 6.5、内侧高 3.5 米。夯层厚 8.5～10 厘米（图一八四；彩图二九四、二九五）。

（十一）阎家庄城址（编码 640402353102020017；编号 YB017）

该城址位于固原市郊阎家庄南与大堡村间的南塬塬地上，周围地势平坦、开阔。北距战国秦长城约 700、南距宋代长城约 500 米。西北距阎家庄城障（YB016）550 米。西北距大营城址（YB015）2600 米。城址平面呈长方形，朝向呈东南—西北，规模较大，四角有角台，门址在北墙偏东部，残留东西门阙。西墙及北墙保存相对较好，北墙外残存护城河痕迹，整体保存状况较差。城内发现有汉、宋、明等时期遗物及北朝墓葬，主要沿用时代为汉代。

城址东墙大部被平毁为田地及梯田田埂，东北角台呈高大的土丘状，北侧为居民区。南墙墙基被利用为乡村土路，墙体断续残留，西南角以东 90 米处，墙体有人为挖掘的取土坑，墙面长满冰草。西南角处墙体残毁为土丘状，墙体顶部呈拱形，有两条便道穿墙而过。西墙处地表现隆起一道土梁，四周种植玉米，西北角台处高出地表。北墙与南墙残存情况相似，墙顶现为一条便道，北墙西段天然气管线穿越处经考古发掘，墙体为圆夯夯筑，夯窝较浅且密集，墙体中部外侧有民居建筑破坏墙体，有饮水管道穿过墙体，坍塌严重。西北角外侧有一处小窑洞。城址内部及四周皆为农田，大部墙体及护城河均遭平毁，城内东南部建有一座较大变电站，周围有居民点。现存部分墙体及墩台有居民取土现象。2009 年"西气东输"二线管道工程南北向从城址北部穿越，沿线进行了考古发掘。城内清理发现有汉代窑址、灰坑、沟等遗迹，并且在城址西南部发现北朝墓葬 1 座，城址西南角城墙外发现宋代房址 1 座。出土遗物以汉代绳纹筒瓦、板瓦等建筑材料以及日用陶器为主，宋代房址内出土较多铁钱。经发掘，

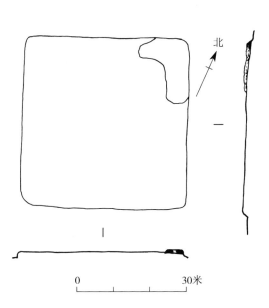

图一八三　原州区长城村城障平、剖面图

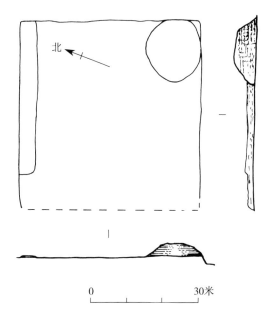

图一八四　原州区阎家庄城障平、剖面图

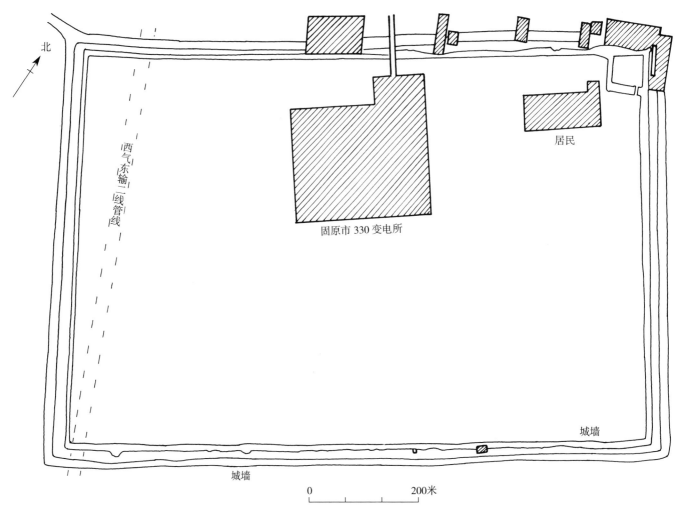

图一八五　原州区阎家庄城址平面图

城外环壕呈倒梯形，口宽底窄，底部有淤沙[1]。

　　城址南北宽 700、东西长 1000 米。墙体周长 3400 米，占地面积 70 万平方米。东墙方向 125°。东墙、西墙经钻探墙体基宽为 8～10、残高 0.5～1.5 米，西北角台处存高 4 米。南墙最高处 4.2 米，取土坑范围南北宽 11、东西长 4.8、深 0.2～1.6 米。北墙墙基残高 0.9～1.85、宽 8.65～9.3 米。墙体夯窝直径 4～6 厘米，上部夯层厚 4～6 厘米，最底部夯层厚 14 厘米。北墙西北角外侧窑洞口宽 0.7、内宽 2.6、进深 2.3、高 1.4 米。北门址距城墙东北角 60 米，门道豁口宽 16 米，两侧门阙凸出墙体 8 米，西侧门阙高 2.3、东侧门阙高 6 米。东北角台东西长 13、南北宽 8 米，高 6 米。护城壕宽 11～13、深 4～5 米（图一八五；彩图二九六、二九七）。

　　（十二）吴庄村城障（编码 6404023531021300012；编号 YB012）

　　该城障位于白马山东侧吴庄村东南，地势平坦、开阔。西北距战国秦长城 170 米，东北距阎家庄城址（YB017）2400 米。四周墙体现仅存西墙中部小段，其余墙体因耕种及居民建房被毁，城址现大致呈方形，朝向呈西南—东北，周围居民较多，城内现为宅基地及耕地。整体保存状况差。

　　残存墙体两端较高，中部略低，断面夯层较厚，表面及墙体内夹杂大量加工规整的薄石片。城内

[1]　童文成：《固原市阎家庄汉代城址》，《考古学年鉴·2010》，文物出版社，2011 年，第 457、458 页。

现为居民住宅区，西南侧有民房。该城址距离宋长城墙体较近，城内地面除秦长城沿线常见的绳纹板瓦外，地面还散布有较多的素面灰陶罐残片、褐釉瓷残片等宋代遗物。

四周墙体痕迹边长约 100 米，占地面积约 1 万平方米。东墙方向 130°。残存墙体东北角，东西长约 25、南北宽约 22 米。基宽约 2.7、顶宽 2 米，高 0.5 ~ 2 米。夯层厚约 10 厘米（图一八六；彩图二九八）。

（十三）海子峡口城障（编码 640381353102170001；编号 YB013）

该城障位于中河乡吴庄村白马山西海子峡口处河川平地上，处于长城南侧，北距长城墙体 30 米。西北距后磨河城障（YB018）1850 米。城址朝向呈南北向，平面呈方形，四面墙体损毁严重，仅存东北角，整体保存状况差。

墙体类别为夯筑土墙，东墙现仅存东北角一处隆起的土堆；南墙现为田埂，顶部呈脊状，外侧堆积有大量绳纹瓦等残片，田埂外侧有壕沟痕迹，现为砂石路；西墙现为田埂，外侧有一道沙石路，田埂上有大量绳纹瓦片；北墙为一道地坎。城障内部及四周皆为农田耕地，无居民。地表采集有日用陶器残片、铁锸、汉半两铜钱、绳纹瓦片、卷云纹瓦当等建筑遗物。

该城障四周墙体边长 120 米，周长 480 米。占地面积约 1.4 万平方米。残存墙体基宽 1.7、最高处 0.7 米（图一八七；彩图二九九）。

（十四）后磨河村城障（编码 640402353102020018；编号 YB018）

该城障位于中河乡小沟村后磨河自然村东南滴滴沟口处的白马山东麓山坡台地上，西侧紧邻白马山公墓，北侧为固将公路，西侧为一南北向冲沟，战国秦长城从山坡边缘折入滴滴沟内。北距战国秦长城墙体 100 米。东南距海子峡口城障（YB013）1850 米。朝向呈东南—西北，平面大体呈长方形，四面墙体尚存，北面有门道，南、西、北三面墙体外侧有护城壕。整体保存状况较差。

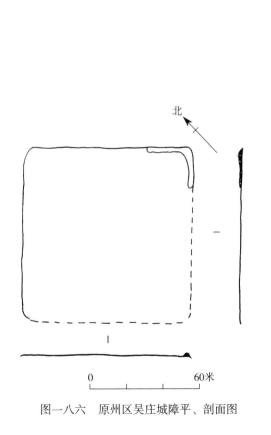

图一八六　原州区吴庄城障平、剖面图

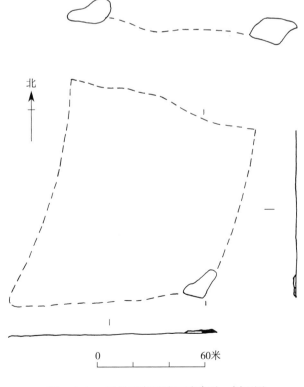

图一八七　原州区海子峡口城障平、剖面图

该城障东墙被铲削呈地坎状，中部有一水冲豁口。南墙墙体高大，顶部呈拱形，凹凸不平，墙体两侧因滑坡呈漫坡状，顶部及壁面上有人工掏挖的树坑，种植有黑刺、柠条等灌木杂草，墙体表面散落有较多陶片及瓦片。西墙顶部较平，外壁呈斜坡状，底部有铲削痕迹，表面杂草丛生，散落较多瓦片，墙体内侧因风沙淤积稍高出城内地表。北墙顶部凹凸不平，杂草较多，栽有两根水泥电线杆，中部有一门道豁口，墙体外侧坡面栽种有小松树，散落有较多瓦片。城内地势平坦，人工栽种黑刺等植被。堡内无居民住户及其他遗迹。城障南、西、北墙外侧有护城壕。南壕较宽大，壕内被平整为林地，地表散落有较多的瓦片及器物残片等遗物；西、北侧护城壕被平毁为造林地，东侧护城壕不明显。地表遗物主要有绳纹瓦片，弦纹、斜绳纹瓦片，陶罐口沿残片，外壁为细绳纹，内壁为菱形斜格纹瓦片，夹砂红陶绳纹瓦片等，加工规整的长方形薄石片等。

该城障墙体东西长 80、南北宽 40 米，周长 240 米，占地面积 3200 平方米。东墙

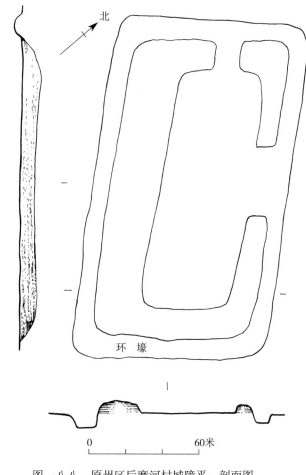

图一八八　原州区后磨河村城障平、剖面图

方向 218°。东墙中部豁口宽 7 米。北墙中部门道宽 20、西墙底宽 13、顶宽 8 米，内高 3.5、外高 7 米。东北角最高处 8.5 米。南墙夯层厚 5 ～ 10 厘米。南侧壕沟宽 5、深 3 米（图一八八；彩图三〇〇）。

（十五）红庄梁城障[1]（编号 YB026）

该城障位于张易镇红庄村东北 600 米红庄梁山顶上，西北距长城墙体 40 米。东北距后磨河村城障约 10、西南距马其沟城障 2.5 千米。红庄梁海拔高约 2300 米，为滴滴沟与马莲河谷分水岭，山梁以东滴滴沟水顺东北流；山梁以西马莲河水顺西南流。城障四周密布人工种植的荆棘灌木，地表杂草茂密，人迹罕至，保存相对较好。

该城障平面大致呈长方形，东西长 70、南北宽 60 米，占地面积约 4000 平方米。四周墙体坍塌呈宽大土垄状，城内略呈寰底状。城墙东北部有一城门豁口，宽约 15 米，断面夯层厚约 10 厘米。西南角地势较高，有一隆起的高大角台。东墙方向 80°，墙体基宽 12 ～ 15、顶宽 3 米，外高 3 ～ 5 米，西南角台直径约 15、外高 7 米。城内地表有少量绳纹瓦片等遗物。（图一八九）。

（十六）马其沟城障（编码 640402353102020019；编号 YB019）

该城障位于马其沟村东北山梁上，地势较高，所处地形南高北低。北距战国秦长城 30 米。该城障大体呈方形，朝向呈南北向。土筑墙体，整体保存状况较差。其余三面墙体外侧呈倾斜状，表面植被茂密，南墙保存略好。

---

[1]　该城障数据库未录入。

南墙西高东低，外侧壁面内壁底部因耕种铲削较峭直，断面夯层清晰可见，内侧壁面因滑坡呈斜坡状，表面植被茂密，墙体顶部微拱，没有掏挖破坏痕迹。散落较多的绳纹瓦片和弦纹瓦片。城墙顶部与城内地面持平。城内现为耕地，无居民住户及其他遗迹。采集标本6件。

东墙方向242°。四面墙体边长50米，周长200米，占地面积2500平方米。南墙残长43米，残存部分外高5.1、内高2.3米。夯层厚7～10厘米（图一九〇；彩图三〇一）。

（十七）新套子城障（编码640402353102020020；编号YB020）

该城障位于新套子自然村东北50米的堡子山山顶最高处，依山势而建。西距战国秦长城200米。该城障西距新套子烽火台221米。形状略呈椭圆形，朝向呈南北向，土筑墙体，四壁坍塌高低不平，北墙西北角处有北门豁口。城内北高南低呈斜坡状，整体保存差。

四面墙体依山体低处夯筑与山顶地面相平后，继续夯筑城址墙体，因此墙体外侧高出内侧较多。顶部因坍塌呈锯齿状，表面长满冰草。西南角城墙外侧有一处小窑洞。墙体外侧较高，内侧因风沙淤积较平缓。西北角门道豁口，现为出入小路。城内现为耕地，无居民住户及其他遗迹。地表有少量绳纹板瓦残片。

该城障东西宽约25、南北长约50米，周长150米，占地面积1250平方米。墙体顶宽0.6～1、底宽1.7～2.6米，内高0.8～1.2，外高2.4～4.2米。夯层厚9～14厘米。北门豁口宽1.6米（图一九一；彩图三〇二）。

（十八）樊西堡村1号城址（夹河堡）（编码640402353102130021；编号YB021）

该城址当地俗称夹河堡，位于张易镇黄堡村樊西堡自然村南川冲沟西侧。北距战国秦长城150米。西北距樊西堡2号堡（YB022）220米。

残存部分大致呈梯形，朝向呈东南—西北，北墙已被冲沟所毁，东墙、南墙保存较好，东墙中部有门道，南段有两处马面，东墙外有城壕，西墙仅残存南段。从城墙修缮痕迹及城内遗物判断，该城址经历秦汉及宋时期。城内现为耕地，整体保存状况较差。

东墙北侧马面以北20米墙体，外侧宋代用黑垆土补筑，其余段至东门则均为黄土夯筑，分层明显。东门以南墙体外侧有一掏挖出的窑洞。南墙东段保存较好，东段墙体内侧呈滑坡呈斜坡状，外侧被铲削峭直，东南角台处近期被挖出一道机耕路，豁口处断面显示该角台宋代时在原坍塌呈斜坡状的墙体

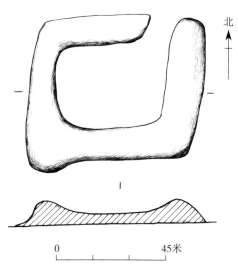

图一八九　原州区红庄梁城障平、剖面图

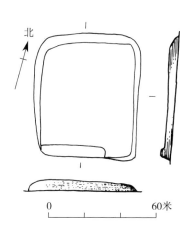

图一九〇　原州区马其沟村城障平、剖面图

两侧进行过补筑，墙体宽大。墙体断面两侧为夹杂黑土的黄沙土夯筑，中部为河床沙土层淤积黑土夯筑，分层明显，残存部分主要为内侧墙体，分版清晰。西段墙体被切削较直，坍塌亦较重，残留墙体矮薄，顶部坍塌豁口较多，夯层内夹杂有黑土颗粒，夯打不甚密致，西南角处被掏挖出一小窑洞。

东门南侧门阙残损严重，北侧门阙保存较好，呈方台状。南壁被掏挖出一处窑洞，其顶上有方形夯土台，门墩与东墙夯土区分明显，城墙为黄土夯筑，门墩则为红土夯筑。东南角台夯土中心主体为黄土，外侧夯土为灰黑土夹杂红砂土，夯土内夹杂有较厚的粗绳纹瓦片、褐釉瓷片等物，黄夯土底部被向内切削，与外侧黑夯土分层明显，外侧为后期修补而成。东门以南有两处马面，南侧马面保存状况较差，顶部略凸出墙体。东墙外有壕沟，沟壁较直，底部平坦，为耕地。城内现为耕地，无居民住户及其他遗迹。从东门及南墙断面观察，宋代时期对该城址曾修缮利用。城内遗物较多，既有长城沿线常见的绳纹瓦片，又有少量宋代素面板瓦，东门处采集内折口沿瓮、瓷碗底等宋代遗物。

墙体周长 426 米，占地面积 6720 平方米。东墙方向 105°。西墙残存 45、南墙长 240、东墙残长 141 米，北墙处为断崖，西墙顶宽 0.3～1.3、基宽 6.5、高 7 米，南墙东端豁口宽 4、西端豁口宽 1.6 米，顶宽 4.7、基宽 8 米，内高 2.0～3.5、外高 7.3 米。东墙高 4.4 米，东南角豁口处断面，墙体中部为两版黑土，宽 0.65、1.3 米，内外两侧，内侧为一版纯净黄土，宽 1.1 米，外侧为两版灰黄土，宽 0.65、1 米，夯层厚 10～20 厘米。东门门阙长 10.8、高 5 米，向外凸出墙体 1.5 米，门道豁口宽 9 米。东门南侧马面基宽 4.5 米，凸出墙体 3 米，高 6 米，顶部高出墙体 1.6 米。北侧马面基宽 5、高 6 米，顶部高出墙体 1.5 米。东南角台基宽 8.1、高 2.7 米。机耕路豁口宽 1.6 米。东墙外壕沟宽 18、深 2 米。北墙外冲沟宽 87 米（图一九二；彩图三〇三）。

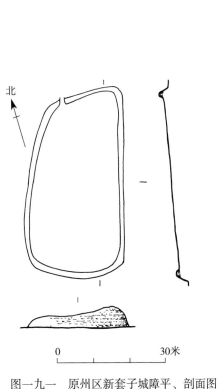

图一九一　原州区新套子城障平、剖面图

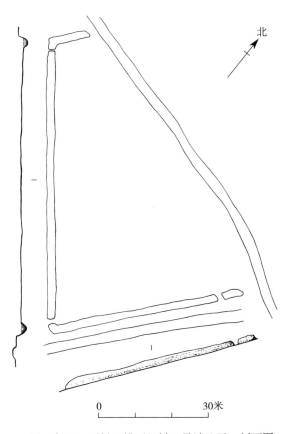

图一九二　原州区樊西堡村 1 号城址平、剖面图

（十九）樊西堡村 2 号城址（编码 640402353102020022；编号 YB022）

该城址位于张易镇樊西堡村南马莲河西岸河谷台地上，南隔河与樊西堡 1 号城址相望，北与战国秦长城墙体相连。东南距樊西堡 1 号城址（YB021）220、西北距樊西堡 3 号（YB023）城 480 米。朝向呈东南—西北，平面呈长方形。北墙、西墙尚有痕迹，东墙、南墙处现为地坎，痕迹不明显。墙体设施残留角台 1 座，城内现为耕地，无居民住户，无其他遗迹。整体保存状况差。主要沿用时代为战国～秦。

东墙处现为一道地坎，痕迹不明显。南墙东段地表墙体保存稍好，呈土垅状。在此处采集有钧釉瓷片、素面板瓦等物，墙体断面夯层较厚，可能为宋代补筑。西段仅从田埂断面上可观测到夯层，夯层较薄，地表已无墙体痕迹，夯层内有绳纹瓦片等物。西墙地表残留尚多，沿线分布较多素面板瓦、绳纹砖等遗物，亦有绳纹大板瓦、空心砖等秦汉时期遗物。北墙仅残留西段，东段有两道南北向冲沟，墙体痕迹已不明显。城址内现为耕地，遗物散布较少。西北角台呈椭圆形土丘状，四面呈漫坡状，夯层不明显。顶部较平，长满杂草，散布少量砖瓦残块。

该城址四面墙体周长 950 米。占地面积约 5.6 万平方米，墙体现存高度 2.5 ～ 4 米。西墙南北长 250、北墙东西长 225、北墙西部残存墙体长 56、基宽 5.2 米，外高 3.3、内高 2.6 米，西墙北段残长 140 米。夯层厚 5 ～ 10 厘米。西北角台底宽 4.5、顶宽 0.6、高 3 ～ 4 米（图一九三；彩图三〇四）。

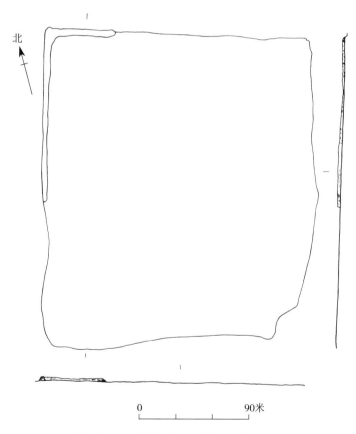

北

0　　　　　　　90米

图一九三　原州区樊西堡村 2 号城址平、剖面图

第四章

西吉县战国秦长城

　　长城穿滴滴沟后，主要沿马莲河谷地带向西延伸经马莲川水库进入西吉县。西吉县为 1941 年划割固原、海原、隆德、庄浪、静宁五县土地所置，长城沿该县西南部马莲河谷西行至将台乡葫芦河东岸折向西南，顺葫芦河东岸谷地，经东坡、保林、明荣村进入兴隆镇，经单家集、玉桥、黄岔、东台村出宁夏境，从静宁县北峡口进入甘肃省境内。

　　西吉县墙体保存段落较少，仅在将台乡附近现存比较连续的墙体，现存部分保存状况也比较差。沿线调查长城墙体 21 段，长 44.293 千米，实际保存墙体 10.712 千米，现存敌台 12 座，长城沿线还调查烽火台 1 座、相关城址 6 座。

第一节　马莲川水库—明台村战国秦长城墙体及敌台

　　马莲川水库—将台堡段战国秦长城墙体主要沿马莲河川平地修筑，东西走向，苟家堡子以西墙体断续存留，属西吉县境内保存相对较好部分，全长 14.826 千米，实际保存墙体 4.828 千米，调查敌台 9 座，调查战国秦～汉代城障（址）2 座（图一九四），宋代及以后时期城址 4 座（见本书第六章第二节）。

　　（一）马莲川水库战国秦长城墙体（编码 6404223821010200001；编号 XQ001）

　　G296—G297，长 1234 米，墙体消失。

　　此段自原州区张易镇黄堡村樊西堡自然村与西吉县马莲乡交界处（G296 点）开始，向西南延伸，穿过东西向马莲河水库库区至依南北向坝顶修建的固将公路，至马莲乡马莲川水库大坝西侧截止。G297 点为长城穿越固将公路处。所处地域基本位于今马莲川水库库区内，地势较平缓，此段墙体修建水库时因清理库底，而遭人为破坏，现已消失无存（彩图三〇五）。

　　（二）巴都沟村战国秦长城墙体及敌台（编码 6404223821010200002；编号 XQ002）

　　G297—G298，长 2331 米，墙体消失。

　　此段墙体自马莲乡马莲河水库大坝西侧固将公路（G297）开始，沿马莲河北岸由东向西延伸，至马莲乡巴都沟村六组西敌台处（G298）截止，止点处为巴都沟村敌台（XD001），长 2740 米。墙体沿大坝西侧及固将公路沿线马莲河谷地修筑，沿线河谷相对开阔，地势平坦，村落密集，耕地多经平整，墙体已消失无存，仅在止点处残存敌台一座（彩图三〇六）。

巴都沟村战国秦长城敌台（编码 640422352101020001；编号 XD001）

该敌台处于巴都沟村战国秦长城墙体西端止点处，位于马莲乡巴都沟村西 200 米处（G298）马莲河谷耕地内，所处地势较为平坦，视野开阔，西距苟家堡子村战国秦长城 1 号敌台（XD002）5.5 千米。

台体为黄土夯筑而成的实心台体，夯层内夹杂河道碎砂石。两侧墙体已毁，台体原较高大，因铲削取土，上半部被毁。现存形制略呈长方形，台体东、西壁北高南低，其中东壁中部墙体裂隙发育，坍塌明显，坍塌处夯层清晰；南壁仅存下底部，壁面较直，北壁残存部分长满杂草，下底部夯层清晰。台顶凹凸不平。整体保存状况差。

敌台底部东西长 12.8、南北宽 2.7 米，残高 2.3～3.2 米。夯层厚 5～10 厘米。以东壁为基准方向 198°（图一九五；彩图三〇七）。

（三）赵家磨村战国秦长城墙体（编码 640422382101020003；编号 XQ003）

G298—G299，长 1935 米，墙体消失。

此段墙体自马莲乡巴都沟村敌台处（G298 点）开始，沿马莲河北岸由东向西延伸至马莲乡赵家磨村（G299 点）截止，全长 1950 米。其间地势平缓，落差不大，沿线村落居址较为集中，该段墙体因马莲河洪水冲刷及当地居民平田、建房等原因损毁，地面已无痕迹，仅起点处的巴都沟村敌台保存较为完整（彩图三〇八）。

（四）马莲村战国秦长城墙体（编码 640422382101020004；编号 XQ004）

G299—G300，长 3117 米，墙体消失。

此段墙体自马莲乡赵家磨村西南（G299 点）开始，沿马莲河北岸由东向西延伸，至马莲乡马莲村西马莲河畔（G300 点）截止，长 3090 米。地势东高西低，马莲村为乡政府驻地，村落较大，人口密集，清代修建的马莲堡叠压于战国秦长城墙体上。其间墙体因马莲河水冲刷及当地居民临河建堤、平田、建房等原因，地面已无痕迹。但据马莲村中老人回忆尚能指认出其大体走向，村西原来尚保存有小段的长城墙体，20 世纪 90 年代平田时彻底挖毁，村西居民亲言建房时曾挖到长城夯土墙基（彩图三〇九）。

（五）苟家堡子村战国秦长城墙体及敌台（编码 640422382101020005；编号 XQ005）

此段墙体自马莲乡马莲村西南（G300 点）开始，沿马莲河北岸由东南向西北延伸，至马莲乡张堡源村苟家堡子自然村西墙体起点处（G308 点）截止，长 1297 米。地势较为平缓，落差不大，北侧紧邻固将公路，地表墙体大部尚存，其间分布 2 座敌台，墙体两侧为农田。此段墙体按其走向特征及保存状况分为八段（图一九六）。

第一段，G300—G301，长 164 米。保存状况差。东南—西北向。该段墙体坍塌严重，断续保存，略向北侧突出，内侧有一道水渠。现存墙体长 77、底宽 4 米，残高 3 米，用沙土夹杂砂石混合夯筑的墙体，夯层厚 5～10 厘米（彩图三一〇）。

第二段，G301—G302，长 41 米。保存状况较差。东南—西北向。

第三段，G302—G303，长 166 米。消失。东南—西北向。此段地表为平整过的耕地，墙体消失无存。

第四段，G303—G304，长 132 米。保存状况较差。东南—西北向。

第五段，G304—G305，长 122 米。保存状况较差。东南—西北向。此段墙体南侧大部被当地农民平整田地而铲削，坍塌状况也很严重，北侧大部呈土坡状，底部有一条便道，局部墙体顶部被开垦为农田，有些地段仅残留一道土埂。现存墙体底宽 2～2.7、顶宽 0.2～0.5 米，高 1.3～2.5 米。G305 点处为苟家堡子村 1 号敌台（XD002）。

第六段，G305—G306，长 174 米。消失。东南—西北向。此段已辟为耕地，墙体消失无存。

G306点处为苟家堡子村2号敌台（XD003）。

第七段，G306—G307，长164米。保存状况一般。东南—西北向。此段墙体底宽6、高4.2米。夯层厚10厘米。G307点处应曾有一处敌台，现已被平毁，形成一大土台，略高出地表，南侧有现代坟丘数座，此处亦为墙体拐点。墙体上绳纹瓦片等遗物较多。

第八段，G307—G308，长334米。保存状况一般。东南—西北向。此段整体连续，大部分墙体较高大，但两侧被铲削及坍塌严重，有些地段仅存墙基，断面夯层明显（彩图三一一）。

苟家堡子村战国秦长城1号敌台（编码640422352101020002；编号XD002）

该敌台处于苟家堡子村战国秦长城墙体中部第五段止点处，位于马莲乡苟家堡子村西马莲河北岸河谷平地上。西距苟家堡子村战国秦长城2号敌台（XD003）174米。

台体用夹杂砂石的黄土夯筑而成，顶小底大，顶部浑圆，现存台体较大，残存平面近似椭圆形，保存状况一般。敌台台体东侧长城墙体尚存，西侧墙体现已消失。现存台体北倚长城墙体，南侧向外突出。台顶中部有一盗坑，东壁中部被人为掏挖，形成一小窑洞；南壁中部也掏挖有窑洞，下底部整体被人为铲削以扩充乡村便道；南、北、西壁底部均被当地村民铲削拓展为耕地。

敌台底部东西长26.2、南北宽15.8米，台顶东西长2、南北宽6米，残高7.4米。夯层不清，以东壁为基准方向280°（图一九七；彩图三一二）。

苟家堡子村战国秦长城2号敌台（编码640422352101020003；编号XD003）

该敌台处于苟家堡子村战国秦长城墙体中部第六段止点处，位于马莲乡苟家堡子村西马莲河北岸河谷平地上。西北距火家沟村战国秦长城1号敌台（XD004）500米。

台体用夹杂砂石的黄土夯筑而成，倚长城墙体而建，并与墙体相连，台体顶部南高北低，四壁损毁严重，现存平面近似椭圆形，东西较窄，南北较宽，整体保存状况一般。台体南壁及东、北壁中下部被当地农民整体向内铲削以扩大耕地面积。铲削部分壁面陡直，断面夯层明显，表层分布有风蚀洞及水冲凹槽，台体西侧与墙体相连，东端墙体消失无存。台顶布满杂草。

敌台东西长11、南北宽15米，残高5米。夯层厚5～17厘米。以东壁为基准方向345°（图一九八；彩图三一三）。

（六）火家沟村战国秦长城墙体及敌台（编码640422382101020006；编号XQ006）

此段墙体自马莲乡张堡塬村苟家堡子自然村西墙体起点处（G308点）开始，至将台乡火家沟村西北固将公路豁口北侧（G313点）截止，沿马莲河北岸由东南向西北延伸，地势较为平缓，落差不大，全长1043米。其间分布2座敌台。该段墙体沿马莲河河道走向有多次折拐，沿线墙体豁口及坍塌较多，有些地段虽然地面已被开垦为农田，但根据地表微隆的痕迹仍可判断其走向，止点处为固将公路穿越处。按其走向特征及保存现状分为五段（图一九六）。

第一段，G308—G309，长79米。保存状况差。东南—西北向。该段墙体因平整耕地大部已被损毁，局部地段为地埂。G309点处为火家沟村1号敌台（XD004）。

第二段，G309—G310，长269米。保存状况差。东南—西北向。此段东段墙体大多已残毁成为田埂，止点处墙体开始向南呈90°转折，绕南侧河道而行。此处河道拐弯，墙体亦随之向内转向，拐弯处距河道断崖距离15米。

第三段，G310—G311，长132米。保存状况较差。东西向。此段墙体沿河道北侧由北向南而行，经过两处拐弯至止点处的火家沟村2号敌台（XD005）。墙体呈连续的平台状，内外两侧均为耕地，西侧较高，顶部为荒草滩。墙体底宽4、顶宽1.2、高3米。夯层厚5～12厘米（彩图三一四）。

第四段，G311—G312，长76米。保存状况差。东北—西南向。此段墙体已基本被平毁，现为一

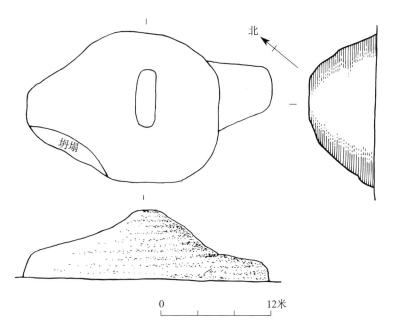

图一九七 西吉县苟家堡子村战国秦长城 1 号敌台平、剖面图

道高 0.8、宽 2 米的宽田埂，顶部长满杂草，其上散布少量绳纹筒瓦残片。止点为火家沟村小学北围墙处。

第五段，G312—G313，长 487 米。消失。东南—西北向。此段墙体已被平毁为耕地，仅局部地表微微隆起，据此可大致判断出墙体走向，止点为固将公路穿越长城处。

火家沟村战国秦长城 1 号敌台（编码 640422352101020004；编号 XD004）

该敌台处于火家沟村战国秦长城墙体东部第一段止点处，位于将台乡火家沟村西 200 米处马莲河北岸河谷平地上，西距火家沟村战国秦长城 2 号敌台（XD005）401 米。

敌台台体用夹杂砂石的黄土夯筑而成，倚长城而建，并与墙体相连，台体低矮宽大，现存平面略呈椭圆形，整体保存状况一般。台顶因铲削东高西低，四壁坡度斜缓，长满杂草。其中南壁西侧中部有大面积掏挖取土痕迹；西壁两侧大部被铲削，中部突出呈尖锥状；北壁较直，底部被当地居民因拓宽耕地被铲削，台体东端墙体残断为豁口，西端墙体已大部残毁，整体呈土垅状。

敌台底部东西长 42、南北宽 24.8 米，台顶东西长 3、南北宽 2.5 米，残高 5 米。夯层不清。以东壁为基准方向 350°（图一九九；彩图三一五）。

火家沟村战国秦长城 2 号敌台（编码 640422352101020005；编号 XD005）

该敌台处于火家沟村战国秦长城墙体中部第三段止点处，位于将台乡火家沟村西马莲河北岸河谷平地上，西距牟荣村战国秦长城 1 号敌台（XD006）1.5 千米。

台体用夹杂砂石的黄土夯筑而成，残损严重，现存平面形制呈不规则形，整体保存状况一般。东、西、南壁被当地村民取土铲削扩展耕地和乡村便道，现存壁面较直，铲削处夯层清晰可见，其中东壁下底部分布有部分风蚀洞及凹槽；南壁中部被人为掏挖为较大的凹洞，表面分布有水冲凹槽。台体北侧连接长城墙体处坡度斜缓，有后期人为踩踏登台便道，台体南侧墙体残断，往南延伸为土垅状。台顶西高东低，顶面凹凸不平，布满杂草。

敌台底部东西长 9.5、南北宽 9 米，西壁掏挖窑洞，宽 1.5、进深 1.6、高 2.3 米，敌台最高处为 4.1 米。夯层厚 6～12 厘米。以东壁为基准。方向 80°（图二○○；彩图三一六）。

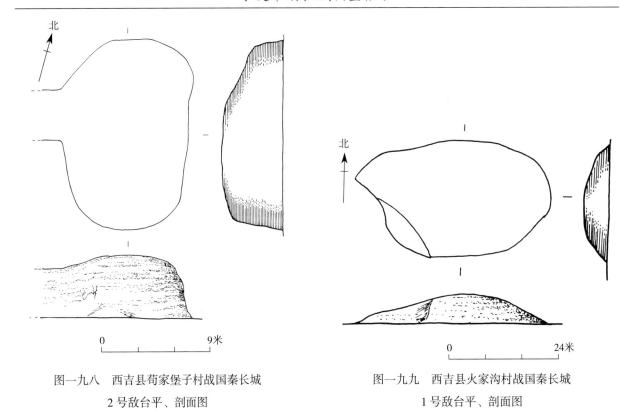

图一九八　西吉县荀家堡子村战国秦长城　　　　　图一九九　西吉县火家沟村战国秦长城
2 号敌台平、剖面图　　　　　　　　　　　　1 号敌台平、剖面图

（七）牟荣村战国秦长城墙体及敌台（编码 640422382101020007；编号 XQ007）

此段墙体自将台乡火家沟村西北固将公路豁口北侧（G313 点）开始，至将台乡街道以东墙体消失处（G323 点）截止，沿马莲河北岸及固将公路北侧由东向西延伸，地势较为平缓，落差不大，全长2225 米。方向呈东西向。墙体大部地处耕地之内，破坏较为严重，残存墙体多为土垅状，整体保存状况差。其间分布 4 座敌台，大体走向一致。按其走向特征及保存现状分为十段（图二〇一）。

第一段，G313—G314，长 358 米。保存状况差。东西向。该段墙体大部已被平毁为耕地，残存墙体多呈土垅，墙体底宽 1.2、残高 0.8 米。

第二段，G314—G315，长 773 米。东西向，保存状况差。此段大部已被平毁为耕地，仅止点处残留一段墙体，长约 20、残宽 1.5 米，高 0.5～1.5 米。其两侧被铲削，西端有一田间土路穿墙而过，豁口宽 10 米（彩图三一七）。

第三段，G315—G316，长 61 米。东西向，保存状况较差。此段墙体由砂石土混夯，残宽 2.7、高3.2 米。夯层厚 10 厘米。G316 点处为牟荣村 1 号敌台（XD006）（图二〇二）。

第四段，G316—G317，长 90 米。东西向，保存状况差（彩图三一八）。

第五段，G317—G318，长 91 米。东西向，消失。墙体被平毁破坏为耕地，现地表无遗迹。

第六段，G318—G319，长 89 米。东西向，保存状况差。此段大部已被平毁为耕地，残存墙基坍塌严重，开辟有一道水渠，高出两侧耕地 0.3～0.5 米。G319 点处为牟荣村 2 号敌台（XD007）。

第七段，G319—G320，长 254 米。保存状况较差。东西向。此段墙体断续相连，局部坍塌，壁面上鼠洞较多，水蚀情况也较严重。止点处为牟荣村 3 号敌台（XD008）。

第八段，G320—G321，长 228 米。保存状况差。东西向。该段墙体仅两端各残存长 20 米的墙体，中间段大部被平毁为耕地。止点处为牟荣村 4 号敌台（XD009）。

第九段，G321—G322，长 170 米。保存状况较差。东西向。此段墙体大部被损毁为耕地，残存墙

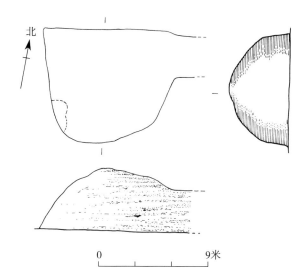

0　　　　　　　　　　　9米

图二〇〇　西吉县火家沟村战国秦长城 2 号敌台平、剖面图

体呈土垅状断续延伸。

第十段，G322—G323，长 111 米。保存状况差。东西向。此段墙体大部被平毁为耕地，仅局部残留墙基。

牟荣村战国秦长城 1 号敌台（编码 640422352101020006；编号 XD006）

该敌台处于牟荣村战国秦长城墙体东部第三段止点处，位于将台乡牟荣村南（G316 点）平地之上。西距牟荣村战国秦长城 2 号敌台（XD007）258 米。

台体用夹杂砂石的黄土夯筑而成，东西两侧与墙体相连，台体南侧向外凸出，顶部浑圆，形制较大，残存平面呈不规则形，整体保存状况一般。东、西壁面坡度斜缓，由东壁斜缓处可登至台顶；西壁南侧分布有数道水冲凹槽。南、北壁面较直，北壁大部、南壁中下部均被当地农户铲削以扩充田地和路面，铲削处断面夯层清晰可见。台体东南侧与墙体相连处有人为掏挖而后坍塌的小窑洞，表面分布有风蚀洞及凹槽。台顶面积较大，早年被掏建一座水泥盖板的蓄水池，周边布满杂草。

敌台底部东西长 11、南北宽 13 米，台顶东西长 8、南北宽 7 米，台高 6 米。南侧窑洞高 1.78、宽 2.2、进深 0.84 米。夯层厚 5～10 厘米。以东壁为基准方向 360°（图二〇三；彩图三一九）。

牟荣村战国秦长城 2 号敌台（编码 640422352101020007；编号 XD007）

该敌台位于将台乡牟荣村西南（G319 点），牟荣村战国秦长城墙体中部第六段止点处，西距牟荣村战国秦长城 3 号敌台（XD008）254 米。

台体用夹杂砂石的黄土夯筑而成，东西两侧连接长城墙体，北侧向外凸出墙体。台体地处耕地，残损较为严重，现存平面近似椭圆形，整体保存状况一般。顶部略平，形制低矮宽大；四周均为耕地，南、北壁面较直，下部被人为铲削，扩宽为耕地，壁面分布有风蚀洞及带状凹槽。东、西两侧连接长城墙体处，坡度斜缓，有人为踩踏登台便道，台顶及周壁长满杂草。

敌台底部东西长 11、南北宽 8 米，台高 3.4 米。夯层厚 9～13 厘米。以东壁为基准方向 170°（图二〇四；彩图三二〇）。

牟荣村战国秦长城 3 号敌台（编码 640422352101020008；编号 XD008）

该敌台位于将台乡牟荣村西南（G320 点），处于牟荣村战国秦长城墙体西部第七段止点处，西距牟荣村战国秦长城 4 号敌台（XD009）230 米。

台体用夹杂砂石的黄土夯筑而成，东西两侧连接墙体，北侧向外凸出墙体。台体顶部浑圆，现存平面略呈椭圆形，整体保存状况一般。东壁壁面坡度斜缓。西、南壁面均被铲削为立面，南壁上部有一人为掏挖的小坑洞，壁面下为田间便道，西壁有蹬踏便道可登至台顶，底部被人为铲削扩宽为耕地。台顶及周壁长满杂草。

敌台底部东西长 12、南北宽 16.5 米，台高 7 米。夯层厚 8～10 厘米（图二〇五；彩图三二一）。

牟荣村战国秦长城 4 号敌台（编码 640422352101020009；编号 XD009）

该敌台处于牟荣村战国秦长城墙体西部第八段止点处，位于将台乡牟荣村西南平地上。西南距保林村战国秦长城敌台（XD010）4.1 千米。

台体用夹杂砂石的黄土夯筑而成，四周均为耕地，东侧连接长城墙体，西侧墙体损毁严重，现存平面略呈半圆形，整体保存状况一般。西、南壁及台顶均被铲削取土，北壁东侧上部有人为掏挖的坑洞，四壁底部因耕种被整体铲削呈直壁。台体顶部略小，表面凹凸不平。

敌台底部东西长 16、南北宽 13.2 米，台高 6.0 米。夯层厚 10 厘米左右（图二〇六；彩图三二二）。

（八）将台乡东郊战国秦长城墙体（编码 640422382101020008；编号 XQ008）

G323—G324，长 463 米，墙体消失。

此段墙体自将台乡东郊固将公路北侧长城消失处（G323 点）至将台乡东郊长城穿越固将公路处（G324 点）截止。此段墙体沿马莲河北岸由东北向西南延伸。因临近将台乡，东北段被平毁为耕地，西南段被平毁建为居民房，地面墙体已消失无存。走向为当地老人口耳相传回忆指认，墙体原有痕迹，20 世纪 70 年代中期因修路、耕种被平毁，残留墙基近年居民建房彻底损毁，西南端止点处为固将公路穿越墙体处（彩图三二三）。

（九）明台村战国秦长城 1 段墙体（编码 640422382101020009；编号 XQ009）

此段墙体自将台乡将台镇固将公路南侧墙体起点处（G324 点）开始，至将台乡明台村西南墙体消失处（G328 点）截止，地势较为平缓，落差不大，全长 1181 米。方向呈东西向。此段起点处为固将公路，向西穿越 202 省道及将台乡街道，其间多民房街巷，整体保存状况较差，仅局部残留夯土墙体，但当地老乡多能辨认其走向。墙体止点西侧紧临葫芦河东岸，按其走向特征及保存现状分为四段（彩图三二四）。

第一段，G324—G325，长 61 米。保存状况差。东西向。该段墙体大部仅在固将公路路南地坎上残留高 1 米的墙基，现为一道水渠。止点处残留墙体高 2.3 米，底宽 3.5、顶宽 2.8 米。夯层清晰，厚 5～10 厘米。

第二段，G325—G326，长 108 米。保存状况较差。此段墙体高 2.5 米，底宽 3、顶宽 2.2 米。夯层不清，内侧有高 1 米的地坎，顶部北侧生长有榆树、杨树及灌木丛。

第三段，G326—G327，长 365 米。保存状况差。此段墙体现为高约 1.5 米的地坎。止点处为将台乡街道正在开工修建的临街门面房处，基槽断面尚能发现有零星夯土墙体痕迹。此处长城穿越 202 省道，公路宽 8 米。

第四段，G327—G328，长 647 米。东北—西南向，保存状况差。此段墙体现处于将台街道及明台村落及耕地内，大部已被平毁，现为房屋和耕地，止点在葫芦河东岸。墙体抵葫芦河岸转折向南，墙体内侧河谷有规模较大的秦汉城址一座。止点处残存一小段墙体，断面分为两版夯筑，长 6、底宽 3、顶宽 0.7 米，高 3.2 米。夯层厚 5～10 厘米。

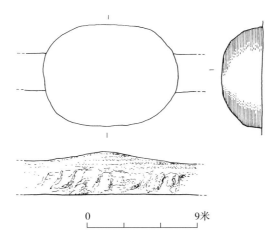

图二〇四　西吉县牟荣村战国秦长城 2 号敌台平、剖面图

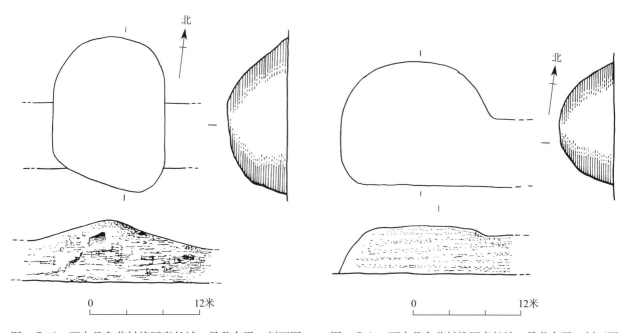

图二〇五　西吉县牟荣村战国秦长城 3 号敌台平、剖面图　　　图二〇六　西吉县牟荣村战国秦长城 4 号敌台平、剖面图

第二节　明台村—王家河段战国秦长城墙体及敌台

明台村—王家河段战国秦长城墙体紧靠葫芦河东岸由北向南修筑，大部被河流冲刷崩塌及人为平田损毁，调查墙体 6 段，全长 14.421 千米，实际保存墙体 4.635 千米，调查敌台 3 座。

（一）明台村战国秦长城 2 段墙体（编码 6404423821010200010；编号 XQ010）

G328—G329，长 504 米。消失。

此段墙体自将台乡明台村西至明台村西南 1.2 千米墙体起点处（G329 点）截止，由东北沿葫芦河东岸向西南延伸，地势较为平缓，落差不大。方向呈东北—西南向。此段大体沿葫芦河东河岸平地修筑，墙体多处于耕地之内，大部分因河水冲毁及平田毁坏已消失无存，其间有将台—王民公路穿越墙体。止点处于 202 省道公路西侧（彩图三二五）。

（二）靳家堡子村战国秦长城墙体（编码640422382101020011；编号XQ011）

此段墙体自将台乡明台村西南1.2千米墙体起点处（G329点）开始，至将台乡靳家堡子村西葫芦河东岸墙体南侧消失点（G336）截止，沿葫芦河东岸由北向南延伸，地势北高南低，全长1720米。方向呈南北向。除两段崩塌入葫芦河道内损毁，其余段墙体地表尚存痕迹，但保存状况差。按其走向特征及保存现状分为七段（彩图三二六）。

第一段，G329—G330，长106米。东北—西南向。该段因紧临河道，墙体断断续续残存。起点处起有段长22、高3米的墙体，现为地坎，断面为砂石土，外侧为杂草坡地。止点处残留一段墙体，长13、底宽4、顶宽1米，高2.6米。夯层厚10厘米，墙面铲削剥落，分布较多鼠洞。其余墙体仅存墙基，时断时续。

第二段，G330—G331，长142米。南北向。此段墙体大部已损毁，仅存墙基。G331点处残留一段墙体，长22、底宽3、顶宽1.6米，高2.8米，断面夯土为红褐色，较坚硬。夯层厚8厘米。

第三段，G331—G332，长311米。南北向。此段大部已被平毁，现为机耕土路，外侧为高2～5米的斜坡状土坎，其下临葫芦河谷。止点为河道崩塌处（图二〇一）。

第四段，G332—G333，长244米。消失。东北—西南向。此段墙体因葫芦河道崩塌被毁，已消失无存。

第五段，G333—G334，长347米。东北—西南向。此段大部墙体已毁，起点断面处仍有夯层痕迹，此处残存墙体长5、高0.3～0.5米。

第六段，G334—G335，长227米。南北向。此段大部地表已无墙体痕迹，仅起点处残留一段墙体，长33、底宽3.2、顶宽2.8米，高2.6米。夯层厚8～9厘米。止点为河道崩塌处。

第七段，G335—G336，长343米。消失。南北向。此段墙体因葫芦河道崩塌被毁而消失无存。止点为河道南端断面处。

（三）保林村战国秦长城墙体及敌台（编码640422382101020012；编号XQ012）

此段墙体自将台乡靳家堡子村西葫芦河东岸消失墙体南侧（G336点）开始，至将台乡保林村202省道300.6千米界碑东侧墙体消失处（G340点）截止，沿葫芦河东岸由北向南延伸，全长1480米。方向呈南北向，整体保存状况差。

该段沿线为河谷平地，地势平缓，落差不大，墙体大部尚存，保留1座敌台。残存墙体夯层内夹杂大量砂石，马莲河与葫芦河在该段墙体止点南侧交汇。按其走向特征分为四段（图二〇七；彩图三二七）。

第一段，G336—G337，长222米。该段墙体大部被损毁，残存部分呈土垅状，残高不足0.4米。仅止点处残留一小段墙体，残高1、残宽0.5米。夯层厚5～10厘米。

第二段，G337—G338，长435米。此段墙体地表呈现断断续续的土垅状，仅在止点处残留一段墙体，由砂石土与红黏土混合夯筑。残长12、残宽3.8米，残高1.6米。夯层厚9～13厘米。

第三段，G338—G339，长431米。此段墙体大部因河道崩塌而被毁，局部断面可见夯层痕迹，仅止点处保留一座敌台，即保林村敌台（XD010）。

第四段，G339—G340，长392米。此段仅在202省道东侧地表隆起一段，似为墙体残留痕迹。

保林村战国秦长城敌台（编码640425352101170001；编号（XD010）

该敌台处于保林村战国秦长城墙体中部第三段止点处，位于将台乡保林村202省道300千米界碑以西200米处（G339点），南距赵李村敌台（XD011）4.5千米。

该敌台黄土夯筑而成，台体高大，呈土丘状，整体保存状况一般。该敌台两端长城墙体均已损毁无存。台体四壁底部四周均被铲削取土以增大耕地面积，铲削处因风雨侵蚀，已布满风蚀孔洞及带状凹槽、小型雨蚀壕。台体西北侧为陡坡，南北壁中下部被人为铲削，有一处人为掏挖塌陷窑洞。台顶平坦，中部掏挖有凹坑，表面长满杂草。

敌台底部东西长 15、南北宽 11 米，台顶东西长 4、南北宽 5 米，台高 5.4 米。南壁坑洞宽 1、高 0.6、进深 2.6 米。夯层 7～8 厘米（图二〇八；彩图三二八）。

（四）东坡村战国秦长城墙体（编码 640422382101020013；编号 XQ013）

G340—G341，长 4061 米。消失。

此段墙体自将台乡保林村 202 省道 300.6 千米界碑东侧墙体消失处（G340 点）开始，至将台乡东坡村赵李自然村西赵李村敌台（XD011、G341 点）处截止，沿葫芦河东岸延伸，全长 4061 米。方向呈南北向，地势东北高西南低。因葫芦河泛滥、河床改道以及平田整地造成地表墙体已无存，但经询问当地老乡以及走访参加过第二次全国文物普查工作的原将台乡文化站王秉忠老先生，墙体走向基本可以确认，北段分布有 2 座消失敌台（图二〇九；彩图三二九）。

（五）赵李村战国秦长城墙体及敌台（编码 640422382101020014；编号 XQ014）

G341—G342，长 2022 米。保存状况差。

此段墙体自将台乡东坡村赵李自然村西 XD011 处（G341 点）开始，至将台乡朱家堡子村西南 1 千米葫芦河东岸（G342 点）截止，沿葫芦河东岸延伸，方向北—南。

该段因葫芦河泛滥、河床改道以及平田整地使地表墙体大部无存，仅赵李村西上村 1 处敌台。敌台北侧原有数百米墙体，现多已平毁无存，残存痕迹断断续续，呈土垄状；地势北高南低，落差较大。据当地老乡介绍，此段 20 世纪 60～70 年代尚有墙体断续存在，今地表上已平毁无存，仍残留墙基痕迹。在赵李村敌台以北 500 米处也曾有敌台存在，后均因农业合作社及包产到户进行农田建设而被平毁。现墙基处地表微隆，为田间机耕道路（图二一〇；彩图三三〇）。

赵李村战国秦长城敌台（编码 640422352101020011；编号 XD011）

该敌台处于赵李村战国秦长城墙体北端起点处，位于将台乡东坡村赵李自然村西（G341 点），当地人称"长城蛋蛋"。地处农耕地，损毁严重，现残存平面破坏呈不规则形，整体保存状况差。南距王家河村战国秦长城敌台（XD012）6.5 千米。

敌台台体四壁多被人为铲削，拓宽为耕地；现存台体顶部坍塌崩毁，裂隙较多，东、西壁仅残存下底部；南壁铲削，壁面较直，表面布满风蚀洞及带状凹槽，台体两端长城墙体均已损毁无存。台体外围现种植玉米。

敌台底部东西长 7、南北宽 4 米，敌台最高处为 2.8 米。夯层厚 10 厘米。以东壁为基准方向 210°（图二一一；彩图三三一）。

（六）兴隆镇西郊战国秦长城墙体及敌台（编码 640422382101020015；编号 XQ015）

G342—G343，长 4634 米。消失。

此段墙体自将台乡朱家堡子村西南 1 千米葫芦河东岸（G342 点）开始，至兴隆镇王家河村东南 1.5 千米葫芦河东岸王家河村敌台（XD012）处截止，沿葫芦河东岸延伸，全长 4634 米。方向呈南北向。该段所处地势较平缓，落差不大。此段因葫芦河河水泛滥、河床改道以及平田整地使墙体消失无存，仅在止点处残存 1 座敌台，即王家河村敌台（XD012），墙体则消失殆尽（图二一二；彩图三三二）。

王家河村战国秦长城敌台（编码 640422352101020012；编号 XD012）

该敌台处于兴隆镇西郊战国秦长城墙体南端止点处，位于兴隆镇王家河村西南葫芦河东岸台地上

（G343点）。北距赵李村战国秦长城敌台（XD011）6.5千米。

该敌台处于河岸耕地内，损毁严重，当地人称"圪垯蛋蛋"。现残存平面略呈长方形，整体保存状况较差。台体由河砂土夯筑而成，夯层内夹杂俗称"料姜石"的钙质结核颗粒较多，现存台体东壁斜缓，长满杂草，台体两侧长城墙体均已损毁无存。其余壁面被人为铲削为峭壁，以拓宽耕地面积，壁面分布风蚀孔洞、凹槽及雨蚀壕，夯层清晰可见。

敌台底部东西长6、南北宽2.6米，台高2.6米。夯层厚10～14厘米（图二一三；彩图三三三）。

第三节　王家河—北峡口段战国秦长城墙体及敌台

王家河—北峡口段战国秦长城墙体紧靠葫芦河东岸山坡呈南北向修筑，大部被河流冲刷崩塌及人为取土建房损毁，遗迹保存最少。调查墙体6段，全长15.046千米，实际保存墙体仅1.249千米。

（一）单家集战国秦长城墙体（编码640422382101020016；编号XQ016）

G343—G344，长4307米。消失。

此段墙体自兴隆镇王家河村东南1.5千米葫芦河东岸王家河村敌台（XD012）处开始，至兴隆镇张结子村北1千米处202省道东侧（G344点）截止，全长4307米。方向呈西北—东南向。该段地形相对开阔，葫芦河蜿蜒摆动，大部为河谷平川地，地势平坦，河水泛滥、河床改道现象明显，地表调查未发现墙体痕迹，询问当地百姓亦不知有长城存在（图二一四；彩图三三四）。

（二）张结子村战国秦长城墙体（编码640422382101020017；编号XQ017）

G344—G345，长2831米。消失。

此段墙体自兴隆镇张结子村北1千米处202省道东侧（G344点）开始，至兴隆镇下堡子村小学西202省道东侧（G345点）截止，沿葫芦河东岸山梁西麓延伸，全长2831米。方向呈东北—西南向。该段沿线村庄延续，人口密集，山前坡地因拓展耕地多被铲削，墙体已消失无痕。该段沿线在张结子村处发现有堡寨夯墙，损毁严重，村北山坡上发现有宋金砖室墓葬。村内居民为清末陕西籍回族移民，对堡寨历史及长城走向不甚了解（彩图三三五）。

（三）玉桥村战国秦长城墙体（编码640422382101020018；编号XQ018）

G345—G346，长3382米。消失。

此段墙体自兴隆镇下堡子村小学西202省道东侧（G345点）开始，至兴隆镇玉桥村南500米202省道东侧（G346点）截止，沿葫芦河东岸山梁西麓延伸，长3382米。方向呈东北—西南向。该段葫芦河紧靠山体流淌，东侧河岸山坡侵蚀坍塌严重，沿线村落密集，202省道穿村而过，山前坡地因拓展耕地及居民修建窑洞院落、建房取土多被铲削，现为较高的山体断崖，未发现墙体痕迹（图二一五；彩图三三六）。

（四）黄岔村战国秦长城1段墙体（编码640422382101020019；编号XQ019）

G346—G348，长1798米。消失。

此段墙体自兴隆镇玉桥村南500米202省道东侧（G346点）开始，至兴隆镇黄岔村二组墙体消失处（G348点）截止，沿葫芦河东岸山梁西麓延伸，全长1798米。方向呈东北—西南向。该段地势较平缓，落差不大，按其走向特征分为二段（图二一六）。

第一段，G346—G347，长1177米。该段沿线村庄延续，人口密集，山前坡地因拓展耕地多被铲削，墙体已消失无痕。

第二段，G347—G348，长 621 米。该段墙体起点处为黄岔村 2 队清真寺大门口，墙体可能被黄岔村当地村民修建房舍和平整农田时平毁。止点在黄岔村 2 队一处近代民堡，现残存南墙和西墙。

（五）黄岔村战国秦长城 2 段墙体（编码 640422382101020020；编号 XQ020）

此段墙体自兴隆镇黄岔村二组墙体消失处（G348 点）开始，至兴隆镇黄岔村二组西南 1.5 千米葫芦河拐弯处（G350 点）截止，沿葫芦河东岸山梁西麓延伸，全长 1112 米。方向呈东北—西南向。该段沿线村庄延续，人口密集，山前坡地因拓展耕地多被铲削，墙体大部已无痕迹，局部断面处断续保存有夯层迹象。地势东北低西南高，落差较大，按其走向特征及保存现状分为二段（彩图三三七）。

第一段，G348—G349，长 566 米。保存状况差。东北—西南向。此段墙体沿黄岔村东侧山边台地由北向南延伸，残损严重，止点向北约 50 米处暴露夯层断面，长约 8 米，北低南高，夯层呈倾斜状，夯层内夹杂有瓦砾层，夯层厚 8～10 厘米，夯层断面底部有人工掏挖的小窑洞。止点处西侧为河道，墙体距河道 26 米。夯层断面南端西侧断崖处暴露有灰坑迹象，里面夹杂有素面瓦片。

第二段，G349—G350，长 546 米。消失。东北—西南向。此段墙体处现为河道地段，被葫芦河冲毁。起点南约 20 米处有一东西向水冲沟。此段西侧为葫芦河河滩平地，东侧为山丘。止点为一拐点。

（六）东台村战国秦长城墙体（编码 640422382101020021；编号 XQ021）

此段墙体自兴隆镇黄岔村二组西南 1.5 千米葫芦河拐弯处（G350 点）开始，至兴隆镇东台村南虎岔沟北与甘肃省静宁县交界处（G0355 点）截止，沿葫芦河东岸山梁西麓延伸，全长 1616 米。方向呈南北向。

该段所处地势东北高西南低，中间除葫芦河道崩毁以及平田毁坏外，沿山麓发现两段夯土迹象墙体，夯层明显，夹杂有宋代的凸点纹陶片。按其走向特征及保存现状分为五段（彩图三三八）。

第一段，G350—G351，长 199 米。保存状况差。南北向。此段墙体处于葫芦河东岸山坡上，岸壁陡峭，沟壑纵横，沿线断面处断续有夯层痕迹。

第二段，G351—G352，长 359 米。消失。南北向。此段墙体位于葫芦河东侧宽 5～10 米的台地上，台地表面散落有陶瓦片和灰陶罐腹残片，台地距葫芦河底部约 15 米，距东侧山顶高约 80 米。G351 点东侧为山顶断崖，西侧红砂土斜坡断面发现有灰坑遗迹，坑内为灰土，包含物为碎骨及灰陶片，在此处采集灰陶板瓦片两件。

第三段，G352—G353，长 419 米。消失。东北—西南向。此段墙体已进入河道拐弯地段，被葫芦河冲毁。

第四段，G353—G354，长 484 米。保存状况差。南北向。此段墙体沿东台村东侧的山脚下台地由北向南延伸。其中在 G354 点处，即东台村东侧山脚底部一村民院落内窑洞口顶部坍塌处发现有清晰的夯层痕迹，夯层厚 8～9 厘米，夯层内夹杂有陶片和骨头等遗物，断面坍塌较为严重，有树木根系和杂草根系扎入断面夯层内，断面底部有人工掏挖的痕迹，窑洞门口坍塌下来的土块上也有夯层痕迹。此村为汉族聚居村落，据村内老者介绍，此处原有一处较大的圆形墩台，村名因此而来，后来由于村民掏挖窑洞、取土等活动墩台被破坏殆尽，取土中出土过灰陶绳纹大板瓦等遗物。此墩台可能为长城敌台。

第五段，G354—G355，长 155 米。消失。南北向。此段处于东台村东南山坡台地上，西距葫芦河崖畔约 50 米，地表为梯田耕地，没有发现墙体残存痕迹。止点处虎岔沟为宁夏甘肃省界，虎岔沟为一东西向的侵蚀沟谷，此沟以南即进入甘肃省静宁县境内北峡口一带。

第四节　西吉县战国秦长城沿线关堡

西吉县战国秦长城沿线调查相关关堡 2 座。

（一）明台村城障（编码 640422353102020005；编号 XB005）

该城障位于将台乡明台村东北平地上，处于战国秦长城南侧，城障地形稍高于周围地表，现呈高台状。平面略呈长方形，四周城墙现仅存西墙及东墙南段，其余损毁无存。东墙为加砂石的黄土夯筑，现呈地坎状。西墙地表尚存北段，墙体宽大，顶部较平。南北墙处现均为地坎，地表无墙体痕迹。地表散布陶片以绳纹筒瓦、板瓦为主。

该城障北距长城约 20 米，占地面积约 2000 平方米，东墙残长 34.5 米，内高 0.3、外高 1.6 米。西墙长 63、基宽 6 米，高 1.2 米，外侧斜坡地坎高 2.6 米。墙体夯层厚 10 厘米（图二一七；彩图三三九）。

（二）将台城址（编码 640422353102040006；编号 XB006）

该城址位于将台乡马莲河与葫芦河交汇处的河谷平地上，两侧为高山，西北侧战国秦长城呈半拱形绕经该城。202 省道南北向从中间贯穿，东西两侧墙体及南墙外壕堑保存尚好。南北墙大部被毁，城内东北角有一处夯土城圈，内有夯土高台，当地百姓称为"衙城"。整体保存状况较差。城址北距明台村战国秦长城约 350 米。附近发现有汉代砖室墓葬。

城址平面大致呈方形，东西向，城墙四周有环壕，城内东北部有"衙城"。城墙周长约 2200 米，占地面积约 30.2 万平方米。东墙自南向北 210 米的墙体现呈地坎状，外侧地坎高 2 米，夯层明显，以北墙体现已无存。东墙长 555、宽 7.3 米，高 2.1 米。南墙现被平毁为田间土路，略高于周围耕地，外

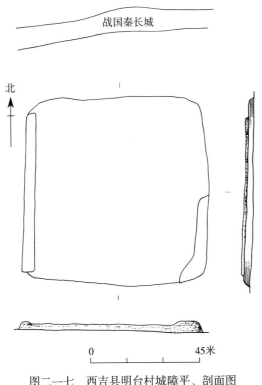

图二一七　西吉县明台村城障平、剖面图

高 2.5 米。西墙南端有 127 米被毁、西北角有 80 米残失，其余部分保存相对较好，墙体宽大，内壁较直，外侧为斜坡。墙体外侧底部呈半圆形向外弧拱，平夯，夯层较薄，内夹黑土颗粒及粗砂砾。西墙长 550、底宽 7.4 米，高 2.5～5.5 米，夯层厚 7～16 厘米。北墙被道路与砖房等侵占，现地表已无痕迹。城内东北角有"衙城"。大致呈方形，南墙保存较好，西墙北端已被毁。西南角处高达 5 米。衙城内较外城地面高出 1 米。衙城南墙长 80、底宽 7 米，高 2.4～5 米，西墙残长 86 米。地表有较多的绳纹砖、瓦残片。西门距城墙西北角 363 米，现被两侧倒塌墙体淤塞。现存豁口宽 15 米。城四面环壕，东墙外侧壕沟南端有部分保留，其余均被填平，北段壕沟内现开辟有一道宽 5 米的泄洪沟渠。南墙外壕沟较宽，但深度较浅，现为耕地。壕宽 23、深 1.5～2.5 米。西墙外侧壕沟也保存尚可，壕底宽平，现为耕地。北墙外壕沟东段（公路以东）保存较好，壕沟底现被深挖为泄洪渠，口宽 10、深 5.5 米。西段壕沟被填平为道路。城内西、南部为耕地，东北部有马铃薯交易市场、淀粉厂、粮站等企业，北墙外侧为明台村。城内地表遗物除秦汉绳纹板瓦等常见外，宋代黑、白釉瓷片，素面板瓦等遗物也较多见。该城址处于西夏从海原一带沿葫芦河南下攻宋的交通要道上，可能在宋夏时期得以维修沿用（图二一八；彩图三四〇～三四二）。

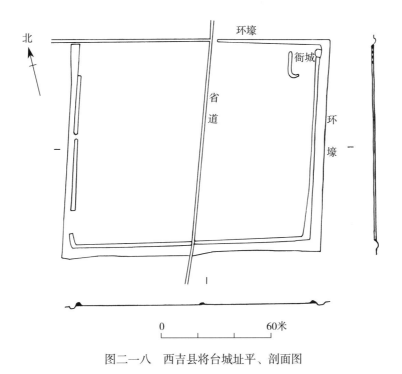

图二一八　西吉县将台城址平、剖面图

第五章
宁夏战国秦长城遗物

宁夏战国秦长城沿线遗物分布较丰富，主要为陶质建筑材料及日用陶器。墙体沿线及敌台附近常见绳纹筒板瓦残片，城障及城址附近发现有日用陶器。主要对敌台附近及保存状况好，具有典型代表性的遗物采集留存标本，在室内进行了类型分析、照相、绘图、拓片等后续调查工作，一般遗物现场进行了类型分析与登记记录。墙体走向明确，遗物雷同的一般多记录，少采集；对于墙体保存状况不佳甚至消失段发现有相关遗物的，多作为墙体走向证据予以记录采集。调查共采集登记各类战国秦汉时期标本342件。按功用类型及质地可分为建筑材料、日用陶器以及其他遗物三类（表六）。

表六　宁夏战国秦长城沿线采集遗物统计表

种类	数量	百分比（%）	类别	数量	百分比（%）
板瓦	152	44.4	建筑材料（磨石归入其他类）	255	74.5
筒瓦	73	21.3			
瓦当	19	5.6			
砖	7	2.1			
水管	1	0.3			
石器	4	1.2			
陶器	83	24.2	陶器	83	24.2
铁器	2	0.6	其他	4	1.3
钱币	1	0.3			
合计	342	100		342	100

一 建筑材料

宁夏战国秦长城沿线调查采集登记的建筑材料主要有板瓦、筒瓦、瓦当以及砖石块等物。

1. 板瓦

属战国秦长城沿线调查采集登记遗物最多，共采集152件，依瓦身鼓面压印纹饰主要分为绳纹、横带纹两种，其中以绳纹板瓦居多，约占采集总数的7成；而据陶色统计，灰陶板瓦约占总数的9成左右（表七）。残存较大的板瓦一端压印横带纹或绳纹上加饰弦纹，部分瓦身残留有从凹面向外戳刺用以安装瓦钉的圆形孔眼，瓦身压印纹饰与戳刺孔眼皆为使板瓦安装方便与粘附牢固的必要工序。从瓦身弧度及瓦身两侧瓦翅残留由内向外的分掰划痕复原推断，此类板瓦皆由筒型陶坯四剖制成。

表七 宁夏战国秦长城沿线调查采集板瓦统计表

类型（数量 / %）			陶色（红 / 灰）			
A 型	Aa	26	17.1	1	0.7	25	16.4
	Ab	29	19.1	2	1.3	27	17.7
	Ac	21	13.8	2	1.3	19	12.5
	Ad	27	17.7	6	3.9	21	13.8
	Ae	3	2.0	0	0	3	2.0
B 型		46	30.3	3	2.0	43	28.4
合计		152	100	14	9.2	138	90.8

A 型，绳纹板瓦，共采集106件，摹印拓片37件。鼓面绳纹依压印工具有粗、中、细之分，依压印方法有竖、斜、交错、抹光等差别。根据瓦身凹面的纹饰分为五个亚型。

Aa 型，凹面压印凸点或麻点纹。12件拓片，14件登记，1件为红陶。

标本采：106，阳儿堡1段墙体采集，瓦身残块，鼓面压印中绳纹，凹面压印凸点纹，残长15、残宽9厘米（图二一九，1、2）。标本采：128，王堡村城障采集，瓦身残块，鼓面压印交错中绳纹，凹面压印麻点纹，残长27、残宽23厘米（图二一九，3、4）。标本采：174，滴滴沟1段墙体采集，瓦身残块，鼓面压印中绳纹，凹面压印筐点纹，残长22、残宽21厘米（图二一九，5）。标本采：218，阎家庄城障采集，瓦身残块，鼓面压印交错中绳纹，凹面压印凸点纹，残长21.5、残宽17厘米（图二一九，6、7）。标本采：223，阎家庄城障采集，瓦头残块，鼓面瓦头压印横带纹，瓦身压印交错中绳纹，凹面瓦头布纹，瓦身压印麻点纹，残长18、残宽16.7厘米（图二一九，8、9）。

残存较大的瓦身鼓面压印交错中绳纹，瓦头压印横带纹，内有麻点纹。标本采：201，孙家庄敌台采集，瓦身残块，残长22、残宽27厘米（图二二〇，1；彩图三四三、三四四）。标本采：202，孙家庄敌台采集，瓦头残块，鼓面压印横带纹，残长22、残宽18.5厘米（图二二〇，2；彩图三四五）。标本采：219，阎家庄城障采集，瓦身残块，鼓面瓦头一端横带纹，瓦身粗绳纹，凹面瓦

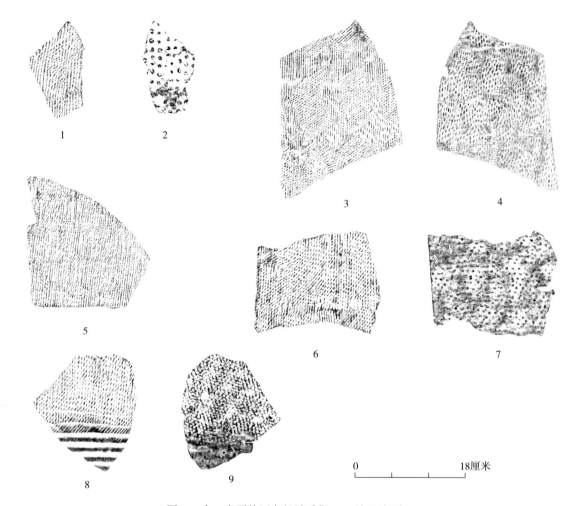

图二一九　宁夏战国秦长城采集 Aa 型板瓦拓片

1. 采: 106 鼓面　2. 采: 106 凹面　3. 采: 128 鼓面　4. 采: 128 凹面　5. 采: 174 鼓面　6. 采: 218 鼓面　7. 采: 218 凹面　8. 采: 223 鼓面　9. 采: 223 凹面

身麻点纹，瓦头横带纹，残长 25、残宽 16.5 厘米（图二二〇，3、4；彩图三四六、三四七）。标本采：240，海子峡城障采集，瓦头残块，残长 17、残宽 19.5 厘米（图二二〇，5）。标本采：317，将台城址采集，瓦头残块，鼓面压印粗绳纹，凹面压印麻点纹，残长 25、残宽 20.5 厘米（图二二〇，6、7；彩图三四八、三四九）。

Ab 型，凹面压印网格纹。11 件拓片，18 件登记，2 件为红陶。

标本采：8，糜岔塬村战国秦长城 2 号敌台采集，鼓面细斜绳纹一端压印横弦纹，残长 14.5、残宽 23.5 厘米（图二二一，1）。标本采：43，白岔村战国秦长城 4 号敌台采集，瓦头残块，鼓面压印交错中绳纹，残长 11、残宽 12.7 厘米（图二二一，2、3）。标本采：44，姚湾村战国秦长城墙体采集，瓦身残块，鼓面压印交错中绳纹，残长 9、残宽 14.5 厘米（图二二一，4、5）。标本采：68，余崾岘村战国秦长城 2 号敌台采集，瓦身残块，鼓面压印中绳纹，凹面压印网格凸点纹，残长 35、残宽 24 厘米（图二二一，6、7）。标本采：80，三岔口战国秦长城敌台采集，瓦头残块，鼓面压印粗绳纹，瓦口抹光，残长 18、残宽 21.5 厘米（图二二二，1、2）。标本采：145，党岔村战国秦长城 3 号敌台采集，红陶，鼓面为中斜绳纹，残长 25、残宽 18.5 厘米（图二二二，3、4）。标本采：147，党

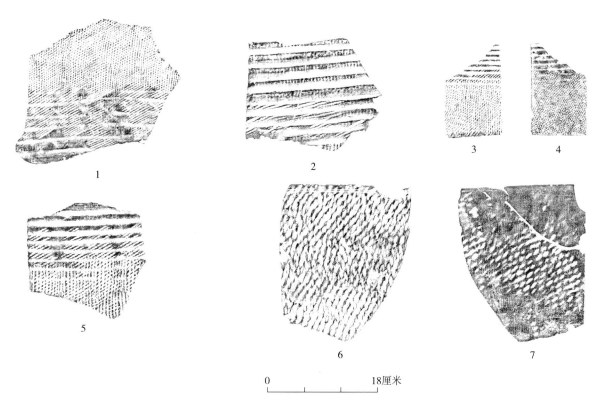

图二二〇　宁夏战国秦长城采集 Aa 型板瓦拓片

1. 采：201 鼓面　　2. 采：202 鼓面　　3. 采：219 鼓面　　4. 采：219 凹面　　5. 采：240 凹面　　6. 采：317 鼓面　　7. 采：317 凹面

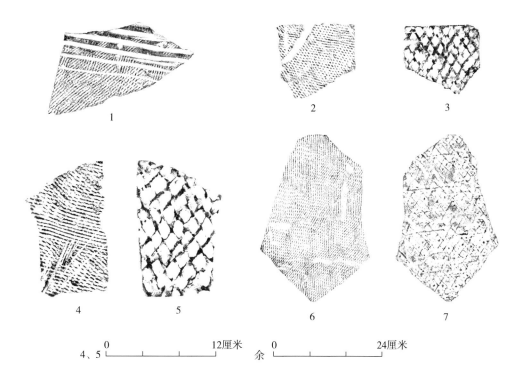

图二二一　宁夏战国秦长城采集 Ab 型板瓦拓片

1. 采：8 鼓面　　2. 采：43 鼓面　　3. 采：43 凹面　　4. 采：44 鼓面　　5. 采：44 凹面　　6. 采：68 鼓面　　7. 采：68 凹面

岔村战国秦长城 4 号敌台采集，瓦头鼓面为横带纹上拍印斜绳纹，瓦身部交错中绳纹，凹面压印网格纹，残长 23.5、残宽 21 厘米（图二二二，5、6；彩图三五〇、三五一）。标本采：158，白岔村战国秦长城 4 号敌台采集，瓦身残块，鼓面斜中绳纹，凹面网格纹，残长 9、残宽 13.5 厘米（图二二三，1、2）。标本采：175，滴滴沟 1 段长城采集，鼓面瓦头横带纹较宽，瓦身交错中绳纹，内有网格纹，残长 25、残宽 11.5 厘米（图二二三，3）。标本采：184，阎家庄城址采集，瓦身残块，鼓面瓦口一段残留横带纹，瓦身为细绳纹，凹面网格纹，残长 10.7、残宽 17.5 厘米（图二二三，4）。标本采：194，后磨河城障，瓦身残块，鼓面中绳纹，内有网格纹，残长 20.3、残宽 13 厘米（图二二三，5、6）。

Ac 型，凹面压印网格纹及凸点纹。4 件拓片，17 件登记，2 件为红陶。

标本采：146，党岔城障采集，瓦头残块，鼓面中绳纹，凹面网格纹附加粗绳纹，残长 23、残宽 23 厘米（图二二四，1、2）。标本采：151，余嵝岘村战国秦长城 2 号敌台采集，瓦头残块，鼓面斜向中绳纹，凹面网格纹附加圆圈纹，残长 11.5、残宽 19 厘米（图二二四，3、4）。标本采：226，海子峡口城障采集，瓦头残块，鼓面斜向中绳纹，内有网格纹附加圆点纹，残长 15.5、残宽 14 厘米（图二二四，5、6）。标本采：341，王堡村城址采集，瓦身残块，鼓面粗绳纹，凹面网格纹内有凸点纹，残长 14、残宽 11 厘米（图二二四，7、8）。

Ad 型，凹面压印布纹。10 件拓片，17 件登记，6 件为红陶。

标本采：3，糜岔塬村战国秦长城 2 号敌台采集，瓦头残块，鼓面竖向粗绳纹上压印数道横带纹，凹面压印麻布纹，残长 15、残宽 14 厘米（图二二五，1、2）。标本采：66，杨小庄战国秦长城敌台采集，瓦身残块，鼓面竖向中粗绳纹上压印横向抹纹，残长 23.2、残宽 28.6 厘米（图二二五，3）。标本采：69，花子沟圈战国秦长城 3 号敌台采集，板瓦，瓦头残块，鼓面压印细绳纹，残长 25.5、残宽 21.5 厘米（图二二五，4；彩图三五二）。标本采：93，上黄村战国秦长城墙体采集，瓦头鼓面为横带纹，凹面压

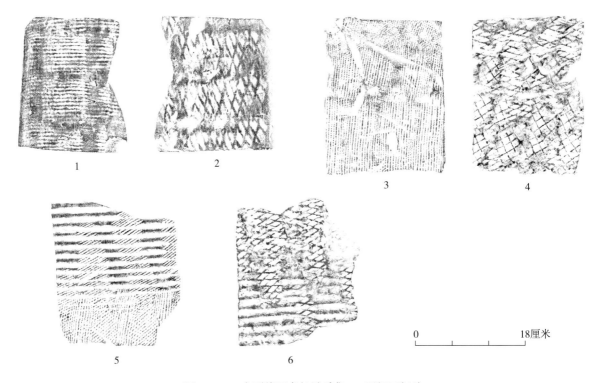

图二二二　宁夏战国秦长城采集 Ab 型板瓦拓片

1. 采：80 鼓面　2. 采：80 凹面　3. 采：145 鼓面　4. 采：145 凹面　5. 采：147 鼓面　6. 采：147 凹面

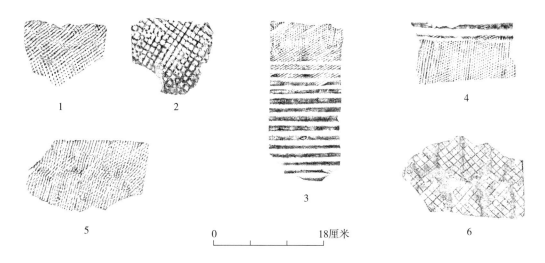

图二二三　宁夏战国秦长城采集 Ab 型板瓦拓片
1.采：158 鼓面　2.采：158 凹面　3.采：175 鼓面　4.采：184 鼓面　5.采：194 鼓面　6.采：194 凹面

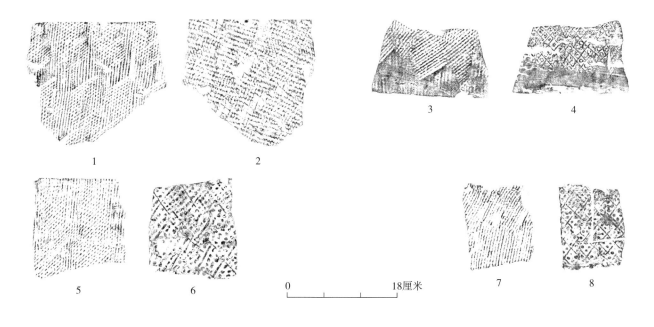

图二二四　宁夏战国秦长城采集 Ac 型板瓦拓片
1.采：146 鼓面　2.采：146 凹面　3.采：151 鼓面　4.采：151 凹面　5.采：226 鼓面　6.采：226 凹面　7.采：341 鼓面　8.采：341 凹面

印布纹；瓦身鼓面为交错中绳纹，凹面压印凸点纹，残长 40、残宽 38 厘米（图二二五，5、6；彩图三五三）。标本采：94，上黄村战国秦长城墙体采集，瓦身残块，鼓面为斜向中绳纹，残长 29、残宽 39 厘米（图二二六，1）。标本采：130，王堡村城址采集，瓦身残块，鼓面压印细绳纹，残长 12.5、残宽 17.2 厘米（图二二六，2）。标本采：159，坡头村战国秦长城墙体采集，瓦身残块，鼓面竖向篮纹，凹面麻布纹，残长 10.5、残宽 13.2 厘米（图二二六，3、4）。标本采：187，沙窝 5 段长城采集，瓦身残块，鼓面压印中绳纹，残长 23.5、残宽 16 厘米（图二二六，5）。标本采：300，孙家庄敌台采集，板瓦，瓦头残块，鼓面交错绳纹上压印横弦纹，前端绳纹抹光，凹面细布纹上有一阳文戳印陶文，似“日”，残长 17、残宽 17、戳印陶文高 2、宽 1.5 厘米（图二二六，6、7）。标本采：310，将台

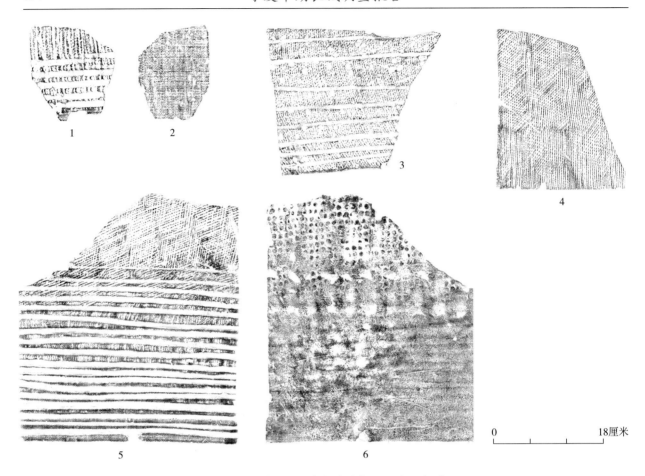

图二二五　宁夏战国秦长城采集 Ad 型板瓦拓片

1. 采: 3 鼓面　2. 采: 3 凹面　3. 采: 66 鼓面　4. 采: 69 鼓面　5. 采: 93 鼓面　6. 采: 93 凹面

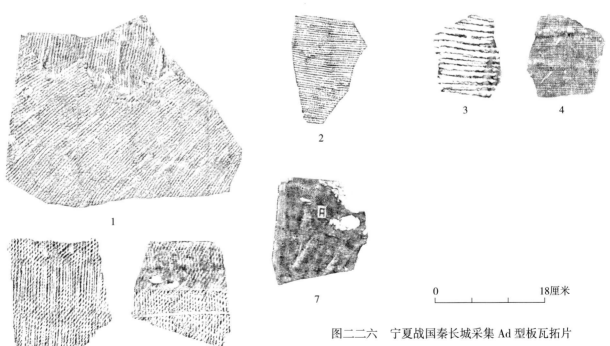

图二二六　宁夏战国秦长城采集 Ad 型板瓦拓片

1. 采: 94 鼓面　2. 采: 130 鼓面　3. 采: 159 鼓面　4. 采: 159 凹面　5. 采: 187 鼓面　6. 采: 300 鼓面　7. 采: 300 凹面

古城采集,瓦头残块,鼓面中绳纹上一道横向凹弦纹,残长22、残宽20厘米(图二二七,1)。标本采:338,北什里城障采集,瓦身残块,鼓面细绳纹,凹面麻布纹,残长23.5、残宽14.2厘米(图二二七,2)。标本采:340,北什里城障采集,瓦身残块,鼓面压印斜粗绳纹,凹面瓦头麻布纹,瓦身斜粗绳纹及麻点纹,残长15.5、残宽12厘米(图二二七,3、4)。标本采:342,北什里城障采集,瓦头残块,鼓面压印粗绳纹,内有抹纹,残长14、残宽10.5厘米(图二二七,5)。

Ae 型,凹面压印绳纹,数量较少,登记4件。或为完整板瓦一端或瓦身凹面局部残片。

B 型,横带纹板瓦,46件。3件拓片,43件登记,3件为红陶。瓦身略薄,瓦面波折,依带纹宽窄、横斜、波折程度有弦纹、篮纹、带纹、竹节纹等差别,少数带纹表面有压印绳纹、戳刺纹等附加纹饰,部分带纹窄密者或为绳纹板瓦的一端残片。瓦身凹面的纹饰少见网格纹,其余纹饰与绳纹板瓦雷同。

标本采:101,水泉村城障采集,瓦头残块,鼓面粗鼓弦纹,凹面凹弦纹,残长22、残宽14厘米(图二二八,1)。标本采:148,后磨河村城障采集,红陶,瓦头残块,残长20、残宽16厘米(图二二八,2;彩图三五四、三五五)。标本采:222,后磨河城障采集,鼓面横带纹,残长14.5、残宽16厘米(图二二八,3)。标本采:227,马其沟城障采集,瓦头鼓面一端横带纹上压印粗斜绳纹,残长12.5、残宽12厘米(图二二八,4)。

2. 筒瓦

共采集73件,其中3件为红陶,其余均为泥质灰陶。唇沿较宽,瓦筒厚重,部分残连前端瓦当。外饰纵向绳纹,有粗细之分,内壁饰麻布纹或麻点纹。摹印拓片5件。

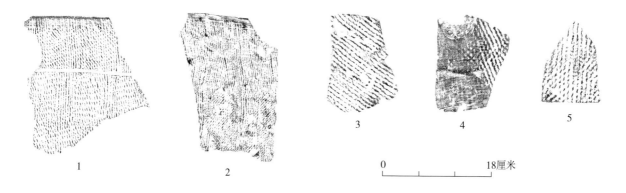

0 ———————— 18厘米

图二二七　宁夏战国秦长城采集 Ad 型板瓦拓片

1. 采:310 鼓面　2. 采:338 鼓面　3. 采:340 鼓面　4. 采:340 凹面　5. 采:342 鼓面

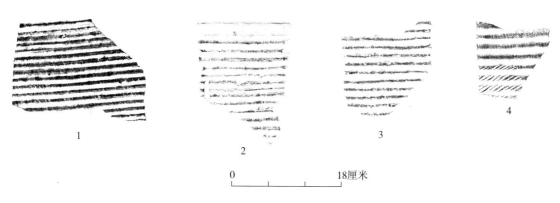

0 ———————— 18厘米

图二二八　宁夏战国秦长城采集 B 型板瓦拓片

1. 采:101 鼓面　2. 采:148 鼓面　3. 采:222 鼓面　4. 采:227 鼓面

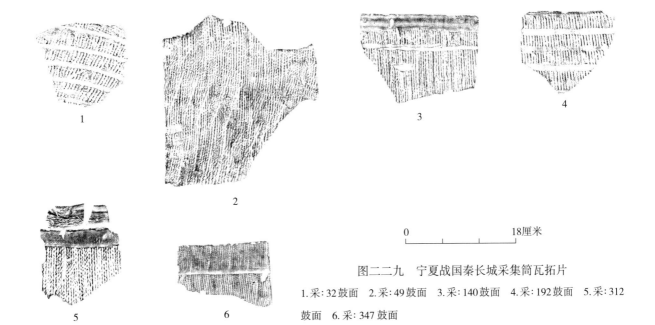

图二二九　宁夏战国秦长城采集筒瓦拓片

1.采：32 鼓面　2.采：49 鼓面　3.采：140 鼓面　4.采：192 鼓面　5.采：312
鼓面　6.采：347 鼓面

标本采：32，草滩村城障采集，鼓面粗绳纹上等距饰横带纹，残长15、唇宽3厘米（图二二九，1）。标本采：49，张沟圈城址采集，瓦身残块，鼓面中绳纹，凹面横细篮纹，残长27、残宽25.5厘米（图二二九，2；彩图三五六、三五七）。标本采：140，王堡村城址采集，宽唇，鼓面粗绳纹附加抹纹，残长19、唇宽3厘米（图二二九，3；彩图三五八）。标本采：192，后磨河城障采集，瓦身残块，鼓面中绳纹上压印横向束带纹，残长13.5、残宽15.5厘米（图二二九，4）。标本采：288，后磨河城障采集，短唇鼓面前端绳纹抹光（彩图三五九）。标本采：312，樊西堡1号城址采集，宽唇，外有中绳纹，内有麻布纹，残长16、唇宽4厘米（图二二九，5）。标本采：347，北什里城址采集，瓦身残块，鼓面细绳纹，一端抹压，残长10.7、残宽15.6厘米（图二二九，6）。标本采：245，海子峡城障采集，宽唇，粗绳纹（彩图三六〇）。

3. 瓦当

共采集19件，其中6件为较小碎片，部分后端残留筒瓦。多数采集于阎家庄、后磨河等城障。依当面纹饰分为云纹、涡纹、虎纹三种，以前两类居多。当面图案与陕西关中地区先秦时期同类遗物相似 [1]，其中当面由边轮向当心圆卷曲的反云纹或反涡纹瓦当较有地域特色。

云纹瓦当，11件，均拓片。圆形瓦当，边轮内有一周凸弦纹，当心圆内饰斜格纹。当面主体纹饰为云纹。依云纹卷曲方向分为两型。

A 型，8件，均残半。当面云纹由当心圆向外卷曲。

标本采：2，糜岔塬村战国秦长城2号敌台采集，残半，边轮较窄，残径10.8、当心圆径3.4、边轮宽0.5、厚1.3厘米（图二三〇，1）。标本采：249，阎家庄城障采集，残径11.2、当心圆径3.6、边轮宽0.5、厚0.8厘米（图二三〇，2、图二三一，1；彩图三六一）。标本采：250，阎家庄城障采集，残径5.4、边轮宽0.9、厚1.2厘米（图二三一，2；彩图三六二）。标本采：292，阎家庄城址采集，当心圆残失，后接筒瓦残留较大。残长22、当面残径15.8、边轮宽0.5、厚1.6厘米（图二三一，3；彩图三六三）。标本采：293，阎家庄城址采集，当心圆残失，后残接筒瓦残长9.5、当面残径15、边

---

[1]　申云艳：《中国古代瓦当研究》，文物出版社，2006年，第11～28页。

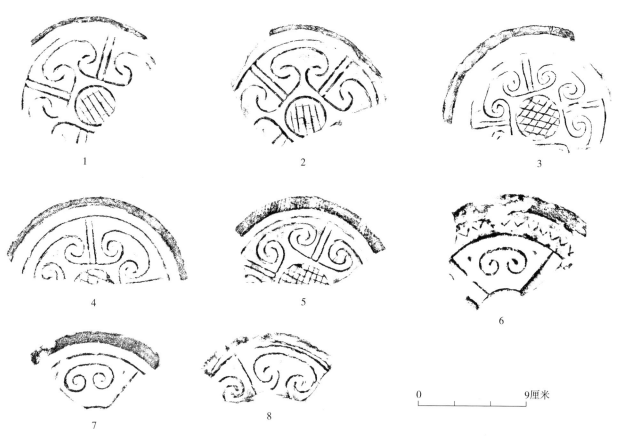

图二三〇　宁夏战国秦长城采集云纹瓦当拓片

1.A 型采：2　2.A 型采：249　3.A 型采：294　4.A 型采：295　5.A 型采：297　6.B 型采：251　7.B 型采：255　8.B 型采：289

轮宽0.8、厚1.2厘米（图二三一，4；彩图三六四）。标本采：294，阎家庄城址采集，残径15、当心圆径4.1、边轮宽1、厚1.4厘米（图二三〇，3、图二三一，5；彩图三六五）。标本采：295，阎家庄城址采集，残径15.5、当心圆残径3.4、边轮宽0.8、厚2厘米（图二三〇，4、图二三一，6；彩图三六六）。标本采：297，阎家庄城址采集（图二三〇，5）。

B型，3件。当心圆均残失，残存部分呈扇形。当面云纹由边轮向当心圆卷曲。

标本采：251，阎家庄城障采集，凸弦纹外饰一周空心锯齿纹，当面卷云纹两侧各饰一个实心三角纹，残径7.5、边轮宽1.4、厚1.2厘米（图二三〇，6、图二三二，1；彩图三六七）。标本采：255，阎家庄城障采集，残存当面一朵卷云纹。残径8.9、边轮宽1.2、厚1.9厘米（图二三〇，7、图二三二，2；彩图三六八）。标本采：289，海子峡口城障采集。当面云纹呈蘑菇形，残径5.6、边轮宽0.8、厚2.1厘米（图二三〇，8、图二三二，3；彩图三六九）。

涡纹瓦当，5件，4件当面涡纹由边轮向当心圆卷曲。

标本采：197，后磨河城障采集，当心圆较大，残径13.5、当心圆径5、边轮宽1.3、厚2厘米（图二三三，1）。标本采：252，阎家庄城障采集，当心圆内图案似半日状，残径10.5、当心圆残径4.8、边轮宽1、厚2厘米（图二三四，1；彩图三七〇）。标本采：298，阎家庄城址采集，残径8.7、当心圆径3.6、边轮宽0.8、厚1.1厘米（图二三三，2、图二三四，2；彩图三七一）。标本采：199，后磨河城障采集，残径5.5、边轮宽1、厚1.2厘米（图二三四，3；彩图三七二）。另一件当面涡纹由当心圆向外卷曲，标本采：196，后磨河城障采集，残径11、当心圆径4.2、边轮宽2、厚1.3厘米（图

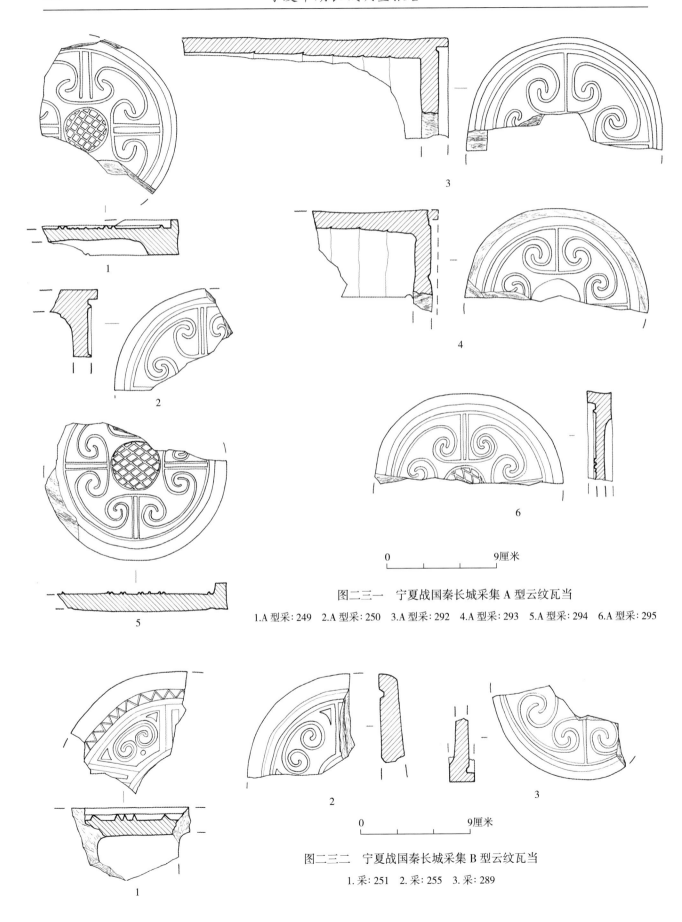

图二三一　宁夏战国秦长城采集 A 型云纹瓦当

1.A 型采: 249　2.A 型采: 250　3.A 型采: 292　4.A 型采: 293　5.A 型采: 294　6.A 型采: 295

图二三二　宁夏战国秦长城采集 B 型云纹瓦当

1.采: 251　2.采: 255　3.采: 289

图二三三　宁夏战国秦长城采集瓦当拓片

1. 涡纹采: 197　2. 涡纹采: 298　3. 涡纹采: 196　4. 虎纹采: 268　5. 虎纹采: 296　6. "长乐未央" 99 采: 1

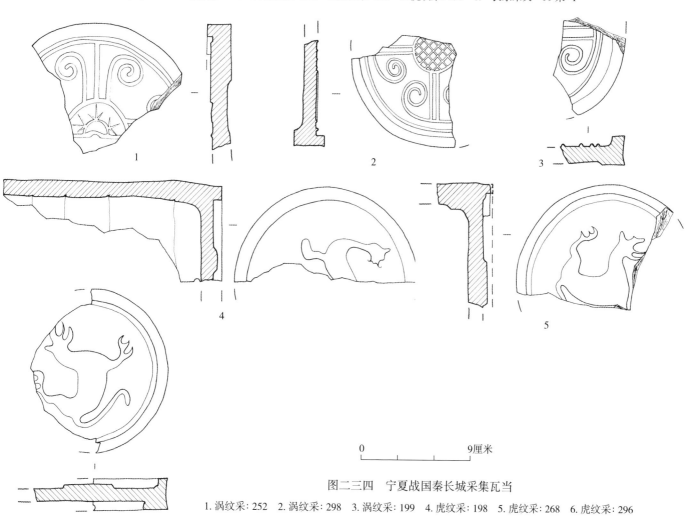

图二三四　宁夏战国秦长城采集瓦当

1. 涡纹采: 252　2. 涡纹采: 298　3. 涡纹采: 199　4. 虎纹采: 198　5. 虎纹采: 268　6. 虎纹采: 296

二三五，3）。

虎纹瓦当，3件。阎家庄城障采集。当面饰一虎纹，虎口大张，长尾翘曲，身体扭曲做腾跃状。

标本采：198，后接筒瓦残长18.1、残径15、边轮宽1.1、厚1.3厘米（图二三四，4；彩图三七三）。标本采：268，残径10.5、边轮宽0.8、厚1.6厘米（图二三三，4、图二三四，5；彩图三七四）。标本采：296，残径11.4、边轮宽0.8、厚1.3厘米（图二三三，5、图二三四，6；彩图三七五）。

"长乐未央"瓦当，1件。

标本99采：1，阎家庄城址采集，残存约四分之一，当面双线界格分为四区，每区内各有一字，阳文篆书"长乐未央"残存"长"字。当心圆残失，外有一圈乳丁及凸弦纹，边轮内有一周栉齿纹，残径6.5、边轮宽0.9、厚1.3厘米（图二三三，6）。

4. 砖

分方砖、条砖两种。共采集7件。

方砖，3件。单面有绳纹或回字纹铺地方砖。

标本采：291，阎家庄城障采集，回字纹铺地方砖残块，残长10.5、残宽8、厚2厘米（图二三五，1；彩图三七六）。标本采：475，阎家庄城障采集，绳纹方砖残块，残长19.5、残宽12、厚3厘米（彩图三七七）。

条砖，4件。均为残块。

标本采：476，阎家庄城障采集，残长15、残宽12、厚6厘米。

5. 陶水管

1件。

标本采：178，沙窝段长城墙体下采集。外有中绳纹，内有麻点纹。残长32、管径15、壁厚1.2厘米（图二三五，2；彩图三七八）。

6. 石片

4件，孙家庄～吴庄段长城墙体及城址采集，均为加工规整的长条形或方形灰白色砂岩石块，覆压于长城及关堡墙体表面，部分规格类似砖块。

标本采：354，后磨河城障采集，长21、宽9、厚5厘米（彩图三七九）。

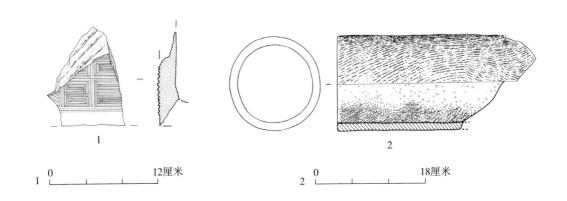

图二三五　宁夏战国秦长城采集建筑构件

1. 方砖采：291　2. 陶水管采：178

二　日用陶器

共 83 件，多采集于长城沿线关堡城障及相关遗址区域，多为夹砂灰陶质地，器表纹饰以附加横弦纹的竖绳纹为主，也有细泥素面陶器，肩部饰一周卷云纹，器型种类以罐、瓮、壶、盆、甑等。

1. 罐

35 件。系耳罐与无耳罐两类，以后者居多，均为残片。以采集部位，分口沿、腹片、底部残片等。依系耳及口沿变化分二型。

Aa 型，双耳罐，6 件。

标本采：117，上黄村战国秦长城墙体采集，双耳罐口沿，敞口圆唇缩颈，溜肩，肩部桥形耳面有一道凹槽，胎体厚重，器表有修坯切削痕，口径约 19、残高 6.2、耳宽 2.2、高 4.8 厘米（图二三六，1；彩图三八○）。标本采：126，陈家村城障采集，罐口沿，方唇，平沿，缩颈，溜肩，肩部残存一桥形宽耳，器表饰斜抹纹（彩图三八一）。标本采：214，后磨河城障采集，罐口沿，口沿外卷，残留单耳，口径约 22、残高 5.2 厘米（图二三六，2）。标本采：350，北什里城障采集，桥形残耳，耳长 7、宽 2.2 厘米（图二三六，3；彩图三八二）。

Ab 型，四系罐，1 件。

标本 XJB：1，西吉县博物馆收藏。泥质灰陶，斜平沿，略呈盘口，细颈、溜肩、弧腹、平底。肩腹部对称塑贴四个宽面拱桥耳，一耳残断。口径 14、腹径 26、底径 13、高 38 厘米（图二三六，4；彩图三八三）。

无耳罐，28 件。根据口沿变化分 3 种亚型。

Ba 型，卷沿，敞口。5 件。

标本采：25，草滩村城障采集，高斜领，溜肩，外部有抹光绳纹（彩图三八四）。标本采：86，党岔村城障采集，夹砂红陶，侈口，平沿，尖唇，高领，丰肩，外有拉坯弦纹。口径约 26、残高 9.8 厘米（彩图三八五）。标本采：257，王堡村城址采集，敞口，束颈，丰肩（彩图三八六）。标本采：331，吴庄城障采集，泥质灰陶，敞口，圆唇，束颈，溜肩，肩部有一周卷云纹，口径约 28、残高 10.8 厘米

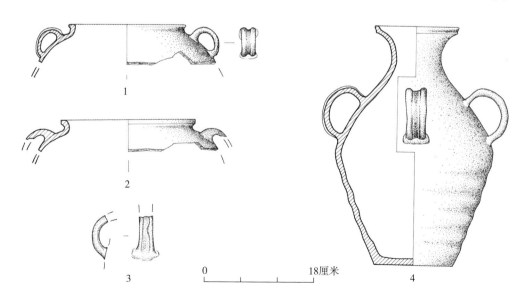

0　　　　　　18厘米

图二三六　宁夏战国秦长城采集陶罐

1.Aa 型采：117　2.Aa 型采：214　3.Aa 型采：350　4.Ab 型 XJB：1

（图二三七，1）。

　　Bb 型，方唇，直领。7 件。

　　标本采：87，党岔村城障采集，方唇，沿面微塌，矮直领，丰肩，口径约 43、残高 3.6 厘米（图二三七，2；彩图三八七）。标本采：90，党岔村城障采集，敞口，方唇，矮领，丰肩，口径约 34、残高 5 厘米（图二三七，3；彩图三八八）。标本采：137，石头嵝岘战国秦长城墙体采集，夹砂红陶，方唇，平沿，矮直领，斜肩。口径约 23.5、残高 3.4 厘米（图二三七，4；彩图三八九）。

　　Bc 型，尖唇，敛口，类似瓮。2 件。

　　标本采：132，石头嵝岘战国秦长城墙体采集，敛口，扁唇，折腹（彩图三九〇）。标本采：256，阎家庄城址采集，敛口，斜平沿（彩图三九一）。

　　罐腹残片 5 件，表面有纹饰，1 件摹印拓片。

　　标本采：213，后磨河城障采集，内有麻点纹。标本采：260，罐腹，外有弦纹。标本采：269，阎家庄城址采集，外有细绳纹及弦纹，残高 6.5 厘米（图二三八）。

　　罐底残片，9 件。均为平底，部分底面饰绳纹或内凹，1 件近底部有穿孔。

　　标本采：259，阎家庄城址采集，折腹，平底，底径 24、残高 9 厘米（图二三七，5；彩图三九二）。

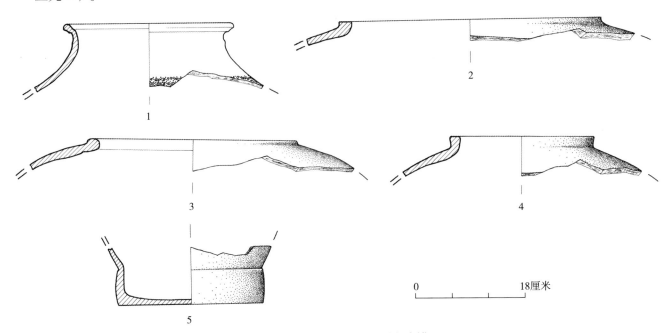

图二三七　宁夏战国秦长城采集陶罐

1.Ba 型采：331　2.Bb 型采：87　3.Bb 型采：90　4.Bb 型采：137　5.采：259

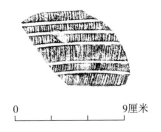

图二三八　宁夏战国秦长城采集陶罐腹外壁拓片采：269

2. 瓮

10 件，7 件为口沿残片，3 件为瓮底。

标本采：23，张沟圈城址采集，矮直领，广肩，鼓腹，肩腹部有一周箆齿纹，口径约 25、残高 13.8 厘米（图二三九，1；彩图三九三）。标本采：131，王堡村城障采集，夹砂红褐陶，尖唇，平沿，缩颈，丰肩。肩部饰抹光绳纹及横弦纹。口径约 12、残高 5.3 厘米（图二三九，2；彩图三九四）。标本采：135，王堡村城障采集，矮直领，缩颈，丰肩，鼓腹，口径约 29、残高 7 厘米（图二三九，3；彩图三九五）。标本采：136，王堡村城障采集，矮直领，平沿，斜肩，鼓腹，口径约 41、残高 3.5 厘米（图二三九，4；彩图三九六）。标本采：138，王堡村城障采集，夹砂红陶，方唇，丰肩。口径约 32、残高 4.6 厘米（图二三九，5；彩图三九七）。标本采：470，将台城址采集，泥质灰陶，敞口，尖唇，缩颈，鼓腹，外腹饰竖绳纹，口径约 12、残高 5.8 厘米（图二三九，6；彩图三九八）。

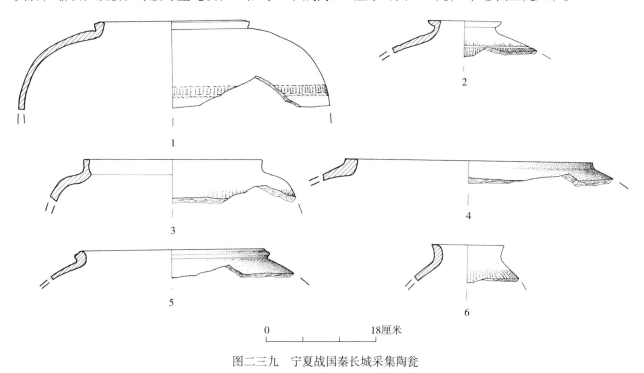

0   18厘米

图二三九 宁夏战国秦长城采集陶瓮

1. 采: 23 2. 采: 131 3. 采: 135 4. 采: 136 5. 采: 138 6. 采: 470

3. 壶

5 件。均泥质灰陶，素面。

标本采：204，孙家庄敌台采集，斜平沿，方唇，直领，斜肩，口径约 14、残高 6.7 厘米（图二四〇，1；彩图三九九）。标本采：301，孙家庄敌台采集，平沿略凹，方唇，束颈，口径约 15、残高 6.2 厘米（图二四〇，2；彩图四〇〇）。标本采：327，将台城址采集，直口尖唇，溜肩，肩部有凸弦纹，口径约 14、残高 8.7 厘米（图二四〇，3）。

4. 盆

29 件，主要为口沿及盆底残片，依口沿变化分三型。

A 型，平沿，16 件。依口沿宽窄分为两亚型。

Aa 型，宽平沿，5 件。

标本采：27，草滩城障采集，宽平沿，方唇，外饰绳纹，上腹部抹光，口径约 43、残高 7 厘米

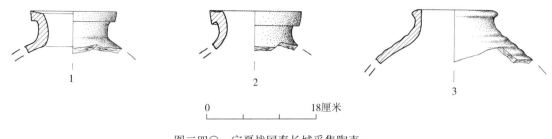

图二四〇　宁夏战国秦长城采集陶壶

1. 采：204　2. 采：301　3. 采：327

（图二四一，1；彩图四〇一）。标本采：144，蔡家洼城障采集，宽平沿，弧腹，外腹有弦纹，口径约49.6、残高6.4厘米（图二四一，2；彩图四〇二）。标本采：267，阎家庄城障采集，宽平沿，扁唇，弧腹，外腹有深色修坯弦纹带，口径约49、残高7厘米（图二四一，3；彩图四〇三）。

Ab型，窄平沿。11件。4件为尖唇折腹。

标本采：91，阳圪台村战国秦长城5号敌台采集，夹砂红陶，平沿，方唇，斜直腹，外有弦纹。口径约31、残高5.5厘米（图二四一，4；彩图四〇四）。标本采：127，王堡村城障采集，泥质灰陶，平沿，方唇，弧腹，外饰横弦纹，口径约39.5、残高8.3厘米（图二四一，5；彩图四〇五）。标本采：155，蔡家洼城障采集，平沿方唇，折腹，腹部有抹绳纹，口径约44.5、残高6.3厘米（彩图四〇六）。标本采：261，海子峡口城障采集，敞口，平沿，方唇，外腹有一周弦纹。口径约50、残高4厘米（图二四一，6；彩图四〇七）。

B型，卷沿，弧腹。8件。

标本采：88，坡头城障采集，泥质灰陶，盆口沿，敞口，尖唇，内有粗弦纹，口径约39、残高6.5厘米（图二四二，1；彩图四〇八）。标本采：232，吴庄城障采集，盆口沿，敞口，口沿外卷，口径约40、残高4.3厘米（图二四二，2；彩图四〇九）。标本采：233，吴庄城障采集，卷沿，敞口，折腹，

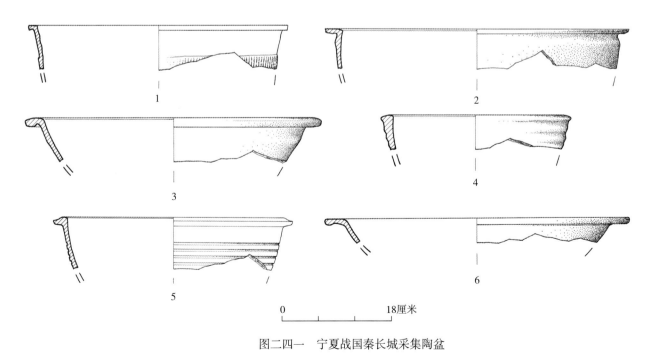

图二四一　宁夏战国秦长城采集陶盆

1.Aa型采：27　2.Aa型采：144　3.Aa型采：267　4.Ab型采：91　5.Ab型采：127　6.Ab型采：261

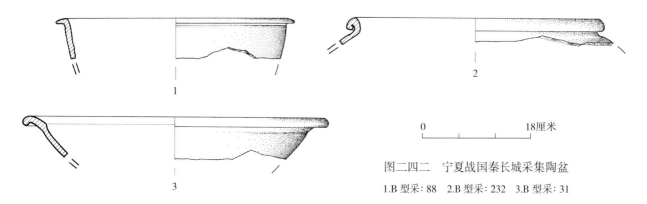

图二四二　宁夏战国秦长城采集陶盆
1.B 型采: 88　2.B 型采: 232　3.B 型采: 31

腹面有拉坯弦纹及一修复圆孔（彩图四一〇）。

C 型，子口。5 件。

标本采：31，张沟圈城址采集，方唇，斜沿，沿下子口，口径约 50、残高 6.7 厘米（图二四二，3；彩图四一一）。标本采：90，麦子塬战国秦长城段采集，卷沿，敞口，沿下子口（彩图四一二）。

5. 甄

1 件。

标本采：7，草滩城障采集，甄底残片，残存一孔，残宽 6.6、孔径 1.2 厘米（图二四三，1；彩图四一三）。

6. 豆

1 件。

标本采：464，北什里城障采集，残存短柄，外有扉棱，中空。残高 3.4、柄径 4.4 厘米（图二四三，2；彩图四一四）。

7. 器盖

1 件。

标本采：264，阎家庄城障采集，子口，底径 27、残高 4 厘米（图二四三，3；彩图四一五）。

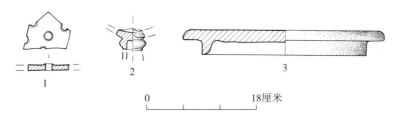

图二四三　宁夏战国秦长城采集陶器
1.陶甄采: 7　2.陶豆采: 464　3.陶器盖采: 264

三　其他遗物

主要包括铁石筑城工具及铜钱等异物。

1. 磨石

1 件。

标本采：290，吴庄村城障采集，灰白色砂岩，表面磨砺内凹，侧面有竖槽磨痕，长 15、宽 7、厚 4～5

厘米（彩图四一六）。

2.石杵

2件。

标本XJB：2，西吉县博物馆藏品。红砂岩凿制，表面粗糙。杵身柱状，杵头尖圆，有使用磨损坑窝。平尾，中间凿有安插木柄的四方孔，边缘有缺损。通长39、径19、插孔边长5.5、深4.2厘米（图二四四，1；彩图四一七）。标本PYB：1，彭阳县孟塬乡玉塬村长城沿线出土，现藏彭阳县文管所。灰白沉积岩质地，内含粗砂颗粒。器表打磨平整。杵身圆柱状，中部略鼓，前端为寰底，表面有钢钎凿痕迹。后部残断，断面圆形。残长42、断面直径13厘米（彩图四一八）。

3.铁锸

2件，分一字型与凸字形铁锸两种。

标本采：466，彭阳县陡坡村长城墙体内采集，凸字形铁锸，刃宽9.5、銎长4.5、高9.5厘米（图二四四，2；彩图四一九）。标本采：478，海子峡口城障采集，一字型铁锸，刃宽12.8、銎孔宽0.8、高5.5厘米（图二四四，3；彩图四二〇）。

4.半两铜钱

1枚。

标本采：472，海子峡口城障采集，残半，钱体单薄，为西汉半两铜钱。

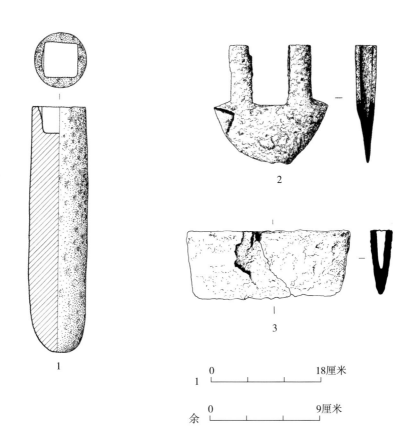

图二四四　宁夏战国秦长城采集器物

1. 石杵 XJB：2　2. 铁锸采：466　3. 铁锸采：478

四　小结

宁夏战国秦长城本体沿线遗物分布数量及类型相对于其他遗址略显贫乏与单调，但与宁夏明长城及其他地区的同时代长城遗物相比又属丰富多样，这主要与宁夏战国秦长城的分布地域、修筑特点及保存状况有关。宁夏战国秦长城初修后，经秦、汉、宋、明等多个朝代补筑、加固，必然存留有不同时期的历史遗物。同时，以固原为中心的六盘山一带，靠近关中京畿腹地，战略地位重要，也是游牧与农耕文化交流、碰撞及丝路贸易必经地带，其古代历史绵延辉煌，社会经济及文化一度较为发达，这些客观条件决定了这一段长城沿线遗物具有多样、丰富及高规格等特征。

宁夏战国秦长城沿线遗物分布及采集中的几个现象及问题需要注意与说明。

首先，宁夏战国秦长城沿线包括筒板瓦等建筑遗物发现于整条长城墙体沿线，这一点与明长城调查显著不同，甚至一些损毁破坏较严重段落，沿线遗物的分布成了确定墙体位置与走向的重要依据。调查中我们发现，墙体痕迹明显或后代维修保存较好的段落，筒板瓦等遗物分布反而较少，而一些人迹罕至、地形破碎崎岖的地带遗物分布反而较多。其原因除了后世维修、破坏影响外，主要与近代以来人们不断采集与捡拾有关。

由于战国秦长城修筑年代久远，一些地段已消失或走向不清，为了确认墙体走向，调查中，有意识多采集了一些这些地段的遗物标本。而长城沿线的一些关堡城障由于延续使用年代较长久，日用类器皿相对较多。同样，筒板瓦等墙体沿线遗物的较多采集也并不意味着关堡城障内该类遗物数量及比重就一定偏少。

长城沿线大量采集的时代特征鲜明的筒板瓦等建筑材料以及陡坡村长城墙体内采集的凸字形筑墙工具铁铲、吴庄一带墙体关堡沿线采集的半两钱币、铁锸农具、长方形石块等遗物对确定这道长城的走向、时代及修筑方法、历史沿革提供了丰富的实物资料。

最后需要指出的是，在调查中，由于受调查条件、调查人员知识水平及采集者的个人喜好，所采集遗物未必能准确全面反映该线长城沿线各遗址点的性质与遗物分布的整体面貌，尤其是涉及沿用年代久远的城址，紧靠数量有限的地面采集遗物未必能全面反映其时代信息、遗存特征等考古学文化内涵。

第六章
宁夏宋长城

宁夏宋长城依托战国秦长城而建，包括在固原市近郊调查发现的少量长城墙体及敌台，战国秦长城沿线宋代关堡及烽火台，并采集有相关遗物。原州区发现的4道夯筑墙体及附属敌台，位于宋代镇戎军城附近，依托战国秦长城而建，分外线、内线及海子峡口2道副墙，共长23.896千米，沿线调查敌台21座（图二四五）。

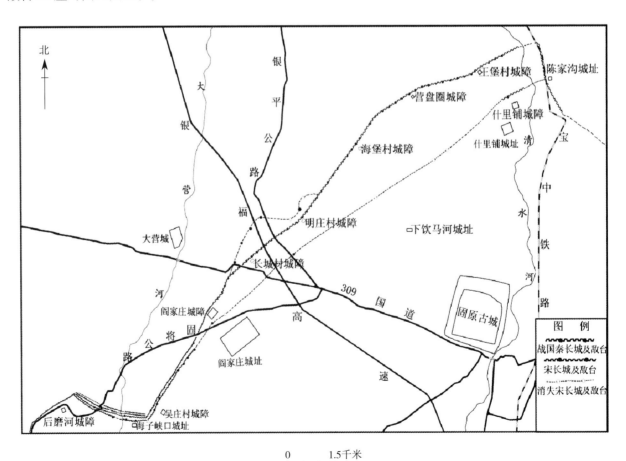

0　1.5千米

图二四五　固原市郊长城及城址分布图

同时宁夏战国秦长城沿线调查有关宋代关堡 10 座，烽火台 8 座，这些宋代长城防御设施的修筑目的明显是为了加强镇戎军一线防御（图二四六）。

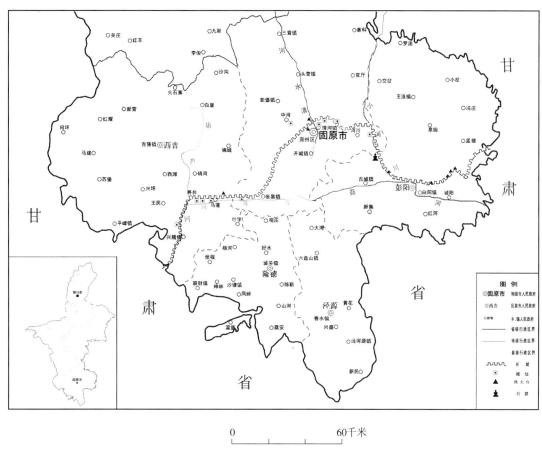

图二四六　宁夏战国秦长城沿线宋长城相关遗迹分布图

第一节　宁夏宋长城墙体及敌台

宋代外线长城位于长城梁明庄村至长城村西北，墙体已消失，现存一线墩台，呈不规则的弓背状分布，即前人调查所谓的"外城"。本次调查中，这一线现存 5 座敌台，另外地图上标注有一座敌台，现已被完全平毁，通过钻探，还发现一处敌台遗迹。根据敌台分布连线，这道长城长约 3.593 千米，西端在长城村北 309 国道西南长城折拐处、东端在明庄梁上与战国秦长城主线相衔接[1]。

在正对海子峡口的河川到滴滴沟口的后磨河畔，在战国秦长城的外侧，又修建有两道较低矮的副垣墙体，共长 3.831 千米。墙体为就地挖取的河砂土夯筑，表面原可能敷设有一层加工规整的长方形薄石片，其中孙家庄宋代 1 道外线长城中部尚保留敌台 1 座。

（一）明庄宋代外线长城墙体及敌台（编码 640402382101130058；编号 YQS001）

此段墙体自清河镇明庄村二组东北侧山梁上（G356 点）开始，东北端与海堡村战国秦长城 9 号敌台相衔接，由东北向西南延伸，地势呈东北高西南低。地表墙体因平田整地已消失。其间地面仅残留 2 座敌台。另外通过钻探获知一座消失敌台。全长 1753 米。按其走向及保存特征分为 4 段（彩图

---

[1]　前人调查认为"外城"一直延伸至清水河谷乔洼村，实际有误。乔洼村发现有一处宋代烽火台遗址。

四二一）。

第一段，G211—G356，长221米。此段处于战国秦长城外侧山坡地带，现为梯田耕地，墙体消失，仅在止点处钻探确认一座消失敌台。该敌台在早年大比例尺地形图上尚有标注，后因修梯田毁坏无存。

第二段，G356—G357，长299米。该段处于长城梁战国秦长城北侧山坡上，现被开垦为梯田，东侧有一道自然壕沟，沟内为田间土路，西端沟西侧有一座敌台（YD079）。

第三段，G357—G358，长394米。该段处于长城梁战国秦长城北侧山坡上，G358点处现为梯田断面，下方有一处道机耕路断面，断面上方为耕地，断面发现有夯土迹象，夯层较均匀，其内夹杂黑土颗粒。断面上山坡地经钻探得知，此处为一处敌台的遗迹，原地形为西北低东南高的山坡地形，原敌台直接依地形而建，北侧5号探孔夯土厚1.5米，东南部2～4号探孔夯土厚0.3米。夯土范围东西长20、宽3.4、深1.5米。

第四段，G358—G359，长839米。该段处于较为平坦的山下平地上，银平公路从中穿过，地面被平整为梯田，墙体沿线局部有未完全平毁的田埂及瓦砾垃圾堆，可能为残留墙体。西端止点处有一座敌台（YD080），敌台东侧数十米地表微隆，残留墙基痕迹。从该线墙体已知敌台分布间距判断，此段间应分布有1座已消失敌台。

明庄宋代外长城1号敌台（编码640402352101130083；编号YD079）

该敌台位于清河镇明庄村二组北侧山坡之上。东南距海堡村战国秦长城9号敌台（YD035）511米，距钻探所知消失敌台处303米，西北距钻探所知消失敌台处395米。所处地势险要，视野开阔。

该敌台黄土夯筑而成的实心台体。形状近似椭圆形，台体浑圆高大，现存平面近似椭圆形，整体保存状况一般。台体南侧地势较高，呈圆弧状，突出地表2.6米；东、西、北侧为陡坡，其中北侧坡面较陡直。台顶为圆形略凸出，其上有人为掏挖出的小坑，坑内经手铲清理发现夯土，表面青草覆盖，未发现遗物。

敌台底部东西长18.1、南北宽18.5米，顶部东西长2.1、南北宽4米，高2.6～4.4米（图二四七；彩图四二二）。

明庄宋代外线长城2号敌台（编码640402352101130084；编号YD080）

该敌台位于清河镇明庄村银平公路西100米处塬地上，其西200米为银—福高速公路。该敌台所处地势高亢，视野开阔，台面无明显登台痕迹。东距明庄宋代外长城1号敌台（YD079）1242米。

黄土夯筑而成的实心台体。形状近似椭圆形，台体顶部浑圆，形体高大，现存平面近似椭圆形，整体保存状况较差。台顶部中心埋设有一座测绘水泥桩。台体四面为缓坡，并有一处滑坡留下的陷坑。台体表面杂草茂密，遗物较少，只有少量素面板瓦残片。台底部四周因农民耕种田地被铲削出1米高的直壁。西北壁有一处人为掏挖出的盗洞，深入墩台内部，洞壁内夯层清晰，质地相对疏松，内杂夯土颗粒，夯打不甚紧密。

敌台底部东西长16.8、南北宽18.4米，顶部东西长4、南北宽4.2米，台高1.2～4.2米。夯层厚5～10厘米。敌台西北侧盗洞进深3、宽0.9、高1.2米（图二四八；彩图四二三）。

（二）长城村宋代外线长城墙体及敌台（编码640402382101130059；编号YQS002）

此段墙体自清河镇明庄村银平公路西100米处敌台（YD080）开始，至宜兰公路东300米敌台（YD083）截止，全长1840米。方向呈东北—西南走向。此段墙体处于战国秦长城北侧南塬塬地边缘台地上。墙体由东北向西南呈半弧形延伸，西北端与长城村战国秦长城相衔接。地势呈东北低西南高，地表为平整后的耕地，墙体已消失，其间仅存3座敌台。按其走向特征及保存现状分为4段（彩图四二四）。

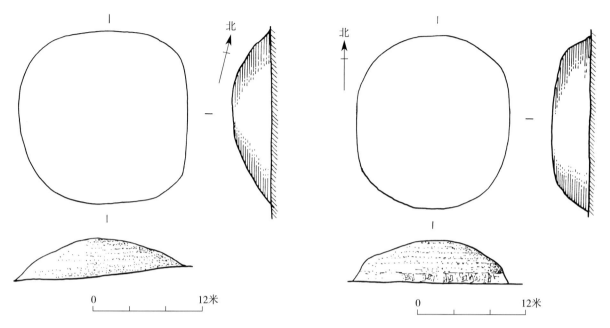

图二四七　原州区明庄宋代外长城 1 号敌台平、剖面图　　　图二四八　原州区明庄宋代外线长城 2 号敌台平、剖面图

第一段，G359—G360，长 465 米。该段墙体所处位置地势较平坦，为耕地，沿线墙体已毁，西端止点处为一处敌台（YD081）。此段墙体间经勘探，地表下未发现夯土迹象。

第二段，G360—G361，长 434 米。该段墙体所处位置地势较平坦，有流水侵蚀的沟壑，沿线墙体已毁，西端止点处为一座敌台（YD082）。

第三段，G361—G362，长 524 米。该段起点西南 50 米处有一条南北向的冲沟穿过，向北流入大营川。西端止点处为一处敌台（YD083）。沿线经钻探未发现有夯土迹象。

第四段，G362—G228，长 417 米。此段地表无墙体遗迹，穿 309 国道，西端接于长城村战国秦长城 9 号敌台。

长城村宋代外线长城 1 号敌台（编码 640402352101130085；编号 YD081）

该敌台位于清河镇长城村福银高速公路西 200 米长城村塬地上，四周为平地，东距明庄宋代外长城 2 号敌台（YD080）469 米。

该敌台为黄土夯筑而成的实心台体，现残存平面近似椭圆形，形体较高大，整体保存状况较差。台体四壁为斜缓坡，表面长满杂草，西南壁面上有一处盗挖形成的圆形盗洞，直通入墩台底部，东南壁有道水冲壕，西北壁有几处滑坡形成的凹坑，底部四周因农民耕种田地被铲削出 1 米高的直壁，地表遗物较少。台顶部较平，有人为挖出的小凹洞。

敌台底部东西长 14、南北宽 17.6 米，顶部东西长 7、南北宽 6 米，高 4.3 米。夯层厚 5～10 厘米（图二五〇；彩图四二五）。

长城村宋代外线长城 2 号敌台（编码 640402352101130086；编号 YD082）

该敌台位于清河镇长城村福银高速公路西 200 米长城村塬地上。东北距明庄宋代外长城 1 号敌台（YD081）434 米。

台体西南 50 米外有一条南北向的冲沟穿过外长城，向北流入大营川，敌台西可望大营城。黄土夯筑而成，形状近似椭圆形，形体较高大，东、北两侧地势较高，西、南两侧较低，现残存平面近似椭圆形，整体保存状况较差。北壁、西壁为陡坡，东壁、南壁因当地农民耕种铲削出高 2 米的直壁，

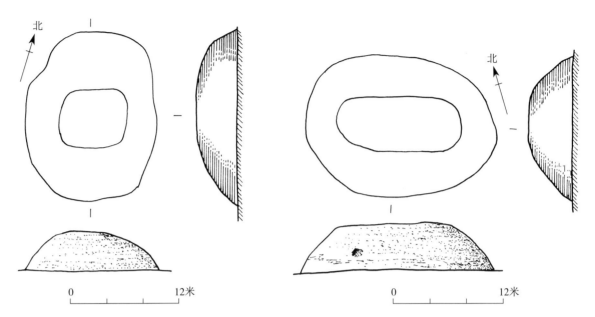

图二四九　原州区长城村宋代外线长城 1 号敌台平、剖面图　　图二五〇　原州区长城村宋代外线长城 2 号敌台平、剖面图

其中东壁有一窑洞坍塌形成陷坑，东南壁有滑坡现象，底部滑坡断面，夯层不甚清晰。敌台顶部北高南低，散落有少量素面板瓦残片，其上有一圆形盗洞，直通墩台底部。采集宋代素面板瓦及内卷沿陶罐口沿各 1 件。

敌台底部东西长 19.7、南北宽 16 米，顶部东西长 6、南北宽 5.6 米，高 5 ～ 6.3 米（图二五〇；彩图四二六）。

长城村宋代外线长城 3 号敌台（编码 6404023521011300087；编号 YD083）

该敌台清河镇长城村宜兰公路东 30 米处，所处位置地势平坦，视野开阔。西南距长城村战国秦长城 9 号敌台 427 米。黄土夹杂碎石粒夯筑而成的实心台体。形体较高大，现呈南北向长椭圆形，整体保存状况较差。台体四壁均因滑坡呈漫坡状，顶部被人为削平，有取土形成的小凹坑，西北壁也有两处取土形成的小凹坑。地表遗物较少。

敌台底部东西长 15.7、南北宽 20 米，顶部东西长 9、南北宽 11 米，台残高 5 米（图二五一；彩图四二七）。

（三）孙家庄宋代 1 道外线长城及敌台（编码 6404023821011300068；编号 YQS011）

此段墙体自中河乡孙家庄（G363 点）开始，由东南向西北沿海子峡口河川延伸，至中河乡孙家庄后磨河村河沟东侧断崖处（G368 点）截止，全长 1859 米。方向呈东南—西北走向。东南与吴庄村战国秦长城相接，西北与后磨河村战国秦长城 1 段相连。东南距海子峡城障 450 米。

此段墙体地势较平缓，相对落差不大，内侧有两道并行墙体，外侧还有一道并行墙体。墙体宽平低矮，为就地挖取河床沙土修筑，地表找平采用砂石混合土夯筑而成。表面可能覆盖有一层加工过的薄石片。经解剖发现墙体残留基础部分土质均为砂石混合土夯筑，并且有护壕，墙基约宽 11、残高 0.6 米，夯层不清。护壕紧贴墙体外侧挖设，宽约 11、深度 2 米不到底，壕内填土为墙体破坏后的倒塌夯土。整体保存状况差，其间分布 1 座敌台。按其走向特征及保存现状分为 5 段。

第一段，G363—G364，长 329 米。保存状况差。东南—西北向。该段沿线为农田，墙体呈土垅状向西延伸。

第二段，G364—G366，长135米。保存状况较差。东南—西北向。该段墙体较为连续，墙顶宽平，散布较多石片，其上可能原来砌筑有石堆，外侧为斜坡面，墙底宽6.5、顶宽4米，北高1.1、南高0.5米。G365点处为YD075号敌台。止点为墙体被海子峡河道冲断处。

第三段，G366—G367，长183米。消失。东南—西北向。该段处于海子峡河道内，墙体已消失无痕。止点处为2道内线长城海子峡河道西岸断崖处。

第四段，G367—G368，长374米。保存状况差。东南—西北向。该段墙体现仅存一道高0.5米的砂石地坎，其上堆积有石片。止点处为固将公路断面。

第五段，G368—G369，长838米。保存状况差。东南—西北向。该段穿越部分农田及沟岔至后磨河村河沟东侧断崖处。墙体大部已消失，仅局部地段微微隆起于耕地之上，应为墙体残迹。

孙家庄宋代1道内线长城敌台（编码640402352101130082；编号YD075）

该敌台位于中河乡孙家庄村山前平地之上，所处地势平坦，四面环山，视野开阔。该敌台倚长城而建，并与墙体相连，台体破坏较为严重，残存平面略呈椭圆形，整体保存状况较差。台顶现破坏呈脊梁状，大体与东西两侧墙体相平，东侧向外弧扩，顶部散布有较多的薄石片，其用途不详。台体顶部及四周壁面长满杂草。

敌台底部南北宽8.5米，北侧高2.2米，顶部南北宽6.3米，南侧高0.9米。方向为282°。（图二五二）。

（四）孙家庄宋代2道外线长城墙体（编码640402382101130069；编号YQS012）

此段墙体自中河乡孙家庄（G370点）开始，由东南向西北沿海子峡口河川延伸，至中河乡孙家庄后磨河村河沟东侧断崖处（G374点）截止，全长1972米。方向呈东南—西北走向。东南与吴庄村战国秦长城相接，西北与后磨河村战国秦长城1段相连。东南距海子峡城障450米。

此段墙体地势较平缓，相对落差不大，内侧有两道并行墙体，外侧还有一道并行墙体。墙体宽平低矮，为就地挖取河床沙土修筑，墙体保留部分是在地表找平采用砂石混合土夯筑而成。表层覆盖一层薄石片。整体保存状况较差。按其走向特征及保存现状分为4段。

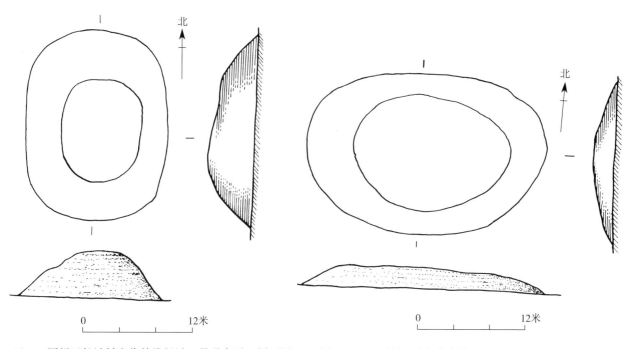

图二五一　原州区长城村宋代外线长城3号敌台平、剖面图　　图二五二　原州区孙家庄宋代1道内线长城敌台平、剖面图

　　经解剖发现墙体残留基础部分土质均为砂石混合土夯筑，并且有护壕，墙基约宽13、残高1.8米，夯层不清。护壕紧且墙体外侧挖设，大部分在麦地里，无法勘探，护壕宽度及深度不详，但可知护壕内填土为墙体破坏后的倒塌土。

　　第一段，G370—G371，长563米。保存状况较差。东南—西北向。该段墙体为河道砂石土夯筑，夯层疏松，现呈一道宽大的土垅，外侧为平台地。墙底宽10.5、顶宽8.2米，高1.2～1.4米（彩图四二八）。

　　第二段，G371—G372，长202米。消失。东南—西北向。该段处于海子峡河道内，墙体已消失无痕。G372点处为3道内线长城海子峡河道西岸断崖处。

　　第三段，G372—G373，长353米。保存状况差。东南—西北向。该段沿线已被开垦为农田，但其间明显有一道砂石堆积、与两侧黄土区分明显的隆起。中段还有一处地表微隆呈半圆形的砂石堆积区，此处可能为一处敌台。止点处为固将公路断面。

　　第四段，G373—G374，长854米。消失。东南—西北向。该段穿越部分农田及沟岔至后磨河村河沟东侧断崖处。墙体已消失无痕（彩图四二九）。

　　宋代内线长城墙体沿小川子分布，东西两端分别在沙窝沟口、滴滴沟口与战国秦长城衔接。在清水河西岸沿长城梁南侧的小川子向西南修筑，在长城村北与战国秦长城逐渐靠近并行，至油坊至吴庄段两道长城间距最窄处仅数十米，南北并行向西南延伸近海子峡口后磨河畔。墙体长16.472千米，现存敌台15座，调查确认的消失敌台8座。

　　（五）沙窝村二组宋代内线长城墙体（编码640402382101130060；编号YQS003）

　　此段墙体自陈家沟村东台地北（G170点）开始，至北什里城障北100米残留墙体东端（G377点）截止，全长1164米。方向呈东北—西南走向。东北与沙窝沟口战国秦长城相接，西南与什里村一组宋代内线长城相连。

　　此段墙体东端与战国秦长城衔接，衔接处长城内侧沟畔台地建有一座较小的宋代城堡。由东北向西南延伸，跨越清水河，地势呈东北高西南低，落差较大。墙体用黄土夯筑而成，整体保存状况差。采集有圆筒形陶水管等物。按其走向特征及保存现状分为5段。

　　此段墙体整体保存差，按其特征及保存状况分为5段。

　　第一段，G171—G375，长375米。消失。东北—西南向。该段大部为农田、村庄，地表基本无墙体痕迹，仅在河沟断面处发现有夯层迹象。

　　第二段，G375—G376，长318米。保存状况差。东北—西南向。此段地处清水河河道，过陈家沟小学穿越铁路，墙体大部已消失无痕，仅在止处残留一小段墙体，底宽2.7、顶宽0.8米，残高0.8米。

　　第三段，G376—G377，长129米。保存状况差。东北—西南向。该段已被平整为耕地，地表基本无墙体痕迹，此段经勘探地表下仍有夯层及壕沟迹象。墙体无基槽，大部分已被破坏到底部，残留中部小部分夯土墙体，最高处2米。夯土较疏松，夹杂物有素面灰瓦片、绳纹灰瓦片、灰陶罐残片。两端墙体因平田整地被破坏。残留墙体夯层厚10～13厘米。残留墙体两侧地层较深。墙体底部有一层黑土，可能为平整墙体底部的填土（彩图四三〇）。

　　地层可分为三层：

　　第①层：耕土层。土质较软，土色呈灰黄色，厚0.2米。包含有大量的植物根系，近代素面瓦片、石块等。

　　第②A层：近代层。土色为灰黄色，土质较硬，厚0.2～2米。距现地表2米不到底，主要分布在残留墙体两侧，包含有少量的植物根系等。外侧为壕沟填土，内侧为平整土地时填土形成。墙体北侧壕沟口宽 5、底宽约 2 米。

第②B层：夯土层。夯土墙体基宽 4.5、厚 2.6 米，墙基两侧地表下夯土厚 50 厘米。土色为灰黄色，土质坚硬，夹杂大量的褐色颗粒（图二五三）。

第四段，G377—G378，长 125 米。保存状况较差。东北—西南向。该段墙体地表残高 1～3.4、底宽 2.6、顶宽 1 米。夯层明显，厚 7～12 厘米。此段现处于平整后的平地上，墙体经钻探可能处于一道山脊之上，墙基中部隆起，两侧地势低洼，高差约 1 米（彩图四三一）。

第五段，G378—G379，长 217 米。保存状况差。该段已被平整为耕地，地表大部无墙体痕迹。

（六）什里村一组宋代内线长城墙体及敌台（编码 640402382101130061；编号 YQS004）

此段墙体自清河镇北什里城障北 100 米残留墙体东端（G379 点）开始，至清河镇什里村二组东南（G382 点）截止，全长 321 米。方向呈东北—西南走向。该段墙体东北与沙窝村二组宋代内线长城相接，西南与什里村二组宋代内线长城相连。南距北什里城障 70 米。

此段墙体由东北向西南延伸，地势较平缓，地面残留墙体痕迹明显，用黄土夯筑而成，其间分布 1 座敌台，整体保存状况较差。按其走向特征及保存现状分为 3 段（彩图四三二）。

第一段，G379—G380，长 32 米。保存状况较差。此段距沙窝沟沟口约 3 千米，沿线已被开辟为蔬菜种植区，只存在少量墙体痕迹，沿线竖立有多根水泥电线杆。G380 点处为 YD084 号敌台。

第二段，G380—G381，长 233 米。保存状况较差。该段墙体基础尚存，现为一道田埂，中间被开辟为一道水渠，西段为水泥板砌护，墙体断续相连，局部有段高 3 米，底宽 2.8、顶宽 0.6 米的夯土残墙。夯层厚 10～15 厘米，南距北什里城障 70 米，止点处为墙体断点。

第三段，G381—G382，长 56 米。保存状况差。该段墙体已基本被平毁为机耕道，路基略高于两侧田地。止点处路面略高，北侧向外弧扩，残留的墙体痕迹基础宽大，可能原有一座敌台，北侧有灌溉水渠。

什里村一组宋代内线长城敌台（编码 640402352101130088；编号 YD084）

该敌台位于清河镇什里村一组小河川谷平地上。现呈南北向椭圆脊状，整体保存状况较差。东侧墙体栽有电线杆，其上拉线延伸至敌台南侧坡面，内壁上有凸点纹陶罐残片。台体东北侧为陡坡，其

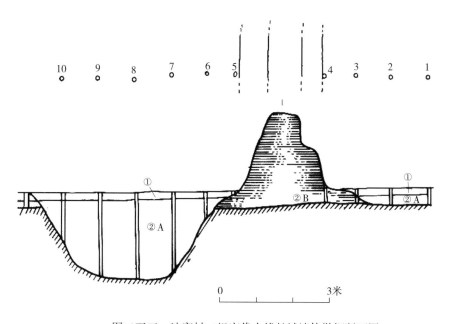

图二五三　沙窝村二组宋代内线长城墙体勘探断面图

上长满杂草，西北侧被铲削陡直，并伴随有坍塌现象，其夯层暴露，内夹杂少量兽骨，在夯土内采集板瓦片1块，另采集盆口沿1件。台顶南侧被削挖成土坡状。该敌台夯层较厚，地表多见宋代遗物，土质多为黄黏土，质地略微疏松。

敌台底部东西长13、南北宽14.3米，高1.4～5米。夯层厚10～14厘米（图二五四；彩图四三三）。

（七）什里村二组宋代内线长城墙体及敌台（编码640402382101130062；编号YQS005）

此段墙体自清河镇什里村二组东南（G382点）开始，至清河镇郭家庄村西南（G386点）截止，全长2346米。方向呈东北—西南走向。该段墙体东北与什里村一组宋代内线长城相接，西南与郭家庄村宋代内线长城相连。东距北什里城障1400米。

此段由东北向西南沿小川子延伸，地势西南略高，落差不大，墙体整体已消失。其间分布3座敌台，现已消失。按其走向特征及保存现状分为4段。

第一段，G382—G383，长338米。该段墙体已被辟为农田，墙体消失无痕。G383点为固胡（大堡）公路西15米处断崖上，此处有一层路土，地表有少量绳纹瓦片，此处向西上升至台地之上，沿小川子山边延伸。台地上为农业园区，无墙体痕迹。

第二段，G383—G384，长309米。该段墙体已消失无痕，G384点处有一处消失敌台，原址位于祁姓村民院内房檐下，该敌台原高约2、直径约5米，存在夯层，土色泛黑，因近年当地居民修整院落时被挖毁，当地百姓现仍可指认其确切位置。院内敌台基址处经钻探亦发现有夯土迹象。

第三段，G384—G385，长1287米。该段墙体已消失无痕，起点处为一消失敌台，位于什里三组村民王维民家门口，毁于农业社时期，现已将地面下挖0.4米，据村民介绍该敌台规模巨大，呈大土墩状。台体原有登台的脚窝。在此原址钻探发现地表下仍有散乱夯土，夯土内夹杂较多石块、瓦片，碱性成分较大。

第四段，G385—G386，长412米。该段墙体已消失无痕，其间分布较多宋代陶器残片。止点处为一消失敌台，位于郭家庄马广成家门口。2008年修筑明堡公路时被挖毁，现为路基，原台体直径约20、高约5米（彩图四三四、四三五）。

（八）明庄宋代内线长城墙体及敌台（编码640402382101130063；编号YQS006）

此段墙体自清河镇郭家庄（G386点）西南开始，至清河镇明庄银平公路口明庄敌台处（G388点）截止，全长4540米。

此段由东北向西南沿小川子延伸，地势呈东北低西南略高，落差不大，其间分布有1座敌台，另外钻探获知1座消失敌台，墙体整体已消失。按其走向特征及保存现状分为2段（彩图四三六）。

第一段，G386—G387，长1846米。该段墙体大部为村落及耕地侵占，地面墙体已消失无痕，止点处为一消失敌台，位于海堡村丁家堡子东约700米处一户马姓居民的房后，此处现为平地，有夯土块及少量板瓦残片，地表微隆略高，经钻探地表下发现有夯土迹象。

第二段，G387—G388，长2694米。该段沿线已扩建为固原市区，墙体现已消失无痕，止点处为郭家庄敌台（YD085）。

明庄宋代内线长城郭家庄敌台（编码640402352101130089；编号YD085）

该敌台位于清河镇小川子银平路与短山头相接处地处山前台地之上，保存状况差，因农耕地破坏台体现已被平毁呈疙瘩状，据当地村民介绍，该敌台原来台体较大，20世纪70年代平田损毁严重。现存黄土夯筑而成的实心台体，现残存平面呈不规则土丘状。台体西南壁面较直，夯层暴露明显，北壁底部有坍塌堆土，呈坡状堆积；顶部略圆，台顶部及周边长满杂草。台体南侧10米为一处回民公墓。

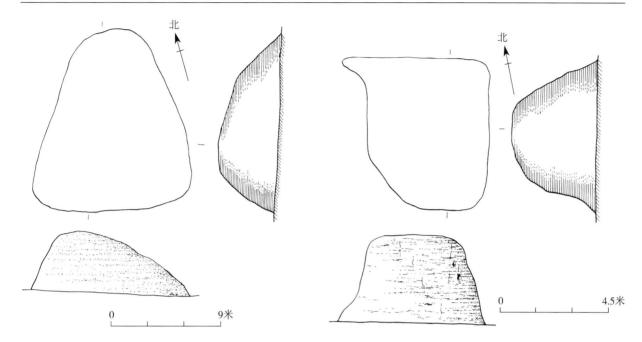

图二五四　原州区什里村一组宋代内线长城敌台平、剖面图　　图二五五　原州区明庄宋代内线长城郭家庄敌台平、剖面图

敌台底部东西长 6、南北宽 6 米，台高 3 米。方向 250°　（图二五五；彩图四三七）。

（九）长城村宋代内线长城墙体及敌台（编码 6404023821011300 64；编号 YQS007）

此段墙体自清河镇小川子银平路与短山头相接处（G388 点）开始，至中河乡油坊村（G393 点）截止，全长 3606 米。方向呈东北—西南走向。该段墙体东北与郭家庄宋代内线长城相接，西南与油坊村宋代内线长城相连。南距阎家庄城址 1200 米。

此段墙体由东北向西南沿南塬延伸，穿越长城村。地势呈东北低西南高，落差较大。墙体沿线居民修路建房、修建梯田对墙体造成毁灭性破坏。墙体已消失，其间现存 2 座敌台，经调查得知 3 座已消失敌台。按其走向特征及保存现状分为 5 段（彩图四三八）。

第一段，G388—G389，长 398 米。该段处于长城村内，墙体现已消失无痕。止点处为一消失敌台，2008 年被村民当作墓葬封土破坏推毁。台体呈圆形，直径约 8、原高约 3 米。现存两侧夯土底部东西残长 7、南北残长 6 米，残高 1.2 米，夯层厚 10 厘米。经钻探，该处地表下 1.8 米见生土，东西向夯土范围为 12 米，地形南部稍低，可能经过平整。

第二段，G389—G390，长 989 米。该段墙体现已消失无痕，止点为一消失敌台，地处陆家庄村一组，此处经访问当地老乡，原来可能存在两座大墩台，两端原应有墙体。

第三段，G390—G391，长 1009 米。该段墙体现已消失无痕，止点为一消失敌台，该处地表仍明显隆起，四周现已被平整为农田，种植冬小麦。经钻探，其下有夯土迹象，土质坚硬。

第四段，G391—G392，长 378 米。该段墙体现已消失无痕，止点处为长城村宋代内线长城敌台。

第五段，G392—G393，长 832 米。该段墙体现已消失无痕，止点处残留一座敌台（YD057）。

长城村宋代内线长城敌台（编码 6404023521011300 90；编号 YD086）

该敌台位于清河镇苦井村，该敌台黄土夯筑而成的实心台体，人为破坏严重，地面仅残存东北少部，保存状况差。现存平面形状呈月牙形，表面风化严重，长满冰草等植物，局部可看清夯层，两端墙体已无存。经钻探该敌台地下尚存夯土基槽。

敌台地表残留部分东西长 6、南北宽 2 米，残高 2.4 米。夯层厚 10 厘米，地下 1.1 米见夯土，夯

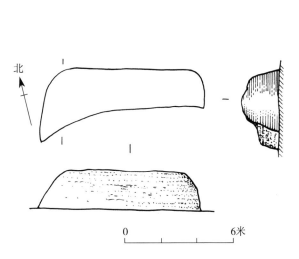 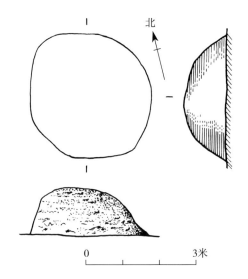

图二五六　原州区长城村宋代内线长城敌台平、剖面图　　　　图二五七　原州区苦井村宋代内线长城敌台平、剖面图

土层厚 12 厘米，夯土基槽范围东西长 19、南北宽 21 米（图二五六；彩图四三九）。

苦井村宋代内线长城敌台[1]（编码 640402352101130070；编号 YD057）

该敌台位于中河乡明庄村山前台地耕地之上。东南距油坊村宋代内线长城 1 号敌台 328、东北距苦井村战国秦长城 2 号敌台 110 米。

该敌台位于山前台地耕地之上，台体形制较小，现残存台体形制近似椭圆形，整体保存状况较差。黄土夯筑而成的实心台体，顶小底大，形制近似椭圆形，壁面较陡直无明显登台痕迹。

台体外围地势平坦，为废弃农耕地。台体北侧坡面被铲削较直，暴露夯层较为清晰，南侧因坍塌壁面呈坡状堆积，台体顶部凹凸不平，周边堆积有少量小石块、素面瓦片等遗物，附近有回民墓地。

敌台底部东西长 3、南北宽 3.3 米，高 2 米左右。敌台北壁夯层明显，厚 7～11 厘米。方向为 158°（图二五七；彩图四四〇）。

（十）油坊村宋代内线长城墙体及敌台（编码 640402382101130065；编号 YQS008）

此段墙体中河乡油坊村（G393 点）开始，至中河乡油坊村（G398 点）截止，全长 1353 米。方向呈东北～西南走向。该段墙体沿线居民修路、修建梯田、修整沟渠对墙体造成严重破坏。西南与吴庄村宋代内线长城相连。此段墙体沿南塬由东北向西南延伸，地势呈东北低西南高，地表局部有隆起的墙体，整体保存状况差，其间分布 6 座敌台。按其走向特征及保存现状分为六段（彩图四四一）。

第一段：G393—G394 点，长 330 米。该段沿线为塬间平地，地表墙体大部已无存，但局部隆起，地表下仍有墙基痕迹。止点处为油坊村宋代内线长城 1 号敌台（YD058）。

第二段：G394—G395 点，长 228 米。该段沿线墙体大部已无存，只有局部地段地表隆起，其下仍有墙基痕迹，四周为土豆田。止点处为油坊村宋代内线长城 2 号敌台（YD059）。

第三段：G395—G396 点，长 205 米。该段沿线局部地段地表隆起，其下仍有墙基痕迹。止点处为油坊村宋代内线长城 3 号敌台（YD060）。

第四段：G396—G242 点，长 320 米。该段墙体大部已无存，只有局部地段地表隆起，其下仍有墙基痕迹。止点处为油坊村宋代内线长城 4 号敌台（YD062）。

第五段：G242—G397 点，长 130 米。该段墙体大部已无存，只有局部地段地表隆起，其下仍有

---

[1]　调查登记表名称为"明庄村宋代内线长城敌台"。

墙基痕迹。在 YD062 以西 10 米处耕地内，经勘探地表下夯土墙体基宽约 9 米、残高 1.2 米。止点处为油坊村宋代内线长城 5 号敌台（YD063）。

第六段：G397—G243 点，长 140 米。该段墙体大部已无存，只有局部地段地表隆起，其下仍有墙基痕迹。止点处为油坊村宋代内线长城 6 号敌台（YD064）。

油坊村宋代内线长城 1 号敌台（编码 640402352101130071；编号 YD058）

该敌台位于清河镇油坊村山前台地之上，西南距油坊村宋代内线长城 2 号敌台 228 米。

台体形制低矮，底部因耕地破坏壁面多有残损，现残存形制近似椭圆形，整体保存状况差。台体南北两侧破坏较为严重，东西两端狭长，西端较高，坡面较缓，其余三面被铲削较为陡直，其中南侧为大片农田，敌台顶部及西壁长满杂草。

敌台底部东西长 19.4 米，顶部东西长 7 米。东端南北长 10.7 米，西端南北长 8 米，台体残高 3.6 米～4 米，南壁底部断面夯层清晰可见，厚 7.5～11 厘米。方向为 223°（图二五八；彩图四四二）。

油坊村宋代内线长城 2 号敌台（编码 640402352101130072；编号 YD059）

该敌台位于清河镇油坊村山梁平地之上。台体所处地势平坦，视野开阔。西南距油坊村宋代内线长城 3 号敌台 205 米。

黄土夯筑而成的方形实心台体，形制呈不规则形，形制低矮宽大，整体保存状况一般。台体顶部平整，长满杂草，东壁坍塌土呈坡状堆积，其余壁面因当地居民耕地而铲削较直，台顶东南侧散布有少量砖石残块。四周为耕地，现种植马铃薯。

敌台底部东西长 11 米，南北长 10 米，顶部东西长 6.5 、南北长 4.5 米。台高 2.5 米左右。方向为 220°（图二五九；彩图四四三）。

油坊村宋代内线长城 3 号敌台（编码 640402352101130073；编号 YD060）

该敌台位于清河镇油坊村山梁平地之上。西南距油坊村宋代内线长城 4 号敌台 342 米。

该敌台顶部浑圆，四壁人为破坏较为严重，现残存平面形制近似椭圆形，整体保存状况差。敌台东侧呈半圆弧状，南、北两侧壁面因农民取土被掏挖严重，现已被挖毁过半，形成两处取土凹槽，东侧坡面较缓，长满杂草，台体西南角处有一较大的方形盗坑。敌台顶部北侧取土凹槽口宽 9.6 米，进深 3.5

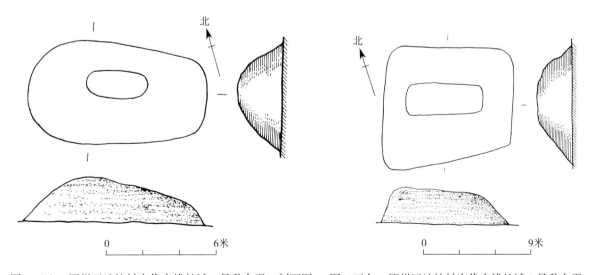

图二五八　原州区油坊村宋代内线长城 1 号敌台平、剖面图　　图二五九　原州区油坊村宋代内线长城 2 号敌台平、剖面图

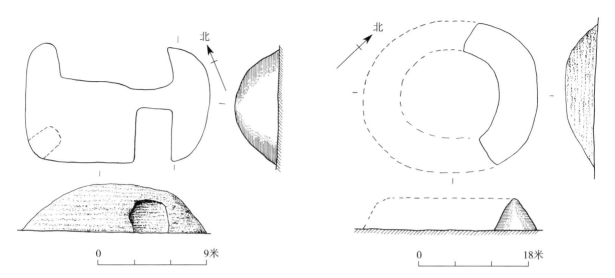

图二六〇　原州区油坊村宋代内线长城 3 号敌台平、剖面图　　图二六一　原州区油坊村宋代内线长城 4 号敌台平、剖面图

米，南侧取土凹槽口宽 3 米，进深 4.5 米，两凹槽基本挖通，中间仅剩 1.3 米；底部东南角处方形盗坑长 3.1 米，宽 1.7 米，深约 2.7 米，被毁断面处夯层较为明显，厚 7～11 厘米；北侧壁面被毁处分版明显，由西向东依次宽 0.8 米、1.16 米、1.42 米、0.7 米、0.8 米、0.7 米。台体残高 3.8 米，方向为 218°（图二六〇；彩图四四四）。

油坊村宋代内线长城 4 号敌台（编码 6404023521010 20058；编号 YD062）[1]

该敌台处于油坊村宋代内线长城墙体东北部第四段止点处，西南距油坊村宋代内线长城 5 号敌台 135 米。

敌台坐落于平地上，东西两侧与墙体相连，倚跨长城墙体而建，并凸出墙体，现存台体东西狭长，顶部略平，残存形制呈半圆形。台体顶部较平，南壁因耕地破坏较为严重，现残存台体平面大体呈半圆形，保存状况差。敌台北侧因耕种铲削较直，东西两侧均被平毁为斜缓坡面，基本与长城墙体相持平，现存台体地表范围较大，表面长满杂草。

敌台底部东西残长 28.3 米，南北长 23 米，顶部南北约 13.3 米，北侧铲削较高处高约 2.6 米。方向为 223°（图二六一；彩图四四五）。

油坊村宋代内线长城 5 号敌台（编码 6404023521011 30074；编号 YD063）[2]

该敌台位于开城镇吴庄村西山梁平地之上。西南距油坊村宋代内线长城 6 号敌台 145 米。

该敌台顶小底大，顶部浑圆，残存台体形制近似椭圆形，整体保存状况较好。台体东北侧被铲削较直，南侧底部亦有铲削痕迹，东南侧坡面较缓，西北侧有一凹坑，被铲削为两层较缓的平台。顶部埋有测绘水泥桩一座，台顶及周边布满杂草，外侧农田种植糜子。

敌台底部东西长 23.7 米，南北长 19.7 米，顶部东西长 5.5 米，南北长 4.5 米。台高约 5 米。敌台南侧铲削较直处高 0.5 米～0.7 米。方向为 223°（图二六二；彩图四四六、四四七）。

油坊村宋代内线长城 6 号敌台（编码 6404023521010 20059；编号 YD064）[3]

该敌台位于中河乡油坊沟村南塬地之上，西南距吴庄村宋代内线长城 1 号敌台 339 米。

---

[1]　调查登记表名称为"油坊村战国秦长城 2 号敌台"。

[2]　调查登记表名称为"油坊村宋代内线长城 4 号敌台"。

[3]　调查登记表名称为"油坊村战国秦长城 3 号敌台"。

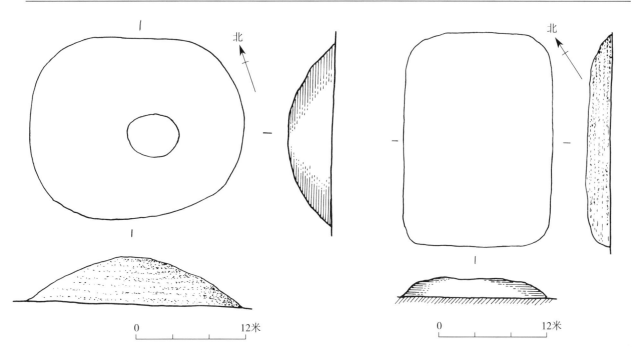

图二六二　原州区油坊村宋代内线长城 5 号敌台平、剖面图　　图二六三　原州区油坊村宋代内长城 6 号敌台平、剖面图

　　台体黄土夯筑而成，人为耕种破坏严重。现存残存呈土垅状，保存状况差。南北两侧被当地农民耕田平毁，呈缓坡状堆积，顶部及四周均辟为耕地，东侧残留高约 0.3 米的田坎地界。

　　敌台现存部分东西 16.4 米，南北 22.2 米，残高约 2.3 米，以东壁为基准方向为 219°。（图二六三；彩图四四八）。

　　2018 年，为配合"宁夏西海固地区脱贫引水工程"施工，在此段墙体第四段，即油坊村宋代内线长城 4 号敌台～5 号敌台之间南北向布设长 120 米、宽 2 米探沟一条，发掘区域长城墙体消失，但发现了 5 道壕沟及相关遗物（图二六四；彩图四四九）。

　　G1，北距 Q1 约 12.5 米，呈东西走向，沟壁较直，南侧斜直壁，北侧坍塌不规则，底部略凹，沟内填土黄褐色，较纯净。出土两片灰陶陶片，宽 3.40、深 1.30 米。勘探发现其走向不规则，深浅不一，为自然冲沟，后期平田整地填埋消失。

　　G2，位于 Q1 内侧，呈东西走向，北壁坍塌不规则，南壁呈斜坡状，包含少量植物根系，坡度较陡，口宽 7.0、深 1.30 米。沟内堆积为黄褐色土，土质较硬，包含有碎石块、陶片与动物碎骨。出土有秦汉绳纹瓦片、宋代陶片、青釉瓷片以及较多的石片、碎石块等物。该沟处于宋长城墙基内侧，推测为墙内取土及顺墙基水蚀形成的冲沟。

　　Q1，探沟段地层耕土层内有夯土颗粒，未发现夯土层，长城墙体因近现代平田整地已经消失。但地表地势明显略高于南北两侧，墙体就地夯筑，未挖基槽。在发掘探沟以东 33 米处耕地内，这道长城墙体还明显可辨，经勘探地表下夯土墙体基宽约 9 米、残高 1.2 米。判断为宋长城遗迹。

　　G3，位于宋长城墙基北侧，呈东西走向，十分宽大，与宋长城走向平行，南壁坍塌呈不规则形，北壁呈斜坡状，宽 19.5、深 3.0 米。沟内上部为较纯净的浅黄色填土，南侧距沟壁 1.8～2 米处沟底清理出一片夯土倒塌堆积，推测为南侧长城墙体坍塌后落入沟内，土质坚硬，夯土范围宽约 1.2、厚 0.3 米。沟底平缓，有明显淤土堆积，北部顺沟有两道雨水冲击形成的土绺状冲刷堆积，中部土质相对致密，灰褐色。沟内填土中混杂包含有较多的碎石块、瓦片与少量的陶片、动物骨骼，秦汉遗物包括五铢铜钱、

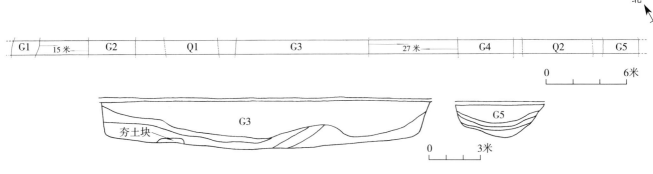

图二六四　原州区油坊村长城 G3、G5 平、剖面图

绳纹筒板瓦等（图二六五），宋代遗物主要包括素面板瓦、青釉瓷片、内壁凸点纹陶片等，推测为宋代时期挖设的"长城壕"（彩图四五〇）。

G4，南距第 3 道壕沟 24.5 米，南、北壁为斜坡状，沟内堆积呈半圆形，宽 8.20、深 1.80 米。其内填土相对纯净，灰褐色土，分层不明显，近底部有水浸层堆积，出土小石片 4 块，动物肢骨 1 件，无其他遗物，土层纯净。从与其旁边的秦长城推测，G4 为秦长城墙基内侧壕沟，为墙内取土及顺墙基水蚀形成的冲沟。

Q2，经发掘，此处地表耕土下为纯净黄土，地表隆起，地势明显略高于南北两侧，表明最初这道长城修建于此处略高地形上，墙体就地夯筑，未挖基槽。发掘探沟内战国秦长城墙体已经消失，消失原因可能为近代以来平田整地。这道长城墙体此段区域破坏严重，保存状况差，在发掘点东西两侧约 500 米范围内，地表调查均未发现夯土墙体，仅有残留的土包状夯土敌台。在清水河西岸断面处测得墙体基宽 10.5 米。

G5，南距第 4 道壕沟 13 米，沟壁弧形，沟内堆积呈半圆形，中部低，南、北两端上翘，沟底为水浸层，黄、黑土间隔沉积，土质松软，沟底为黄土，土质较致密，相对纯净，宽 5.30、深 2.0 米。出土少量绳纹板瓦、石块及动物骨骼。G5 位于战国秦长城外侧，推测为夯筑长城取土所形成的壕沟。

（十一）吴庄宋代内线长城墙体及敌台（编码 6404023821011300066；编号 YQS009）

此段墙体中河乡油坊村（G400 点）开始，至开城镇吴庄村（G402 点）截止，全长 1032 米，整体保存状况差，方向呈东北～西南走向。西南与孙家庄宋代内线长城相连。东南距吴庄村城障 150 米。

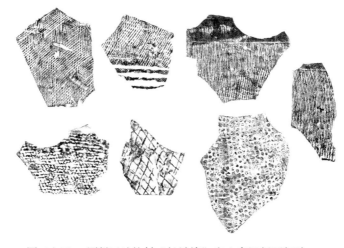

图二六五　原州区油坊村"长城壕"出土秦汉板瓦拓片

此段墙体由东北向西南延伸，地势呈东北低西南高，墙体大部分消失，仅局部有隆起，整体保存状况差，沿线现有敌台3座，通过钻探获知一处消失敌台。该段墙体沿线居民修路、修建梯田、修整壕沟对墙体造成严重破坏。按其走向特征分为5段（彩图四五一）。

第一段：G397—G398点，长339米。该段仅存两端敌台，墙体微隆，地表痕迹不明显，东西两侧为玉米地。止点处为吴庄村宋代内线长城1号敌台（YD066）。

第二段：G398—G399点，长152米。该段墙体东北段现为0.3米高的地坎。止点处为吴庄村宋代内线长城2号敌台（YD068）。

第三段：G399—G400点，长109米。此段间由于地表为荒草滩，有现代墓地，墙体得以保存残迹，地表残高0.2～0.5米。止点处吴庄村宋代内线长城3号敌台（YD069）。

第四段：G400—G401点，长228米。该段沿线现为耕地，地表微隆，仅存少许墙体痕迹。止点处为村道豁口，此处断面夯层清晰。

第五段：G401—G402点，长204米。该段沿线已被平整为农田，地表微隆，仅存少许墙体痕迹。内外长城分两道从吴庄村西北向西折拐，进入海子峡河谷。止点处长城向西北折拐，此处经钻探发现一座消失敌台。

吴庄村宋代内线长城1号敌台（编码640402352101130075；编号YD066）

该敌台位于开城镇吴庄村山前台地之上。西南距吴庄村宋代内线长城2号敌台（YD68）152米。

台体黄土夯筑而成，周围因水土流失，壁面滑坡损毁较为严重，现存形制呈不规则形。整体保存状况较差。现存形制呈不规则形。黄土夯筑而成的实心台体，形制呈不规则形。

台体顶部微隆，呈龟背状。北侧壁面坍塌较直，南侧因铲削凸凹不平，由东向西呈两级阶梯状向外延伸。台顶及周边布满杂草，外围种植玉米。四周壁面被铲削，其中南壁被铲削成两级阶梯状。

台顶东西长16.4米，南北宽12米～17.4米，底部界线不清，台体高约3米。方向为200°（图二六六；彩图四五二）。

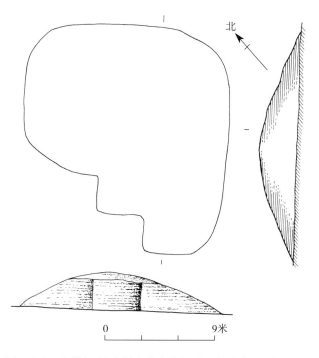

图二六六　原州区吴庄村宋代内线长城1号敌台平、剖面图

吴庄村宋代内线长城 2 号敌台（编码 640402352101130076；编号 YD068）

该敌台位于开城镇吴庄村山前台地之上，台体所处地势平缓，四面环山。西南距吴庄村宋代内线长城 3 号敌台（YD69)109 米。

黄土夯筑而成的实心台体，形制低矮宽大，现存平面形制近似椭圆形，整体保存状况较差。台顶呈弧形，上栽有测绘水泥桩一座。四周壁面现均为缓坡，东端较高，尚残留部分长城墙体，西端呈斜坡坡状堆积，台顶及周边布满杂草。西南侧有一片较大的现代墓地。

敌台底部东西 21 米，南北 15 米，台体残高 3.6 米～ 4 米，顶部东西 9.6 米，南北 4.8 米。东端残存墙体长约 8 米，墙体残高 1 米，基宽 2.5 米～ 3.5 米。方向为 200°（图二六七）。

吴庄村宋代内线长城 3 号敌台（编码 640402352101130077；编号 YD069）

该敌台位于开城镇吴庄村山前平地之上。台体所处地势平坦，四面环山，视野开阔。东北距孙家庄宋代内线长城 1 号敌台（YD072）600 米。

黄土夯筑而成的实心台体，四周围为农田，因耕种破坏侵占较为严重，现残存形制呈东西较长条状土丘，台体大部被开垦为坡状耕地，整体保存状况差。台体北高南低，呈斜坡状，中部人为掏挖有凹槽，北侧现辟为一道高约 1 米的地坎，地坎上残存较多石块及绳纹瓦残片，外侧残存壕沟迹象。台顶及周边布满杂草。敌台东西 18.3 米，南北 7 米，北侧高约 1 米。方向为 215°（图二六八）。

（十二）孙家庄宋代内线长城墙体及敌台（编码 640402382101130067；编号 YQS010）

此段墙体开城镇吴庄村（G402 点）开始，至中河乡孙家庄后磨河村河沟东侧断崖处（G411 点）截止，全长 2110 米。方向呈东南—西北走向。该段墙体东南与吴庄村宋代内线长城相接，西北与后磨河村战国秦长城 1 段相连。南距海子峡城障 450 米。

此段墙体沿海子峡口河川由东南向西北延伸，地势较平缓，相对落差不大，墙体用黄土夯筑而成，其间分布 4 座敌台。按其走向特征及保存现状分为 9 段。

第一段，G402—G403，长 117 米。消失。该段转弯下坡，跨过西海子古河道，被明代的铲削山险墙破坏，坡面及河道墙体已消失无痕。止点处为河床西北侧断面，发现有墙体夯层痕迹。

第二段，G403—G404，长 174 米。保存状况差。该段墙体呈土垅状连续，痕迹明显，两侧有较多加工过的石片，夯土内夹砂较多，风化情况严重，夯层松散，局部一些地段已残毁为田埂。止点处为 YD072 号敌台。经解剖发现墙体残留基础部分为黄沙土夯筑，并且有护壕，墙基约宽 14、残高 0.5 米。

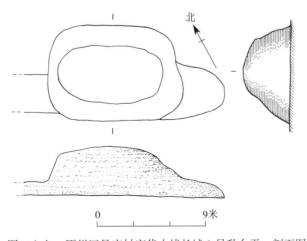
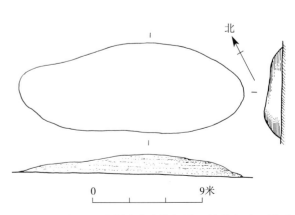

图二六七　原州区吴庄村宋代内线长城 2 号敌台平、剖面图　　图二六八　原州区吴庄村宋代内线长城 3 号敌台平、剖面图

夯层厚 10～14 厘米（彩图四五三、四五四）。

　　第三段，G404—G405，长 121 米。保存状况差。该段墙体大部消失，局部保留的已成为田埂。止点处为 YD073 号敌台。

　　第四段，G405—G406，长 170 米。保存状况较差。该段墙体残损形成一道斜坡状地坎，高 1.3 米。止点处为 YD077 号敌台。

　　第五段，G406—G407，长 61 米。保存状况一般。此段墙体基本保留，形体高大，断面处夯层清晰，墙高 4.2～4.6 米，底宽 9、顶宽 1.2 米。止点为内线长城在河道崩塌处的断面。

　　第六段，G407—G408，长 175 米。消失。该段处海子峡河道之中，墙体消失无存。止点为海子峡北岸河道崩塌处。

　　第七段，G408—G409，长 91 米。保存状况较差。此段墙体底宽 7.6、最高处 3.2 米。夯层不清。止点处为 YD078 号敌台。

　　第八段，G409—G410，长 361 米。保存状况差。该段沿线为耕地，墙体呈土垅状向西延伸穿越固将公路至公路西侧断崖上。

　　第九段，G410—G411，长 840 米。保存状况差。该段沿线为一乡间土路，穿越部分农田及沟岔至后磨河村河沟东侧断崖处（G411 点）。墙体大部已消失，仅局部地段微微隆起于耕地之上，应为墙体残迹。

　　孙家庄宋代内线长城 1 号敌台（编码 640402352101130078；编号 YD072）

　　该敌台位于中河乡孙家庄村山前台地之上，所处地势险要，视野开阔。西距孙家庄宋代内线长城 2 号敌台 121 米。

　　敌台倚靠长城墙体而建，并凸出墙体，采用黄土夹杂河床沙砾夯筑而成，坍塌滑坡严重，形制较低矮宽大，现残存平面略呈椭圆形，表面曾被人为开垦为耕地，后又弃耕，整体保存状况较差。台顶西低东高呈缓坡状，整体较为平整，南侧有人为掏挖的取土坑，北侧壁面较直，东侧缓坡明显，台顶及滑坡堆土上长满杂草。壁面无明显登台痕迹。

　　敌台底部东西长 23.3、南北宽 13 米，顶部东西长 5.9、南北宽 3.2 米，高约 3 米。方向为 275°（图二六九；彩图四五五）。

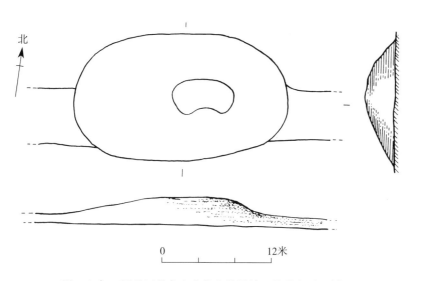

图二六九　原州区孙家庄宋代内线长城 1 号敌台平、剖面图

孙家庄宋代内线长城 2 号敌台（编码 640402352101130079；编号 YD073）

该敌台位于中河乡孙家庄村北山梁之上。所处地势较高，视野开阔。西距孙家庄宋代内线长城 3 号敌台 170 米。

敌台南倚长城墙体而建，并凸出墙体，为黄土夯筑而成的实心台体，形状近似椭圆形，台体顶部略平，形制较小，整体保存状况差。台体东侧较高，西侧斜缓，南、北两侧耕种侵占铲削严重，呈陡坡状，台体表面长满杂草，四周散落有中绳纹筒瓦残片及黑釉缸残片等宋代遗物。

敌台底部东西长 24.7、南北宽 11 米，顶部东西长 9.5、南北宽 3 米，台高约 3 米。方向为 280°（图二七○；彩图四五六）。

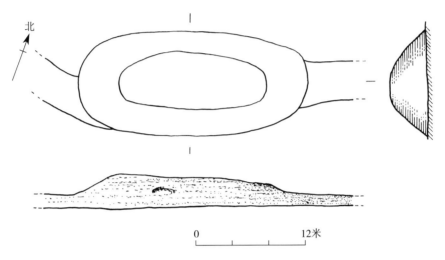

图二七○　原州区孙家庄宋代内线长城 2 号敌台平、剖面图

孙家庄宋代内线长城 3 号敌台（编码 640402352101130080；编号 YD077）

该敌台位于中河乡孙家庄村山前台体之上。台体所处地势高亢，四面环山，地势险要。西南距孙家庄宋代内线长城 4 号敌台 497 米。

台体高大，黄土夯筑而成。形状近似椭圆形，整体保存状况一般。敌台倚长城而建并突出墙体北侧，东、西两端连接墙体，顶部斜平，南北两侧坡面较为陡峭。西北侧及顶部被人为掏挖有三处盗坑。台体表面散布少量薄石片、绳纹残瓦片。台体及周边布满杂草。

敌台底部东西长 24.1、南北宽 19.3 米，北侧高 5.2、南侧高 4.5 米，顶部盗坑 1 平方米，南侧盗坑东西长 3、南北宽 2.5、深约 0.9 米（图二七一；彩图四五七）。

孙家庄宋代内线长城 4 号敌台（编码 640402352101130081；编号 YD078）

该敌台位于中河乡孙家庄村南山梁之上，所处地势高亢。东北距孙家庄宋代内线长城 3 号敌台 172 米。

敌台倚跨长城墙体而建，并凸出墙体，采用黄土夹杂砂石土夯筑而成，形状近似椭圆形。整体保存状况较差。台体顶部略尖，台顶部有人为掏挖出的小坑，表面有少量石片。南北两侧均向外突出，南壁因滑坡坍塌，壁面较直其底部坍塌土呈坡状堆积，西侧壁面呈缓坡状，与长城墙体相连，台顶及周边布满杂草。

敌台底部东西长 21、南北宽 11 米，顶部东西长 2、南北宽 2 米，台体顶部高出墙体 2.3、通高 5.6 米（图二七二；彩图四五八）。

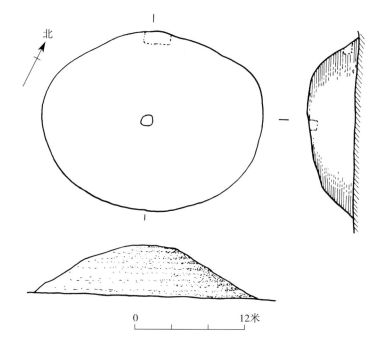

图二七一　原州区孙家庄宋代内线长城 3 号敌台平、剖面图

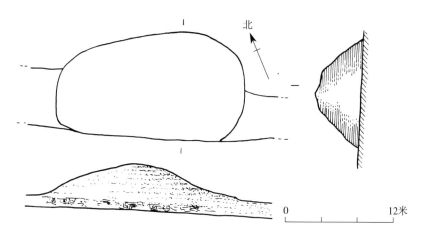

图二七二　原州区孙家庄宋代内线长城 4 号敌台平、剖面图

第二节　宁夏宋长城关堡

宁夏战国秦长城沿线及固原市郊宋长城沿线共调查相关宋代关堡 10 座[1]。

（一）三里塬城址[2]（编码 640402353102130001；编号 YB001）

该城址位于河川乡骆驼河村王崾岘自然村"三里塬"上，城址所处塬地较为平坦，现为农田。东临黄家河，战国秦长城沿塬畔东缘修筑。西侧为王崾岘水库，北侧约 1 千米处为 309 国道。城址东墙

---

[1]　调查登记的 5 座明清关堡本报告从略。

[2]　也称骆驼河城址。见国家文物局主编：《中国文物地图集·宁夏回族自治区分册》，文物出版社，2010 年，第 397 页。

与战国秦长城平行，战国秦长城处于城址东墙外侧的山坡上，直线距离约50米。西北距程儿山宋代城址（YB025）15.6千米。平面大体呈南北向长方形，朝向呈东南—西北，仅东南角及北墙残存一小段墙体，残损十分严重，整体保存状况较差。

东墙东南侧残存墙体可能为该城东南角。残存北墙中部有一条南北向砂石路穿城而过，现为豁口处可能为北门。豁口断面处夯层清晰可见。东墙、西墙两侧均为断崖，南墙大部被平毁为耕地，墙体已无存。残存墙体顶窄底宽，两侧壁面均有铲削痕迹。城内现为耕地，无居民住户及其他遗迹。城内西南部地表散布较多宋代陶片。包括素面板瓦片、折沿盆口沿，内壁有凸点纹的灰陶罐残片等宋代遗物。

城墙残存部分南北长约320、东西宽约100～120米。东墙方向312°。周长约940米，占地面积4.4万平方米。东南角残留墙体南北长10、南端东西宽3、北端东西宽0.7米，西侧高2、东南侧高3.3米。夯层厚9～13厘米。北墙豁口以东墙体残存31、基宽4、高2.2米。夯层厚10～13厘米。北墙豁口宽9米，豁口以西墙体长55米（图二七三；彩图四五九、四六〇）。

（二）程儿山城址（编码640402353102130025；编号YB025）

该城址位于固原城东黄峁山北段清河镇水泉村程儿山山顶上，向西可以俯瞰固原城及清水河谷地。西南距战国秦长城墙体840米。东南距水泉村城障（YB002）1500米。

该城址平面呈折角方形，朝向呈东南—西北，由四周围墙、隔墙、城中部烽火台、外侧环壕组成，属连山城。城内地势南高北低，地势由北向南可分两级阶地，其中一、二级之间有夯土隔墙，将该城址分隔为南北二部分，城内中部有一座圆形烽火台。整体保存状况一般。时代为宋代。

该城址东墙较宽大，外侧因耕田铲削峭直。南墙处于山顶，西段向内偏折。西墙墙体较高大，外侧因取土形成平台。西北角台较为高大，略呈半圆形，向外凸出。北墙外侧为较陡的斜坡。

南城内为荒芜的退耕还林地，地势较平坦。城内中部修筑有一座烽火台，底部四周因取土被切削呈圆台形，台高约1米，台体呈锥形，尖顶，四壁风化滑坡及坍塌较严重，积土表面长满杂草。烽火台东侧建有通讯铁塔及机房。除北墙外，东、西、南三面均有壕沟。西墙向北部壕沟痕迹明显，西侧壕沟两侧墙体呈斜坡状，沟底宽平，保存较好。

东墙紧邻隔墙北侧亦有一斜坡豁口，可能为东门，东西门相对，均在隔墙北侧。西门门道处豁口断面夯层清晰。西门外壁北侧有一处窑洞。北门处于东北角，为斜坡地形，斜通入城内。城内现为耕地，无居民住户。城址内地表散布少量宋代黑釉瓷片。

东墙方向348°。该城址东墙边长120米，南墙长102米，墙体周长约440米，占地面积约1.3万平方米，护城壕长330米。城中烽火台台底边长15米，台顶东西长2.2、南北宽1米，高7.1米。夯层厚15～19厘米。东门门道宽5、高3米，基宽15、顶宽1～2.3米。西门门道宽6、北门门道宽25米，门道处墙体高6米。西北角台凸出墙体6.5米，外高8、内高3.6米。南侧壕沟口宽13、底宽9、深5.4米（图二七四；彩图四六一～四六三）。

（三）陈家沟村城址（编码640402353102130004；编号YB004）

该城址位于原州区清河镇沙窝村陈家沟自然村东侧台地上。东北侧临东西向山洪冲沟，隔沟即为陈家沟自然村。处于宋代长城与战国秦长城交汇处。宝中铁路从其东侧穿过。现仅存城址东北拐角，平面形状应为矩形，朝向呈东南—西北，整体保存状况较差。时代为宋代。

现存东南两道墙体，两端角台，夯层较厚，中部墙体呈土垅状，外侧为深沟，残存墙体呈土垅状。东北角台台体呈方形，为夹砂黄土夯筑。夯土内夹杂黑白双色釉瓷片。城内遗物散布较多，其中有少

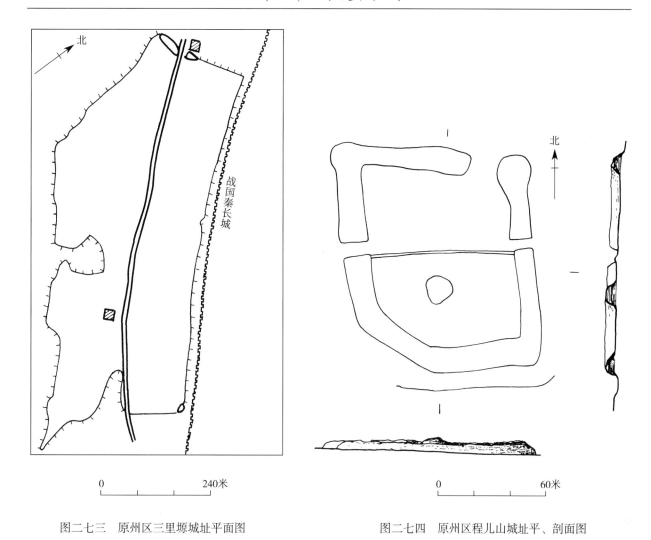

图二七三　原州区三里塬城址平面图　　　　　　图二七四　原州区程儿山城址平、剖面图

量灰陶折沿盆、灰陶条砖等宋代遗物。城内现为耕地，无居民住户及其他遗迹。

占地面积约 750 平方米。东墙方向 308°。东墙残长 15、墙宽 2.4 米，外高 1.6、内高 0.7 米。南墙长 48.4 米，内高 2、外高 3.3 米。基宽 5 米，外侧高 5.7、内侧高 3.2 米。夯层厚 10～14 厘米（图二七五；彩图四六四）。

（四）下饮马河城址（编码 640402353102130014；编号 YB014）

该城址位于原州区古雁岭山麓东北。城址所处地带视野开阔，北瞰小川子内长城，东眺可见程儿山城址，北与长城梁上的外长城相望，什里墩烽火台在长城梁东端山梁尾部，可遥相对视。北距小川子宋长城约 2 千米。该城址现仅存南北向夯筑土墙一道，残损严重，整体保存状况差。时代为宋代。

墙体整体北高南低，西侧破坏严重，东侧现为陡坡，顶部略平，东西两侧稍低，南北两端因当地居民耕田而被铲削成尖头状。西侧壁面中部有一人为掏挖的窑洞，壁面夯层清晰。西侧下部壁面还有两处地道式盗洞，延伸至墙体内部。城址周围为退耕还林柠条林带，堡内无居民住户及其他遗迹。墙顶部散落有黑、白釉瓷片及素面板瓦片。

残存墙体长 23 米。方向 155°。残存面积约 500 平方米。墙体南端高 0.7、北端高 1.5、中部高 2.5 米。顶部宽 3、底部宽 5.5 米。夯层厚 12～22 厘米（图二七六；彩图四六五）。

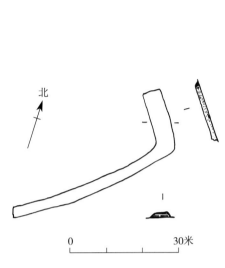

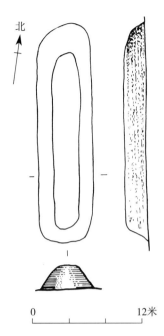

图二七五　原州区陈家沟村城址平、剖面图   图二七六　原州区下饮马河城址平、剖面图

（五）大营城址（编码 640402353102170015；编号 YB003）[1]

该城址位于原州区中河乡政府北 500 米，东临大营河。东南至固原城二十里 [2]、距战国秦长城 1580 米。2005 年 9 月 16 日被自治区人民政府公布为自治区文物保护单位。

该城始建于宋，明代修复沿用，永乐间置甘州群牧千户所 [3]，为肃王府牧马地。城高二丈五尺，周三里七分，东南北三门。成化二年（1466 年）八月，鞑靼部众攻掠固原，都指挥林盛领兵屯于甘州群牧所城外，与鞑靼在西山长城一带开战 [4]。清代以后弃用，现当地人俗称"大营城"。

该城址东南部因临近大营河，北墙南段向内折收，现平面呈五边形。保存较好，方向北偏西 10°，四面开门，东、南、北门外有瓮城。城墙四角均有角台，东北、西北二角台凸出墙体。西墙有五处马面，北墙门址东侧有一处马面，东墙北段有两处马面，南段有一处马面。西墙、北墙及东墙北段外侧均有双重护壕，北门护壕外侧有一座烽火台。城内现为耕地，保存状况较好。墙垣周长 1540 米，面积 14.4 万平方米。

东墙北段较直，南段因临近大营河道向西偏折，折拐处为东门。墙体上直下斜，外侧墙基下有较高的自然陡坡。东墙北段长 320、南段折收部分长 250 米。内高 7.5、外高 11.5 米。顶宽 1.5 ～ 4.5、底宽 9 米。南墙较短，顶部较宽，外侧有轻微滑坡，内侧为斜坡状，其上长满杂草。西南角台呈窄条状斜突出墙体。南墙长 150 米。西墙长 500 米，基本完整，中部有门，有五处马面，第四马面以西 61 米处有宽 21 米的坍塌豁口。西墙底宽 7.5、顶宽 0.3 ～ 1 米。夯层厚 14 厘米。北墙长 320 米，内壁较直，土质较好，保存基本完整。城内现为庙湾村耕地，种植有马铃薯、玉米、小麦等农作物，地表遗物多见明代的瓷片、砖瓦残片等物。

---

[1]　明代时称甘州群牧千户所，宁夏文物考古研究所编著：《宁夏明代长城·固原内边长城调查报告》，文物出版社，2019 年，第 56 页。

[2]　（明）张雨：《边政考》卷三，王友立主编：《中华文史丛书》十四册，台北华文书局，1969 年，第 11 页。

[3]　《明史》卷四十二《地理三》，第 1005 页。

[4]　《明宪宗纯皇帝实录》卷三十七"成化二年十二月乙丑"，第 747 页。

马面9座。东墙南段马面宽3.8、突出墙体7米。东墙北段第一处马面宽6、突出墙体7米。东墙北段第二处马面宽6、突出墙体6米。西墙有五处马面,由南向北第一、二处马面保存一般,其两侧堆土较高。第三处马面保存较好,形体高大,第四马面以西61米处有21米宽的自然坍塌豁口。西墙第一处马面宽7、突出墙体7米。西墙第二处马面宽6、突出墙体7米。西墙第三处马面宽7.5、突出墙体11米。西墙第四处马面宽7、突出墙体6.5米。西墙第五处马面宽5.8、突出墙体8米。

角台4座。四角角台东南角台宽5、突出墙体3米,高11米。东北角台宽11、突出墙体7米,高10米。西北角台宽8、突出墙体9米,高7米。西南角台宽4、突出墙体7.2米,高4.5米。东北、西北角台上有明代增筑的圆形墩台。西北角墙体顶部有明代加筑的角墩,长5、宽3米,高2.5米。

城门4座。南北门处各有半圆形瓮城一座。东门豁口宽11.4米,外侧瓮城损毁严重。南门豁口宽6.6米,南门及南瓮城门道两侧夯土内夹杂大量砂石粒,应系河砂土夯筑而成。南门瓮城东西长49米,东墙南北斜长10米,瓮城门道豁口宽6米。西门应为明代增辟,门道处乱砖较多,北壁断面有明显的后代增补痕迹,早期为砂石土混筑,后期为砂石土与黄土分层夯筑。西门豁口宽6米。北门豁口宽8.2米。北门瓮城东墙斜长18米,外高7、内高9米。夯层厚8～11厘米。北门护壕外侧有一座明代修筑的烽火台。

东墙外壕沟距墙体6米,口宽11、底宽3.5、深3.3米。西墙外第一道壕沟距西墙18米,壕沟口宽14、底宽6、深4.5米。一道壕沟向外15米为第二道壕沟,口宽12、底宽7、深3米。

（六）樊西堡村3号城址（编码640402353102130023;编号YB023）

该城址位于原州区张易镇樊西堡村北侧山头上,下临马莲川,西侧为山沟,东侧为坡谷,地势险要。南距战国秦长城墙体450米。东距樊西堡4号城址（YB024）80米。城址依山而建,城墙共有两重,平面大致呈"回"字形。内城西侧及南侧向外扩出,形成外城,内城北墙有两处马面,北墙外有三重环壕,东北侧环壕被樊西堡4号城址打破。东墙有一处马面,南墙中部有门。整体保存状况较好。时代为宋代。

内城为一圈长方形夯土城墙。北墙、东墙中部各向外突出一座马面,南墙中部开一门,东墙、西墙北端均向外延出,与外圈城墙相连,形成封闭的空间,其北侧为环壕。外圈城亦为夯土墙体,相对低矮,但其外侧临壕沟,外圈城西墙基本完整,西南角现有一处豁口。北墙外有三道环壕,壕间为土台。外城门在东墙南部,门道西侧向外突出有门墩,外城东北角有角台,内城东北角台较大,外侧略呈圆弧形,外侧底部有一处窑洞。东墙外围城墙地表之上墙体保留较矮薄,但外侧为取土台,内外高差达4米,东墙内城中仅有一处马面,形体较窄小。东墙外城中部残留有较高大的墙体,其外侧临断崖。城内现为耕地,堡内无居民住户及其他遗迹。城址内散布少量黑釉瓷片、素面板瓦残片等遗物。

樊西堡4号城址（YB024）东南面临断崖,西北角台高突,北墙较好,外侧取土为陡坡,城内为耕地,时代为清代。

东墙方向210°。内城东西长70、南北宽100米,内外城西墙间距35米,外城墙体东西长120、南北宽160米,墙体周长560米,占地面积约1.9万平方米,护城壕长420米。内城西南角处墙体宽5.8米,内高3.6、外高7米。南门道豁口宽5.8米,墙体夯层厚12～18厘米。内城东墙马面凸出墙体7.1、基宽4.2米,高6.5米。内城北墙马面凸出墙体4、底宽7.5米,高5米。北墙外三道壕沟均长140米,其中第一道壕沟宽9、深3米,间距第二道壕沟5米,第二道壕沟宽8.2、深2米,距第三道壕沟9米,第三道壕沟宽9、深2.5米。东北侧小堡墙体边长及距该城址均为80米（图二七七;彩图四六六～四六八）。

（七）东南门城址（编码640422353102170001;编号XB001）

该城址位于西吉县马莲乡南台村东南门自然村北、马莲河南岸台地上。北距战国秦长城及马莲堡

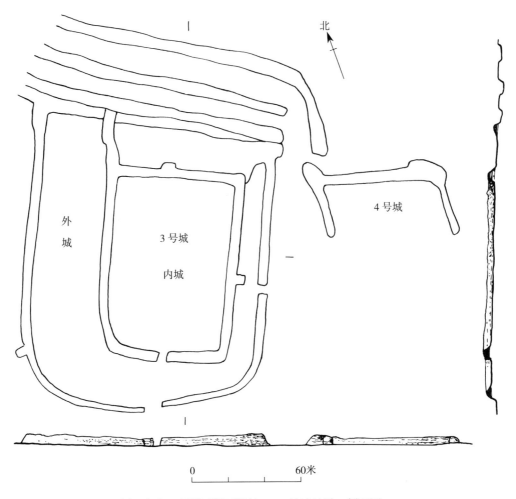

图二七七　原州区樊西堡村 3、4 号城址平、剖面图

约 500 米。

　　城内地势南高北低呈梯田坡状，现仅存南墙，墙体中部外侧有一座马面，墙体南侧为取土形成的一道东西向壕沟。其余各面墙体均已不存。城内大部为耕地，东南建有一座现代关帝庙。整体保存状况差。根据形制规模及地面遗物判断，该城址应该为宋代的烽燧驿站。

　　城址原周长约 400 米，占地面积约 1 万平方米。残存墙体壁面较直，墙体内夹杂有较厚的褐釉缸片、厚素面板瓦片。墙体中部马面向外凸出，平面长方形，平顶。墙外壕沟沟底宽平。城内现为耕地。据老乡介绍，此城址内出土过素面大板瓦。南墙残长 93.9、宽 4～6.2 米，高 3.3～6 米。夯层厚 13～18厘米。南墙中部马残宽 5.9、凸出墙体 8、高 7.5 米。壕宽 27、深约 1.5 米（图二七八；彩图四六九）。

　　（八）张堡塬城址（编码 640422353102170003；编号 XB003）

　　该城位于西吉县马莲乡张堡塬村苟家堡子自然村南侧山梁。该城址北距张堡塬村战国秦长城约500、距城址南侧的张堡塬烽火台（XF001）仅 30 米。东侧山梁上有一民国时期的防匪堡寨。

　　该城址平面呈长方形，南北向，有双重城墙，内城墙东、西、南三面墙体中间均有一处马面。内城北墙中部有豁口，可能为门道。城外南侧有一座烽火台。外侧长方形环壕整体环绕城堡与烽火台，整体保存状况较好。

　　内城四面墙体基本完整，城内地面因平整土地墙基被切削悬空 1.5 米，西南角处有一宽 1.5 米的出入便道豁口。北门外亦因悬空形成封闭墙体。城墙外围有一周取土平台。其外地坎下为一周二重城墙，

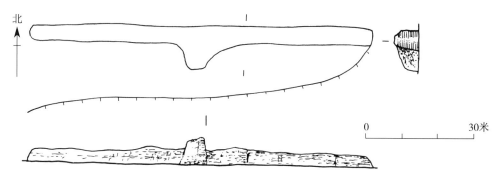

图二七八　西吉县东南门城址平、剖面图

此道墙体沿地坎边围筑，较窄薄。东西两侧墙体沿地坎可与其南侧烽火台围墙相通，可能为同期所筑。南北侧墙体保存较好，其余各面墙体内侧均因耕种被铲削变薄。地面有少量褐黑釉瓷残片、黑白釉碗残片及素面板瓦残片。

内城周长270米，占地面积约4000平方米。内城东墙长93、宽6米，高5米，南墙长44、基宽7.4米，高6.5米，西墙长102、宽3.2米，北墙长38、宽6.5米。墙体夯层厚10～17厘米。外城周长约530米，面积约1.5万平方米。残存墙体南北长204、东西宽约70米。残存墙基厚1～6米。墙体残高1.2～1.7米。城内中部有突起土堆，可能原有建筑遗迹。

东墙、西墙、南墙外侧中部各有一座马面，东西两面墙体上的马面较大，南墙马面较小，顶部均突出墙体。东墙马面凸出墙体2.5、基宽7.6米，高5.5米。南墙马面凸出墙体2、宽8米，高6.5米。西墙马面凸出墙体2.3、基宽7.5米，高6.8米。北墙处门道宽8米。

南侧烽火台底部呈方形，底部东西长6、南北宽7米，高8.1米。北距内城南墙67.5米。环壕宽7.5、高2.8米（图二七九；彩图四七〇、四七一）。

（九）火家沟城址（编码640422353102170004；编号XB004）

该城址位于西吉县将台乡火家沟村南侧山梁上，地势南高北低。北距火家沟战国秦长城750米。整体保存较好。

城址现存四面墙体，平面呈长方形，城墙外侧又有一周取土环壕。四面墙体中南墙较高，城障内中部较低凹，现种有苜蓿。城址周长约125米，占地面积约900平方米。东墙长31、宽3米，高1.6米；南墙长24、宽5米，高3.5米；西墙长38、宽3米，高1.5米；北墙长32、宽6米，高2.7米。

南墙中部向外突出马面一处，兼具烽火台作用。马面残宽9、高4.5、进深3米。城址外侧环壕也较深，两壁较直，保存也相对完好，外侧为陡坡。环壕宽3.5～7米。西墙北部有一处豁口，应为门道位置，门道处有一堆鹅卵石，应为守城礌石，并有少量素面板瓦、褐釉瓷、灰陶砖残块。西门豁口宽2.5米（图二八〇；彩图四七二、四七三）。

（十）火家集城址（编码640422353102130007；编号XB007）

该城址位于将台乡火家集村西南。外城东西两面为山坡，其下临河，东临葫芦河，西为烂泥河。该城址处于葫芦河西岸山梁上，分内城、外城及外城南侧教场三部分，整体呈南北向长方形。内城大致呈方形，与外城东墙相连。外城东西两侧临断崖，南北有城门、瓮城圈及双重壕沟。城内及教场大部为耕地，东北部有少量居民。整体保存状况一般。东距战国秦长城约500米。

该城始筑于北宋天禧元年（1017年），称羊牧隆城，属渭州，庆历三年（1043年）改称隆德寨，为宋泾源第十将城，隶属德顺军。金皇统二年（1142年）在此地置隆德县，隶德顺州[1]。后迁隆德县

---

[1]　《宋史·地理志》卷八十七，《金史·地理志》卷二十六，中华书局。

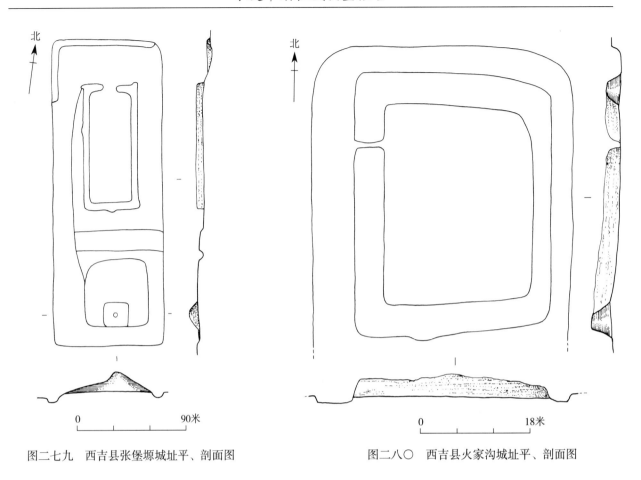

图二七九　西吉县张堡塬城址平、剖面图　　　　图二八〇　西吉县火家沟城址平、剖面图

于笼竿城（今隆德县城），城废。

内城居中，大致呈方形，周长约 1050 米，面积约 7 万平方米。四面墙体大部尚存，东墙临崖而建基本完整，南墙中部有门，西段残毁为地坎，断面高 3 米。夯层厚 10 厘米。西墙两端墙体较高，中部已残毁为地埂。北墙中部保存较好，凸出一座马面，墙外挖有城壕。西墙长 254、内高 2.5、外高 7、顶宽 2.8、基宽 3.4 米。南墙长 253、内高 3.5、外高 7、顶宽 1.2、基宽 4.3 米。内城北墙外城壕长 180、宽 25、深 3 米。

外城因地形呈不规则长方形，城墙周长约 2360，占地面积约 32.6 万平方米。东墙除与内城东墙共用的一段外其余部分均坍塌为断崖，村民主要依断崖挖窑建房而居，铲削破坏严重，地表墙体大部消失，仅东南、东北角残存墙体痕迹，外城东墙南段有马面 1 处，形体较窄小，东南角墙体残高 5 米。南墙保存基本完整，近西南角有一略呈圈状的小城圈，当地人称"杀人圈"，其内现为耕地，坍塌淤塞堆积几乎接近墙顶（实际为废弃的南门瓮城），城门已淤塞废弃。"杀人圈"以东墙体处于平地，保存较好，外侧有 2 座马面，外侧有双重护壕，墙基及护壕断面暴露有汉代墓葬及灰坑迹象。现存南墙基宽 7、顶宽 2.5 米，内高 2.8、外高 8 米。现存南门为后期所开，门道豁口宽 12 米。西墙长 683 米，外临烂泥河，随地形曲折，局部坍塌为绝壁，临崖分布有马面 5 座。据老乡介绍墙基下有地道，墙体中部外侧沟边平地上有民国时期修建的吴家堡子一座。北段城墙保存较好，西北角台高突。北墙长 448 米，外为陡坡，墙外有两道壕沟，至壕沟底部深 19.5 米。东北部向外突出有一长方形的瓮城圈，当地人称"马圈"（实际为废弃的北门瓮城），北门已淤塞废弃。城内多见素面板瓦、内壁凸点纹陶片、黑白釉瓷片等宋代遗物。城内东北部人口居住稠密，其余地面及教场大部为农田及打谷场。

东墙马面凸出墙体 5、基宽 2 米。南墙
南门以西 1 号马面凸出墙体 7、宽 5、高 8 米。
外城南门瓮城"杀人圈"东西长 43、南北宽
26 米，内高 4.5、外高 8.5 米。北门瓮城圈南
北长 47、东西宽 43 米，底宽 7、顶宽 2 米，
墙体内高 5.6、外高 7～10 米。外城北墙及
南墙外一道壕沟底宽 8.8、深 5、口宽 12 米；
一道壕沟与二道壕沟间平台宽 22 米，二道壕
沟宽 11、深 3 米。外城南侧双重壕沟之外为
教场，现为一处独立的南北向长方形平台地。
南北长 400、东西宽 270 米，周长约 1250 米，
占地面积约 9.5 万平方米。东、西临断崖。西
南侧夯筑围墙局部尚存，现残毁为 4 处土包
状夯土堆遗迹。西墙残迹长 5.8、宽 4.3 米，
高 5 米；南墙第一处土堆长 7、宽 4.5 米，高 3.8
米，第二处土堆长 14.5、宽 9 米，高 2.8 米，
第三处土堆长 9、宽 7 米，高 2.6 米。教场南
墙外侧壕沟紧临南墙，底宽 8、口宽 12、深 2
米（图二八一；彩图四七四～四七八）。

第三节　宁夏宋长城烽火台

宁夏宋长城沿线共调查宋代烽火台 8
座[1]。多建在长城墙体外侧地势较高处，个别
台体周围有围墙，台体平面多呈圆形或椭圆
形，周边坍塌滑坡严重，直径一般在 5～20 米，
表皮植被覆盖，夯层不明显。高度仅存 2～7
米。地表周围分布有素面板瓦等宋代遗物。

（一）赵家岭烽火台（编码
640425353201020070；编号 PF002）

该烽火台位于彭阳县城阳乡赵家岭南
500 米处山梁上，西南距长城村烽火台 1.2、
距长城村战国秦长城 1.9 千米。

台体黄土夯筑而成，因损毁形状不甚规
则，保存状况较差。顶部凹凸不平，底部大
体呈圆形，有铲削的痕迹。台体表面长满杂草，

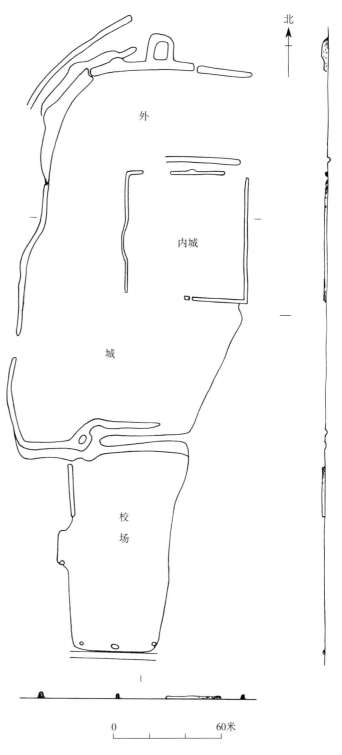

图二八一　西吉县火家集城址平、剖面图

有的根系直接扎入台体内。该烽火台周边有围墙环绕，台体和围墙之间呈一环形的台地，围墙因修梯

---

[1]　调查登记的其余 5 座明代烽火台本报告从略。

田而破坏严重，呈低矮土垅状，东、西、北三面墙体均有铲削的痕迹。西墙有一处掏挖的小洞。南墙正中为门道，门道两侧墙体保存较好，断面处夯层清晰。围墙根基处有少量灰陶片及素面瓦片。

台体底部东西长 9 ～ 10、南北宽 8 ～ 11 米，台顶直径 3 米，高 2 米。围墙东西长约 28、南北宽约 40 米。门道距台体 19.6 米。夯层厚 8 ～ 12 厘米。围墙残高 0.8 米（图二八二；彩图四七九）。

（二）长城村烽火台（编码 640425353201020071；编号 PF003）

该烽火台位于彭阳县城阳乡长城村花子圈 4 号敌台北侧山梁上。南距花子圈战国秦长城 4 号敌台 587 米。

该烽火台黄土夯筑而成，顶部形状近似圆形。四周底部切削呈斗状，夯层清晰。台体平面形制近似覆斗形，顶小底大，剖面呈梯形。保存状况较差。现存台体四周底部被当地农民平整田地铲削大部。台体南侧有一座广播电视转播铁塔以及铁丝围栏。台体东侧断面底部有一人为掏挖小窑洞，洞口部已坍塌。顶部有一大地测量三角架，角架下面有一人工挖的小土坑。台体断面处夯层清晰。表面长满杂草，分布有少量素面瓦片。时代为宋代。

台体底部东西长 8、南北宽 14 米，顶部残径 5 米，台体残高 4 米。夯层厚 10 ～ 13 厘米（图二八三；彩图四八○）。

（三）乔渠村烽火台（编码 640425353201020072；编号 PF004）

该烽火台位于彭阳县城阳乡乔渠自然村北，四周为台塬地貌，南距乔渠村战国秦长城 1 号敌台 260 米。

台体黄土夯筑而成，呈馒头状，保存状况较差。台体四周底部被当地农民平整田地铲削大部，表面有近代砖块、瓦片、木头等。在台体底部地表发现有散落的夯土块。顶部有一人工掏挖的小土坑。表面长有杂草。

台体底部直径 5、顶部直径 3 米，残高 3.2 米。圆形夯窝直径 8 ～ 10 厘米。夯层厚 10 ～ 15 厘米（图

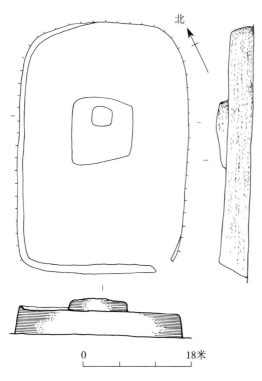

0 —————— 18米

图二八二　彭阳县赵家岭烽火台平、剖面图

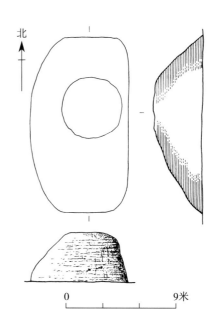

0 —— 9米

图二八三　彭阳县长城村烽火台平、剖面图

二八四；彩图四八一）。

（四）党岔村烽火台（编码 640425353201020073；编号 PF005）

该烽火台位于彭阳县白阳镇白岔村党岔自然村西，四周为台塬地貌，南距党岔村战国秦长城 5 号敌台 305 米。

台体黄土夯筑而成，保存状况较差。底部四周因平整田地铲削约 1.2 米，东西两侧被铲削为直壁，现存部分形制呈南北向长方形土丘状。顶部呈漫坡状，散落有灰陶素面板瓦片数件。南侧生长有一颗直径 0.3 米的榆树，底部堆土中亦夹杂有少量灰陶素面瓦片。

台体底部东西长 3.6 ～ 4.3、南北宽 15 米，残高 2.2 米（图二八五；彩图四八二）。

（五）张号家村烽火台（编码 640425353201020074；编号 PF006）

该烽火台位于彭阳县白阳镇袁老庄村张号家自然村，西南为深沟、北侧为山坡。地势起伏较大。北距战国秦长城约 500 米。

台体利用山势之险要在山体最高处采用黄土夯筑而成的实体建筑，平面略呈圆形，立面呈馒头状，剖面不甚规则，顶部略小，台体周边坡度较大。表层有人为踩踏过的路面，整体保存状况较差。该烽火台南临断崖，西南侧为水冲壕沟，北侧山洼处有围墙。台体底部呈椭圆形，顶部呈拱形。表面长有杂草。底部台地上分布有植树坑。围墙环绕到烽火台的西南角与东北角的山崖处结束，围墙西北中部有一门道，围墙距台体约 6 ～ 11 米，烽火台与围墙之间有半圆环形台地，围墙底部有铲削的痕迹。

台体底部东西长 19.7、南北宽 15 米，台顶直径 2 ～ 4 米，残高 3.5 ～ 4 米。围墙基本呈长方形，东西长约 47、南北宽约 22 米，墙厚约 3 米，高约 6.5 米（图二八六；彩图四八三）。

（六）北海子烽火台（编码 640402353201130094；编号 YF004）

该烽火台位于原州区什里村四队北海子西约 500 米处圪垯梁上，西北距明庄宋长城 750 米。

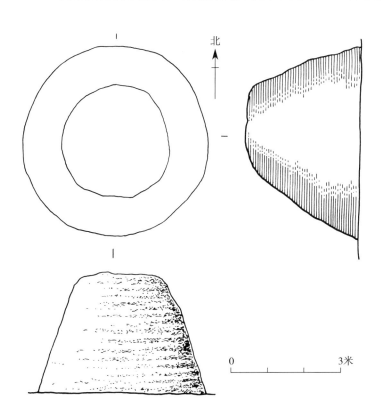

图二八四　彭阳县乔渠村烽火台平、剖面图

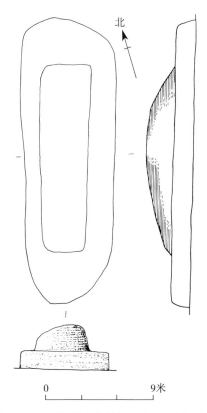

图二八五　彭阳县党岔村烽火台平、剖面图

黄土夯筑而成，台体因耕地损毁，形制破坏呈半圆形，整体保存状况差。台体东部被完全铲削、挖毁，残留西部台体上半部消失，下底部被人为铲削，长满杂草，残留台体东面密布风蚀孔洞，夯层不清晰，下底部坍塌，堆土较低，长满杂草；西面长满杂草，台体表面散布大量的宋代素面碎砖瓦残片。

残存台顶东西长 1、南北宽 2.8 米，台体底部东西长 4.5、南北宽 11 米，残高 2.7 米。采集残砖宽 16、残长 17、厚 6 厘米（图二八七；彩图四八四）。

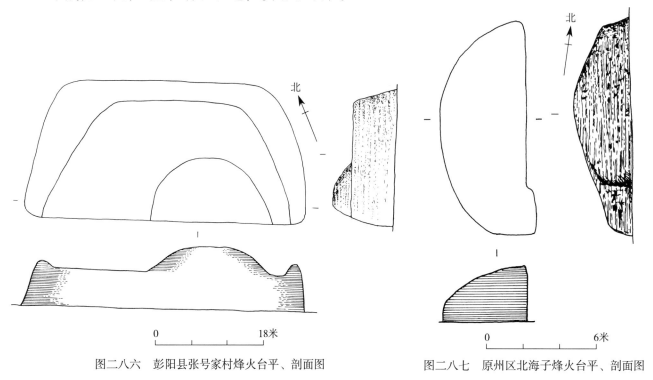

图二八六　彭阳县张号家村烽火台平、剖面图　　　　　图二八七　原州区北海子烽火台平、剖面图

（七）乔洼村烽火台（编码 640402353201130097 编号 YF007）

该烽火台位于原州区乔洼村北清水河滩平地上，东南距郑磨村战国秦长城 2 段墙体 543 米。

台体黄土夯筑而成，平面形制近似椭圆形，顶小底大，整体保存状况较差。台顶及东、西、南壁面为斜坡，坡面较缓，壁面分布有风蚀孔洞，长有杂草；北壁被当地农户整体铲削以扩大耕地面积。台顶栽设有测绘水泥桩，西侧地表散布较多的素面板瓦残片以及陶瓶、罐等宋代器物残片。

台底部东西长 12、南北宽 10 米，台顶部东西长 6、南北宽 2 米，台高 2.8 米。夯层不清（图二八八）。

（八）巴都沟村烽火台（编码 640422352101130013；编号 XF001）

该烽火台位于西吉县马莲乡巴都沟村东南山巅之上，四周视野开阔。南距苟家堡子村战国秦长城 1.7 千米。

烽火台为黄土夯筑而成的实心台体，顶部浑圆，形制较大，现存平面近似椭圆形，整体保存状况一般。台体四周壁面坡度斜缓，无明显登台痕迹。四周壁面斜缓，分布有少量水冲凹槽，底部外缘因拓宽耕地均被铲削，北壁中部有一处人为掏挖的小凹坑。夯层不清晰。台地及周边布满杂草，外围均为农耕地。

台体底部东西长 20、南北宽 25 米，台体顶部东西长 4、南北宽 4.5 米，台顶中部有一直径 1 米的小土坑。北壁中部凹坑宽 0.8、高 0.6、长 1.6 米，台高 4.8 米（图二八九）。

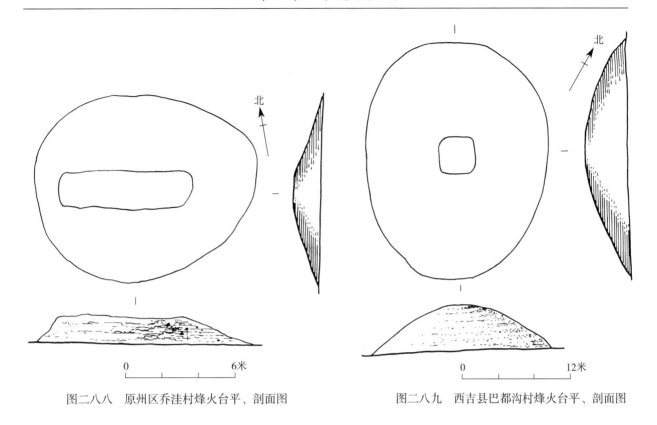

图二八八 原州区乔洼村烽火台平、剖面图　　　　图二八九 西吉县巴都沟村烽火台平、剖面图

第四节 宁夏宋长城遗物

　　宁夏宋长城调查遗物包括板瓦等建筑材料及日用陶瓷器，共采集 53 件，其中板瓦等建材 21 件、陶器 25 件、瓷片 7 件，多见于长城沿线宋代堡寨及宋长城敌台、烽火台周围。

一 建筑材料

1.素面板瓦

20 件。多数瓦身内外均素面，7 件凹面压印有麻布纹，主要分布于宋代烽火台、敌台周围。

标本采：239，长城村宋长城 2 号敌台采集，泥质灰陶，残长 17、厚 1.4 厘米（彩图四八五）。

2.瓦当残块

1 件。

标本采：470，火家集城址采集，泥质灰陶，当面外廓圆内有一周连珠纹，当心兽面，残径 5.2、厚 1.7 厘米（图二九〇；彩图四八六）。

二 日用陶器

　　25 件。包括瓮、盆、罐等器型，均为素面，泥质灰陶。多为折平沿，内壁有凸点纹。

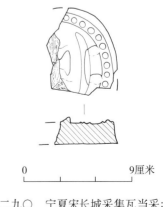

图二九〇 宁夏宋长城采集瓦当采：470

1. 瓮

9件，均平沿内折，尖唇，丰肩，鼓腹，肩部有一周凹弦纹。

标本采：112，党岔城障采集，内折平沿，弧腹，口沿下部有一周弦纹，口径约60、残高11.5厘米（图二九一，1；彩图四八七）。标本采：153，程儿山城址采集，扁唇口，折腹（彩图四八八）。标本采：280，下饮马河城址采集，沿下有一周凹弦纹。口径约41、残高5.5厘米（图二九一，2；彩图四八九）。标本采：304，樊西堡2号城址采集，口径约55、残高7厘米（图二九一，3；彩图四九〇）。标本采：305，樊西堡2号城址采集，内卷唇，宽折平沿，鼓腹，外腹沿下有一周凹弦纹，口径约39、残高9.5厘米（图二九一，4；彩图四九一）。标本采：313，樊西堡2号城址采集，内卷唇，宽折平沿，鼓腹，外腹沿下有一周凹弦纹，口径约60、残高5.8厘米（图二九一，5；彩图四九二）。标本采：333，西吉东台村采集，口径约58、残高4厘米（图二九一，6；彩图四九三）。

2. 罐

7件，口沿残片，3件。

标本采：275，原州区乔洼村烽火台采集，泥质灰陶，敞口，圆唇外卷，口径约38、残高13.6厘米（图二九二，1）。标本采：303，吴庄城址采集，口沿外卷，内有乳钉，口径约66、残高9.2厘米（图二九二，2；彩图四九四）。标本采：316，吴庄城址采集，内折平沿，矮领，鼓腹，沿面及外腹饰有细密弦纹（彩图四九五）。

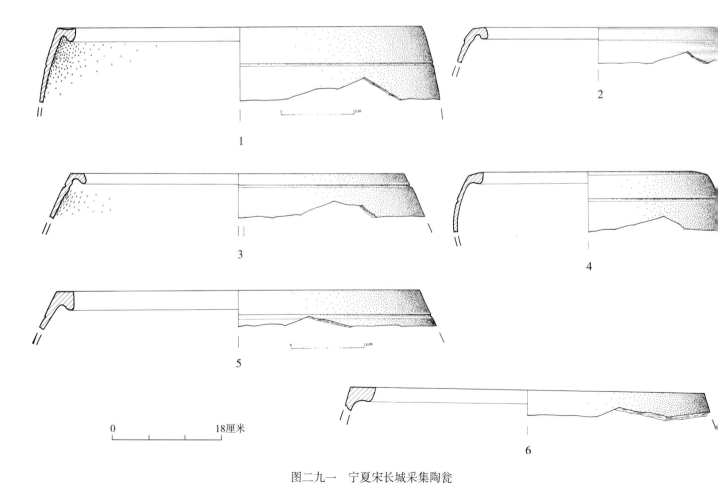

图二九一　宁夏宋长城采集陶瓮

1. 采：112　2. 采：280　3. 采：304　4. 采：305　5. 采：313　6. 采：333

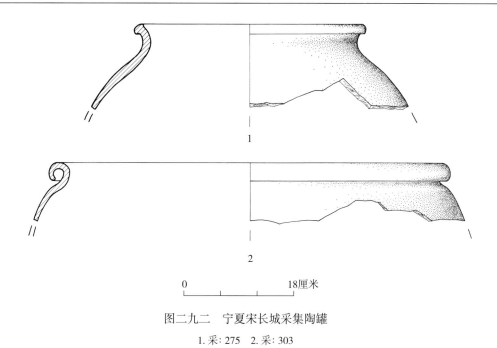

图二九二　宁夏宋长城采集陶罐

1. 采：275　2. 采：303

3. 罐腹残片

4件。

标本采：33，党岔城障采集，外壁竖篮纹，内壁为圆点纹，残高10.2、凸点径0.4厘米（图二九三，1、2）。标本采：104，程儿山城址采集，上部素面，下部斜篮纹，内壁有圆点纹，残高16厘米（图二九三，3、4）。标本采：237，吴庄城址采集，罐腹外壁压印竖篮纹，内壁压印凸点纹，残高8、凸点径0.3厘米（图二九三，5、6）。标本采：302，樊西堡3号城址采集，罐腹外壁压印竖篮纹，内壁为凸点纹，残高14.5、凸点径0.4厘米（图二九三，7、8）。

4. 盆

7件，素面，泥质灰陶。卷沿，敞口，内壁均有凸点纹。

标本采：139，什里村一组宋代内线长城墙体采集，弧腹。口径约26、残高8.8厘米（图二九四，1；彩图四九六）。标本采：272，长城村宋代外长城2号敌台采集，圆唇，内卷。沿下有一周凹弦纹。口径约52、残高5.5厘米（图二九四，2；彩图四九九）。标本采：314，樊西堡1号城址采集，缩颈，斜腹。口径约40、残高5.5厘米（图二九四，3；彩图四九八）。

5. 壶

1件。

标本采：273，乔洼村烽火台采集，泥质灰陶，口沿残，细颈，丰肩，内壁有凸点纹，口径约3.6、残高14厘米（图二九五，1；彩图四九九）。

6. 塔式罐

1件。

标本采：215，下饮马河城址采集，泥质灰陶，外施彩绘，残留罐腹及底座，折沿突出扉棱上两面戳刺圆点纹，腹部残留有兽面铺首，表面有施彩痕迹。喇叭座底径14.4、残高2.9厘米（图二九五，2；彩图五〇〇）。

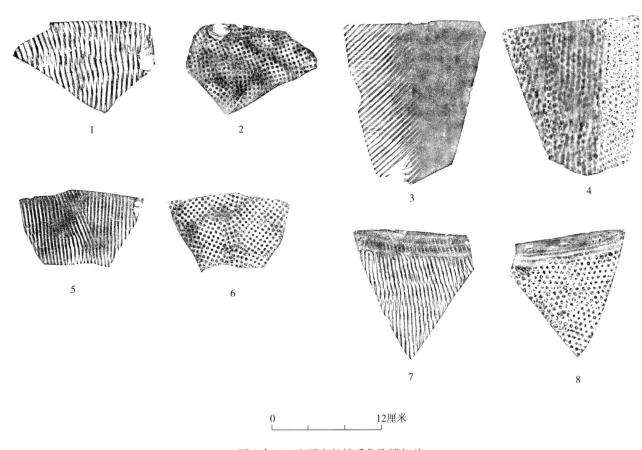

图二九三　宁夏宋长城采集陶罐拓片

1. 采: 33 外壁　2. 采: 33 内壁　3. 采: 104 外壁　4. 采: 104 内壁　5. 采: 237 外壁　6. 采: 237 内壁　7. 采: 302 外壁　8. 采: 302 内壁

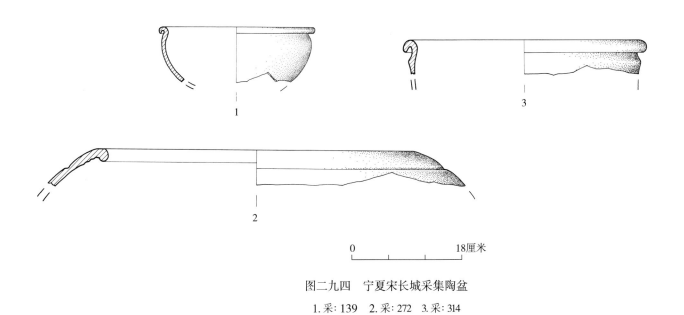

图二九四　宁夏宋长城采集陶盆

1. 采: 139　2. 采: 272　3. 采: 314

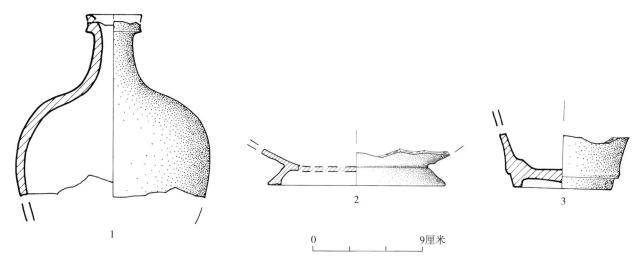

图二九五　宁夏宋长城采集陶器
1. 陶壶采: 273　2. 陶罐采: 215　3. 陶罐采: 124

三　日用瓷器

1. 圈足碗底

4件。多为外壁施黑釉，内壁青釉。

标本采：125，吴庄城障采集，圈足碗底，姜黄胎，内外均施黑釉，内底有涩圈，外底无釉。

2. 罐

3件。分口沿及罐底。

标本采：124，吴庄城障采集，罐底，平底微塌，姜黄胎，残存部分无釉，残留黑釉斑，足径8、残高4.2厘米（图二九五，3）。

四　铭文砖

康定元年（公元1041年）铭文砖[1]，1件。1981年出土于固原城东门城墙，现藏固原博物馆。灰陶条砖，残长32、残宽21、厚7厘米，出土时破损为三块，后经黏结修复。砖面砖面墨书楷书9行，行满8字。墨书铭文如下（标点为编者加注，漫漶不清文字以□代替）：

曹氏小歷后，叁佰□拾壹年，昂宿值其年，改为康定元年，三月二十五日，客司副行首李德琮，监修築東城壕，奉高太保指揮差到在镇戎军直所伍拾餘指揮軍□□伍拾柒指揮□□□記李押。

[1]　宁夏固原博物馆编：《固原历代碑刻选编》，宁夏人民出版社，2009年，第21页。

第七章
结　语

第一节　宁夏战国秦长城防御体系类型及结构特征

一　宁夏战国秦长城墙体走向及修筑特征

宁夏战国秦长城其防御体系主要包括长城墙体及敌台，长城沿线烽燧、城障等相关设施。这些设施整体均采取版筑夯土的修筑方式，这种技术最早可追溯至距今七八年前的河南汤阴县白营子遗址就发现了夯土遗迹，夏商时期，夯土技术逐渐发展完善，所谓"筑城以卫君，造郭以守民"。《孟子·告子下》："舜发于畎亩之中，傅说举于版筑之间。"秦人熟练掌握了这一技术，将其用于巩固新辟疆土及有效抵御北方游牧族群侵扰的防御工程中，其走向及修筑体现出明显的因地制宜特点。

宁夏战国秦长城穿行区域由于水土流失严重，地表塬、梁、沟、峁交错分布，沟壑纵横，地形崎岖复杂。通过长城的走向可以明显感受到，当时长城修筑者充分认识和考虑了这些地形要素，其走向布局是经过严格勘察设计的。长城自西吉入境宁夏后，先后循葫芦河东岸修筑至将台马莲河交汇处东折，穿滴滴沟，上长城梁，跨清水河，沿沙窝沟翻越黄峁山，继续沿小川河谷南岸修筑，至石头崾岘跨茹河经长城塬、全塬、孟塬出宁夏境。战国秦长城由于修筑年代久远，沿线地形复杂多变，黄土疏松易圮的特质，加之历代人为破坏，因此损毁严重。一些地段地表墙体已难觅踪迹，西吉县王家河—北峡口段，原州区黄家脑—樊西堡段，彭阳县小川河段均有数十千米大段的损毁，这些地带虽然经过细致的调查工作发现了少许的夯层、散落陶片等所谓线索证据，从而使全线墙体连辍一体，但亦不排除人为主观的认识误差导致局部墙体走向的偏差。

宁夏境内战国秦长城其走向基本与河流、沟谷走向一致，墙体较大的转折变向位置往往处于河流交汇或者沟谷隘口处，这些位置同时也有城障关堡的分布。靠近河流沟谷筑墙，便于施工，利于防御。在彭阳东部地势高亢的黄土丘陵地域，墙体修筑也基本循低缓山岭坡地地形逶迤曲折，极少截弯取直或移筑于山巅，这一点与明长城有明显差别。彭阳城墙梁墙体三次从塬顶向坡底延伸，并跨沟再沿山坡向塬上修筑。而在小川河、马莲河、葫芦河流域，长城沿河流南岸或东岸修筑，墙体随河流走向曲折蜿蜒，依托河流走向，重点防御河流以北以西境外来敌。

宁夏战国秦长城多数地带沿黄土塬地、沟谷河岸修筑，这是一个非常显著的设防走向地貌特征。

宁夏战国秦长城穿行区域地貌大部分属黄土丘陵及六盘山地，地表主要为较厚的第四纪马兰黄土与夹杂腐殖质的离石黄土所覆盖，土质较致密，质地均匀，垂直节理发育，易于夯打成型，坚固持久。秦人充分利用了黄土的材质特点，就地取材，省工省力，成功构筑了这一伟大工程。就地取材夯筑墙体的另一个好处是可以在墙体两侧形成取土壕沟，增加墙体高度，增强防御效果。这种现象在修筑于人迹罕至的山坡地带，例如彭阳县阳圪台村、陡坡村及原州区水泉村、红庄村墙体两侧遗留遗迹明显。同时，在吴庄一带的钻探同样表明了现地表下墙体两侧存在取土壕沟的情况。

固原古称原州、大原，原与塬通，皆以境内有塬而得名。在固原市附近，长城沿城郊南塬的塬畔，半绕北塬修筑，彭阳县境内长城三次从塬顶向坡底延伸，并跨沟再沿山坡向塬上修筑。在彭阳县东部地势高亢的黄土丘陵地域，墙体修筑也基本循低缓山岭坡地地形逶迤曲折，极少截弯取直或移筑于山巅，这一点与明长城也有明显差别。这种走向特点，除了便于修筑与防御外，显然也有交通方面的考虑。长城修筑过程中规模庞大的后勤运输与通行保障，大队人马堙山湮谷、披荆斩棘，必然会打通沟谷原野间的交通联系，形成重要交通道路。北峡口、滴滴沟等险隘地段，长城墙基沿袭形成的公路路基，至今仍是重要便捷的交通线路。同时坚固宽大的长城墙体，也极大方便了长城沿线守军间的联络应援，对于加强秦人在这一线统治发挥了重要作用。

在宁夏战国秦长城沿线散布有大量的绳纹筒板瓦残片，在人迹罕至地带残存尤多，甚至成为一些地面遗迹消失地带判断墙体走向的重要依据，这种现象在明长城调查中亦所未见。究其原因，一种较为合理的解释是战国秦长城墙顶可能覆瓦[1]。是否所有墙顶都有覆瓦因为缺乏实证不好定论，但长城沿线士兵据守瞭哨的敌台顶部有亭台建筑，其上覆瓦则是完全可能的，这也解释了调查中所见敌台周围残瓦明显增多的现象。墙体沿线碎瓦残留的另一种解释为当时沿墙基两侧埋设有陶制排水管道，这种陶水管实物以及排水管道遗迹野外调查都有发现，处于六盘山脚下滴滴沟口孙家庄长城墙体被公路破坏的断面两侧就保留有双排陶水管接续形成的排水遗迹。秦人筑墙一般就地取材，既省工省力，另一个好处是可以在墙体两侧形成取土壕沟，增加墙体高度，增强防御效果。这种现象在山坡地带，因雨水冲刷，墙体两侧的取土壕沟遗迹尤其明显。在原州区吴庄一带的钻探表明现平地上墙体两侧地表下仍存在取土壕沟的情况。彭阳县陡坡村墙体两侧壕沟不断冲刷加深，残留墙体一线悬空。白岔、姚湾等山坡地带，墙体依山而建，外侧为黄土夯打的陡峭断面，内侧因取土呈低缓壕沟，部分地带由于常年泥土淤积呈平缓台地状，有人称其为连山墙，类似明代的铲削山险墙[2]。

关于将台堡以南至甘肃静宁县境内长城墙体走向，由于地面保存遗迹差，一直不太明确，陈守忠先生认为战国秦长城"自通渭进入（静宁）县境后，由田堡公社之陆家湾折而向北，至上寨子经四合公社之吊岔，红四公社之张家峡、雷爷山、高界即界石铺公社之岔儿湾、高家湾，至原安公社之党家河、李堡出境，入宁夏自治区之西吉县，长达一百二十华里"[3]，静宁博物馆杨铎弼等人亦持相似观点，即静宁—王明—将台线路走向。《静宁军事志》《静宁县志》以及《中国文物地图集·甘肃分册》等综述中标注的长城走向也参考上述观点。1987～1988年，彭曦通过对静宁至西吉将台堡战国秦长城实地考察及走向辨析，认为该段长城是从静宁县北峡口一带进入宁夏境内，沿葫芦河东岸经单民—兴隆

[1] 段清波、于春雷：《陕西战国秦长城的调查与研究》，《长城资源调查工作文集》，文物出版社，2013年，第243～259页。

[2] 彭曦：《战国秦长城考察与研究》，西北大学出版社，1990年。实际上宁夏境内战国秦长城皆为夯筑土墙，不存在这种铲削山险墙。

[3] 陈守忠：《陇上秦长城调查之二静宁至华池段》，《西北师院学报》1984年（增刊），第66～76页。

至将台堡，并对前述线路走向进行了批驳[1]。宁夏博物馆及固原地方文物工作者先后开展的多次调查也基本认同北峡口—将台路线。近年，同杨阳对甘肃静宁段战国秦长城对两条线路的实地调查后，也倾向于彭曦先生的观点，并认为此段长城防御体系主要由因河为险和因山为险两种不同的形式构成[2]。

　　本次长城调查我们对王明—将台线路也进行了实地勘察，发现所谓长城遗迹主要是一些宋代烽燧及近代民堡，与秦长城无关。虽然北峡口—将台一线当年调查记录的墙体损毁不少，一些调查遗迹没有再次确认，但对比两条线路，我们最终按后者进行了登记认定。当然此问题的最终解决还有待于后期更科学细致的工作。另外原州区马其沟至海坪村一带近7千米范围内发现及确认的长城遗迹相对较少，黄家脑—樊西堡长达12千米未确认墙体遗迹，西吉县单家集～黄岔段11.8千米墙体，自然及人为损毁破坏严重，地表难觅痕迹，暂时只能按消失登记。这些地段墙体走向是否准确？长城墙体及相关遗迹何时因何原因消失？要解决这些疑问都有必要继续进行更深入全面的调查与研究。

二　宁夏战国秦长城防御类型与特征

　　宁夏战国秦长城防御体系主要由延绵不绝的人工夯筑墙体、附属敌台以及分布有致的城障关堡构成。这与明长城丰富多样的墙体类型、级别完备的镇卫营堡、四通八达的烽燧驿递等防御设施所构成的复杂立体防御体系自然不可同日而语。前者除了因时间因素造成的损毁湮没外，作为我国修筑长城的肇始初创阶段，宁夏战国秦长城所体现的防御理念、技术体系在千余年间不断得到继承和发展，最终在明长城修筑中发扬光大。

　　宁夏境内战国秦长城墙体均为夯筑土墙，黄土内夹杂有黑土颗粒，土色花杂，质地坚硬，夯打致密。调查中经统计发现，除去后期修缮及损毁因素外，现存原始墙体断面处基宽介于3～4米间，顶宽2.2～2.5、高2.5～3.5米，夯层厚5～15厘米，版距0.5～1.5米左右。尤其是墙体夯层厚度在10厘米左右，较少超过12厘米者，表明工程建设有严格的质量控制与技术标准（表八）。调查结合钻探及断面发掘，该道墙体无基槽，夯筑方法是在原地面上稍微铲平整，就地夯筑形成墙体。

　　战国秦长城沿线分布敌台149座，台体两侧与长城墙体相连，整体黄土夯筑而成，夯层较均匀，一般厚7～12厘米，夹杂绳纹、弦纹瓦片。彭阳、西吉境内未经修缮者皆为卧鲸状，内外两侧均突出墙体，保存较好的轮廓呈馒头状，顶部略高于墙体，台体规模较小。而固原城北长城梁上一段敌台密集，规模较大，外侧突出墙体，呈直角方台圆顶状，外侧壕沟浚阔，经剖面发掘证明为明代时期维修加固过。

　　除去墙体消失段落，现存墙体敌台分布密集且有规律，其位置与间距亦经过精心布置与设计。从现存较连续的位于不同地貌的敌台间距统计来看，墙体沿线敌台间距明显有疏密两种情形，较疏一种间距大致在300～500米间，而较密一种间距大致在150～250米间，二者几乎正好相差一半。敌台间距疏密变化不考虑因地形变化形成的测量误差外，其疏密分布主要由其所处地理位置与地形地貌所决定。前者主要分布于山坡、沟谷等崎岖偏僻地带，所占墙体长度较长，为常规设置，彭阳白岔长城岭、城墙湾山坡一带多是这种间距设置。而后者敌台位置多设置于墙体迂回转折的山坳中部及舌状突出的梁峁等地形平缓难守或临近关堡等重要地带，以固原市郊长城梁段为典型，其内侧城障分布也相对密集，应为一种局地增置（表九）。

　　沿线调查的30座战国至秦汉时期关堡明显分为两种类型，其中城障居多。城障是位于墙体内侧

---

　　[1]　彭曦：《战国秦长城考察与研究》，西北大学出版社，1990年，第33～69页。

　　[2]　同杨阳：《再议甘肃静宁段战国秦长城走向及防御形式》，《秦汉研究（第九辑）》，三秦出版社，2004年，第217～224页。

表八　宁夏战国秦长城墙体断面测量表

县域	地点	基宽	顶宽	高	夯层	版距
彭阳县	G014	3.8	1.3	2.2	0.10	1.6～2.6
	G025	8	1.6	5.5	0.09～0.1	—
	G028	7.5	1.6	2.8	0.08～0.1	—
	G031	5	1.7	3	—	—
	G039	3	1.5	2.5	—	—
	G064	4.8	2.5	3.5	0.1～0.12	—
	G073	6.8	1.3	1.5	0.08～0.11	—
	G099	2.2	1.3	2.7	0.1～0.15	—
	G104	4.5	0.8	2.7	0.08～0.12	—
原州区	G153	4	2	1.7	0.1～0.13	—
	G160	5	2	3	0.05～0.07	—
	G202	13.3	1	4	0.07～0.15	—
	G204	9	1.5	3	0.08～0.11	—
	G217	—			0.08～0.12	0.7～1.2
	G226	5.5	1.6	1.7	0.05～0.09	—
西吉县	G301	4	—	3	0.05～0.1	—
	G311	4	1.2	3	0.05～0.2	—
	G316	2.7	—	3.2	0.1	—
	G325	3	2.2	2.5	—	—
	G328	3	0.7	3.2	0.05～0.1	1.5
	G330	4	1	2.6	0.1	—
	G338	3.8	—	1.6	0.09～0.13	—

百米左右的屯军小城堡，也是战国秦长城沿线最基本的防御设施。其规模与明代烽火台围墙院落大小相仿，保存完整者一般为方形，边长五十米左右，个别边长也有百米大小。四周墙体黄土夯筑，一角有高台用来戍守瞭望及与长城守军联络。部分仅残留一道横对长城的障墙[1]，也有仅残存高台而误认

[1]　也有研究者将障墙单独列为一类防御设施。

表九　宁夏战国秦长城墙体敌台距离统计表

县域	山坡		平地		丘陵		沟谷	
彭阳县	PD004～PD005	373	PD001～PD002	481	PD033～PD034	250	PD061～PD062	418
	PD007～PD008	420	PD002～PD003	427	PD034～PD035	220	PD062～PD063	411
	PD010～PD011	442	PD009～PD010	434	PD035～PD036	194	PD063～PD064	421
	PD013～PD014	410	PD026～PD027	368	PD036～PD037	260	PD064～PD065	410
	PD015～PD016	518	PD027～PD028	461	PD044～PD045	195	PD065～PD066	420
	PD016～PD017	316	PD028～PD029	408	PD045～PD046	217	——	
原州区	YD005～YD006	441	YD007～YD008	224	YD043～YD044	213	YD001～YD002	625
	YD012～YD013	218	YD008～YD009	197	YD044～YD045	183	——	
	YD013～YD014	214	YD049～YD050	222	YD045～YD046	178	——	
	YD014～YD015	209	YD050～YD051	197	YD046～YD047	194	——	
	YD015～YD016	207	YD089～YD090	133	YD047～YD048	191	——	
西吉县	——		XD002～XD003	174	——		——	
	——		XD004～XD005	401	——		——	
	——		XD007～XD008	254	——		——	
	——		XD008～XD009	228	——		——	

为烽火台的。这种关堡城障的布防格局在通渭、陇西、临洮等地长城沿线同样存在[1]。

宁夏境内战国秦长城沿线发现城障 21 座。以固原市郊长城梁一带保存最好，大概间距 1.7～2.5 千米分布一座，连续保留有近 10 座。在黄峁山沟谷地带，多数残留一道障墙，数量较少。在彭阳长城塬等土塬边，两侧沟畔各分布一座城障，相互呼应，控扼沟谷。秦人以六尺为步，三百步为一里。秦尺一尺约合今 0.23 米，一里为 415 米[2]。从实际考察来看，当时应是一里（增置地带半里）距离，在墙体上设敌台一座，五里左右设城障一座，一处城障分管墙体五里及五座敌台（特殊增置地带分管墙体五里、敌台十座）。人类正常的视力范围，平地上 250 米左右能看清景物的轮廓，超过 500 米就仅能观察到景物模糊形象，当然站在高处可以看得更远。战国秦长城敌台城障这种防御布局高度契合肉眼观测实验，因此是十分高效与科学的。这种城障布局遇警可以迅速地相互传递情报、集结兵力，尤其是城障一角有意修筑的高台，可以承担烽燧守瞭预警、传递情报的作用，因此宁夏段战国秦长城附近没有发现明长城沿线所常见的独立烽燧遗迹[3]。

宁夏境内战国秦长城墙体沿线规模较大的城址发现 5 座，分别位于西吉将台堡、原州区南塬阎家庄、清水河谷北十里、彭阳朝那古城、张沟圈城址，墙体边长达数百米，城内遗物、遗迹丰富，后期多有沿用。

---

[1] 彭曦：《战国秦长城考察与研究》，西北大学出版社，1990 年，第 26 页。

[2] 丘光明：《中国古代度量衡》，商务印书馆，2011 年，第 32 页。

[3] 甘肃、陕西等地战国秦长城沿线调查发现有烽火台，其性质、时代及与长城关系有待进一步考证。

其中北什里城址具有明显控扼清水河谷作用,有学者主张为秦汉萧关[1]。其余四座间距约30～50千米,部分如朝那城明确记载属于县级控制性中心城址。在当时的生产力条件下,短时期内迅速建成长达上千千米,且设施严密、规模如此巨大的防御工程是很难实现的。因此当时的长城修筑很有可能是分段施工并逐步完善的。司马迁《史记·匈奴列传》载,"秦昭王时,义渠戎王与宣太后乱,有二子。宣太后诈而杀义渠戎王于甘泉,遂起兵伐残义渠,于是秦有陇西、北地、上郡,筑长城以拒胡",其中未提及具体的长城修筑年代。据范晔编撰《后汉书·西羌传》记载,秦灭义渠戎、置三郡是在昭襄王三十五年(公元前272年),但未提筑长城事。由以上文献记载判断,昭襄王修长城应该是在灭义渠、置三郡之后,秦人在这一地区设置行政建置并站稳脚跟后开始逐步巩固边防。这一点从处于长城沿线的三郡位置及重要城址的分布似乎也可以看出端倪(图二九六),秦人筑长城时为了将一些宜于耕作的肥美之地及统治据点包裹于长城之内,不惧蜿蜒绕行。因此一些地带的墙体连接及走向看似让人费解,实则科学合理。

西吉将台、彭阳张沟圈城址处墙体有明显的大角度转折,长城将城址包绕于内,显示出这些防御设施与长城墙体的密切关系,极有可能是先有城址,后循其修筑长城墙体。墙体施工亦可能是分段同时进行,这一点在长城源张沟圈城址处表现特别明显。此地地貌为开阔平坦的黄土塬地,长城在此处修筑走向却形成了极为特殊的呈"V"字形转折,使人极为不解。当地百姓传说当时长城修筑分段进行,西段先竣工,东段长官为赶工期,连夜施工,天亮后发现接边走向有错,但为时已晚,遂成现状。故事固然荒诞无稽,但其中蕴含合理成分。

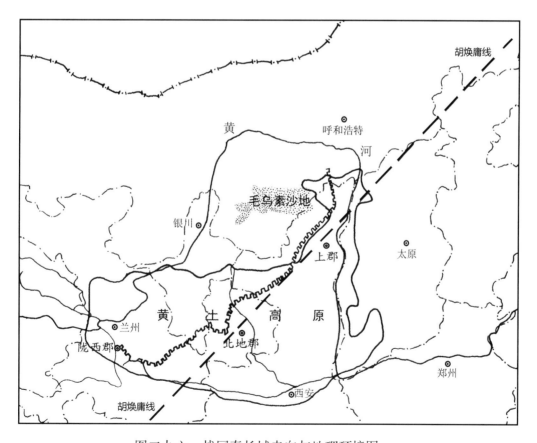

图二九六　战国秦长城走向与地理环境图

[1]　罗丰:《汉代萧关地理位置初步研究》,《西北史地》1987年第1期,第86～94页。

第二节　宁夏早期长城后代维修与利用

根据史料记载，汉初之际，汉匈之间以"故塞"为界，西汉朝廷遂对战国秦长城进行再利用与完善。东汉以降，北方战乱频繁，作为号称"第一城"的安定郡治所高平城反复易主，战国秦长城的防御作用及修缮利用不可能被忽视。长城沿线历年考古调查发现了大量秦汉遗址及墓葬，诸如彭阳古城、固原古城、将台古城等规模较大的城址调查发现有明显的汉代沿用特征，附属长城防御的王堡城障内出土大量的汉代五铢及"货布"等新莽钱币亦是直接证据。长城沿线诸如彭阳麦子塬、古城梁，固原城郊北塬、南塬，西吉将台、张结子一带都曾发现过大规模的汉代墓地。因此，这道长城在秦汉之际及此后相当长一段时期内曾继续得以维护利益及发挥防御功能是不可否认的。

唐代安史之乱期间，原州城为吐蕃侵占，"三辅以西，无襟带之固"。唐代宗大历年间，元载曾建议朝廷复原州、守长城，称其地"当西塞之口，接陇山之固，草肥水甘，旧垒存焉"，并称其地以西"则监牧故地，皆有长壕巨堑，重复深固"，极力建议朝廷力图恢复，筑城设守。[1]此后，这一带依托长城防线，数度成为唐军与吐蕃拉锯争战之地。

宋夏时期，固原古长城一线成为双方拉锯争战之地，对长城防线的重视与利用情况屡有记载。宋代利用长城进行边防布局与防御，前人调查亦注意到了相关遗迹。经本次全面调查，宋代时期对宁夏段战国秦长城维护及利用主要体现在以下几个方面：

一、沿长城挖壕及局部增筑新墙，这几道长城墙体共长约 24 千米。宋人越陇山循古长城挖设壕堑，时称"长城壕"，深阔各六七丈，至今固原红庄一带仍沿用"长城壕"名称，墙体外侧存留有壕堑遗迹。通过实地调查，宋代时期不仅循古长城挖设"长城壕"，沿线广设军堡烽燧等防御设施，而且在镇戎军城附近的固原市郊一带依托战国秦长城还新修了两道较短的长城墙体，以加强镇戎军的防御，并且在其外侧挖设宽大的壕堑，主要依托壕堑进行防御，即所谓"新壕"。在海子峡口战国秦长城外侧，这样的壕堑多达三道，类似宋代城堡、烽燧外侧的多重环壕，凸显了宋人壕墙一体的设防思路。通过吴庄村一带的考古发掘，宋人在南塬一带舍弃古长城，而在其内侧挖新壕及筑墙，究其原因或与这一带长城接近塬畔，外侧不易挖壕及残毁严重有关。

二、修缮利用或增筑长城沿线城堡。首先，宋军重筑了唐中后期被吐蕃攻占摧毁的原州故城，改设镇戎军，成为西北一带抵御西夏进攻的指挥中心和前沿防御阵地。金人攻占其地后，继续延续利用。调查中长城梁段墙体采集宋代钱币，沿线诸如彭阳古城、营盘圈、樊西堡等许多遗址调查发现有宋代增筑利用的考古学证据。诸如版筑修缮墙体，城墙沿线堆放礌石，墙外加筑密集马面，城门外侧设半圆形瓮城，墙外构筑多重环壕，城内发现的凸点纹及内折平沿陶片，青釉、黑釉瓷片等遗物，皆属于典型宋代修缮利用的特征。以镇戎军为中心，宋金时期沿长城一线还新筑了大量堡寨，诸如彭阳城、定川寨（上店子）、胡大堡、张易堡等众多规模较大的驻军堡寨，这些堡寨驻军对沿长城防御提供了军事保证，一些因距长城较远而未纳入本次调查范围，本次调查沿长城沿线调查了相关宋代修筑关堡 11 座。除了火家集、三里塬、程儿山、大营城址等规模较大的堡寨外，在长城沿线还调查确认了诸如陈家沟村、下饮马河、张堡塬、樊西堡 3 号城址等一些规模较小、紧靠长城设置的驻军小堡，这些沿长城分布，规模等级森严的城堡设施显示了宋代时期对长城防御的重视与设防的严密性。

---

[1]　（后晋）刘昫等：《旧唐书·元载传》卷一百一十八，中华书局，1975 年，第 3412 页。

三、在长城沿线修筑烽火台，构成了烽火传递烽燧线。8座。这些烽火台距长城仅数百米。现状为圆锥状，与覆斗形明代烽火台区别明显，外围有环壕，台体表面风化脱落，夯层不明显，多有人为盗掘坑洞，断面夯层相对较厚，土质略疏松，周围散布有少量宋代素面瓦片。以往一些调查者也注意到了部分烽火台明显的宋代特征，而认为其始筑于战国，宋代修缮利用，在缺乏明确的考古发掘证据下，这些烽燧的修筑时代直接认定为宋代似乎更符合客观的调查实际[1]。长城沿线类似这样的烽火台构成了烽燧线，连接了沿线堡寨，这些烽火台为宋代利用战国秦长城提供了便利条件和可能性，也为我们考察认定相关事实提供了直接证据。

宋长城相关遗迹长久以来得不到调查与确认除了文献记载较少，与其遭受破坏严重，保存状况较差也有很大关系。这一带地势平缓，村落密集，据吴庄村当地老年人介绍，此处长城早年前即为现状，内外长城呈墩台状，墙体已无存，解放后未有大规模的人为破坏，可见此地段长城的残破损毁年代久远，这也与明代时期固原防御重点与方式改变有关。近年以来，包括小川子、南塬一带已扩并入固原城区，经济发展日新月异，地貌变化极大，原有敌台墙体不断损毁消失，此次调查保留了弥足珍贵的历史资料。

通过调查观测，我们总结出了一些这两处不同时期长城修筑特点方面的一些特点，加以比较，列表如下（表一〇）。

元代版域辽阔，固原一带已属腹里，故长城防线并未得到重视与有效维护。明代随着边患日重及固原军政地位的不断提高，横穿固原一带的战国秦长城因其战略位置及防御的有效性，再次引起重视并得到修缮与利用。秦纮、杨一清、王琼等主政时期均对固原一带包括墙体在内的长城防御大力修缮与设防，与大边、二边一起构成抵御北方蒙古残部抢掠的多重防线及有效屏障。

明代时期，由于三边总制常驻固原，除了对固原城不断修葺完善外，对其周边的防御亦做了精心的布置。考古调查发现的长城修缮情况充分说明了这一点。明代时期对战国秦长城的利用维修主要有以下几个方面：

表一〇　宁夏战国秦长城与宋长城墙体特征对比表

名称 项目	战国秦长城	宋代长城
土色	黄土内夹杂有黑土颗粒，土色花杂。	纯净的黄土。
土质	质地坚硬，夯打致密。	质地较疏松，呈颗粒状，蜂、虫巢孔较多。
包含物	绳纹、弦纹瓦片。	凸点纹陶片及素面瓦片。
夯层厚度	较均匀，7～12厘米。	不均匀，5～15厘米。
夯窝	较小，径5厘米。	较大，径8厘米。
敌台现状	两侧突出墙体，卧鲸状，规模较小。	椭圆形，规模较大。

一、从清水河西岸郑磨村至清水河谷、长城梁庙湾村后断崖一带，堆高、堆筑了战国秦长城墙体及敌台，堆筑墙体长10179.1米。

二、并且挖设疏浚了墙体外侧壕堑。清水河谷地墙外壕堑被淤埋填平，局部仍有痕迹。长城梁段

[1] 台维斌、杨宁国：《彭阳境内的战国秦长城》，《彭阳文史资料（第二辑）》"文物古迹"，宁夏人民出版社，1992年，第88～92页。

墙外壕堑除局部因取土破坏外，基本保存完好，长 8916.6 米。

三、依托战国秦长城，利用有利地形铲削增置山险墙。长城村—海子峡口段明代增置山险墙，从徐家坡村后的南塬塬畔开始，弃用战国秦长城及壕堑。在其外侧直接沿塬畔铲削增置山险墙一道，一直延伸至西南白马山西海子峡口。西端海子峡口河床亦曾经人为改道，沿山险墙坡下流淌，被引入固原城内，改道后的河流兼具护城河作用。现因峡口修建水库，入城水源改道，谷底河床已干涸。此段山险墙长 6556.7 米。保存状况一般。从徐家坡村后战国秦长城折拐处断崖起，止点处于战国秦长城拐向海子峡口河川与山险墙交汇处，止点处早期长城已被破坏。该段山险墙苦井村固将公路以东因南塬地势自然隆起，塬畔陡直，塬下居住人口稠密，坡面后期因取土、掏挖窑洞、自然滑坡、塌方等因素破坏影响，山险墙人为铲削迹象保存较少。固将公路以西南塬塬面开阔平缓，塬畔与谷底地势落差较小，山险墙人为铲削痕迹明显，局部保留有近千米长的铲削斜坡面，坡度在 30°～ 40°，斜高 10～25 米。坡面覆盖杂草，无明显的水冲壕及人为破坏痕迹，与长城梁上修缮后的长城墙体外侧坡面相似。西段近吴庄村一带，铲削山险墙被开辟为数级梯田阶地，种植糜、谷等农作物。

四、修缮增筑了包括固原城、临洮营、甘州群牧所等一批固原城附近长城沿线关堡[1]。

第三节　宁夏早期长城病害调查及保护建议

宁夏早期长城总长 195447 米，其中战国秦长城 171551 米，占 87.8%，宋长城长 23896 米，占 12.2%。战国秦长城彭阳县境内调查墙体长 53051 米，占总数的 30.9%；原州区境内调查墙体长 74207 米，占总数的 43.3%；西吉县境内调查墙体长 44293 米，占总数的 25.8%。从墙体保存现状来看，较好段长 6245 米，占总数的 3.6%，主要集中在原州区长城梁一带；保存一般段落长 7109 米，占总数的 4.2%，主要集中在彭阳县城墙梁及原州区长城梁一带；保存较差部分长 11558 米，各县均有分布，占总数的 6.7%；保存状况差的墙体长 57535 米，占总数的 33.5%；消失部分长 89282 米，占总数的 52%，主要集中在彭阳县石头崾岘—原州区水泉村小川河上游段、原州区滴滴沟西黄家脑～樊西堡段以及西吉县葫芦河流域单家集以南段。调查新发现的宁夏宋长城保存状况尤不乐观，消失部分占三分之二，现存部分保存状况以差为主，调查其损毁消失原因除早期战争破坏以及自然原因损毁外，近代以来人为平田整地、尤其是近年来随着固原市区的扩张而造成的人为损毁破坏已不可逆转（表一一）。

从以上统计来看，除去消失部分外，达到一般及较好标准的尚不及总数的十分之一，现存墙体的主要保存现状为差及较差。从调查直观印象，凡处于陡坡、山岭间受人为及自然破坏较少的地段，墙体遗迹保存就相对较好，而塬面、沟谷等地带由于受人类生产生活、水冲崩塌等人为、自然因素影响较大，墙体大多保存状况较差，这种现象也符合古遗址保存的一般规律（表一二）。

在调查确认的 182 座早期长城敌台中，保存状况一般及较差者占总数的 72%，似乎保存状况较墙体为好，事实上大量的消失敌台由于调查困难，并未统计在内，同时由于敌台相对高大醒目，间距独立分布，自然侵蚀及人为破坏损毁相对缓慢（表一三）。

以上调查及统计分析表明，宁夏早期长城损毁情况比较严重与普遍，长城管理与保护任务十分迫切与繁重。

长城损毁情况及主要病害包括自然及人为两个方面。

---

[1]　详见宁夏文物考古研究所：《宁夏明代长城·固原内边长城调查报告》第二章，文物出版社，2019 年，第 44～66 页。

表一一　宁夏早期长城墙体保存状况统计表

现状 / 县（区）	较好	一般	较差	差	消失	合计
彭阳县	0	2688	7600	22903	19860	53051
百分比	0	5.1	14.3	43.2	37.4	30.9
原州区	6245	3923	2938	25260	35841	74207
百分比	8.4	5.3	4	34	48.3	43.3
西吉县	0	498	1020	9194	33581	44293
百分比	0	1.1	2.3	20.8	75.8	25.8
原州区（宋）	0	61	1349	6495	15991	23896
百分比	0	0.3	5.6	27.2	66.9	12.2
合计	6245	7170	12907	63852	105273	195447
百分比	3.2	3.7	6.6	32.7	53.8	100

表一二　宁夏早期长城墙体各县域分段保存状况统计表[1]

县（区）	（米/%）	较好		一般		较差		差		消失		合计	
彭阳县	1	0	0	1864	5.1	3387	14.3	5174	43.2	6978	37.4	17403	8.9
彭阳县	2	0	0	824	4.5	3774	20.6	13616	74.3	103	0.6	18317	9.4
彭阳县	3	0	0	0	0	439	2.6	4113	23.7	12779	73.7	17331	8.8
原州区	1	0	0	0	0	0	0	9194	38.3	14787	61.7	23981	12.3
原州区	2	6245	30.9	3923	19.4	1657	8.2	7301	36.2	1074	5.3	20200	10.3
原州区	3	0	0	0	0	1281	4.3	8765	29.2	19980	66.5	30026	15.3
西吉县	1	0	0	498	3.4	1020	6.9	3310	22.3	9998	67.4	14826	7.6
西吉县	2	0	0	0	0	0	0	4635	32.1	9786	67.9	14421	7.4
西吉县	3	0	0	0	0	0	0	1249	8.3	13797	91.7	15046	7.7
原州区（宋）	1	0	0	0	0	0	0	0	0	3953		3953	2
原州区（宋）	2	0	0	0	0	135	7.3	1541	82.9	183	9.8	1859	0.9
原州区（宋）	3	0	0	0	0	563	28.5	353	17.9	1056	53.5	1972	1
原州区（宋）	4	0	0	61	0.4	651	4	4601	27.9	11159	67.7	16472	8.4
合计		6245	3.6	7109	4.2	11558	6.7	57357	33.5	89282	52	195447	100

　　自然损毁主要受地质气候等因素制约，由于该段长城主要修筑于黄土丘陵及六盘山地两部分地形单元组成沟、塬、梁、峁间，地表及筑墙材料主要为风积黄土，由于其本身具有质地疏松，结构松散，富含钙质，遇水易溶及沉陷和变形，垂直节理发育，直立性强等诸多特性，因此，长城调查沿线水土流失普遍严重，地表沟壑纵横，地形崎岖复杂，加之墙体修筑要考虑技术、水源、地形等诸多因素，墙体必然受雨水、季风等气候因素影响，而造成的开裂、坍塌、剥落等侵蚀损毁现象严重而普遍。同时，墙体上植被生长、根系发育也对墙体的保护不利。受环境变化影响，局部墙体表面酥碱、墙基两侧积沙现象也应引起重视。另外，墙体上昆虫、蛇鼠、沙燕飞禽等小动物筑巢打洞等轻微破坏也较常见。

　　人为破坏主要为工农业生产破坏。农业生产破坏以长城沿线农民因耕田种地年复日久对墙体的铲

---

　　[1]　县域数字代表报告章节内墙体分段。

表一三　宁夏早期长城敌台保存状况统计表

县（区）＼（座/%）	较好		一般		较差		差		消失		合计	
彭阳县	1	1.4	30	42.3	32	45.1	5	7	3	4.2	71	39.0
原州区	6	8.8	30	44.1	15	20.6	18	26.6	0	0	69	37.9
	1		3		11		6		9		30	16.5
西吉县	0	0	9	64.3	1	7.1	2	14.3	0	0	12	6.6
合计	8	4.4	72	39.6	59	32.4	31	17.0	12	6.6	182	100

削、侵占最为常见，另外，在 20 世纪 50～80 年代间农业合作化时期，大规模的农田基建平田整地过程中毁坏墙体现象也很普遍，同时局地也曾出现过有组织的毁墙取土肥田等行为。一些靠近长城、关堡内居民挖墙取土，拓制建房土坯、砖坯，也对墙体造成了直接破坏。长城沿线修建水库、防洪渠坝、灌溉水渠等对墙体的破坏也不容忽视，石头嵼岘、马莲河水库段皆为近代以来修建水利工程，因清库底及水蚀崩塌等人为原因造成长城墙体损毁，甚是可惜。近年长城沿线开山炸石、建筑取土等行为对长城的破坏也不容忽视。

利用坚实的长城墙基作为通行便道古已有之，但近代以来路面加宽、硬化等行为延续、加剧了对长城的破坏，同时为出行方便，新建公路在长城上开口的现象有所增加。其他常见的生产性破坏还包括在墙体、敌台、烽火台等长城设施上埋设电线杆、通讯铁塔基站、测绘基准点等不符合保护要求及影响长城景观的电力、通讯及科研设施。生活性破坏常见的有利用墙体掏挖窑洞以及取土建房，在长城墙体沿线倾倒生活垃圾、工业废料等现象。尤其早年在一些保存较高的长城墙体及敌台底部掏挖窑洞较为普遍，这些大小不一的各类窑洞有些曾经住人，有些是羊圈或牧羊人暂避栖身之处，还有些曾作为菜窖、地窖等储物之用。由于战国秦长城沿线瓦片等遗物较多，一些不法之徒将长城敌台、墙体误认墓葬进行盗掘破坏，长城沿线城址内人为盗掘破坏现象也较为常见。另外调查中还发现在长城墙体上修建砖瓦窑，植树绿化，对土筑墙体、敌台进行包砖、改建等不当保护行为。

参照调查中发现的长城损毁原因及墙体病害类型，主要针对该段长城保护提出如下几点建议：

第一，针对长城墙体出现的开裂、坍塌、剥落、酥碱、积沙等自然病害以及长城墙体上较严重的动物巢穴孔洞，要加强日常监测与科研攻关，可采取物理防治与封固预防措施等人为干预及保护措施，有效阻止病害进一步发展。

第二，对调查中所见人为破坏要区分原因与应对措施，对调查新发现墙体及历史上已经造成破坏损毁的地段要树立保护标识，标示遗址位置，尽量保存现状，保护好地下遗迹，不造成进一步的人为破坏。对正在发生的人为破坏要积极制止、尽量改正，维护好长城的原始风貌。

第三，设立专门的保护机构、保护人员，落实保护责任，加强宣教与研究力度，提高全民共同保护长城遗产的意识意愿与社会氛围。

第四节　宁夏早期长城的历史价值和现实意义

西周以降，陇山以南，兼采周戎文化的秦人在西陲崛起，为了镇压主要活动于宁夏南部一带义渠戎等的反抗，防范戎狄部落对其西北方新辟疆土的侵扰，安心向东方拓展，拓荒性的修建长城来有效进行军事抵御。

当时秦人在关中农业区大力发展农业生产，经济文化处于领先地位，而以畜牧业生产为主的戎狄部落则处于相对较为落后的社会经济发展阶段，其经济的单一性和不稳定性，使之对农业有很强的依赖，常常造成两种经济、文化的失衡，出现严重的对抗。而牧区部落亦兵亦民的集群社会组织，很容易形成军事优势，有时进入农业区掠夺，给农业区造成极大破坏。长城的修筑与存在，明显增强了农业民族对畜牧业民族掠扰的抗御能力，使之不能轻易得逞，从而有利于拓展和保护中原地区的农业经济和先进的生产方式，有益于社会生产力和封建文明的发展与积累。战国秦长城的修筑距秦统一全国有数十年，在此期间，该线长城构成的防线有效抵御了北方戎胡以及随后迅速崛起的匈奴等游牧部族南侵与反叛，极大地促进了这一地区民族融合与社会发展进程，为秦人开展对东方六国的统一战争营造了一个相对稳定的后方。

战国时期，秦人将"东函谷，南武关、西散关、北萧关"视作拱卫关中的外围四关，其中萧关为秦人西北边地著名关隘，一直沿用到汉代。秦汉帝王北上出巡，戎狄匈奴南下进攻，皆从萧关出入。关于秦汉萧关故址具体位置众说不一，但大略方位一般都认为在今宁夏固原市东南一带，即战国秦长城以内。战国秦长城修筑以后，防线北移，长城成为西北边境的军事屏障，萧关的防御作用就相对减弱。汉武帝元鼎三年（公元前 114 年）析置安定郡，郡治设在萧关以北的高平城（今宁夏固原一带）。汉朝中央政府不断开疆拓土，随着西汉王朝北逐匈奴，沿黄河两岸设置郡县，向北开发河套地区，在西北地区设立河西四郡后，使得处于腹地的萧关其防御作用就愈来愈小，萧关称谓在汉以后也逐渐消迹于史籍。

战国秦长城施工修建采用"因地形，据险制塞"的修建原则，充分利用地理天险及自然资源，因地制宜，就地取材。除修筑高厚的城墙，用以截断其骑兵进出之路；在墙体内外筑城障亭台，用以侦察敌情和传递消息；在交通路口和谷口修筑驿站关堡，派军驻守，以便统一指挥和互相支援。长城墙体及亭、台、障、城等配套建筑，构成了一套完整的军事防御体系。在主要以刀、矛、弓、箭为作战武器的冷兵器时代，高大坚固的长城，对防御具有优良机动能力和强大攻击力的游牧骑兵，保护中原经济文化发展，保障人民生活安定，发展边远地区农牧生产，以及保护交通线路，无疑发挥了重要作用。

战国秦长城的修建原则与布局走向及军事防御思想，在当时是相当先进、科学与有效的，也为后来的军事防御工程提供了样板。秦始皇在驱逐匈奴到漠北以后，下令蒙恬立即修筑新的长城。汉初，孝文、武帝时期也修缮加强国这道长城防御，甚至唐代、宋夏时期直至明代，这道长城都曾被维护或利用，为保障该地区各族人民生命安全与生产生活秩序发挥了重要作用，促进了该地区社会发展，也成就了固原的辉煌历史重要地位。但也不可否认，修筑长城因工程浩大，劳民耗资，也曾给当时广大劳动人民带来繁重劳役和沉重负担。

长城的存在，对古人来说，也是一个防御入侵的精神防线。近代以来，国人以长城作为中国的象征，成为拯救民族危亡，建设富强祖国与强大国防的精神动力。1936 年，中央红军长征循长城古道，翻六盘山路过宁夏，毛泽东豪情满怀，赋词《清平乐·六盘山》，高唱"不到长城非好汉"，鼓舞战士不怕艰难险阻，去争取胜利[1]。今天，长城军事防御的色彩不断弱化。但沿线诸如"城墙湾""长城岭""长城塬""长城梁""长城村"等以长城命名的地名、村镇街道比比皆是。近年来以其作为产品、企业品牌名称更被广泛使用，祖先创造并保留的长城资源与当地人民的民族感情、地域文化与现实生活息息相关。

如今，长城作为人类建筑史上罕见的古代军事防御工程，是世界伟大的古代建筑奇迹之一，是中华民族的骄傲与象征，它凝聚着我们祖先的血汗和智慧，是祖先留给我们的珍贵文化遗产。是全国重点文物保护单位，1987 年联合国教科文组织将长城列入世界文化遗产，是全人类的共同文化财富。

长城遗迹其沿线及其地下分布的丰富文物，是其沿线自然地貌与人文历史变迁的坐标与见证，更是我们研究当时军事历史、民族关系、经济文化格局的资料宝库。在坚持有效保护的前提下，既要做好文物利用工作，又要考虑充分发挥文物的价值，利用长城沿线分布的众多文化旅游资源与景点，开展适度的文化旅游活动，造福民众。

[1] 张瑞芳、王仁芳：《"不到长城非好汉"词句新证》，《宁夏师范学院学报》，2017 年第 2 期，第 103～106 页。

附表一　宁夏早期长城墙体调查登记表

编号	名称	属地	GPS 起止点	长度（米）	分段	走向	位
PQ001	糜岔塬村战国秦长城	彭阳县孟塬乡	G001-G004	908	3	北 - 南	3 段
PQ002	张家岘村战国秦长城	彭阳县孟塬乡	G004-G011	2026	7	北 - 南	3 段
PQ003	转子台村战国秦长城	彭阳县孟塬乡	G011-G015	773	4	东北 - 西南	2 段
PQ004	马嵕岘村战国秦长城	彭阳县孟塬乡	G015-G023	1752	8	东北 - 西南	5
PQ005	阳洼台村战国秦长城	彭阳县孟塬乡	G023-G032	1863	9	东北 - 西南	3 段
PQ006	草滩村战国秦长城	彭阳县孟塬乡	G032-G035	1554	3	东北 - 西南	—
PQ007	施家坪村战国秦长城	彭阳县孟塬乡	G035-G036	4018	1	东北 - 西南	—
PQ008	杨小庄前沟战国秦长城	彭阳县孟塬乡	G036-G037	1873	1	南 - 北	—
PQ009	杨小庄村战国秦长城	彭阳县城阳乡	G037-G040	995	3	南 - 北	—
PQ010	张沟圈村战国秦长城	彭阳县城阳乡	G040-G042	1641	2	南 - 北	1 段
PQ011	祁家庄战国秦长城	彭阳县城阳乡	G042-G049	2090	7	东南 - 西北	6 段
PQ012	花子沟圈战国秦长城	彭阳县城阳乡	G049-G053	1298	4	东南 - 西北	—
PQ013	长城村战国秦长城	彭阳县城阳乡	G053-G057	2524	4	东南 - 西北	2 段
PQ014	乔渠村战国秦长城	彭阳县城阳乡	G057-G061	1838	4	东 - 西	1 段
PQ015	党岔村战国秦长城	彭阳县城阳乡	G061-G071	1401	10	东南 - 西北	1 段
PQ016	白岔村战国秦长城	彭阳县白阳镇	G071-G080	1466	9	东南 - 西北	2 段
PQ017	姚湾村战国秦长城	彭阳县白阳镇	G080-G089	1566	9	东南 - 西北	9 段
PQ018	余嵕岘村战国秦长城	彭阳县白阳镇	G089-G098	1798	9	东南 - 西北	3 段
PQ019	陡坡村战国秦长城	彭阳县白阳镇	G098-G105	1648	7	东北 - 西南	3 段
PQ020	坡头村战国秦长城	彭阳县白阳镇	G105-G112	2688	7	东北 - 西南	3 段
PQ021	石头嵕岘战国秦长城	彭阳县白阳镇	G112-G113	1128	1	东南 - 西北	1 段
PQ022	麦田渠塬战国秦长城	彭阳县白阳镇	G113-G114	307	1	南 - 北	南
PQ023	信侯沟战国秦长城 1 段	彭阳县白阳镇	G114-G115	1720	1	东南 - 西北	—
PQ024	信侯沟战国秦长城 2 段	彭阳县白阳镇	G115-G116	132	1	东南 - 西北	南
PQ025	沙河村战国秦长城	彭阳县白阳镇	G116-G119	1802	3	东南 - 西北	3
PQ026	海河村战国秦长城 1 段	彭阳县白阳镇	G119-G122	844	3	东南 - 西北	1 段

断面测量（米）				保存程度					敌台（座）
宽（米）	顶宽（米）	高（米）	夯层	较好	一般	较差	差	消失	
—	1.5	1.2	—	—	—	—	908	—	3
10.4	1.5～5	2.2～7	0.13～0.17	—	345	894	140	647	3
7.7	2.9	2.8	—	—	773	—	—	—	2
—	—	1～2.5	—	—	—	1146	166	440	3
～9	2.5	2～6	0.09～0.1	—	746	1117	—	—	6
—	—	—	—	—	—	—	1554	—	1
—	—	—	—	—	—	—	—	4018	1
—	—	—	—	—	—	—	—	1873	1
—	—	—	—	—	—	230	765	—	1
6	—	1	—	—	—	—	1641	—	1
～0.4	—	0.7～1.6	—	—	—	400	1690	—	3
—	—	—	—	—	—	—	1195	103	4
—	—	—	0.08～0.13	—	—	—	2524	—	2
—	—	1.2	0.08～0.12	—	—	—	1838	—	3
8～7	0.3～2.1	0.8～3.5	—	—	503	516	382	—	5
6.8	1.3	3.3	0.08～0.11	—	93	858	515	—	4
3.5	—	0.8～1.8	0.1～0.12	—	81	532	953	—	8
7.7	0.7	5	0.1～0.15	—	—	854	944	—	8
7.8	1	2.6～4	0.08～0.15	—	147	614	887	—	5
2.1	1	1.4～2.6	0.08～0.12	—	—	—	2688	—	2
—	—	1.3	0.2	—	—	—	1128	—	
3.5	1.4	2.8	0.09～0.12	—	—	307	—	—	
—	—	—	—	—	—	—	—	1720	
2.6	2	1.4	—	—	—	132	—	—	
2～8	0.7～1	16	0.06～0.15	—	—	—	1184	618	
6～8	1	1.7～16	—	—	—	—	844	—	

编号	名称	属地	GPS 起止点	长度（米）	分段	走向	位
PQ027	海河村战国秦长城 2 段	彭阳县白阳镇	G122–G123	696	1	东南 – 西北	—
PQ028	张号家村战国秦长城	彭阳县古城镇	G123–G125	3768	1	东南 – 西北	—
PQ029	寺咀子村战国秦长城	彭阳县古城镇	G125–G127	407	2	东南 – 西北	1 段西
PQ030	李家寺台村战国秦长城	彭阳县古城镇	G127–G132	4157	1	东南 – 西北	—
PQ031	白塬村战国秦长城	彭阳县古城镇	G132–G134	2370	2	东南 – 西北	—
YQ001	阳儿堡战国秦长城 1 段	原州区河川乡	G134–G135	862	1	东南 – 西北	—
YQ002	阳儿堡战国秦长城 2 段	原州区河川乡	G135–G136	625	1	南 – 北	—
YQ003	阳儿堡战国秦长城 3 段	原州区河川乡	G136–G137	791	1	东南 – 西北	—
YQ004	骆驼河村战国秦长城 1 段	原州区河川乡	G137–G138	379	1	东南 – 西北	—
YQ005	骆驼河村战国秦长城 2 段	原州区河川乡	G138–G139	1701	1	东南 – 西北	—
YQ006	王家崾岘村战国秦长城	原州区河川乡	G139–G140	1375	1	东南 – 西北	—
YQ007	上黄村战国秦长城	原州区河川乡	G140–G141	2663	1	东南 – 西北	—
YQ008	乔家沟村战国秦长城	原州区河川乡	G141–G142	759	1	东南 – 西北	—
YQ009	马家沟村战国秦长城 1 段	原州区河川乡	G142–G144	890	2	东 – 西	2 段
YQ010	马家沟村战国秦长城 2 段	原州区河川乡	G144–G145	1921	1	东 – 西	—
YQ011	母家沟村战国秦长城	原州区河川乡	G145–G146	1734	1	东北 – 西南	—
YQ012	买家庄战国秦长城	原州区河川乡	G146–G148	1061	2	东南 – 西北	2 段
YQ013	海坪村战国秦长城 1 段	原州区河川乡	G148–G149	2213	1	东北 – 西南	—
YQ014	海坪村战国秦长城 2 段	原州区河川乡	G149–G151	323	2	东 – 西	1 段西
YQ015	马家坪村战国秦长城 1 段	原州区河川乡	G151–G152	596	1	东南 – 西北	—
YQ016	马家坪村战国秦长城 2 段	原州区河川乡	G152–G153	35	1	东北 – 西南	—
YQ017	马家坪村战国秦长城 3 段	原州区河川乡	G153–G154	1386	1	东南 – 西北	—
YQ018	蔡家洼村战国秦长城 1 段	原州区河川乡	G154–G155	879	1	东南 – 西北	—
YQ019	蔡家洼村战国秦长城 2 段	原州区清河镇	G155–G158	1158	3	东南 – 西北	1 段
YQ020	水泉村战国秦长城 1 段	原州区清河镇	G158–G159	1292	1	东南 – 西北	—
YQ021	水泉村战国秦长城 2 段	原州区清河镇	G159–G166	1338	7	东南 – 西北	4 段
YQ022	沙窝沟战国秦长城	原州区清河镇	G166–G167	1977	1	东南 – 西北	—

断面测量（米）				保存程度					敌台（座）
宽（米）	顶宽（米）	高（米）	夯层	较好	一般	较差	差	消失	
—	—	—	—	—	—	—	—	696	
—	—	—	—	—	—	—	—	3768	
10	—	2～2.8	0.12～0.15	—	—	—	407	—	1
—	—	—	—	—	—	—	—	4157	
—	—	—	—	—	—	—	550	1820	1
—	—	—	—	—	—	—	—	862	
—	—	—	—	—	—	—	625	—	2
—	—	—	—	—	—	—	—	791	
4	—	1.4	0.08～0.12	—	—	—	379	—	
0.6	—	0.5	0.11～0.13	—	—	—	1701	—	
—	—	—	—	—	—	—	1375	—	
—	—	—	—	—	—	—	—	2663	
—	—	—	—	—	—	—	—	759	
—	1	3	—	—	—	—	890	—	
—	—	—	—	—	—	—	—	1921	
—	—	—	—	—	—	—	—	1734	—
7.2	1.6	4.5	—	—	—	—	1061	—	—
—	—	—	—	—	—	—	—	2213	—
4.7	1.8	4.3	—	—	—	—	323	—	—
—	—	—	—	—	—	—	—	596	—
4	2	1.7	0.10～0.13	—	—	35	—	—	—
—	—	—	—	—	—	—	—	1386	—
—	—	—	—	—	—	—	—	879	
3	2.6	1.5	—	—	—	—	1158	—	—
—	—	—	—	—	—	—	—	1292	—
2.7	1.1	1.5	—	—	—	—	866	472	—
—	—	—	—	—	—	—	—	1977	—

编号	名称	属地	GPS 起止点	长度（米）	分段	走向	位
YQ023	沙窝沟口战国秦长城	原州区清河镇	G167–G173	1005	6	东南－西北	4 段
YQ024	陈家沟战国秦长城	原州区清河镇	G173–G176	1075	3	东南－西北	1 段
YQ025	郑磨村战国秦长城 1 段	原州区清河镇	G176–G177	447	1	东北－西南	西端
YQ026	郑磨村战国秦长城 2 段	原州区清河镇	G177–G184	872	7	东－西	7 段
YQ027	王堡村战国秦长城	原州区清河镇	G184–G193	1818	9	东北－西南	2 段
YQ028	什里村战国秦长城	原州区清河镇	G193–G202	1974	9	东北－西南	4 段
YQ029	海堡村战国秦长城	原州区清河镇	G202–G211	1807	9	东北－西南	8 段
YQ030	明庄战国秦长城	原州区清河镇	G211–G219	1697	8	东北－西南	7 段
YQ031	长城村战国秦长城	原州区清河镇	G219–G228	1701	9	东北－西南	7 段
YQ032	阎家庄战国秦长城	原州区清河镇	G228–G234	793	6	东北－西南	4 段
YQ033	苦井村战国秦长城	原州区清河镇	G234–G240	1110	6	东北－西南	一
YQ034	油坊村战国秦长城	原州区中河乡	G240–G247	2101	6	东北－西南	一
YQ035	吴庄战国秦长城	原州区开城镇	G247–G250	873	3	东北－西南	1 段
YQ036	孙家庄战国秦长城	原州区开城镇	G250–G253	1417	3	东北－西南	一
YQ037	后磨河村战国秦长城	原州区中河乡	G253–G256	1510	3	东南－西北	3 段
YQ038	滴滴沟林场战国秦长城 1 段	原州区中河乡	G256–G258	417	2	南－北	1 段
YQ039	滴滴沟林场战国秦长城 2 段	原州区中河乡	G258–G259	871	1	南－北	西端
YQ040	滴滴沟战国秦长城 1 段	原州区中河乡	G259–G262	1029	3	东北－西南	3 段
YQ041	滴滴沟战国秦长城 2 段	原州区张易镇	G262–G265	1085	3	南－北	3 段
YQ042	滴滴沟战国秦长城 3 段	原州区张易镇	G265–G268	947	3	南－北	2 段
YQ043	滴滴沟战国秦长城 4 段	原州区张易镇	G268–G275	1639	7	东北－西南	5 段
YQ044	滴滴沟战国秦长城 5 段	原州区张易镇	G275–G276	964	1	东北－西南	一
YQ045	堡子湾战国秦长城 1 段	原州区张易镇	G276–G277	131	1	东北－西南	西側
YQ046	堡子湾战国秦长城 2 段	原州区张易镇	G277–G278	2393	1	东北－西南	一
YQ047	红庄村战国秦长城 1 段	原州区张易镇	G278–G280	1375	2	东北－西南	2 段
YQ048	红庄村战国秦长城 2 段	原州区张易镇	G280–G281	1702	1	东北－西南	一
YQ049	马其沟村战国秦长城	原州区张易镇	G281–G284	555	3	东北－西南	3 段

断面测量（米）				保存程度					敌台（座）
（米）	顶宽（米）	高（米）	夯层	较好	一般	较差	差	消失	
4	—	3	0.08～0.09	—	—	443	562	—	—
3	—	4	—	—	—	—	867	208	—
5	2.5	2.5	0.07～0.16	447	—	—	—	—	—
8	2.7	3.8	—	—	282	59	531	—	3
—	—	10	0.05～0.11	714	853	251	—	—	9
1.9	2	3.7	0.08～0.09	1974	—	—	—	—	8
2	—	3	0.10～0.14	1309	459	—	—	39	9
6.3	1.5	4.5	0.08～0.12	816	881	—	—	—	7
5.5	1.6	1.7	0.05～0.09	779	922	—	—	—	9
6.3	1.5	5	0.08～0.12	206	526	—	—	61	3
—	—	—	0.08～0.10	—	—	272	746	92	2
—	—	—	—	—	—	—	1474	627	5
2	—	0.7	—	—	—	632	241	—	2
—	—	—	—	—	—	—	1227	190	1
.8	—	1	—	—	—	—	1510	—	—
.1	—	2.1	0.05～0.10	—	—	407	—	—	—
0	—	2.8	—	—	—	—	871	—	—
2	7	3.7	—	—	—	439	590	—	—
—	—	5.1	—	—	—	508	—	577	—
.4	—	1.7	—	—	—	142	—	805	—
7	—	1.8	—	—	—	172	460	1007	—
—	—	—	—	—	—	—	—	964	—
4	—	2	—	—	—	—	131	—	—
—	—	—	—	—	—	—	—	2393	—
0	—	—	—	—	—	—	1375	—	—
—	—	—	—	—	—	—	—	1702	—
1	6	3.5	0.08～0.12	—	—	26	529	—	1

编号	名称	属地	GPS 起止点	长度（米）	分段	走向	位
YQ050	新套子村战国秦长城 1 段	原州区张易镇	G284–G285	2746	1	东北 – 西南	–
YQ051	新套子村战国秦长城 2 段	原州区张易镇	G285–G286	378	1	南 – 北	–
YQ052—YQ056	黄家脑～樊西堡战国秦长城	原州区张易镇	G286–G291	12532	5	东北 – 西南	–
YQ057	樊西堡村战国秦长城	原州区张易镇	G291–G296	1262	5	东 – 西	4
XQ001	马莲川水库战国秦长城	西吉县马莲乡	G296–G297	1234	1	东北 – 西南	–
XQ002	巴都沟村战国秦长城	西吉县马莲乡	G297–G298	2331	1	东 – 西	–
XQ003	赵家磨村战国秦长城	西吉县马莲乡	G298–G299	1935	1	东 – 西	–
XQ004	马莲村战国秦长城	西吉县马莲乡	G299–G300	3117	1	东 – 西	–
XQ005	苟家堡子村战国秦长城	西吉县马莲乡	G300–G308	1297	8	东南 – 西北	5
XQ006	火家沟村战国秦长城	西吉县马莲乡	G308–G313	1043	5	东南 – 西北	3
XQ007	牟荣村战国秦长城	西吉县将台乡	G313–G323	2225	10	东 – 西	3
XQ008	将台乡东郊战国秦长城	西吉县将台乡	G323–G324	463	1	东北 – 西南	–
XQ009	明台村战国秦长城 1 段	西吉县将台乡	G324–G328	1181	4	东 – 西	1
XQ010	明台村战国秦长城 2 段	西吉县将台乡	G328–G329	504	1	东北 – 西南	–
XQ011	靳家堡子村战国秦长城	西吉县将台乡	G329–G336	1720	7	南 – 北	1
XQ012	保林村战国秦长城	西吉县将台乡	G336–G340	1480	4	南 – 北	2
XQ013	东坡村战国秦长城	西吉县将台乡	G340–G341	4061	1	南 – 北	–
XQ014	赵李村战国秦长城	西吉县将台乡	G341–G342	2022	1	南 – 北	–
XQ015	兴隆镇西郊战国秦长城	西吉县兴隆镇	G342–G343	4634	1	南 – 北	–
XQ016	单家集战国秦长城	西吉县兴隆镇	G343–G344	4307	1	西北 – 东南	–
XQ017	张结子村战国秦长城	西吉县兴隆镇	G344–G345	2831	1	东北 – 西南	–
XQ018	玉桥村战国秦长城	西吉县兴隆镇	G345–G346	3382	1	东北 – 西南	–
XQ019	黄岔村战国秦长城 1 段	西吉县兴隆镇	G346–G348	1798	2	东北 – 西南	–
XQ020	黄岔村战国秦长城 2 段	西吉县兴隆镇	G348–G350	1112	2	东北 – 西南	1
XQ021	东台村战国秦长城	西吉县兴隆镇	G350–G355	1616	5	南 – 北	4

断面测量（米）				保存程度					敌台（座）
（米）	顶宽（米）	高（米）	夯层	较好	一般	较差	差	消失	
—	—	—	—	—	—	—	2746	—	—
—	—	—	—	—	—	—	378	—	—
—	—	—	—	—	—	—	—	12532	—
7	—	2.2	0.04～0.07	—	—	—	1262	—	2
—	—	—	—	—	—	—	—	1234	—
—	—	—	—	—	—	—	—	2331	1
—	—	—	—	—	—	—	—	1935	—
—	—	—	—	—	—	—	—	3117	—
.7	0.5	2.5	—	—	498	295	164	340	2
4	1.2	3	0.05～0.12	—	—	132	424	487	2
.7	—	3.2	0.10	—	—	485	1740	—	4
—	—	—	—	—	—	—	—	463	—
.5	2.8	2.3	0.05～0.10	—	—	108	1073	—	—
—	—	—	—	—	—	—	—	504	—
4	1	2.6	0.10	—	—	—	1133	587	—
.8	—	1.6	0.09～0.13	—	—	—	1480	—	1
—	—	—	—	—	—	—	—	4061	—
—	—	—	—	—	—	—	2022	—	1
—	—	—	—	—	—	—	—	4634	1
—	—	—	—	—	—	—	—	4307	—
—	—	—	—	—	—	—	—	2831	—
—	—	—	—	—	—	—	—	3382	—
—	—	—	—	—	—	—	—	1798	—
—	—	—	0.08～0.10	—	—	—	566	546	—
—	—	—	0.08～0.09	—	—	—	683	933	—

附表二　宁夏早期长城附属敌台调查登记表

序号	编　号	名　　称	相邻敌台间距	形 制
1	PD001	糜岔塬村战国秦长城 1 号敌台	南距 PD002 敌台 481 米	其他
2	PD002	糜岔塬村战国秦长城 2 号敌台	南距 PD003 敌台 427 米	其他
3	PD003	糜岔塬村战国秦长城 3 号敌台	南距 PD004 敌台 345 米	其他
4	PD004	张家圿村战国秦长城 1 号敌台	南距 PD005 敌台 373 米	其他
5	PD005	张家圿村战国秦长城 2 号敌台	南距 PD006 敌台 846 米	圆形
6	PD006	张家圿村战国秦长城 3 号敌台	南距 PD007 敌台 815 米	其他
7	PD007	转子台村战国秦长城 1 号敌台	南距 PD008 敌台 420 米	其他
8	PD008	转子台村战国秦长城 2 号敌台	南距 PD009 敌台 369 米	其他
9	PD009	马崾岘村战国秦长城 1 号敌台	南距 PD010 敌台 434 米	矩形
10	PD010	马崾岘村战国秦长城 2 号敌台	南距 PD011 敌台 442 米	圆形
11	PD011	马崾岘村战国秦长城 3 号敌台	南距 PD012 敌台 599 米	其他
12	PD012	阳圿台村战国秦长城 1 号敌台	南距 PD013 敌台 231 米	圆形
13	PD013	阳圿台村战国秦长城 2 号敌台	南距 PD014 敌台 410 米	圆形
14	PD014	阳圿台村战国秦长城 3 号敌台	南距 PD015 敌台 290 米	其他
15	PD015	阳圿台村战国秦长城 4 号敌台	南距 PD016 敌台 518 米	其他
16	PD016	阳圿台村战国秦长城 5 号敌台	南距 PD017 敌台 316 米	其他
17	PD017	阳圿台村战国秦长城 6 号敌台	南距 PD018 敌台 1365 米	其他
18	PD018	草滩村战国秦长城敌台	北距 PD017 敌台 1365 米	其他
19	PD019	三岔口战国秦长城敌台	西南距 PD020 敌台 1873 米	其他
20	PD020	杨小庄前沟战国秦长城敌台	南距 PD021 敌台 774 米	圆形
21	PD021	杨小庄战国秦长城敌台	南距 PD022 敌台 681 米	其他
22	PD022	张沟圈村战国秦长城敌台	西南距 PD023 敌台 1200 米	其他
23	PD023	祁家庄战国秦长城 1 号敌台	西北距 PD024 敌台 192 米	其他
24	PD024	祁家庄战国秦长城 2 号敌台	西北距 PD025 敌台 1007 米	其他
25	PD025	祁家庄战国秦长城 3 号敌台	西北距 PD026 敌台 411 米	其他
26	PD026	花子沟圈战国秦长城 1 号敌台	西北距 PD027 敌台 368 米	其他

保存状况	底（米） （长×宽）	顶（米） （长×宽）	高 （米）	夯层 （厘米）	壕沟（米）	
					宽	深
一般	25.5×8.5	7×5.5	2～6	6～15	—	—
较差	8.2×2.9		3	10～18	—	—
较差	6.4×15.2		3	9～18		
较差	16.8×15.8	2.1×3.8	4.7	13～17		
较差	7×19	3～6×9	5.7			
差	5×8		2.2			
一般	17.5×7.2		6.4～6.8	6～15		
一般	15×22	顶径5	4.6～7	6～15		
一般	12×10.2	顶径3.5	3～6	10～15		
一般	12.5×11.5		5.1	10～15		
一般	15×11	5.3×1.7	5.5～6.5			
一般	16×14		2.7～8.3			
一般	16.7×17.1	4×3.6	8.4			
一般	20×12.5	5×4	7～10			
一般	19×11.6	5.2×3.2	6.6～10			
一般	30×8.5	4×4	7～10			
较差	17.3×12.3	4.4×2.8	7			
较差	6×8		3～4			
较差	6.6×6.2		6.4			
较好	11.4×10.8	2.6×2.1	2.4～3.1			
较差	17.2×17.5	3.5×3.5	9.5			
较差	6×3		2.2	9～11		
较差	6×8	1×1	2.2	10		
一般	6×9	1.7×3.5	3	8～12		
一般	4.6×7	6×2	2.5～3			
一般	12×8.3		3.5～5	8～12		

序号	编　号	名　　称	相邻敌台间距	形　制
27	PD027	花子沟圈战国秦长城 2 号敌台	西北距 PD028 敌台 461 米	其他
28	PD028	花子沟圈战国秦长城 3 号敌台	西北距 PD029 敌台 408 米	其他
29	PD029	花子沟圈战国秦长城 4 号敌台	西北距 PD030 敌台 1254 米	矩形
30	PD030	长城村战国秦长城 1 号敌台	西北距 PD031 敌台 1270 米	其他
31	PD031	长城村战国秦长城 2 号敌台	西北距 PD032 敌台 1228 米	其他
32	PD032	乔渠村战国秦长城 1 号敌台	西北距 PD033 敌台 363 米	矩形
33	PD033	乔渠村战国秦长城 2 号敌台	西距 PD034 敌台 250 米	其他
34	PD034	乔渠村战国秦长城 3 号敌台	西北距 PD035 敌台 220 米	圆形
35	PD035	党岔村战国秦长城 1 号敌台	西北距 PD036 敌台 194 米	其他
36	PD036	党岔村战国秦长城 2 号敌台	西北距 PD037 敌台 260 米	其他
37	PD037	党岔村战国秦长城 3 号敌台	西北距 PD038 敌台 425 米	其他
38	PD038	党岔村战国秦长城 4 号敌台	西北距 PD039 敌台 343 米	其他
39	PD039	党岔村战国秦长城 5 号敌台	西北距 PD040 敌台 410 米	其他
40	PD040	白岔村战国秦长城 1 号敌台	西北距 PD041 敌台 431 米	圆形
41	PD041	白岔村战国秦长城 2 号敌台	西北距 PD042 敌台 448 米	圆形
42	PD042	白岔村战国秦长城 3 号敌台	西北距 PD043 敌台 100 米	其他
43	PD043	白岔村战国秦长城 4 号敌台	西北距 PD044 敌台 275 米	圆形
44	PD044	姚湾村战国秦长城 1 号敌台	西北距 PD045 敌台 195 米	圆形
45	PD045	姚湾村战国秦长城 2 号敌台	西北距 PD046 敌台 217 米	其他
46	PD046	姚湾村战国秦长城 3 号敌台	西北距 PD047 敌台 239 米	其他
47	PD047	姚湾村战国秦长城 4 号敌台	西北距 PD048 敌台 184 米	其他
48	PD048	姚湾村战国秦长城 5 号敌台	西北距 PD049 敌台 152 米	其他
49	PD049	姚湾村战国秦长城 6 号敌台	西北距 PD050 敌台 183 米	圆形
50	PD050	姚湾村战国秦长城 7 号敌台	西北距 PD051 敌台 231 米	其他
51	PD051	姚湾村战国秦长城 8 号敌台	西北距 PD052 敌台 216 米	圆形
52	PD052	余嵝岘村战国秦长城 1 号敌台	西北距 PD053 敌台 171 米	其他

保存状况	底（米）（长×宽）	顶（米）（长×宽）	高（米）	夯层（厘米）	壕沟（米）	
					宽	深
一般	7.7×9.5	3×4	1.5～4			
一般	4×9		1～5.5	10		
差	22×14					
较差	10×10	4.5×3	5			
差	8×4	6×1.5	2	10		
一般	10×3	7×2	1.5～4	8～12		
一般	16×2		1.3～3.5			
一般	14×15	5.6×4	4.1～6			
一般	13.6×11.8	2.8×2.8	10.5			
较差	8×7.7	3.6×3.6	3.5	13		
一般	17.5×13.7	4×3.6	3.5～6.5	9～13		
一般	18×15	4×4	5.6	5～15		
较差	8.3×7.7	5×3.5	1.5～2			
一般	15×14.6	4.5×5	6.5～7			
较差	20×13	6×4	4～6	9～12		
较差	13×18	3×1.5	3.1～3.5			
较差	22×16	15×13	4.5～5.4			
一般	12×13	4×3	4.2～10			
一般	21×13	4×2	3～4			
一般	27.2×11.4	5×4	4.2～10			
较差	13.3×5		1.4			
一般	11.3	4×5	4.6～6			
一般	12.8	3×7	4～6			
一般	20.4×12.4	4×2	7.2			
较差	11.5×8.3		7.8			
较差	12.8×10.1	7×5	5			

序号	编　号	名　　称	相邻敌台间距	形　制
53	PD053	余嵝岘村战国秦长城 2 号敌台	西北距 PD054 敌台 148 米	其他
54	PD054	余嵝岘村战国秦长城 3 号敌台	西北距 PD055 敌台 170 米	其他
55	PD055	余嵝岘村战国秦长城 4 号敌台	西北距 PD056 敌台 240 米	其他
56	PD056	余嵝岘村战国秦长城 5 号敌台	西距 PD057 敌台 120 米	其他
57	PD057	余嵝岘村战国秦长城 6 号敌台	西南距 PD058 敌台 361 米	其他
58	PD058	余嵝岘村战国秦长城 7 号敌台	西南距 PD059 敌台 480 米	其他
59	PD059	余嵝岘村战国秦长城 8 号敌台	西南距 PD060 敌台 195 米	其他
60	PD060	陡坡村战国秦长城 1 号敌台	西南距 PD061 敌台 207 米	其他
61	PD061	陡坡村战国秦长城 2 号敌台	西南距 PD062 敌台 418 米	其他
62	PD062	陡坡村战国秦长城 3 号敌台	西南距 PD063 敌台 411 米	其他
63	PD063	陡坡村战国秦长城 4 号敌台	西南距 PD064 敌台 421 米	其他
64	PD064	陡坡村战国秦长城 5 号敌台	西南距 PD065 敌台 410 米	其他
65	PD065	坡头村战国秦长城 1 号敌台	西南距 PD066 敌台 420 米	其他
66	PD066	坡头村战国秦长城 2 号敌台	东北距 PD065 敌台 420 米	其他
67	PD067	寺咀子村战国秦长城敌台	—	矩形
68	PD068	白塬村战国秦长城敌台	—	圆形
69	YD001	阳儿堡村战国秦长城 2 段 1 号敌台	北距 YD002 敌台 625 米	其他
70	YD002	阳儿堡村战国秦长城 2 段 2 号敌台	南距 YD001 敌台 625 米	矩形
71	YD003	买家庄战国秦长城敌台	—	其他
72	YD004	蔡家洼村战国秦长城 2 段敌台	—	其他
73	YD005	水泉村战国秦长城 2 段 1 号敌台	北距 YD006 敌台 441 米	圆形
74	YD006	水泉村战国秦长城 2 段 2 号敌台	南距 YD005 敌台 441 米	圆形
75	YD007	郑磨村战国秦长城 2 段 1 号敌台	西距 YD008 敌台 224 米	矩形
76	YD008	郑磨村战国秦长城 2 段 2 号敌台	西距 YD009 敌台 197 米	其他
77	YD009	郑磨村战国秦长城 2 段 3 号敌台	东距 YD008 敌台 197 米	矩形
78	YD010	王堡村战国秦长城 1 号敌台	西南距 YD011 敌台 128 米	圆形

保存状况	底（米）（长×宽）	顶（米）（长×宽）	高（米）	夯层（厘米）	壕沟（米）	
					宽	深
较差	4×3	17×11.5	1.8～7			
较差	14×18.5		4.2～6.2			
一般	24.8×12.3	4	3.8～5.4			
较差	19.4×8.8	3×2.5	1.4～5.8			
较差	9.6×9	2×2	2.8～5			
较差	13×7.3	5×2	2.8～4.2	10～15		
较差	24.7×12.7	3×2	4～7	9～13		
较差	23×14.2	5×3.5	3.4～5.2	10～15		
较差	19.3×10	3×2	3.8～5.3	10～15		
较差	16.8×10		5.5～7	10～16		
较差	14.2×6.2	4×3.1	6～8.5	8～15		
差	20×16.8	3×2.8	4～7.5			
差	5.7	2×2.5	1～2.6			
较差	6.7×16.2		2.5～6	6～12		
较差	6×8	2.2×3.5	3.4	7～11		
较差	10	4	4	10～13		
较差	14×10	2.5×4.5	3.4～3.8	8～13	—	—
较差	5×8.6	—	2.7～4	11～14	—	—
较差	12.7×9	—	2.3～4	11～14	—	—
较差	5×8.6	—	2.7～4	11～14	—	—
较差	15×10	5×3	3.6～4	—	—	—
较差	4.1×7	1.4×1.5	2	—	—	—
差	28.4×15	—	2.6～4.6	10～13	—	—
一般	10.4×10.5	4×4	2～5.3	10～17	—	—
较差	9.3×12.6	4.8×4	2.1～3.6	9～13	—	—
差	23×17.6	4×5	7.5	10～11	—	—

序号	编　号	名　　称	相邻敌台间距	形 台
79	YD011	王堡村战国秦长城 2 号敌台	西南距 YD012 敌台 251 米	其他
80	YD012	王堡村战国秦长城 3 号敌台	西南距 YD013 敌台 213 米	其他
81	YD013	王堡村战国秦长城 4 号敌台	西南距 YD014 敌台 215 米	其他
82	YD014	王堡村战国秦长城 5 号敌台	西南距 YD015 敌台 208 米	圆形
83	YD015	王堡村战国秦长城 6 号敌台	西南距 YD016 敌台 204 米	圆形
84	YD016	王堡村战国秦长城 7 号敌台	西南距 YD017 敌台 215 米	圆形
85	YD017	王堡村战国秦长城 8 号敌台	西南距 YD018 敌台 209 米	圆形
86	YD018	王堡村战国秦长城 9 号敌台	西南距 YD019 敌台 205 米	其他
87	YD019	什里村战国秦长城 1 号敌台	西南距 YD020 敌台 203 米	圆形
88	YD020	什里村战国秦长城 2 号敌台	西南距 YD021 敌台 255 米	其他
89	YD021	什里村战国秦长城 3 号敌台	西南距 YD022 敌台 222 米	圆形
90	YD021	什里村战国秦长城 4 号敌台	西南距 YD023 敌台 225 米	其他
91	YD023	什里村战国秦长城 5 号敌台	西南距 YD024 敌台 218 米	圆形
92	YD024	什里村战国秦长城 6 号敌台	西南距 YD025 敌台 243 米	圆形
93	YD025	什里村战国秦长城 7 号敌台	西南距 YD026 敌台 221 米	其他
94	YD026	什里村战国秦长城 8 号敌台	西南距 YD027 敌台 217 米	其他
95	YD027	海堡村战国秦长城 1 号敌台	西南距 YD028 敌台 198 米	其他
96	YD028	海堡村战国秦长城 2 号敌台	西南距 YD029 敌台 205 米	其他
97	YD029	海堡村战国秦长城 3 号敌台	西南距 YD030 敌台 208 米	其他
98	YD030	海堡村战国秦长城 4 号敌台	西南距 YD031 敌台 223 米	其他
99	YD031	海堡村战国秦长城 5 号敌台	西南距 YD032 敌台 230 米	其他
100	YD032	海堡村战国秦长城 6 号敌台	西南距 YD033 敌台 213 米	其他
101	YD033	海堡村战国秦长城 7 号敌台	西南距 YD034 敌台 245 米	圆形
102	YD034	海堡村战国秦长城 8 号敌台	西南距 YD035 敌台 226 米	其他
103	YD035	海堡村战国秦长城 9 号敌台	西南距 YD036 敌台 237 米	圆形
104	YD036	明庄战国秦长城 1 号敌台	西南距 YD037 敌台 270 米	其他

保存状况	底（米）（长 × 宽）	顶（米）（长 × 宽）	高（米）	夯层（厘米）	壕沟（米）	
					宽	深
差	43.1 × 37	23 × 30	5.5 ～ 8	—	62	45
较差	19.4 × 10	11.2 × 3	—	—	25	22
一般	12.9 × 7.3	—			—	—
一般	23 × 17.4	3.4 × 4.3	6.2	6 ～ 11	27	—
一般	27.8 × 20	8.4 × 9	5.2	5.5 ～ 7.5	—	—
较差	16.6 × 11	5.6 × 3.9	3	8 ～ 11.5	—	—
较差	25.5 × 15	7 × 7.9	7	—	19.4	—
一般	14 × 6	7.6 × 2	1 ～ 15	—	45.6	—
一般	19 × 12	6.4 × 4.2	4.4	—	21.3	—
一般	20.2 × 16.2	5 × 4	5	—	—	—
一般	21.3 × 17	7 × 6.8	8	—	16.9	—
一般	32.5 × 27.5	8 × 6	8.6	8 ～ 9.5	17	1
一般	24 × 23.6	4 × 8	4.2	—	10	—
较差	20 × 25.8	7.8 × 7.2	4 ～ 5	—	—	—
较好	26.2 × 31	6 × 4	7	—	10	—
一般	34.5 × 29.1	4.1 × 2	8.5	—	4	—
差	8 × 21.1	—	3	—	—	—
一般	35.3 × 21.4	8.4 × 12.2	2 ～ 6	—	6	—
一般	33.6 × 19.7	6 × 5	4 ～ 4.2	—	—	—
较差	22.8 × 19.4	2.5 × 4	3.8	—	—	—
较好	25.2 × 10.2	5.4 × 4.2	5.9	—	—	—
一般	28.3	5.4 × 5.2	5	—	—	—
差	19.5 × 18	6 × 6	4.8 ～ 6.5	—	—	—
较好	40.8	7.2 × 7.5	6 ～ 7.2	5	5.7	4
一般	23.9 × 24.4	5.7 × 4.4	6	6.5 ～ 12	8	—
一般	35.6	4.7 × 3.7	6.9	7 ～ 11	—	—

序号	编　号	名　　称	相邻敌台间距	形
105	YD037	明庄战国秦长城 2 号敌台	西南距 YD038 敌台 179 米	其他
106	YD038	明庄战国秦长城 3 号敌台	西南距 YD039 敌台 192 米	其他
107	YD039	明庄战国秦长城 4 号敌台	西南距 YD040 敌台 207 米	其他
108	YD040	明庄战国秦长城 5 号敌台	西南距 YD041 敌台 302 米	其他
109	YD041	明庄战国秦长城 6 号敌台	西南距 YD042 敌台 210 米	其他
110	YD042	明庄战国秦长城 7 号敌台	西南距 YD043 敌台 218.8 米	圆形
111	YD043	长城村战国秦长城 1 号敌台	西南距 YD044 敌台 210 米	矩形
112	YD044	长城村战国秦长城 2 号敌台	西南距 YD045 敌台 184 米	其他
113	YD045	长城村战国秦长城 3 号敌台	西南距 YD046 敌台 165 米	其他
114	YD046	长城村战国秦长城 4 号敌台	西南距 YD047 敌台 175 米	其他
115	YD047	长城村战国秦长城 5 号敌台	西南距 YD048 敌台 215 米	其他
116	YD048	长城村战国秦长城 6 号敌台	西南距 YD049 敌台 213 米	其他
117	YD049	长城村战国秦长城 7 号敌台	西南距 YD050 敌台 222 米	圆形
118	YD050	长城村战国秦长城 8 号敌台	西南距 YD051 敌台 197 米	其他
119	YD051	长城村战国秦长城 9 号敌台	西南距 YD052 敌台 238 米	其他
120	YD052	阎家庄战国秦长城 1 号敌台	西南距 YD053 敌台 195 米	圆形
121	YD053	阎家庄战国秦长城 2 号敌台	西南距 YD054 敌台 247 米	其他
122	YD054	阎家庄战国秦长城 3 号敌台	西南距 YD055 敌台 245 米	其他
123	YD055	苦井村战国秦长城 1 号敌台	西南距 YD056 敌台 902 米	其他
124	YD056	苦井村战国秦长城 2 号敌台	西南距 YD057 敌台 110 米	矩形
125	YD061	油坊村战国秦长城 1 号敌台	西南距 YD065 敌台 945 米	其他
126	YD065	油坊村战国秦长城 2 号敌台	西南距 YD067 敌台 277 米	圆形
127	YD067	油坊村战国秦长城 3 号敌台	西南距 YD070 敌台 230 米	其他
128	YD070	油坊村战国秦长城 4 号敌台	东北距 YD067 敌台 230 米	其他
129	YD071	油坊村战国秦长城 5 号敌台	—	其他
130	YD074	吴庄战国秦长城 1 号敌台	西距 YD076 敌台 188 米	其他

保存状况	底（米） （长 × 宽）	顶（米） （长 × 宽）	高 （米）	夯层 （厘米）	壕沟（米）	
					宽	深
一般	37.1	7 × 6.8	5.2	—	9.6	3.3
一般	33.1	8.3 × 7.9	5.2	—	5	4
一般	33.1	6.7 × 7.6	5.5	—	—	—
一般	31.5	5.2 × 2	4.5 ～ 5	—	—	—
较好	48.4	6 × 6.3	5 ～ 6.2	—	—	—
一般	32.2	3.5 × 4.2	5.3	—	—	—
差	8.2	4 × 3	3.8	—	—	—
一般	30.4	4.3 × 8	6.2	—	11.5	—
一般	40.9	4.5 × 10	7.5	—	13	—
一般	32.5	—	4.2	—	13.8	—
一般	14 × 14.2	10.1	5.3	8 ～ 10.5	—	—
一般	35.4	6 × 7.6	4.8	7 ～ 9	—	—
差	21	2.2 × 1.5	5.5	4.5 ～ 9	—	—
较好	51	3.7 × 4.2	5	—	14.4	—
较差	—	5 × 4	3	—	—	2.5
差	—	3.3 × 4.5	4.2	—	16.9	—
一般	28	5 × 4.1	2.3	—	6.3	—
较好	37	5 × 3.1	5.2	—	13.5	—
差	—	5 × 3.3	3.7 ～ 5	—	—	—
较差	7	5 × 4.4	1.4 ～ 2.1	7 ～ 13	—	—
一般	16 × 7	—	3.6	4.5 ～ 9	—	—
一般	17.8 × 10	—	4.6	5.5 ～ 8	—	—
差	12.5 × 8	7.5 × 2.2	3.5	2.5 ～ 8	—	—
差	17.8 × 10	—	4.6	5.5 ～ 8	—	—
差	12.5 × 8	7.5 × 2.2	—	2.5 ～ 8	—	—
差	12 × 6	—	3	—	—	—

序号	编 号	名 称	相邻敌台间距	形 制
131	YD076	吴庄战国秦长城 2 号敌台	东距 YD074 敌台 188 米	其他
132	YD087	孙家庄战国秦长城敌台	—	其他
135	YD088	马其沟战国秦长城敌台	—	其他
136	YD089	樊西堡村战国秦长城 1 号敌台	西距 YD090 敌台 133 米	圆形
137	YD090	樊西堡村战国秦长城 2 号敌台	东距 YD089 敌台 133 米	矩形
138	XD001	巴都沟村战国秦长城敌台	西距 XD002 敌台 5500 米	其他
139	XD002	苟家堡子村战国秦长城 1 号敌台	西距 XD003 敌台 174 米	其他
140	XD003	苟家堡子村战国秦长城 2 号敌台	西北距 XD004 敌台 500 米	其他
141	XD004	火家沟村战国秦长城 1 号敌台	西距 XD005 敌台 501 米	其他
142	XD005	火家沟村战国秦长城 2 号敌台	西距 XD006 敌台 1500 米	其他
143	XD006	牟荣村战国秦长城 1 号敌台	西距 XD007 敌台 258 米	其他
144	XD007	牟荣村战国秦长城 2 号敌台	西距 XD008 敌台 254 米	圆形
145	XD008	牟荣村战国秦长城 3 号敌台	西距 XD009 敌台 230 米	其他
146	XD009	牟荣村战国秦长城 4 号敌台	西南距 XD010 敌台 4100 米	其他
147	XD010	保林村战国秦长城敌台	南距 XD011 敌台 4500 米	其他
148	XD011	赵李村战国秦长城敌台	南距 XD012 敌台 6500 米	其他
149	XD012	王家河村战国秦长城敌台	北距 YD011 敌台 6500 米	其他
150	YD079	明庄宋代外长城 1 号敌台	东南距 YD035 敌台 511 米	椭圆
151	YD080	明庄宋代外线长城 2 号敌台	东距 YD079 敌台 1242 米	椭圆
152	YD081	长城村宋代外线长城 1 号敌台	西南距 YD082 敌台 434 米	椭圆
153	YD082	长城村宋代外线长城 2 号敌台	东北距 YD081 敌台 434 米	椭圆
154	YD083	长城村宋代外线长城 3 号敌台	西南距 YD051 敌台 427 米	椭圆
155	YD075	孙家庄宋代 1 道内线长城敌台	东北距 YD062 敌台 465 米	椭圆
156	YD084	什里村一组宋代内线长城敌台	—	椭圆
157	YD085	明庄村宋代内线长城敌台	—	其他
158	YD086	长城村宋代内线长城敌台	—	其他

保存状况	底（米）（长×宽）	顶（米）（长×宽）	高（米）	夯层（厘米）	壕沟（米）	
					宽	深
较差	16.9×12.5	3.2×1.5	2.5～3.4	—	—	—
差	14.6×7.1	3.1×2	3.1	5～10	—	—
差	15×4	6×3	2.6	5～17	—	—
较差	16×18.5	3.5×5	8～9.1	5～10	—	—
差	15×4	6×3	2.6	—	—	—
差	12.8×2.7	—	2.3～3.2	5～10	—	—
一般	26.2×15.8	2～6	7.4	—	—	
一般	11×15	—	5	5～17	—	
一般	42×24.8	3～2.5	5	—	—	
一般	9.5×9	—	4.1	6～12	—	
一般	11×13	8～7	6	5～10	—	
一般	11×8	—	3.4	9～13	—	
一般	12×16.5	—	7	8～10	—	
一般	16×13.2	—	6	10	—	
一般	15×11	4×5	5.4	7～8		—
差	7×4		2.8	10	—	
较差	6×2.6		2.6	10～14	—	
一般	18.1×18.5	2.1×4	2.6～4.4	—	—	
较差	16.8×18.4	4×4.2	1.2～4.2	5～10	—	
较差	14×17.6	7×6	4.3	5～10	—	
较差	19.7×16	6×5.6	5～6.3	—	—	
较差	15.7×20	9×11	5	—	—	
较差	南北8.2	南北6.3	0.9～2.2	—	—	
较差	13×14.3	—	1.4～5	10～14	—	
差	6×6	—	3	—	—	
差	6×2		2.4	10		

序号	编　号	名　　称	相邻敌台间距	形　制
158	YD057	苦井村宋代内线长城敌台	东南距 YD058 敌台 328 米	椭圆
159	YD058	油坊村宋代内线长城 1 号敌台	西北距 YD059 敌台 228 米	椭圆
160	YD059	油坊村宋代内线长城 2 号敌台	西南距 YD060 敌台 205 米	其他
161	YD060	油坊村宋代内线长城 3 号敌台	西南距 YD062 敌台 342 米	椭圆
162	YD062	油坊村宋代内线长城 4 号敌台	西南距 YD063 敌台 135 米	椭圆
163	YD063	油坊村宋代内线长城 5 号敌台	西南距 YD064 敌台 145 米	椭圆
164	YD064	油坊村宋代内线长城 6 号敌台	西南距 YD066 敌台 339 米	其他
165	YD066	吴庄村宋代内线长城 1 号敌台	西南距 YD068 敌台 152 米	其他
166	YD068	吴庄村宋代内线长城 2 号敌台	西南距 YD069 敌台 109 米	椭圆
167	YD069	吴庄村宋代内线长城 3 号敌台	东北距 YD072 敌台 600 米	其他
168	YD072	孙家庄宋代内线长城 1 号敌台	西距 YD073 敌台 121 米	椭圆
169	YD073	孙家庄宋代内线长城 2 号敌台	西距 YD077 敌台 170 米	椭圆
170	YD077	孙家庄宋代内线长城 3 号敌台	西南距 YD078 敌台 497 米	椭圆
171	YD078	孙家庄宋代内线长城 4 号敌台	东北距 YD077 敌台 497 米	椭圆

附表三　宁夏早期长城沿线烽火台调查登记表

序号	编　号	名　　称	属　　地	材　质	形制
1	PF002	赵家岭烽火台	彭阳县城阳乡赵家岭南 0.5 千米	夯土	其他
2	PF003	长城村烽火台	彭阳县城阳乡长城村北 0.05 千米	夯土	圆形
3	PF004	乔渠村烽火台	彭阳县城阳乡乔渠村西 0.2 千米	夯土	圆形
4	PF005	党岔村烽火台	彭阳县白阳镇白岔村党岔自然村	夯土	其他
5	PF006	张号家村烽火台	彭阳县白阳镇袁老庄村张家号自然村	夯土	其他
6	YF004	北海子烽火台	原州区什里村四队北海子西约 500 米	夯土	其他
7	XF001	巴都沟村烽火台	西吉县马莲乡巴都沟村东南	夯土	其他

保存状况	底（米） （长×宽）	顶（米） （长×宽）	高 （米）	夯层 （厘米）	壕沟（米）	
					宽	深
较差	3×3.3	—	2	7～11	—	
差	东西 19.4	7×10.7	3.6～4	7.5～11	—	
一般	11×10	6.5×4.5	2.5	—	—	
差	—	—	3.8	7～11	—	
较好	28.3×23	13.3	2.6	—	—	
较好	23.7×19.7	5.5×4.5	5	—	—	
差	16.4×22.2	—	—	—	—	
较差	16.4	17.4×12	3	—	—	
较差	21×15	9.6×4.8	3.6～4	—	—	
差	18.3×7		1	—	—	
较差	23.3×13	5.9×3.2	3	—	—	
差	24.7×11	9.5×3	3	—	—	
一般	24.1×19.3	—	4.5～5.2	—	—	
较差	21×11	2×2	5.6	—	—	

保存状况	中心台体				围墙（米）	
	底（长×宽）（米）	顶（长×宽）（米）	高（米）	夯层（厘米）	长×宽	高
较差	9～10×8～11	3×3	2	8～12	28×40	0.8
较差	8×14	5×5	4	10～13	—	—
较差	5×5	3×3	3.2	10～15	—	—
较差	3.6～4.3×15	—	2.2	—	—	—
较差	19.7×15	2×4	3.5～4	17～20	47×22	6.5
较差	19.7×15	1×2.8	2.7	—	—	—
较差	20×25	4×4.5	2.6	—	—	—

附表四　宁夏早期长城沿线关堡登记表

序号	编号	名　称	位　置	保存程度	平面形状	基宽（
1	PF001	马嶕岘村城障	彭阳县孟塬乡草滩村马嶕岘村南	差	不详	10.5
2	PB001	草滩村城障	彭阳县孟塬乡草滩村西孟塬塬畔	差	不规则形	11
3	PB002	张沟圈城址	彭阳县城阳乡涝池村张沟圈自然村	较差	矩形	7.8
4	PB003	党岔城障	彭阳县白阳镇党岔村南长城南侧山坳处	较差	矩形	7.8～
5	PB004	坡头城障	彭阳县白阳镇赵家坡头村东山梁	较差	矩形	8.6
6	PB005	海河城障	彭阳县白阳镇海河村南山梁	较差	矩形	8.6
7	PB006	张号家城障	彭阳县白阳镇张号家村南山梁	差	矩形	5
8	PB007	朝那古城城址	彭阳县古城镇	一般	矩形	14
9	YB003	蔡家洼村城障	原州区清河镇蔡家洼村东	较差	矩形	5.2
10	YB002	水泉村城障	原州区清河镇水泉村东北山梁	较差	矩形	13
11	YB007	王堡村城障	原州区清河镇王堡村西侧山梁	一般	矩形	8
12	YB006	北什里村城障	原州区清河镇北什里村北	一般	矩形	4
13	YB002	北什里城址	原州区清河镇北什里村北	一般	方形	4
14	YB008	营盘圈城障	原州区清河镇什里村三组长城梁	一般	方形	10～
15	YB009	海堡村城障	原州区清河镇长海堡村北长城梁	较差	矩形	—
16	YB010	明庄村城障	原州区清河镇明庄二队东北侧长城梁	差	矩形	8
17	YB011	长城村城障	原州区清河镇长城村北长城梁	差	矩形	—
18	YB016	阎家庄城障	原州区清河镇阎家庄自然村西北	差	矩形	—
19	YB017	阎家庄城址	原州区清河镇阎家庄南	较差	矩形	8～
20	YB012	吴庄村城障	原州区中河乡吴庄南塬	差	矩形	2.7
21	YB013	海子峡口城障	原州区中河乡吴庄村西海子峡口	差	方形	1.7
22	YB018	后磨河村城障	原州区中河乡后磨河村东南	较差	矩形	13
23	YB026	红庄梁城障	原州区张易镇红庄村东北	较好	矩形	12～
24	YB019	马其沟城障	原州区张易镇马其沟村东北	较差	矩形	—
25	YB020	新套子城障	原州区张易镇新套子村东北	差	矩形	1.7～
26	YB021	樊西堡村1号城址	原州区张易镇樊西堡村南	较差	梯形	6.5

宽（米）	高（米）	夯层（厘米）	周长（米）	面积（米²）	马面	楼台	城门	瓮城	时　代
—	5.5	7～11	—	—	0	0	不详	0	战国秦
3	3.6～7	7～13	120	900	0	0	不详	0	战国秦
0～4	1.1～5.5	—	360	7200	0	4	不详	0	战国秦
2	4.7	9～15	800	3000	0	0	1	0	战国秦
1.5	6.6～8.7	9～11	160	1600	0	0	不详	0	战国秦
1.5	3.4	9～11	140	1200	1	0	不详	0	战国秦
2	1.6～3	9～12	120	900	0	0	不详	0	战国秦
—	13	14～20	2340	30万	—	—	4	4	秦汉、宋
2.9	2.7～4.5	7～12	144	1296	0	0	不详	0	战国秦
11	2.7～4	—	30	390	0	0	不详	0	战国秦
3	2.5～4	10～12	400	1万	0	0	1	0	战国秦
1	2.2～4.3	4.5～12	560	1.9万	0	0	不详	0	战国秦
1	2.2～4.3	11～13	1000	6.2万	4	0	1	1	秦汉、宋、明
1	2.5	7～10	200	2500	0	0	1	0	战国秦
—	3.5	8～13	200	2500	0	1	不详	0	战国秦
—	1.4～7	7～14	320	6400	0	1	不详	0	战国秦
—	1.9～4	5.5～9	180	2025	0	0	不详	0	战国秦
—	0.3	8.5～10	200	2500	0	1	不详	0	战国秦
—	0.5～1.5	4～6	3400	70万	0	4	1	0	汉代
2	0.5～2	10	—	1万	0	0	不详	0	战国秦
—	0.7	—	480	1.4万	0	0	不详	0	战国秦
8	3.5～7	5～10	240	3200	0	0	不详	0	战国秦
3	3～5	10	260	4000	0	0	1	0	战国秦
—	2.3～5.1	7～10	200	2500	0	0	不详	0	战国秦
6～1	0.8～4.2	—	150	1250	0	0	1	0	战国秦
～1.3	7	10～12	426	6720	2	1	1	0	秦汉、宋

序号	编号	名　称	位　置	保存程度	平面形状	基宽（.
27	YB022	樊西堡村2号城址	原州区张易镇樊西堡村南	差	矩形	5.2
28	XB005	明台村城障	西吉县将台乡明台村东北	差	矩形	6
29	XB006	将台城址	西吉县将台乡马莲河与葫芦河交汇处	较好	矩形	7.4
30	YB001	三里塬城址	原州区河川乡王崾岘村"三里塬"上	较差	矩形	4
31	YB025	程儿山城址	原州区清河镇水泉村程儿山山顶	一般	矩形	12
32	YB004	陈家沟村城址	原州区清河镇陈家沟村东	较差	矩形	2.4
33	YB014	下饮马河城址	原州区清河镇古雁岭山麓	差	矩形	5.5
34	YB003	大营城址	原州区中河乡政府北500米	较好	折角矩形	7.5
35	YB023	樊西堡村3号城址	原州区张易镇樊西堡村北	较好	矩形	5.8
36	XB001	东南门城址	西吉县马莲乡东南门村北	差	矩形	4～6
37	XB003	张堡塬城址	西吉县马莲乡张堡塬村南	较好	矩形	7.4
38	XB004	火家沟城址	将台乡火家沟村南侧山梁	较好	矩形	5
39	XB007	火家集城址	将台乡火家集村西南	一般	矩形	3.4

（米）	高（米）	夯层（厘米）	周长（米）	面积（米²）	马面	楼台	城门	瓮城	时 代
0.6	2.6～3.3	5～10	950	5.6万	0	1	不详	0	战国秦
—	1.2	10	—	2000	0	0	不详	0	战国秦
—	2.5～5.5	7～16	2200	30.2万	0	0	1	1	汉代
—	2.2	10～13	940	4.4万	0	0	1	0	宋代
1.2	3.6～8.1	15～19	440	1.2万	0	1	2	0	宋代
—	0.7～1.6	10～14	—	750	0	1	不详	0	宋代
—	0.7～2.5	12～22	—	500	0	0	不详	0	宋代
4.5	11.5	8～11	1540	14.4万	9	4	4	4	宋、明
—	3.6～7	12～18	560	1.9万	2	1	1	0	宋代
—	3.3～6	13～18	400	1万	1	0	不详	0	宋代
—	6.5	10～17	530	1.5万	0	0	1	0	宋代
—	3.5	—	125	900	1	0	1	0	宋代
2.8	2.5～7	10	2360	32.6万	6	0	3	1	宋代

后 记

经过大家的共同努力，由文物出版社承担出版的宁夏长城调查报告系列丛书已陆续付梓。作为丛书之一，本报告是对2009年开展的宁夏固原早期长城防御系统的调查总结，是在国家文物局检查验收认定的300余份调查资料的基础上增补内容，提炼精简编撰而成。报告体例、格式等基本遵循本丛书编纂规范，实际编写过程中亦根据具体内容有所侧重与取舍。

在报告即将出版之际，特向长期以来关注支持宁夏长城调查工作及报告编写的各位领导同仁表示感谢，向为报告编写提供协作与方便的长城沿线各文博单位及甘肃等兄弟省份同仁表示感激，更要向前期参与此次长城资源野外调查人员致以崇高的敬意！

本报告是调查队员集体合作成果，报告编写及主要分工如下：第二章由樊军编写、第四章及附表由雷昊明编写、第一、三、五、六、七章由王仁芳编写并负责全书统稿；彩图遗迹照片由调查队员拍摄，航拍照片由浙江大学欧阳盼团队协助拍摄，遗物照片由边东冬拍摄；线图由徐永江、乔国平等人绘制，文物拓片由陈安位拓制；后附长城地图及1:10000比例墙体走向插图由宁夏国土测绘院汪晓萍、李永泉、苏鹏飞负责绘制。宁夏文物局姚卫玲副局长协调领导调查工作、督促支持报告编写，罗丰所长撰写前言，马天行等同事在文字校对、线图扫描方面提供了帮助，在此一并致谢。

文物出版社编辑张晓曦为本报告做了严谨细致的修订编辑工作，特致以诚挚感谢！

受调查条件及编者水平所限，工作舛误、疏漏在所难免，敬请读者批评指正。

编 者
2017年12月

地图·彩图

地图一　中国战国
秦长城分布图

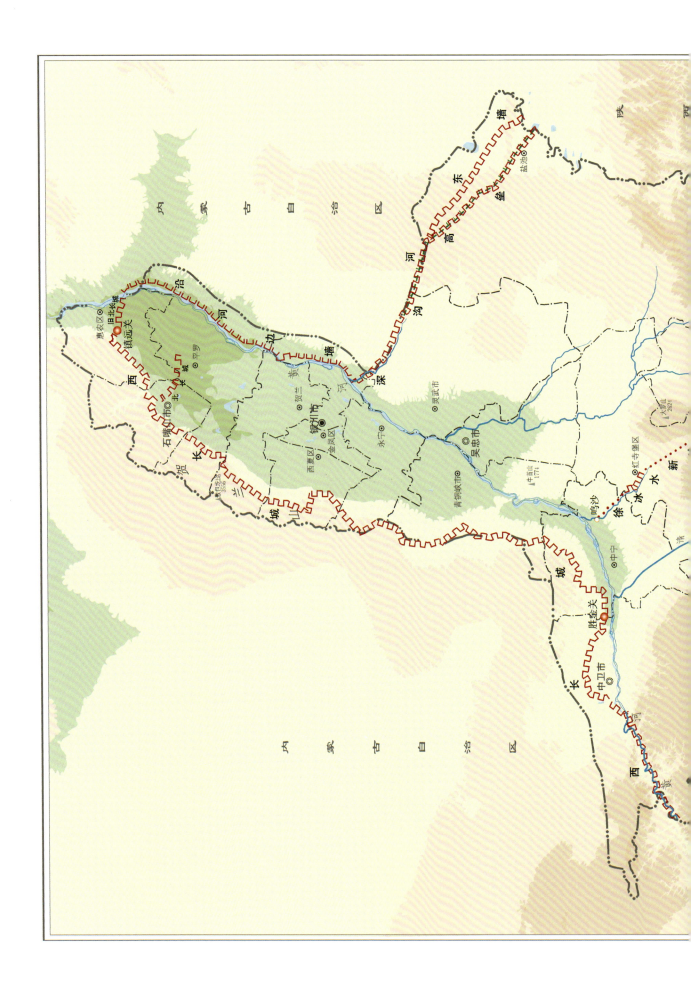

内 蒙 古 自 治 区

陕 西

墙
东
垒
高
河
沟

盐池◎

沿
河
边
墙
深

旧北长城
镇远关
惠农区◎
平罗◎
西
北
长
城
石嘴山市◎
贺兰◎
黄
河
银川市◎
金凤区
西夏区
永宁◎
贺兰山拜寺口双塔3556
贺
兰
城
长

灵武市◎

吴忠市◎
青铜峡市◎

大罗山2621

红寺堡区◎
新
水
冰
徐
清
鸣沙
罗山1774
中宁◎

城
长

胜金关
中卫市◎

西
黄
河

西 黄 河

内 蒙 古 自 治 区

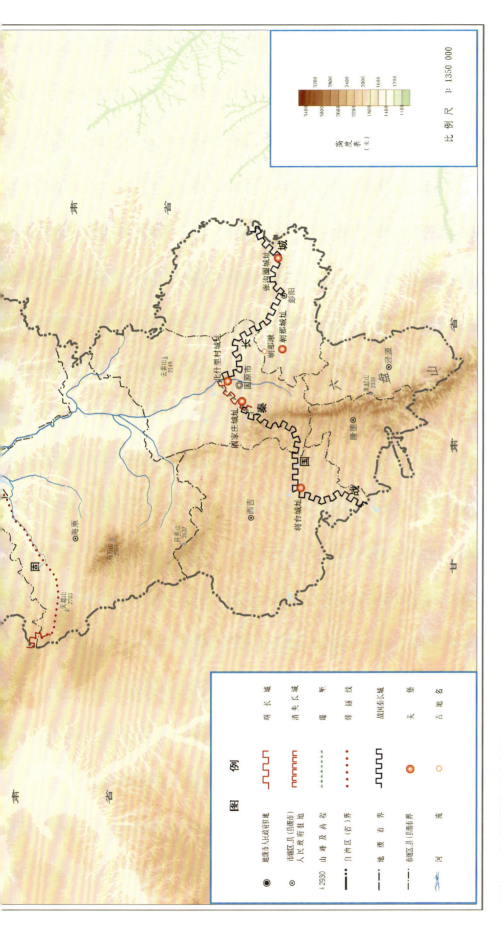

地图二　宁夏早期长城分布图

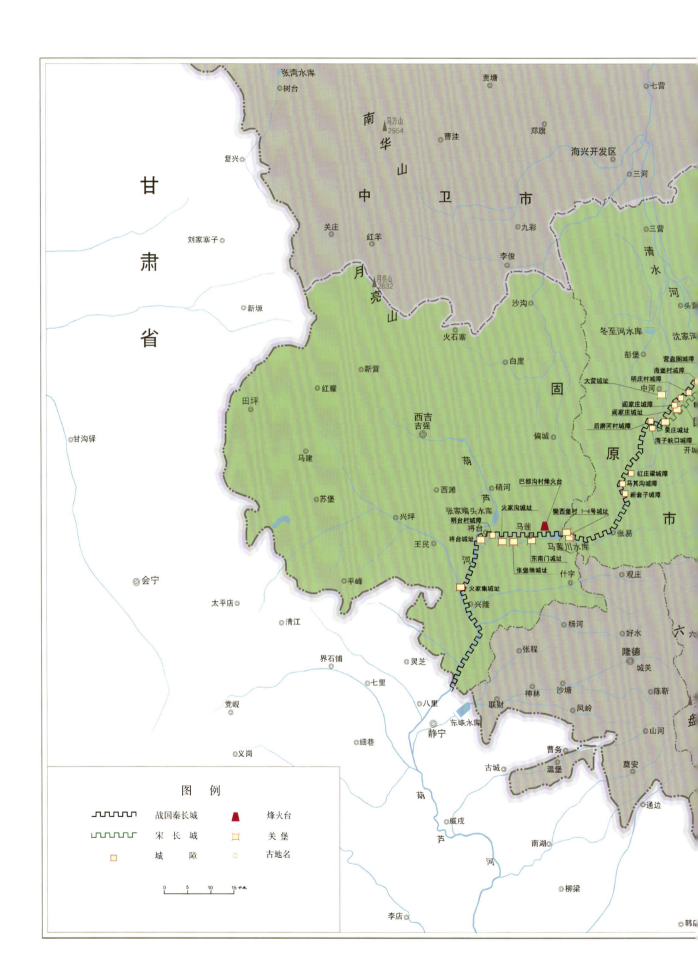

甘肃省

南华山

马万山 2954

张湾水库
树台

贾塘

七营

复兴

关庄

红羊

郑旗

海兴开发区

三河

中卫市

九彩

三营

刘家寨子

月亮山

李俊

清水河

新墩

火石寨

沙沟

冬至河水库

头营

彭堡

沈家河

田坪

红耀

新营

白崖

固

大营城址

营盘圆城障
海堡村城障
明庄村城障
中河
阎家庄城障
阎家庄城址
吴庄城址

西吉
吉强

偏城

原

湾子峡口城障
开城

后磨河村城障

甘沟驿

马建

葫芦河

硝河

巴都沟村烽火台

市

红庄梁城障
马其沟城障
新套子城障

苏堡

西滩

张家嘴头水库

樊西堡村 1-4号城址

兴坪

明台村城障
将台

火家沟城址

马莲

王民

将台城址

东南门城址

马莲川水库

张易

张堡塬城址

什字

观庄

火家集城址

平峰

会宁

兴隆

杨河

好水

隆德

太平店

张程

神林

沙塘

城关

陈靳

清江

界石铺

灵芝

凤岭

联财

六

七里

八里

东峡水库

曹务

山河

党岘

静宁

温堡

莫安

细巷

古城

通边

义岗

葫芦河

威戎

南湖

柳梁

李店

韩府

图　例

战国秦长城　　　　烽火台

宋　长　城　　　　关　堡

城　　障　　　　　古地名

0　5　10　15 千米

◎毛井

◎盘龙

◎罗洼

◎交岔　　王洼　　小岔

冯庄　　　　三岔

海坪村烽火台　　草庙　　孟塬　　甘
黄家河村烽火台
三里塬城址　　　　乔渠村烽火台　　　　◎庙渠　　肃
张号家村烽火台　　　长城村烽火台　　马暖岘村城障
党岔村烽火台　　　　　草滩城障
张号家城障　　海河城障　　　　赵疙瘩烽火台
朝那城址　　党岔城障　　赵疙瘩烽火台　　省
彭阳　　坡头城障　　　城阳
白阳　　　　　　　城阳　　张沟圈城址

茹　　　　　　　河

红河　　　　　　　　镇原
红
河

三合　　　　◎新城
安国
泾
草峰
崆峒　　　　　◎中原
平凉市　　河
泾

四十里铺

白水◎

大寨◎

崇信◎

马峡

华亭　　安口

地图三　宁夏早期长城分布图

249

彩图一 调查现场1

彩图二 调查现场2

彩图三　调查现场3

彩图四　调查现场4

彩图五　保护标志记录

彩图六　调查中休息

彩图七　豁口测量

彩图八　断面记录

彩图九　跋山涉水

彩图一〇　勘探场景

彩图一三　省界记录

彩图一四　资料检查

彩图一五　检查验收

彩图一六　航拍场景

彩图一七　糜岔塬村战国秦长城1段（北—南）

彩图一八　糜岔塬村战国秦长城1号敌台（北—南）

彩图一九　糜岔塬村战国秦长城2号敌台（北—南）

彩图二〇　糜岔塬村战国秦长城3号敌台（西—东）

彩图二一　张家坬村战国秦长城（西南—东北）

彩图二二　张家坬村战国秦长城1号敌台（西—东）

彩图二三　张家坬村战国秦长城2号敌台（西—东）

彩图二四　张家坬村战国秦长城3号敌台（南—北）

彩图二五　转子台村战国秦长城2段（东北—西南）

彩图二六　转子台村战国秦长城1号敌台（西—东）

彩图二七　转子台村战国秦长城
2号敌台（东—西）

彩图二八　马崾岘村战国秦长城
（东北—西南）

彩图二九　马崾岘村战国秦长城
1号敌台（东南—西北）

彩图三〇　马崾岘村战国秦长城
2号敌台（南—北）

彩图三一　马崾岘村战国秦长城
3号敌台（西—东）

彩图三二　阳坬台村战国秦长城
6段（西—东）

彩图三三　阳坬台村战国秦长城1号敌台（南—北）

彩图三四　阳坬台村战国秦长城2号敌台（西北—东南）

彩图三五　阳坬台村战国秦长城3号敌台（东—西）

彩图三六　阳坬台村战国秦长城4号敌台（南—北）

彩图三七　阳圪台村战国秦长城5号敌台（东—西）

彩图三八　阳圪台村战国秦长城6号敌台（东—西）

彩图三九　草滩村战国秦长城1段（东北—西南）

彩图四〇　草滩村战国秦长城敌台（西—东）

彩图四一　施家坪村战国秦长城（西南—东北）

彩图四二　三岔口战国秦长城敌台（西—东）

彩图四三　杨小庄前沟战国秦长城（南—北）

彩图四四　杨小庄前沟战国秦长城敌台（北—南）

彩图四五　杨小庄村战国秦长城
（西北 — 东南）

彩图四六　杨小庄战国秦长城敌
台（北 — 南）

彩图四七　张沟圈村战国秦长城
1段（南 — 北）

彩图四八　张沟圈村战国秦长城敌台（北—南）

彩图四九　祁家庄战国秦长城6段（西北—东南）

彩图五〇　祁家庄战国秦长城1号敌台（西—东）

彩图五一　祁家庄战国秦长城
2号敌台（西—东）

彩图五二　祁家庄战国秦长城3
号敌台（东—西）

彩图五三　花子沟圈战国秦长城
1段（西北—东南）

彩图五四　花子沟圈战国秦长城
1号敌台（西—东）

彩图五五　花子沟圈战国秦长城
2号敌台（东—西）

彩图五六　花子沟圈战国秦长城
3号敌台（东—西）

彩图五七　花子沟圈战国秦长城
4号敌台（东—西）

彩图五八　长城村战国秦长城2
段局部（东北—西南）

彩图五九　长城村战国秦长城
1号敌台（南—北）

彩图六〇　长城村战国秦长城2号
敌台（南—北）

彩图六一　乔渠村战国秦长城1段
墙体分版情况（东北—西南）

彩图六二　乔渠村战国秦长城1号
敌台（北—南）

彩图六三　乔渠村战国秦长城2号敌台（北—南）

彩图六四　乔渠村战国秦长城3号敌台（北—南）

彩图六五　党岔村战国秦长城航拍（东南—西北）

彩图六六　党岔村战国秦长城1～2段（东南—西北）

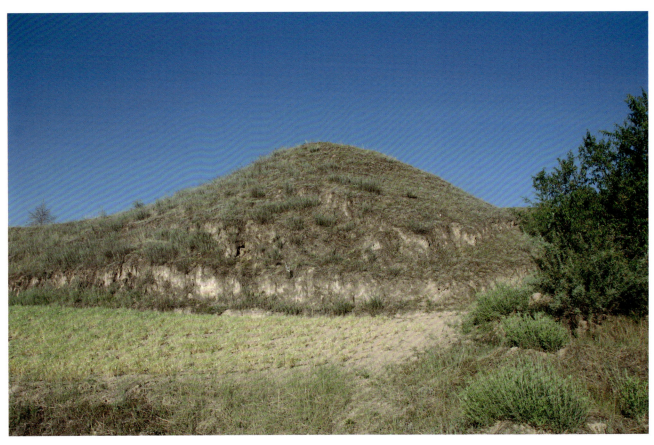

彩图六七　党岔村战国秦长城1号敌台（北—南）

彩图六八　党岔村战国秦长城2号敌台（北—南）

彩图六九　党岔村战国秦长城3号敌台（北—南）

彩图七〇　党岔村战国秦长城4号敌台（北—南）

彩图七一　党岔村战国秦长城
5号敌台（南—北）

彩图七二　白岔村战国秦长城
航拍（西北—东南）

彩图七三　白岔村战国秦长城
2～3段（东南—西北）

彩图七四　白岔村战国秦长城
5段地表遗物

彩图七五　白岔村战国秦长城
1号敌台（南—北）

彩图七六　白岔村战国秦长城
2号敌台（南—北）

彩图七七　白岔村战国秦长城3号
敌台（南—北）

彩图七八　白岔村战国秦长城4号
敌台（东—西）

彩图七九　姚湾村战国秦长城2段
地表遗物

彩图八〇　姚湾村战国秦长城9段
（东—西）

彩图八一　姚湾村战国秦长城1号
敌台（南—北）

彩图八二　姚湾村战国秦长城2号
敌台（西—东）

彩图八三　姚湾村战国秦长城3号敌台（东—西）

彩图八四　姚湾村战国秦长城4号敌台（西—东）

彩图八五　姚湾村战国秦长城5号敌台（南—北）

彩图八六　姚湾村战国秦长城6号敌台（北—南）

彩图八七　姚湾村战国秦长城7号敌台（北—南）

彩图八八　姚湾村战国秦长城8号敌台（南—北）

彩图八九　余崾岘村战国秦长城3段公路豁口断面（西北—东南）

彩图九〇　余崾岘村战国秦长城4段墙体断面（东北—西南）

彩图九一　余嵝岘村战国秦长城
1号敌台（北—南）

彩图九二　余嵝岘村战国秦长城
2号敌台（北—南）

彩图九三　余嵝岘村战国秦长城
3号敌台（南—北）

彩图九四　余嵝岘村战国秦长城
4号敌台（北—南）

彩图九五　余嵝岘村战国秦长城
5号敌台（北—南）

彩图九六　余嵝岘村战国秦长城
6号敌台（东—西）

彩图九七　余崾岘村战国秦长城
7号敌台（南—北）

彩图九八　余崾岘村战国秦长城
8号敌台（东—西）

彩图九九　陡坡村战国秦长城3段
墙体出土遗物

彩图一〇〇　陡坡村战国秦长城
6段（东北 — 西南）

彩图一〇一　陡坡村战国秦长城
1号敌台（南 — 北）

彩图一〇二　陡坡村战国秦长城
2号敌台（北 — 南）

彩图一〇三　陡坡村战国秦长城3号敌台（北—南）

彩图一〇四　陡坡村战国秦长城4号敌台（东—西）

彩图一〇五　陡坡村战国秦长城5号敌台（北—南）

彩图一〇六　坡头村战国秦长城1段墙体断面（西北—东南）

彩图一〇七　坡头村战国秦长城
1号敌台（北—南）

彩图一〇八　坡头村战国秦长城
2号敌台（北—南）

彩图一〇九　石头嶂岘战国秦长城
墙体北端断面（东—西）

彩图一一○　石头崾岘战国秦长城
地表遗物

彩图一一一　麦田渠塬战国秦长城
西段墙体断面（东—西）

彩图一一二　麦田渠塬战国秦长城
地表遗物

彩图一一三　信侯沟战国秦长城1段（西北—东南）

彩图一一四　信侯沟战国秦长城2段（西北—东南）

彩图一一五　沙河村战国秦长城西端（东南—西北）

彩图一一六　海河村战国秦长城
1段（西—东）

彩图一一七　海河村战国秦长城
2段西端断面（东南—西北）

彩图一一八　张号家村战国秦长城
（西—东）

彩图一一九　寺咀子村战国秦长城
2段地表遗物

彩图一二〇　寺咀子村战国秦长城
敌台（东—西）

彩图一二一　李家寺台村战国秦长
城（东南—西北）

彩图一二二　白塬村战国秦长城1
段墙体中夹杂板瓦（东北—西南）

彩图一二三　白塬村战国秦长城
敌台（西—东）

彩图一二四　马崾岘村城障
（北—南）

彩图一二五　草滩城障
（东南 — 西北）

彩图一二六　张沟圈城址
（西北 — 东南）

彩图一二七　党岔城障
（西南 — 东北）

彩图一二八　坡头城障（西北—东南）

彩图一二九　海河城障（东北—西南）

彩图一三〇　东海子朝那湫祭祀遗址（东—西））

彩图一三一　阳儿堡战国秦长城1段（东北—西南）

彩图一三二　阳儿堡村战国秦长城2段1号敌台（西南—东北）

彩图一三三　阳儿堡村战国秦长城2段2号敌台（东—西）

彩图一三四　阳儿堡战国秦长城3段墙体（西北—东南）

彩图一三五　骆驼河村战国秦长城1段墙体北段（东北—西南）

彩图一三六　骆驼河村战国秦长城2段（东—西）

彩图一三七　王家崾岘村战国秦长城（西北—东南）

彩图一三八　上黄村战国秦长城墙体南段（北—南）

彩图一三九　乔家沟村战国秦长城（北—南）

彩图一四〇　马家沟村战国秦
长城1段（东南—西北）

彩图一四一　马家沟村战国秦
长城2段（东—西）

彩图一四二　母家沟村战国秦
长城（东北—西南）

彩图一四三　买家庄战国秦
长城1段（东南—西北）

彩图一四四　买家庄战国秦
长城敌台（北—南）

彩图一四五　海坪村战国秦
长城1段（西北—东南）

彩图一四六　海坪村战国秦长城2段（东北—西南）

彩图一四七　马家坪村战国秦长城1段（东—西）

彩图一四八　马家坪村战国秦长城2段墙体（东北—西南）

彩图一四九　马家坪村战国秦长城3段（东南—西北）

彩图一五〇 蔡家洼村战国秦长城
1段（南—北）

彩图一五一 蔡家洼村战国秦长城
2段（西—东）

彩图一五二 蔡家洼村战国秦长
城2段敌台（南—北）

彩图一五三 水泉村战国秦长城
1段（东南—西北）

彩图一五四 水泉村战国秦长城
2段东端（东南—西北）

彩图一五五 水泉村战国秦长城
2段（东南—西北）

彩图一五六　水泉村战国秦长城2段1号敌台（东—西）

彩图一五七　水泉村战国秦长城2段2号敌台（南—北）

彩图一五八　沙窝沟战国秦长城（东—西）

彩图一五九　沙窝沟口战国秦长城墙体（西南—东北）

彩图一六〇　陈家沟战国秦长城墙体（东南—西北）

彩图一六一　郑磨村战国秦长城1段东端断面（东—西）

彩图一六二　郑磨村战国秦长城1段（东—西）

彩图一六三　郑磨村战国秦长城1段发掘剖面（东—西）

彩图一六四　郑磨村战国秦长城
2段（南—北）

彩图一六五　郑磨村战国秦长城2
段墙体砖窑（南—北）

彩图一六六　郑磨村战国秦长城2
段1号敌台（西—东）

318

彩图一六七　郑磨村战国秦长城
2段2号敌台（南—北）

彩图一六八　郑磨村战国秦长城
2段3号敌台（西南—东北）

彩图一六九　王堡村战国秦长城
航拍（西—东）

彩图一七〇　王堡村战国秦长城
第4段中部墙体断面（南—北）

彩图一七一　王堡村战国秦长城
墙体外侧（西—东）

彩图一七二　王堡村战国秦长城
1号敌台（西—东）

彩图一七三　王堡村战国秦长城2号敌台（南—北）

彩图一七四　王堡村战国秦长城3号敌台（东—西）

彩图一七五　王堡村战国秦长城4号敌台（东—西）

彩图一七六　王堡村战国秦长城5号敌台（东—西）

彩图一七七　王堡村战国秦长城6号敌台（东—西）

彩图一七八　王堡村战国秦长城7号敌台（东—西）

彩图一七九　王堡村战国秦长城8号敌台（北—南）

彩图一八〇　王堡村战国秦长城9号敌台（西—东）

彩图一八一　什里村战国秦长城1段（西—东）

彩图一八二　什里村战国秦长城2段（西南—东北）

彩图一八三　什里村战国秦长城5～6段（东北—西南）

彩图一八四　什里村战国秦长城
西端断面（西南—东北）

彩图一八五　什里村战国秦长城
1号敌台（西—东）

彩图一八六　什里村战国秦长城
2号敌台（西—东）

彩图一八七　什里村战国秦长城
3号敌台（西—东）

彩图一八八　什里村战国秦长城
4号敌台（东—西）

彩图一八九　什里村战国秦长城
5号敌台（西—东）

彩图一九〇 什里村战国秦长城
6号敌台（南—北）

彩图一九一 什里村战国秦长城
7号敌台（东—西）

彩图一九二 什里村战国秦长城
8号敌台（西—东）

彩图一九三　海堡村战国秦长城
墙体城障航拍（东北—西南）

彩图一九四　海堡村战国秦长城
5段（东北—西南）

彩图一九五　海堡村战国秦长城
7～9段（东北—西南）

彩图一九六 海堡村战国秦长城
1号敌台（西—东）

彩图一九七 海堡村战国秦长城
2号敌台（东—西）

彩图一九八 海堡村战国秦长城
3号敌台（东—西）

彩图一九九　海堡村战国秦长城
4号敌台（东—西）

彩图二〇〇　海堡村战国秦长城
5号敌台（北—南）

彩图二〇一　海堡村战国秦长城
6号敌台（北—南）

彩图二〇二　海堡村战国秦长城7号敌台（东—西）

彩图二〇三　海堡村战国秦长城8号敌台（东—西）

彩图二〇四　海堡村战国秦长城9号敌台（北—南）

彩图二〇五　明庄战国秦长城墙体及敌台航拍（西—东）

彩图二〇六　明庄战国秦长城2段（西南—东北）

彩图二〇七　明庄战国秦长城3段（东北—西南）

彩图二〇八　明庄战国秦长城4段（东北 — 西南）

彩图二〇九　明庄战国秦长城6段中部道路豁口（西南 — 东北）

彩图二一〇　明庄战国秦长城6～7段（东北—西南）

彩图二一一　明庄战国秦长城1号敌台（北—南）

彩图二一二　明庄战国秦长城2号敌台（北—南）

彩图二一三　明庄战国秦长城3号敌台（北—南）

彩图二一四　明庄战国秦长城4号敌台（北—南）

彩图二一五　明庄战国秦长城5号敌台（东—西）

彩图二一六　明庄战国秦长城6号敌台（东—西）

彩图二一七　明庄战国秦长城7号敌台（东—西）

彩图二一八　长城村战国秦长城银平公路豁口（东—西）

彩图二一九　长城村战国秦长城3～4段（东北—西南）

彩图二二〇　长城村战国秦长城5段西端豁口（西北—东南）

彩图二二一　长城村战国秦长城6段墙顶遗物

彩图二二二　长城村战国秦长城7段
309国道公路豁口断面（西南—东北）

彩图二二三　长城村战国秦长城
9段（东北—西南）

彩图二二四　长城村战国秦长城
1号敌台（西—东）

彩图二二五　长城村战国秦长城
2号敌台（东—西）

彩图二二六　长城村战国秦长城
3号敌台（东—西）

彩图二二七　长城村战国秦长城
4号敌台（东—西）

彩图二二八　长城村战国秦长城5号敌台（东—西）

彩图二二九　长城村战国秦长城6号敌台（北—南）

彩图二三〇　长城村战国秦长城7号敌台（东南—西北）

彩图二三一　长城村战国秦长城8号敌台（南—北）

彩图二三二　长城村战国秦长城9号敌台（东—西）

彩图二三三　阎家庄战国秦长城1～2段（东—西）

彩图二三四　阎家庄战国秦长城3～4段(东—西)

彩图二三五　阎家庄战国秦长城5段(西南—东北)

彩图二三六　阎家庄战国秦长城1号敌台（东—西）

彩图二三七　阎家庄战国秦长城2号敌台（东—西）

彩图二三八　阎家庄战国秦长城3号敌台（南—北）

彩图二三九　苦井村战国秦长城东段（西南—东北）

彩图二四〇　苦井村战国秦长城地表遗物

彩图二四一　苦井村战国秦长城西段（东北—西南）

彩图二四二　苦井村战国秦长城
1号敌台（南—北）

彩图二四三　苦井村战国秦长城
2号敌台（南—北）

彩图二四四　油坊村战国秦长城
北侧铲削墙（西—东）

彩图二四五 油坊村战国秦长城东北段（东北—西南）

彩图二四六 油坊村战国秦长城西南段（东北—西南）

彩图二四七 油坊村战国秦长城1号敌台（南—北）

彩图二四八　油坊村战国秦长城2号敌台（东—西）

彩图二四九　油坊村战国秦长城3号敌台（北—南）

彩图二五〇　油坊村战国秦长城4号敌台（北—南）

彩图二五一　油坊村战国秦长城5号敌台（西—东）

彩图二五二　吴庄战国秦长城（东南—西北）

彩图二五三　吴庄战国秦长城1号敌台（东—西）

彩图二五四　吴庄战国秦长城2号敌台（东—西）

彩图二五五　孙家庄战国秦长城（西—东）

彩图二五六　孙家庄战国秦长城墙体外侧排水管

彩图二五七　孙家庄战国秦长城敌台（南—北）

彩图二五八　滴滴沟林场战国秦长城1段断面（东—西）

彩图二五九　滴滴沟林场战国秦长城2段（东北—西南）

357

彩图二六〇　滴滴沟战国秦长城
1段（东北—西南）

彩图二六一　滴滴沟战国秦长城
2段南端采集遗物

彩图二六二　滴滴沟战国秦长城
3段（东北—西南）

彩图二六三　滴滴沟战国秦长城
4段（东北 — 西南）

彩图二六四　滴滴沟战国秦长城
5段（东北 — 西南）

彩图二六五　堡子湾战国秦长城
1段（东北 — 西南）

彩图二六六　堡子湾战国秦长城
2段（北—南）

彩图二六七　红庄村战国秦长城
1段（西北—东南）

彩图二六八　红庄村战国秦长城
2段（北—南）

彩图二六九　马其沟村战国秦长城
（东北—西南）

彩图二七〇　马其沟战国秦长城敌
台（东—西）

彩图二七一　新套子村战国秦长城
1段（西南—东北）

彩图二七二　新套子村战国秦长城2段（东北 — 西南）

彩图二七三　黄家脑 — 樊西堡战国秦长城黄家脑段（西北 — 东南）

彩图二七四　黄家脑—樊西堡战国秦长城东沟脑段（东北—西南）

彩图二七五　樊西堡村战国秦长城（东—西）

彩图二七六　樊西堡村战国秦长城1号敌台（东—西）

彩图二七七　樊西堡村战国秦长城2号敌台（东—西）

彩图二七八　蔡家洼村城障（东北 — 西南）

彩图二七九　水泉村城障（南 — 北）

彩图二八〇　王堡村城障（西南—东北）

彩图二八一　王堡村城障东墙北端墙体断面（北—南）

彩图二八二　北什里村城障西墙内侧（东南—西北）

彩图二八三　北什里村城障西北部（东—西）

彩图二八四　北什里城址城内（东北—西南）

彩图二八五　北什里城址北墙西端断面（西—东）

彩图二八六　营盘圈城障（北—南）

彩图二八七　营盘圈城障东北角（西—东）

彩图二八八　海堡村城障
（北—南）

彩图二八九　海堡村城障
城内（东—西）

彩图二九〇　明庄村城障
（北—南）

彩图二九一　明庄村城障南墙外侧（东—西）

彩图二九二　长城村城障（西北—东南）

彩图二九三　长城村城障西墙断面（西北—东南）

彩图二九四　阎家庄城障
（西北—东南）

彩图二九五　阎家庄城障
地表遗物

彩图二九六　阎家庄城址
西北角（西—东）

彩图二九七　阎家庄城址
北墙东段断面（西—东）

彩图二九八　吴庄村城障
（西—东）

彩图二九九　海子峡口城障
（东南—西北）

彩图三〇〇　后磨河村城障（南—北）

彩图三〇一　马其沟城障（西北—东南）

彩图三〇二　新套子城障（西北—东南）

彩图三〇三　樊西堡村1号城址东墙内侧（北—南）

彩图三〇四　樊西堡村2号城址（西北—东南）

彩图三〇五　马莲川水库战国秦长城（西—东）

彩图三〇六　巴都沟村战国秦长城（西—东）

彩图三〇七　巴都沟村战国秦长城敌台（东—西）

彩图三〇八　赵家磨村战国秦长城（东—西）

彩图三〇九　马莲村战国秦长城（东—西）

彩图三一〇　苟家堡子村战国秦长城1段（东北—西南）

彩图三一一　苟家堡子村战国秦
长城7～8段（东北—西南）

彩图三一二　苟家堡子村战国秦
长城1号敌台（北—南）

彩图三一三　苟家堡子村战国秦
长城2号敌台（北—南）

彩图三一四　火家沟村战国秦长城
3段（东北 — 西南）

彩图三一五　火家沟村战国秦长城
1号敌台（东 — 西）

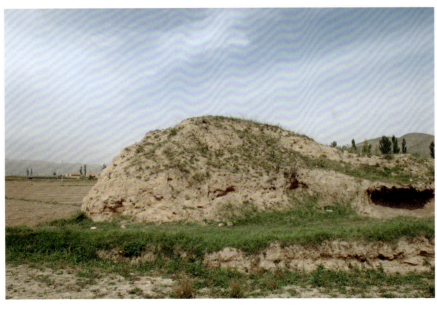

彩图三一六　火家沟村战国秦长城
2号敌台（南 — 北）

彩图三一七　牟荣村战国秦长城2段西端断面（西—东）

彩图三一八　牟荣村战国秦长城4段墙体（东北—西南）

彩图三一九　牟荣村战国秦
长城1号敌台（南—北）

彩图三二〇　牟荣村战国秦
长城2号敌台（北—南）

彩图三二一　牟荣村战国秦
长城3号敌台（南—北）

彩图三二二　牟荣村战国秦
长城4号敌台（北—南）

彩图三二三　将台乡东郊战国秦
长城（东—西）

彩图三二四　明台村战国秦
长城1段墙体（西—东）

彩图三二五　明台村战国秦长城2段墙体断面（西—东）

彩图三二六　靳家堡子村战国秦长城（东北—西南）

彩图三二七　保林村战国秦长城（东—西）

彩图三二八　保林村战国秦长城敌台（南—北）

彩图三二九　东坡村战国秦长城（东—西）

彩图三三〇　赵李村战国秦长城（西—东）

彩图三三一　赵李村战国秦长城敌台（南—北）

彩图三三二　兴隆镇西郊战国秦长城（南—北）

彩图三三三　王家河村战国秦长城敌台（北—南）

彩图三三四　单家集战国秦长城墙体断面（东南—西北）

彩图三三五　张结子村战国秦长城（西—东）

彩图三三六　玉桥村战国秦
长城（西—东）

彩图三三七　黄岔村战国秦
长城2段（西南—东北）

彩图三三八　东台村战国秦长城
中段墙体断面（东南—西北）

彩图三三九　明台村城障（北—南）

彩图三四〇　将台城址航拍（西—东）

彩图三四一　将台城址东北角（东北—西南）

彩图三四二　将台城址西墙中段断面（北—南）

彩图三四三　绳纹板瓦采：201

彩图三四四　绳纹板瓦采：201

彩图三四五　绳纹板瓦采：202

彩图三四六　绳纹板瓦采：219

彩图三四七　绳纹板瓦采：219

彩图三四八　绳纹板瓦采：317

彩图三四九　绳纹板瓦采：317

彩图三五〇　绳纹板瓦采：147

彩图三五一　横带纹板瓦采：147

彩图三五二　横带纹板瓦采：69

彩图三五三　横带纹板瓦采：93

彩图三五四　横带纹板瓦采：148

彩图三五五　横带纹板瓦采：148

彩图三五六　横带纹板瓦采：49

彩图三五七　筒瓦采：49

彩图三五八　筒瓦采：140

彩图三五九　筒瓦采：288

彩图三六〇　筒瓦采：245

彩图三六一　云纹瓦当采：249

彩图三六二　云纹瓦当采：250

彩图三六三　云纹瓦当采：292

彩图三六四　云纹瓦当采：293

彩图三六五　云纹瓦当采：294

彩图三六六　云纹瓦当采：295

彩图三六七　云纹瓦当采：251

彩图三六八　云纹瓦当采：255

彩图三六九　云纹瓦当采：289

彩图三七〇　涡纹瓦当采：252

彩图三七一　涡纹瓦当采：298

彩图三七二　涡纹瓦当采：199

彩图三七三　虎纹瓦当采：198

彩图三七四　虎纹瓦当采：268

彩图三七五　虎纹瓦当采：296

彩图三七六　回字纹铺地方砖采：291

彩图三七七　绳纹方砖采：475

彩图三七八　陶水管采：178

彩图三七九　石片采：354

彩图三八〇　双耳罐采：117

彩图三八一　双耳罐采：126

彩图三八二　双耳罐采：350

彩图三八三　四系罐 XJB：1

彩图三八四　无耳罐采：25

彩图三八五　无耳罐采：86

彩图三八六　无耳罐采：257

彩图三八七　无耳罐采：87

彩图三八八　无耳罐采：90

彩图三八九　无耳罐采：137

彩图三九〇　无耳罐采：132

彩图三九一　无耳罐采：256

彩图三九二　罐底残片采：259

彩图三九三　瓮采：23

彩图三九四　瓮采：131

彩图三九五　瓮采：135

彩图三九六　瓮采：136

彩图三九七　瓮采：138

彩图三九八　瓮采：470

彩图三九九　壶采：204

彩图四〇〇　壶采：301

彩图四〇一　平沿盆采：27

彩图四〇二　平沿盆采：144

彩图四〇三　平沿盆采：267

彩图四〇四　平沿盆采：91

彩图四〇五　平沿盆采：127

彩图四〇六　平沿盆采：155

彩图四〇七　平沿盆采：261

彩图四〇八　卷沿盆采：88

彩图四〇九　卷沿盆采：232

彩图四一〇　卷沿盆采：233

彩图四一一　子口盆采：31

彩图四一二　子口盆采：90

彩图四一三　甑采：7

彩图四一四　豆采：464

彩图四一五　器盖采：264

彩图四一六　磨石采：290

彩图四一七　石杵 XJB：2

彩图四一八　石杵 PYB：1

彩图四一九　铁锸采：466

彩图四二〇　铁锸采：478

彩图四二一　明庄宋代外线长城墙体断面（东北—西南）

彩图四二二　明庄宋代外长城1号敌台（北—南）

彩图四二三　明庄宋代外长城2号敌台（南—北）

彩图四二四　长城村宋代外线长城（西南—东北）

彩图四二五　长城村宋代外线长城
1号敌台（东—西）

彩图四二六　长城村宋代外线长城
2号敌台（南—北）

彩图四二七　长城村宋代外线长城
3号敌台（西—东）

彩图四二八　孙家庄宋代2道外线
长城东段（东南—西北）

彩图四二九　孙家庄宋代2道外线
长城西段（东南—西北）

彩图四三〇　沙窝村二组宋代内线
长城3段墙体断面（东北—西南）

彩图四三一　沙窝村二组宋代内线长城4段（西南—东北）

彩图四三二　什里村一组宋代内线长城（东北—西南）

彩图四三三　什里村一组宋代内线长城敌台（南—北）

彩图四三四　什里村二组宋代内线
长城4段东端断面（东—西）

彩图四三五　什里村二组宋代内线
长城4段地表遗物

彩图四三六　明庄宋代内线长城墙
体（东北—西南）

彩图四三七　明庄宋代内线长城郭家庄敌台（北—南）

彩图四三八　长城村宋代内线长城东北段（西南—东北）

彩图四三九　长城村宋代内线长城敌台（东北—西南）

彩图四四〇　苦井村宋代内线长城敌台（东—西）

彩图四四一　油坊村宋代内线长城（东北—西南）

彩图四四二　油坊村宋代内线长城1号敌台（南—北）

彩图四四三　油坊村宋代内线长城2号敌台（东—西）

彩图四四四　油坊村宋代内线长城3号敌台（南—北）

彩图四四五　油坊村宋代内线长城4号敌台（东—西）

彩图四四六　油坊村宋代内线长城5号敌台（北—南）

彩图四四七　油坊村宋代内线长城5号敌台(南—北)

彩图四四八　油坊村宋代内线长城6号敌台(北—南)

彩图四四九　油坊村宋代
"长城壕"发掘（南—北）

彩图四五〇　油坊村"长城壕"
出土宋代遗物

彩图四五一 吴庄宋代内线长城（西南—东北）

彩图四五二 吴庄宋代内线长城1号敌台（北—南）

彩图四五三 孙家庄宋代内线长城（东—西）

彩图四五四　孙家庄宋代内线长城
墙体顶部片石（东—西）

彩图四五五　孙家庄宋代内线长城
1号敌台（南—北）

彩图四五六　孙家庄宋代内线长城
2号敌台（北—南）

彩图四五七　孙家庄宋代内线长城
3号敌台（北—南）

彩图四五八　孙家庄宋代内线长城
4号敌台（北—南）

彩图四五九　三里塬城址南墙公路
豁口断面（西南—东北）

彩图四六〇　三里塬城址西墙（北—南）

彩图四六一　程儿山城址东墙（南—北）

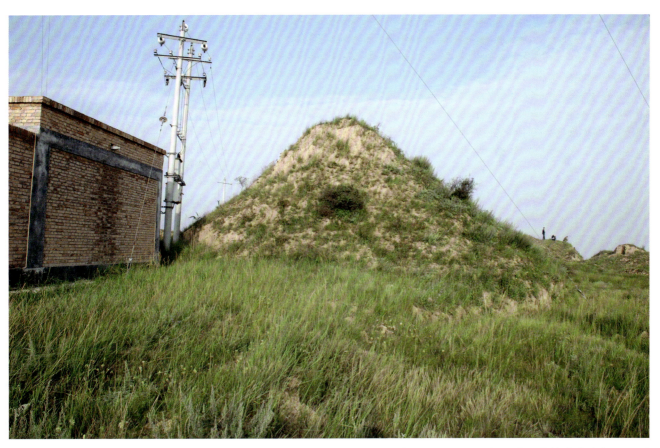

彩图四六二　程儿山城址内烽火台（东—西）

彩图四六三　程儿山城址北墙（西南—东北）

彩图四六四　陈家沟村城址东墙断面（南—北）

彩图四六五　下饮马河城址（东北—西南）

彩图四六六　樊西堡村3号城址堡内（东北—西南）

彩图四六七　樊西堡村3号城址东墙马面（东—西）

彩图四六八　樊西堡村3号城址北墙及外侧1、2道环壕（东—西）

彩图四六九　东南门城址南墙东端断面（西—东）

彩图四七〇　张堡塬城址南墙（南—北）

彩图四七一　张堡塬城址西北角台
（西北—东南）

彩图四七二　火家沟城址南墙
（北—南）

彩图四七三　火家沟城址西墙
中部豁口（西—东）

彩图四七四　火家集城址航拍（北—南）

彩图四七五　火家集城址内城南墙门道（南—北）

彩图四七六　火家集城址外城西墙（南—北）

彩图四七七　火家集城址南侧校场（北—南）

彩图四七八　火家集城内地表遗物

彩图四七九　赵家岭烽火台（北—南）

彩图四八〇　长城村烽火台（东—西）

彩图四八一　乔渠村烽火台（南—北）

彩图四八二 党岔村烽火台
（东—西）

彩图四八三 张号家村烽火台
（北—南）

彩图四八四 北海子烽火台
（北—南）

彩图四八五 素面板瓦采：239

彩图四八六 瓦当采：470

彩图四八七 瓮采：112

彩图四八八 瓮采：153

彩图四八九 瓮采：280

彩图四九〇 瓮采：304

彩图四九一　瓮采：305

彩图四九二　瓮采：313

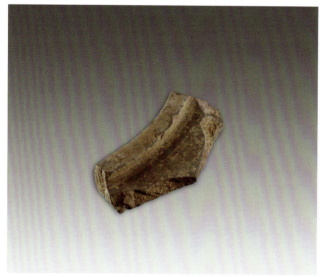

彩图四九三　瓮采：333

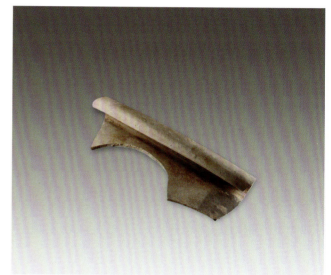

彩图四九四　罐采：303

彩图四九五　罐采：316

彩图四九六　盆采：139

彩图四九七　盆采：272

彩图四九八　盆采：314

彩图四九九　壶采：273

彩图五〇〇　塔式罐采：215